走村直播看脱贫

中央广播电视总台
财经节目中心大型融媒体行动纪实

陈永庆　主编

中国国际广播出版社

图书在版编目（CIP）数据

走村直播看脱贫：中央广播电视总台财经节目中心大型融媒体行动纪实/陈永庆主编.—北京：中国国际广播出版社，2021.12（2022.6重印）
ISBN 978-7-5078-5049-9

Ⅰ.①走… Ⅱ.①陈… Ⅲ.①扶贫-电视节目制作-经验-中国 Ⅳ.①G222.3

中国版本图书馆CIP数据核字（2021）第235012号

走村直播看脱贫
——中央广播电视总台财经节目中心大型融媒体行动纪实

出 版 人	张宇清
主　　编	陈永庆
执行编辑	张娟平
责任编辑	笑学婧
校　　对	张　娜
设　　计	赵冰波

出版发行	中国国际广播出版社有限公司［010-89508207（传真）］
社　　址	北京市丰台区榴乡路88号石榴中心2号楼1701 邮编：100079
印　　刷	北京九天鸿程印刷有限责任公司
开　　本	710×1000　1/16
字　　数	550千字
印　　张	33.5
版　　次	2022年5月 北京第一版
印　　次	2022年6月 第二次印刷
定　　价	88.00元

版权所有　盗版必究

编委会

主　任　　彭健明

副主任　　梁建增　杨春阳

成　员　　陈永庆　董春虎　哈学胜　骆　群　陈红兵

主　编　　陈永庆

编　辑　　冯玉婷　刘　阳　张晓丽　罗　敏　王志亮

　　　　　　谢　麟　胡　元　杨全录　杜　阳　唐　珂

　　　　　　裴　峰　王燕林

序　言

习近平总书记强调："2020年是决胜全面建成小康社会、决战脱贫攻坚之年。"在中国共产党的领导下，中国实现了第一个百年奋斗目标，取得现行标准下9899万农村贫困人口全部脱贫的伟大成就，为全球减贫事业作出了重大贡献，成为人类历史上的一大壮举。

为了全景展现我国波澜壮阔的脱贫壮举，记录全国各地脱贫致富的历史进程，展现中国农民向往美好生活的奋斗历程，讴歌中国脱贫攻坚对人类减贫事业的巨大贡献，中央广播电视总台财经节目中心策划推出了大型融媒体行动《走村直播看脱贫》，从2020年7月25日起，用两辆大篷车，兵分两路走遍了全国23个省、自治区、直辖市的101个典型脱贫村，把镜头、话筒和笔触对准脱贫攻坚的一线场景，忠实记录脱贫攻坚过程中的历史瞬间。这一大型融媒体行动历时百天，走进百村、直播百场、作画百幅、吸粉百万，行程达35000多公里；有11个省、自治区的领导登上了走村的大篷车，接受财经频道专访，讲述在党和政府的领导下，当地完成的脱贫壮举。

这次走村活动的融媒体直播经历时间之长、空间跨度之大，为中国广播电视传播史上罕见，也是在大型融媒体行动中首次尝试把5G+4K/8K+AI技术集成到大篷车上，在全国范围内产生了巨大反响，引发了强烈的社会共鸣，活动直播观看量达到2.28亿次，整体报道全网总点击量超过5.25亿次。

用于此次融媒体报道活动的大篷车是经过精心设计、专门定制的，其现场信号实现了央视财经频道、央视财经新媒体、央广经济之声、中国交通广播四路信号同步直传。在融媒体报道过程中，除了在央视财经大屏进行现场直播和系列报道之外，还在央视财经新媒体创新性地推出《我当村主播 农民说新闻》系列报道，共有124位村民坐上大篷车内的央视主播台，以Rap、快板、戏曲等群众喜闻乐见的方式，播报脱贫新闻，讲述脱贫故事，展现脱贫风貌；推出《云瞰中国之美丽乡村》系列短视频，通过航拍，用空中俯瞰的方式记录101个村庄的风貌和脱贫成果；此次活动还特别制作了《我为家乡点赞》H5投票产品，全民互动，为家乡点赞，到活动结束时，点赞人次达到6892万；《记者走村Vlog》则是让记者真正参与到村民的日常劳作中，以Vlog的形式记录走村途中的所见所闻所感，其中有的点击播放量超过600万次。

在这场创新的融媒体实践中，财经节目中心共有近200名节目创作人员及技术人员深入脱贫攻坚一线，团队规模前所未有。虽然大多数贫困村地处偏远地带，自然条件差，交通等基础设施薄弱，但参与这次活动的同志们不畏酷暑、不畏疲劳、不畏高原反应，用自己的行动践行"四力"，做出了"沾泥土、带露珠、冒热气"的全媒体报道。在思想觉悟上，经过走村100多天的摸爬滚打，大家与农民同吃同劳动，很多同志深受教育，对党的认识不断升华，并向党组织靠拢。到走村活动结束的时候，有多名同志积极要求入党，并在延安宝塔山的党员活动基地激动地宣读了自己的入党申请书，留下了终生难忘的记忆。

先进的技术手段和鲜活的报道方式激发了同志们对融媒体实践活动进行理论探索的热情。他们纷纷用笔记录下了对走村活动点点滴滴的思考，字里行间无不透露出他们对"三农"的深情和对自己职业生涯中这段经历的珍视与热爱。本书就是选择其中的优秀稿件编辑而成，作为他们对这次活动的实践与理论思考的真实记录，也成为中国伟大脱贫攻坚事业的历史见证。

彭健明

2021年11月21日

目　录

第一编　融媒体探索篇

003　　　谈《走村直播看脱贫》的创新 / 陈永庆
014　　　主题宣传"新作为"　媒体融合聚民心 / 陈永庆　李红
021　　　继承延安精神　践行宗旨使命 / 陶海军
027　　　《走村直播看脱贫》真实记录时代变迁 / 陶海军
034　　　移动直播间行进式直播　全景展示媒体报道新模式 / 王哲
041　　　《走村直播看脱贫》全网点击过 5 亿 / 沈玉　孙莲莲　马媛媛
048　　　走村路上的每一个弯道都是为了明天更好地到达 / 刘潇凡
055　　　做好融媒体人　讲好脱贫故事 / 陈雨芫
061　　　走村直播　电视人的长征路 / 胡元
069　　　用镜头展现脱贫攻坚的精彩画卷 / 布日德
072　　　做受众的眼睛，让受众看见、听见 / 李亦阳
076　　　讲好脱贫故事的融合创新尝试 / 张晓丽
082　　　光影里的脱贫史诗　是结束亦是开始 / 王雪晴
087　　　走村直播看脱贫　让报道更有温度 / 肖榕
090　　　新媒体人的职业素养　努力变得更全能 / 李泽平
093　　　苦瘠不再　新程已启 / 薛倩
098　　　5G 新媒体移动传播见证记录脚踏实地的精准脱贫之路 / 郝莉莉

102	融媒体直播背后的一线考验 / 金维娜
106	大型融媒体行动《走村直播看脱贫》对传统媒体观念的突破 / 刘学宁
112	走进基层　锻炼"四力" / 张伟杰
117	浅析融媒体时代直播报道的创新实践 / 陈昊冰
122	联动发力　协同增效 / 李琳
128	"收官"归来话感悟 / 刘巍
134	克服高原反应　完成直播任务 / 张滨
136	在南北扶贫路上成长 / 张皥晗
140	从酷暑江南到雪域西藏　用事实展现民生的人 / 吴柏辰
143	中央广播电视总台媒体云——移动制作系统在《走村直播看脱贫》活动中的应用 / 杨绍童　孙浩　王志亮
150	融媒体传播的创新实践 / 斯琴
157	主题主线新闻报道的创新性表达 / 张宁
162	产业扶贫报道新特色 / 刘雪荣
168	论总台《走村直播看脱贫》的创新表达 / 黄程美
175	地方台如何借力做好重大主题直播报道 / 付伟
181	从"走村直播"看脱贫攻坚背后的力量 / 姜文博

第二编　走村纪实篇

189	幸而走村　遇见意想不到 / 张婷敏
198	大篷车穿越大江南北　镜头讲述扶贫故事 / 张宇
204	一路向南　微距感受脱贫路 / 宋瑞娟
208	大山深处的互联网脱贫经验 / 张琳
213	脱贫折射时代巨变　让家不再遥不可及 / 裴蕾
223	百转千回万里路　四时佳兴与人同 / 易扬
231	重返武定　16年再见山村巨变 / 童盈
237	三个村和四条河 / 孟夏冰
243	安置区、高原特色种植业、生态扶贫 / 吴南馨
249	脱贫摘帽不是终点　而是新生活的起点 / 袁艺
253	精准脱贫的答案，写在大山深处 / 金陆雅

258	想变成一个"有故事的女同学" / 杨茵茵
263	走村直播看脱贫　新闻工作者的"攻坚之战" / 贺嘉婧
268	行走雪域高原　帮助农民销售 3.7 亿元 / 汤鹤松
273	脱贫攻坚　少数民族不掉队 / 宋华
276	星星之火,可以燎原 / 赵媛媛
280	一场和时间的战役 / 俞倩倩
285	战斗在西藏高原,党员是一个个清晰的形象 / 马超
292	前进路上,他们自强不息 / 王骁宇
298	走进重庆奉节三沱村:产业兴百姓富　才有乡村美 / 伍黎明
301	渭河源头之元古堆村初印象 / 席杉杉
307	走村直播的记录与传递 / 赵梓汐
310	一方水土改变一方人 / 平凡
316	《走村直播看脱贫》的 23 天 / 刘怡乐
326	感受绽放在田间的笑容 / 李青
331	收官之作:《对话》是怎么串起珍珠的 / 宿琪
338	窑洞腰鼓　日子红火 / 任芳竹
342	我们见证走向小康生活 / 罗旭　杨贵明
347	搬出大山天地宽　幸福家园卯家湾 / 胡龙超
350	我的走村故事 / 马佳伦
355	驻村书记张大姐的扶贫梦　让张常丰村"一路常丰" / 姜美羊
360	脱贫,一件再美好不过的事 / 刘晓光
366	异地搬迁搬出幸福生活 / 张然
370	脱贫是小家和大家的共同奋斗 / 王闻聪
376	扶贫扶智　大凉山深处的歌声 / 夏美子
382	茶马古道话脱贫　条条大路通致富 / 张秦思
385	扶贫先扶志　走村已走心 / 王晓霖
392	百幅国画展现我国农村脱贫历史瞬间 / 李轶
397	一样的脱贫后幸福生活　不一样的陈家湾村 / 徐之昊
400	借走村之眼看十三年之变 / 唐亮
405	背好行囊　跬步致远 / 张艺菲
410	感受走村　有你有我 / 杨一然
414	难忘走村 / 蒋果

第三编　大篷车里话脱贫

421	湖南省副省长隋忠诚：脱贫致富，靠这四点
424	青海省省长信长星：面对脱贫攻坚四大困境，青海有这些重磅举措
429	甘肃省委副书记孙伟：脱贫攻坚的收官之年，甘肃省如何啃下硬骨头
434	宁夏回族自治区人民政府副主席马汉成：移民搬迁是怎么做的
439	四川省委常委曲木史哈：脱贫攻坚不仅要富口袋　更要富脑袋
446	内蒙古自治区副主席黄志强：织密兜牢保障网，防止致贫返贫！要做好这四件事
450	云南省委副书记王予波：云南年均为全国每人生产十枝鲜花
454	河北省副省长时清霜：街宽了　灯亮了　树绿了　人富了　心畅了
458	西藏自治区政府常务副主席罗布顿珠：西藏贫困人口人均纯收入4年翻超6倍
461	山西省副省长王成：六个"最"、五个"突出"，看山西脱贫攻坚之路
466	陕西省副省长魏增军：把贫困群众镶嵌到产业链上

附：百村脱贫画卷

后　记

第一编
融媒体探索篇

谈《走村直播看脱贫》的创新

■ 山东总站党委书记 陈永庆

习近平总书记指出:"2020年是具有里程碑意义的一年。我们将全面建成小康社会,实现第一个百年奋斗目标,2020年也是脱贫攻坚决战决胜之年。"中央广播电视总台财经节目中心为配合这一重大主题宣传,主动策划了大型融媒体行动《走村直播看脱贫》,被中宣部列入《走近我们的小康生活》系列重点报道。中宣部副部长、中央广播电视总台党组书记、台长兼总编辑慎海雄对《走村直播看脱贫》给予了充分的肯定,认为项目有特点,非常好。节目播出后在社会上引起了广泛而积极的反响,相关报道全网总点击量突破了5.25亿。

一、未雨绸缪,精心定制大篷车

2019年8月,央视财经新媒体直播组的负责人找到我,提出想用一辆大篷车开到乡村去直播脱贫攻坚的设想。但是大篷车到底是什么样的、由谁来设计成为难点。

2019年11月,我带着财经节目中心的报道团队来到上海,对第二届中国国际进口博览会(以下简称"进博会")进行报道。国内工程机械行业的千亿级龙头企业徐州工程机械集团(以下简称"徐工")总裁、党委副书记陆川也在上海参加进博会，并约我见面。因为报道任务繁重，我把会见时间定在进博会开幕式当天的早餐之前。会见时我提出，希望由徐工来承建大篷车。尽管徐工以前也没设计过类似的车辆，但经过一番商谈之后，陆总团队答应将用徐工一流的创新精神和管理水平来设计大篷车。之后，徐工集团董事长王民来总台参加相关活动时，我见到了他，并再次谈起双方合作设计制造大篷车的事。王民董事长对此表示非常支持，就这样确保了大篷车的设计得以顺利进行。随即，央视财经团队就和徐工的研发团队建立了工作群，以便对接具体的工作细节，即使在疫情期间，针对大篷车研发的交流一直都正常进行。徐工的设计制造团队和总台的技术团队、制片团队、新媒体团队配合得非常好。经过反复打磨，大篷车功能更完善，造型更美观，操作更简便。很多匠心独运的细节经过反复沟通和测试后得以完美呈现，比如：大篷车演播室屋顶打开之后的小斜坡设计，便于南方下雨的时候快速排水；演播室空调系统给摄像留了一个小空间，既增加了拍摄的空间又扩大了演播室景深。

技术部门的同志告诉我，这辆大篷车是国内首创外场新媒体大篷车，车上搭载5G新媒体移动云直播系统，配置了三讯演播区，可以同时实现电视、广播、新媒体等平台的直播。

走村活动原计划从2020年3月到10月完成100场直播，但是到3月疫情仍然没有完全过去，我们只好一边完善大篷车的设计，一边精心准备和耐心等待。进入下半年后，考虑到11月北方会变得寒冷，既不方便也不安全，不能再等了，时不我待，我们决定7月底出发。但即便如此，我们也只剩下3个月的时间，工作强度却比原计划增倍。怎么办？后来想出来的办法是在原计划一台大篷车的基础上再增加一台，兵分两路，分别走南北两线，交叉轮流直播。

当时有不少人提出质疑，100天100个村100场直播能顺利完成吗？我自己也面临着巨大的压力。但是我个人觉得只要线路设计合理，联络工作到位，后勤保障得力，对完成这个任务还是有信心的。于是在2020年7月25日，我们从江苏徐州出发，踏上了走村的征程。这一征程将涉及全国23个省、自治区、直辖市，也算是我们大型融媒体行动的第一次长征。记得在江苏徐州齐阁村做第一场直播前，天阴沉沉的，下着大雨，我们在赶往现场的路上只能祈祷老天给我们一个好天气。等到了牛蒡地直播的时候，雨还真停了，大家高兴得欢呼起来。

一路上，我们克服重重困难，终于在2020年11月1日抵达延安，顺利完成了第101场直播。

二、线路设计，精挑细选定百村

为了保证脱贫故事导向正确和丰富多样，我们选取村庄遵循的大致原则是：一是选取习近平总书记走过的贫困村；二是选取党的十八大以来在脱贫方面具有重要示范作用和鲜明特色的典型村；三是脱贫村地理分布上要照顾革命老区和少数民族地区；四是需要考虑脱贫村产业支撑的多样性以及地理文化的丰富性；五是选取总台对口扶贫的喜德县；六是选取的脱贫村之间的行车距离不宜过远，并且行车道路比较安全；七是注意地域之间的平衡，以省为单位，注意各省、自治区、直辖市之间的平衡。

为了保证选村能顺利完成，我们和民政部、国务院扶贫办取得了联系，请他们推荐符合直播条件的村庄；请了解当地村庄脱贫情况的地方电视台推荐符合直播条件的村庄；请国务院国有资产监督管理委员会从所属的有对口扶贫任务的央企中，推荐符合直播条件的村庄。在多方支持和几经筛选下，我们最终选定了具有代表性的101个村庄。

三、导向第一，电子锦囊保安全

《走村直播看脱贫》融媒体行动全部行程35000多公里，在如此长的时间和如此大的空间跨度里同时进行广播、电视和新媒体三个端口的直播是一项巨大的挑战。对此，我们对走村前方团队提出领队负责制的要求，由领队统一指挥、调度，必须做到"一汇""二要""三防""四安全"。"一汇"是指前方团队每天及时汇总当地媒体报道数据，提供给南线和北线的负责人并报北京总部；"二要"是指节目创作要严谨，选题要提前详细策划；"三防"是指防疫、防暑和防雨；"四个安全"是指政治安全、技术安全、交通安全、人身安全。

那么如何来保障全程播出安全呢？出发前我们还专门编制了一个电子妙计锦囊，把要注意的安全事项一一列出来，发到为走村专门建的微信工作群，让每一位参加的人都熟记于心，依计行事。锦囊主要包括以下几个方面：

其一，保障政治安全。直播最大的安全就是政治安全，我们始终把政治安全排在第一位，保证播出的内容和口径符合总台的要求，重点防范不法分子的干扰。由于我们的直播现场一般都设在田间地头，管理和控制难度很大，在每一个村进行直播的时候，我们都要求进入直播现场的观众可靠可控。事实证明这样的做法非常必要也非常重要。此外，为了保障每一次直播的安全和顺利，我们规定每两周交接一次，接班的同志们必须要提前跟上一班的人进行交接，并现场跟一场直播，熟悉工作流程，然后再接手；每次交接时都必须提前开会，把需要注意的事项再讲一遍。这些严密的措施确保了在不同的村直播的安全衔接。

其二，保障技术安全。我们直播的101个村庄有着高山、沙漠、高原、草原、森林、稻田、湖泊等不同的地形地貌，不同地方的气候特点也很复杂。另外这些村分布在23个省、自治区、直辖市，每个村的技术信号情况不尽相同。如何保障直播信号及时、安全、完整地传送到北京，再分发到广播端、电视端、新媒体端播出，这对技术保障是非常大的考验。我们提前联系当地的通讯部门，测试直播信号，及时维护设备，最终保障了整个直播过程万无一失。

其三，保障交通安全。由于我们的大篷车是专门定制的，属于超大型特种车辆，尤其是转弯半径比较大。为了保障交通安全，我们要确保每个村的道路能够满足直播车的通行要求和停靠要求。为此，我们采取了以下几种有效措施：第一，提前踩点，了解村庄的地理位置、地形情况和道路状况，确保大篷车能开到离现场最近的地方。第二，争取交通管理部门的支持，每到一个地方都提前协调当地的交通管理部门，寻求支持。第三，精心设计行车线路和行车时间。为了避免司机长途奔袭，我们在选村时就对村与村之间的距离有一个大致的要求，保证日行车的距离在三四百公里，时间不超过5个小时，并要求尽量不赶夜路。第四，根据气象历史资料，避开暴雨和泥石流等灾害频发的地区，优化行车路线。每天安排专人关注天气预报，如果预报有大雨、暴雨或地质灾害，宁愿停下来等待或绕道行走。第五，要求徐工为两辆直播大篷车配备四名有经验的司机，考虑到行程远、驾车时间长，这两组司机一组是夫妻档，一组是姐妹花；同时将司机纳入前方整个直播团队的管理，统一指挥，统一调度，从而保障了交通安全。

其四，保障人身安全。由于整个直播团队前后涉及近200人，人员轮换相对频繁，为保障每一位团队成员的人身安全，我们明确规定吃完饭后不外出，至少不单独外出；确有必要外出的，必须向领队请假报备。

四、现场专访，省长登上大篷车

这次直播行动还有一个亮点，就是成功邀请到了11位省、自治区、直辖市领导走上大篷车，接受财经节目中心专访。走村刚开始的时候，我们致力于在扶贫的第一线展示脱贫的面貌。南线的车队从江苏徐州出发后，行进过程中进安徽，到湖北，从湖北大别山下江西，再从江西进湖南，走到了湖南湘西十八洞村，在这里，习近平总书记首次提出精准扶贫。考虑到节目要有高度，我产生了邀请湖南省分管扶贫的副省长来接受采访的想法，于是联系了湖南省委宣传部、省扶贫办等，几经周折，终于成功邀请到湖南省领导到大篷车接受采访。这次采访起到了示范作用，后来，北线大篷车队到青海的时候邀请了青海省委书记来到直播现场接受采访，到了云南，联系到了云南省的一位领导，这位领导从昆明乘飞机到达香格里拉，走上大篷车，接受了专访，效果特别好。后来陆陆续续有不少省的领导在我们的邀请之下，不辞劳苦，长途奔波，到大篷车上畅谈扶贫成果，使我们的脱贫报道更接地气。

五、调度场景，静态主题动起来

《走村直播看脱贫》节目播出后，业界内的普遍反映是内容接地气，形式生动活泼、新颖好看，具有很强的吸引力和感染力。

101个村庄的内容如何做到引人入胜，确实是一个巨大的考验。为此在团队出发前，我们制订了详尽的计划，并采取"包村到人"的原则，把每一个村庄都承包给出镜记者，要求出镜记者先详细了解所负责的村庄，做到心中有数，再制定出镜内容和路线。在内容设计上，我们着重要求节目一定要有动态感、行进感，人动，摄像机要动，避免静态。第一，记者在现场一定要动起来，即使在一个静态的田间地头也要动起来，要边走边说。第二，摄像多用推拉摇移的镜头、跟拍的镜头、移动的镜头、航拍的镜头等。第三，活动现场要动起来，为了让画面丰富，要有意设计或组织现场活动，营造一个鲜活的现场，让现场生动起来。第四，要求大量使用道具。

比如在直播青海省一个拉面村的时候，我们就现场组织一些人来拉面，充分利用当地跟脱贫有关的产业元素，让现场在视觉上更丰富，在感觉上更有动态性。第五，要求记者在现场一定要调动感官感知现场，并把感知到的内容告诉观众。第六，在直播时要求一镜到底，即使现场配备有小切换台，记者出镜也要一气呵成。这意味着记者要把出镜内容全背下来不能出错，摄像的镜头也要跟踪到位，以达到良好的拍摄效果。

六、一镜到底，田间地头练队伍

由于此次走村活动时间长、工作环境特殊、工作强度大，我们提出以党建工作为引领，把支部建立在连上，发挥好临时党小组的核心作用；同时，注重加强对党员的党性教育，取得了良好的效果。

比如，直播团队每到一个地方，我们都要求大家打听附近是否有革命纪念地或红色遗址，如果有，就要求就近组织党建活动，接受革命传统的教育。到走村活动结束的时候，已经有9位年轻同事表达了入党意愿，向党组织递交了入党申请书。在延安宝塔山下做完最后一期节目后，申请入党的同志们在宝塔山的党员活动基地激动地宣读了自己的入党申请书。这样的党建活动，对同志们来说终生难忘。

在业务建设方面，经过这次严格的锻炼，记者们的业务水平也有很大提升。过去，总台财经节目中心的记者常常跑银行、跑酒店、跑企业，但这次记者们是真正深入偏远地区的第一线，下到田间地头，这是一个新的考验，也是一个新的锻炼机会。比如，我们要求节目中的出镜记者事先必须去踩点，设计直播时在现场的走位，还要去琢磨如何运用道具，并对直播现场进行组织和调度。过去不太敢出镜的记者，通过这次锻炼，也敢于和善于出镜了，业务能力普遍得到增强。

特别值得一提的是，我们南线大篷车队走到中央广播电视总台对口帮扶的四川省凉山州喜德县的时候，中央广播电视总台编务会议成员彭健明同志代表慎部长慰问了走村团队，鼓励了大家，并对《走村直播看脱贫》给予了高度肯定。让我们特别感动的是，当时彭总腿受了伤，他是一路拄着拐杖来的现场。在现场，彭总和每个人一一握手，嘘寒问暖，这一幕令人非常难忘。

七、视听联动，融媒理念贯始终

《走村直播看脱贫》大型融媒体行动有机整合了线上线下、大屏小屏、电视广播的资源，实现了在电视端、广播端、新媒体端的融合传播，做到了优势互补，多平台、多层次、多维度传播，形成了报道合力。

大屏播出部分分为直播连线和回传小片：直播连线主要在总台财经节目中心《天下财经》《正点财经》或《第一时间》等播出窗口呈现，直播时长3分钟左右；回传小片主要在《经济信息联播》开设专栏进行播出。小屏直播是大屏的扩充版，采用"现场+小片+演播室互动"的形式，时长为1小时，由"央视财经"新媒体传播矩阵平台完成。音频直播部分由总台央广经济之声和中国交通广播完成。

在活动的融媒体作品中，精彩内容不断涌现，如《云瞰中国之美丽乡村》系列短视频不仅画面清晰、震撼，还多角度展现了新时代乡村景象。这个系列用无人机设备，以航拍的角度从高空俯瞰神州大地，来展现广袤乡村脱贫后郁郁葱葱、植被茂盛的壮丽美景：如诗如画的田园风光，四季常青的万亩茶园，"藕虾共作""莲鱼共养"的连片池塘。群峰环列、依托公路风景道的美丽旅游驿站，青瓦白墙、连缀成片的特色民居，乡村和谐友善、发展劲头十足的新气象，展现了新农村村容村貌的变化，多条短视频单篇点击量超过130万次。

在《我当村主播 农民说新闻》版块中，我们请农民坐上演播台，让他们来播报自己村里脱贫的新人新事。据统计，共有124位村民登上大篷车移动演播室，"打竹板，板朝西，看我来唱脱贫"，家乡人说家乡事，通俗有趣，整屏洋溢着村民们致富后满满的获得感和积极向上的精气神，赢得广泛好评。

还有《记者走村Vlog》系列短视频新媒体产品，以Vlog的形式记录记者走村途中的所见、所闻及与村民的互动。如［直播没吃上的"非遗"烧饼哪去了？！据说，这个小镇不要太"甜蜜"！］［生吃辣椒？！央视小姐姐走村记：为了揭秘致富"法宝"，拼了！］等作品通过创新话语形态和表现形式，鲜活又有亲和度，现场感强，有温度，接地气，有的Vlog单条点击量超过600万次。新媒体产品还大大带动了央视财经App的下载，仅"我为家乡点赞"新媒体产品就收获了108万新增用户，相当于一天新增1万多用户，为央视财经App拉新和吸粉节省了大量资金，是一个巨大的收获。

此外，活动过程中还有不少意外的惊喜，比如"我为家乡点赞"竟促进了村与村之间的团结。四川郎酒集团所在县的一个村庄被选为直播点后，想要发动周边的村子一起来帮忙点赞。但这个村子曾与临近的村庄有矛盾，彼此关系比较僵。于是他们向镇里提出恳求，希望发动一下周边的村庄为他们点赞。经过协调后，周边的村庄都积极行动起来，包括隔壁的村也积极参与了投票活动，这两个曾经有矛盾的村庄由于我们的投票活动，竟由以前的互相对立握手言和，变得和睦团结。

在这次大型融媒体行动中，还有一位被称为"刘五千""刘一万"同事的故事，一时被传为佳话。为了借这次大型活动推广央视财经App的下载，我们明确要求每一位领队除了指挥做好节目之外，还必须做好在当地推广下载央视财经App的工作。为便于量化管理，互相激励，我联系了总台管理后台数据的部门，每天给我发央视财经App增长的用户数以及增长用户的地理分布情况。我每天把这个数据发到群里，大家互相提醒，互相督促，互相竞争。"刘一万"本名刘学宁，是财经节目中心地方资讯组的编导，走村活动进河南的时候，他主要负责与地方的联络和活动推广。由于推广的方法独到，加上地方配合力度大，河南省下载App的数量有时一天就高达1万多，排在全国各省前列，所以大家给刘学宁取名"刘一万"，很多同志纷纷向他取经。

每到一个村庄，我们录完节目之后都会留一段时间向当地的老百姓开放大篷车，鼓励他们登上大篷车参观并合影留念。不少村里的孩子坐到大篷车的演播台前合完影后，甚至有了未来要从事电视工作的梦想。

八、百村长卷，脱贫场景永流传

为了更形象地阐释脱贫致富的主题，我想除了用电视、广播和新媒体产品来记录百村的脱贫历史外，还要用绘画这种传统的手法来描绘脱贫攻坚的壮丽画面，于是就有了百村脱贫长卷的构想，即对此次列入走村的村庄，以脱贫攻坚为主题来作一幅画，并把这些画连接成一个长卷，形成"百村脱贫图"。101个村，每个村创作的画2米长、80厘米高，加上题图和题跋，连接起来一共是2020分米，象征着在2020年中国完成脱贫攻坚的百年奋斗目标。这101幅画中，有表现村容村貌变化的，比如安徽蒙城的《戴尧盛景图》、河南濮阳的《乐居图》、甘肃临夏的《三坪新貌》；有展示脱贫产业的，比如陕西旬阳的《丰收的喜悦》、陕西双利的《因茶兴业奔小康》、甘肃平凉的《致富果》；有记录村民在致富路上艰苦行进的，比如陕西汉中的《巴山记事》、云南丽江的《回首脱贫路　山水入画图》；也有记录原形原貌、留住乡愁的，比如山西临汾的《幸福农家》、四川甘孜的《大美炉霍》。我们把这101幅画作进行扫描，用电子合成的方式做成了一个5分钟时长的电子版画卷，配上背景音乐，打上字幕。

2020年11月1日，南北两线的大篷车在延安的宝塔山会师，总台财经节目中心品牌栏目《对话》录制了一期特别节目。在节目录制现场，我们实时播放了"百村脱贫图"的电子画卷。看到100多天的行程白驹过隙，101个村的场景历历在目，想起这次"走村"所经过的千山万水、所经历的千辛万苦，很多人流下了眼泪。

九、精心协同，兵团作战聚合力

《走村直播看脱贫》大型融媒体行动历经101天，时间跨度大；直播的101个村分布在全国23个省、自治区、直辖市，空间范围广；南北两线交替直播，参与人数多达200人，衔接调度复杂程度高；活动采访的人数超过700人，其中包括近100名县委书记、县长、11位副省级及以上领导；涉及各地方政府的参与支持人员达3000多人。活动中参加的人数之多、职业种类分布之广都非常罕见。要完成这么重大的任务，我们需要统筹协调方方面面的关系。

首先是财经节目中心内部的协调。《走村直播看脱贫》融媒体行动涉及财经节目中心央视财经频道《经济信息联播》、《第一时间》、《天下财经》、《正点财经》、财经资讯组、地方资讯组、上海经济信息报道组、广东经济信息报道组、新媒体直播组、新媒体编辑组、制片协调组、节目宣传组、节目统筹组、节目策划组、秘书组、主持人管理组、运营管理组、《对话》栏目组以及财经节目中心央广经济之声、中国交通广播等20个科组或部门参与，是财经节目中心近年来一次大兵团协同作战。

其次，走村活动还要统筹地方政府各部门的支援配合。每到一个直播点，我们都会提前沟通当地宣传部协调相关部门，解决直播中涉及的技术、电力、路况及后勤方面的困难；沟通所在地方的电视台，提出直播支援要求，将地方支援的记者、摄像、编辑团队纳入前方直播团队的管理中去。

再次是涉及南北两线两个直播团队的沟通协调。为保证如期完成直播任务，走村活动采取的是南北两线同时行进、交替直播的方式。这就要求两支队伍要根据活动开始之前选定的村庄和路线，严格按照时间表逐日推进直播进程，否则便会牵一发而动全身。直播当中遇到的任何突发情况都要求两支队伍互相协调，并从上到下快速反应，启动紧急预案并迅速协调各方，严格保证直播按计划如期进行。

面对错综复杂的人员构成、门类繁多的各个工种、情况各异的地方支援部门，我们决定实行"条块"式的统筹管理法。第一，坚决贯彻"行前会"制度，在每支直播团队即将出发进行交接前，后方指挥部都会与交接团队召开行前会，对整个直播作总体规划和方向把控，交代相关事项并强调要注意的细节；协调联络各方，最大限度地为前方团队保驾护航。第二，建立后方与前方领队的常态化沟通机制，每天都要求前方领队总结当天直播情况，汇报直播成果，并对第二天的工作任务进行预排，保证后方指挥部既掌握直播计划的最新进展情况，又能及时了解一线同志在直播中遇到的困难，及时提出解决难题的办法，及时总结经验教训。第三，落实前方直播协调会制度，前方领队联络各省、自治区、直辖市、县、乡甚至是村级的各部门负责人召开直播协调会，分解各项任务、落实各个细节、将各项工作安排到人。我们的直播进行了101场，前方也召开了101场直播协调会，每一场协调会都会汇集各级政府多个部门的负责人济济一堂，为呈现一场完美的直播群策群力，贡献力量。

经过精心协同，聚合各方力量，走村活动实现了可观的产出：每一组直播团队大小屏交替直播，每两天就能完成大屏4分钟、小屏1个小时的直播，推出400多个不同类型的新媒体产品，实现了融媒体产品的优质高产。同时，在精心协同之下，活动全程没有出现一例播出事故、交通安全事故、人员安全事故，确保了整个活动的圆满进行。

十、延伸活动，线上线下助脱贫

《走村直播看脱贫》融媒体行动还通过线上线下的媒体活动助力扶贫攻坚，取得了显著的社会效益。

为了助力途经村庄的发展，两路大篷车在延安会师录制《对话》节目时，我们还举行了《走村直播看脱贫》精准帮扶签约仪式，邀请多家企业、商超与我们所走过的乡村签署采购、投资协议，总签约额近4.8亿元。一位成功签约的中药材企业代表称，仅这次签约就可以帮助10多万农户在疫情期间卖出药材，为农民在特殊时期增加了可观的收入。

南北两路大篷车在延安会师宣告了我们百村直播的结束，但是帮扶农民的工作并没有就此终止，而是开启了新的征程。我们在央视财经客户端专门策划设立了"百村大集"专区，征集走过的101个村的龙头产品，搬到线上进行销售，其中西藏的葡萄酒、陕西的苹果、广西的脐橙、青海的青稞米、湖南的莓茶等优质农产品通过"线上百村大集"平台进行网络销售，取得了不错的效益。

这次走村活动虽然结束了，但是发展农业、振兴乡村、帮扶农民仍然任重而道远，作为媒体工作者，报道"三农"，为"三农"鼓劲、为"三农"服务，永远没有终点，永远在路上。

主题宣传"新作为" 媒体融合聚民心
——以《走村直播看脱贫》大型融媒体行动为例

■ 山东总站党委书记 陈永庆　华语节目中心主任编辑 李红

　　2020年我国如期完成新时代脱贫攻坚目标任务，近1亿贫困人口实现脱贫。为了配合脱贫攻坚伟大成就的主题宣传，中央广播电视总台紧紧把握正确政治方向和舆论导向，创新主题宣传传播样态，以多平台、全媒体矩阵的传播新格局牢牢占据了舆论制高点，形成了强大的舆论攻势，拉近了主题宣传与广大普通百姓的距离，大大提高了新闻舆论的传播力、引导力、影响力、公信力，是主题宣传的"新作为"，以媒体融合聚民心，为"十四五"开局营造了良好的舆论氛围。

　　本文以总台财经节目中心大型融媒体行动《走村直播看脱贫》为例，探讨主流媒体坚持守正创新，以5G新媒体移动云直播系统等新技术推动融媒体创新，遵循新闻规律和新兴媒体发展规律，首创直播大篷车下乡的方式，将新闻现场转向广袤的乡村大地，把镜头对准脱贫群众，记录下百村脱贫攻坚的感人故事，在提高主题宣传的舆论引导水平、扩大舆论覆盖面、巩固和壮大主流思想舆论中发挥了重要作用。

加强议程设置　提升舆论引导力水平

　　传播学理论中议程设置是指通过大众媒介形成或影响公众舆论的重要

环节。"新闻媒体要善于设置议题，让该热的热起来，该冷的冷下去，该说的说到位。"①《走村直播看脱贫》围绕脱贫攻坚设置议题，传递脱贫攻坚的强音，增强了群众对家乡的自豪感，提升了党和政府的权威性，让脱贫致富奔小康的主旋律真正入脑走心，在社会上产生了热烈的反响，提高了舆论引导力。

（一）始终将党的领导是人民脱贫致富的根本保障作为报道的主线，精心设置报道议程

新闻媒体的报道是有倾向性的。"到达读者手中时，每份报纸都已经是一系列选择的产物。"②此次行动寓导向于新闻报道中，通过直播镜头下一个个鲜活的人物以及精彩的脱贫故事，展现了村民在当地政府带领下突破生存发展困境、走向特色产业致富之路的历程。

十八洞村是习近平总书记精准扶贫重要论述首倡地。《走村直播看脱贫》直播报道团队探访湖南省湘西土家族苗族自治州花垣县十八洞村，记者以目击者和参与者的身份，带领观众们走进千亩猕猴桃种植基地，与村民们一起见证集体经济展销厅正式开业，亲身体验拦门酒、湘西苗绣等苗族民俗文化的魅力。通过直播、走访等报道方式，讲述十八洞村脱贫攻坚的产业致富之路，鲜活生动而真实感人。通过全村人民的艰苦奋斗，村民的人均纯收入从2013年的1668元，到2019年已达到14668元。在走村过程中，报道组还走访了湘西的"竹艺之乡"保靖县比耳村，体验当地的非物质文化遗产竹编技艺发展成致富产业。脱贫村村干部在采访中告诉记者："习近平总书记的讲话提振了我们的信心与干劲！"

（二）多平台多渠道联动传播，密集报道发挥了新闻舆论的集群效应

从舆论学角度来说，报道内容的类同、传播在时间上的持续和造成的同类信息的积累，有助于加强舆论引导。在100多天脱贫攻坚的密集报道中，电视广播新媒体融合，中央地方媒体联动报道，多平台、多渠道持续报道脱贫故事，引起了社会的热烈反响。

---

① 习近平新闻思想讲义（2018年版）[M].北京：人民出版社，学习出版社，2018：84.
② 沃尔特·李普曼.公众舆论[M].阎克文，江红，译.上海：上海人民出版社，2006：280.

央视财经频道《天下财经》《正点财经》《第一时间》《经济信息联播》以及央广经济之声和中国交通广播等平台矩阵播放走村报道，央视财经新媒体多媒体融合进行全程报道。针对减贫是全球性话题，中国国际电视台（英文简称：CGTN）还翻译《走村直播看脱贫》内容，做成英语产品面向海外传播，同时推出《走村直播看脱贫》英文版直播。密集报道发挥了新闻舆论的集群效应，100多天的走村活动，仅每次的直播量就达一个小时以上，每天的报道量也很大，频次高而且密，播出时间长，形成了强大宣传声势，极大满足了广大受众的信息需求。据统计，此次融媒体行动的直播观看量达到2.28亿次，整体报道全网总点击量超过5亿次。

（三）加强服务性，通过线上线下的媒体活动助力扶贫攻坚，取得显著的社会效益

《走村直播看脱贫》大型融媒体行动积极为帮扶企业和贫困地区搭建平台。如在央视财经客户端设立"百村大集"专区，征集各村的龙头产品，开设线上农产品展销平台，成功提供产销对接的服务，西藏的葡萄酒、陕西的苹果、广西的脐橙、青海的青稞米、永顺的莓茶等优质农产品通过"线上百村大集"平台都可以进行网络销售。为了助力途经村庄的发展，还举行了"走村直播看脱贫"精准帮扶签约仪式，邀请多家企业、商超与乡村签署采购投资协议，总签约额近4.8亿元。一位成功签约的中药材企业代表接受采访时表示，这次签约可以帮助10多万户的药材在新冠肺炎疫情期间卖出。此外，中国移动还在活动途经的脱贫村搭建高品质5G网络或专线网络。

"通过'用事实说话'，来体现观点，表明态度，引领导向，凝聚力量。"[①]《走村直播看脱贫》行动历时3个多月，行程超过3万公里，真实、准确、全面、深入地记录了广大乡村地区脱贫致富的历程，传达了共产党以人为本、致力消除贫困、党的领导是人民脱贫致富的根本保障这一重大主题思想，起到了凝心聚力的作用，产生了广泛影响。在活动总结大会直播中接受采访的现场代表感慨地说："脱贫干部信心更足了，农民积极性更高了，企业发展的信心更强了。"

---

① 习近平新闻思想讲义（2018年版）[M].北京：人民出版社，学习出版社，2018：84.

创新传播方式　增强影响力

"贴近实际、贴近生活、贴近群众，打牢理论和实践的根底，在扎实的采访中发出真实权威的新闻信息。""真正起到春风化雨、润物无声的效果。"[①] 增强贴近性，注重把握与受众关注的契合点。遵循新闻传播规律、创新报道形式和传播方式，生动讲述脱贫致富的故事，吸引广大受众的关注，增强传播效果，进一步巩固和壮大主流媒体的话语权和影响力。

（一）创新报道形式，增强现场感和代入感，有效提升了新闻价值

以河南驻马店平舆县发展特色产业脱贫的报道为例，新媒体直播的第一个现场，是平舆县西洋潭村举行的藤编技能大赛现场，160名参赛的村民选手齐聚比速度、比质量，场面非常热闹。当地村民张俊芳告诉记者："没农活儿的时候我就在基地上班，一月挣个3000多元，可满意了！"直播增强了现场感与交流感，仿佛将观众带入脱贫攻坚的现场，鲜活的乡村生活气息扑面而来，观众产生共情，切实体会到当事人喜悦满足的情感，报道活起来、亮起来了。

在湘西永顺县芙蓉镇科皮村，记者走进稻花鱼肥水美的田间，与300多名来自各地的游客和村民一起体验稻花鱼休闲体验暨抓稻花鱼比赛活动，还与游客共同品尝土家宴，与当地村民一起跳摆手舞等，展现湘西土家文化。现场报道等方式代入感强，推进了内容创新，极大提升了新闻价值。有价值的传播内容，才能产生好的传播效果。

（二）增强受众意识，拉近与受众距离，推进形式和内容创新

脱贫攻坚报道与民生密切相关，此次行动通过寻找与受众日常生活的关联点，推出了多款充满创意、独具特色的短视频产品，引导和满足受众的信息需求。如《我当村主播　农民说新闻》系列报道，邀请各省村民坐上大篷车演播室的主播台，以Rap、快板、戏曲等舞台表演的方式来介绍家乡的发展情况。为报道易地扶贫搬迁安置区的脱贫成就，在云南昭通鲁甸县卯家湾安置区，节目组邀请了当地村民讲述了当地通过苹果、花椒与

---

① 慎海雄.新媒体时代加强党的执政能力建设的几点思考［J］.中国记者，2012（10）.

藤编产业脱贫致富的故事。据统计，共有124位村民登上大篷车移动演播室，"打竹板，板朝西，看我来唱脱贫"，家乡人说家乡事，通俗有趣，观众能真切感受到满屏洋溢着致富后村民们满满的获得感和积极向上的精气神。"农民主播说新闻"用村民熟悉的方式和家乡的语言述说身边的变化，真切可信，内容深入浅出，拉近了主题宣传与老百姓的距离，引发了热烈反响。此外，《记者走村Vlog》系列短视频等也创新话语形态和表现形式，鲜活又有亲和度，如《直播：陕西双杨的云端农场喊你来收菜啦！》《手机也能养奶牛，记者探访聪明的脱贫村》等作品从记者到当地去亲身体验的角度，展现了昔日"靠山吃山"的贫困村经过发展特色产业脱贫致富的秘诀。

（三）加强传播手段和传播方式创新，多角度挖掘新闻"富矿"，对脱贫攻坚主题进行全方位、深入、立体的报道和形象解读，提升了传播力

为了更形象地阐释脱贫致富的主题，此次行动大胆创新，首次以"百村脱贫画卷"展现百村脱贫的景象和脱贫攻坚的伟大历程，气势恢宏、画面冲击力强、令人过目不忘。比如苗画国家级非物质文化遗产代表性传承人梁德颂创作的《比耳艺术小镇》，生动展现了"竹艺之乡"湖南省保靖县比耳村以竹编产业带动扶贫户脱贫致富的情况。此外，还有《致富果》《鲜花铺富路 雅化树新风》《幸福农家》等百幅画作，总长度达2020分米。

此次行动创新多种报道形式，寓导向于新闻中，记者深入田间地头采访，选取典型、生动、鲜活的新闻素材，以故事化等报道方式进行讲述和呈现。包括山葡萄变成"钱串串"，红高粱酿出脱贫酒，小黄花被开发成村民的"致富花"，牛蒡牵出了一条致富产业链等。形式新颖，内容也接地气，具有很强的吸引力和感染力。此外，大篷车内还配备有全息影像、5G手机、4K电视、机器人等高科技产品，可让村民近距离感受5G带来的全新体验，切身感受国家科技的飞速发展。

传播手段和传播方式的创新，让脱贫致富的主题在网上网下延伸延展，成为报道所经过的省市县村广大受众关注和议论的热点。正如中宣部《新闻阅评》所评价的，"主流媒体不断出新，就能在重大主题宣传中有新作为"。

全媒体深度融合　扩大舆论影响覆盖面

新媒体上的内容传播是一种基于社交的内容传播，有助于进一步推动主流声音在社会上广泛传播。此次行动实现了电视端、广播端、新媒体端的融合传播，可视化呈现、互动化传播等丰富了主题宣传传播样态，阅读量、点赞率、转发率极大，参与度高，引发了大篷车所经过的省市县村乃至全国广大受众的关注。同时，扩大了舆论影响覆盖面，推动了党的声音"飞入寻常百姓家"。壮大了主流思想舆论的声势，成功营造了良好的舆论氛围，取得了显著的舆论宣传效果。

（一）融媒体创新依托高科技，大大提升传播力

遵循总台"5G+4K/8K+AI"战略布局，首创了"外场新媒体大篷车"，两辆大篷车携带5G新媒体移动云制播系统，以5G新媒体移动云制播技术全天候支持，具备室内直播和室外展演两大功能，室内直播具有采、编、导、制、传播等功能，配置三讯演播区，实现了总台央视财经频道、央视财经新媒体、央广经济之声、中国交通广播四路信号同步直传。基于技术应用和演播室设计，创新的多种报道形式，为广大受众带来了全新的体验，拉近了与受众的距离。如《记者走村Vlog》以Vlog的形式记录记者走村途中的所见所闻及与村民的互动。[直播没吃上的"非遗"烧饼哪去了?! 据说，这个小镇不要太"甜蜜"!][生吃辣椒?! 央视小姐姐走村记：为了揭秘致富"法宝"，拼了!]等作品现场感强，有温度，接地气。

根据融媒体产品可听、可看、可触的特点，此次活动还特别制作了H5投票产品，全民互动为家乡点赞，大篷车走过的地方，当地的百姓非常踊跃地投票参与，引起广大受众的热烈反响。截至2020年10月31日，H5互动点赞人次达到6892万。

（二）创新多个爆款融媒体品牌，扩大了主题宣传舆论影响覆盖面

此次行动推出大小屏直播，短视频、H5、互动游戏等，富有创意、精彩丰富、吸睛亮眼。如《云瞰中国之美丽乡村》系列短视频画面特别震撼、清晰、唯美，多角度展现了新时代乡村景象。该系列用无人机设备航拍的角度来展现，从高空俯瞰神州大地广袤乡村脱贫后郁郁葱葱、植被茂盛的

壮丽美景；如诗如画的田园风光；四季常青的万亩茶园；"藕虾共作""莲鱼共养"的连片池塘；群峰环列、依托公路风景道的美丽旅游驿站；青瓦白墙、缀连成片的特色民居以及乡村和谐友善、发展劲头十足的新气象，充分展现了新农村村容村貌的变化，初步统计，多条短视频点击量已超过130万次。

此次发布的《脱贫奔小康丨走村直播看脱贫》小游戏，通过游戏的形式让大家真实体验脱贫攻坚的酸甜苦辣。互动性强，受众参与度高，累计访问次数破千万，各渠道曝光总次数达2.2亿。此次创新的多个新媒体产品都深受广大网友欢迎和喜爱，引发大量点赞、转发，阅读量和互动量也呈几何级增长。

大篷车对所到的每个村庄都在央视财经客户端进行长达1小时的直播，央视财经新媒体共推出新媒体直播101场，包括启动仪式，新媒体直播时长总计6000多分钟，总播放量1.15亿次；央视财经新媒体发布《走村直播看脱贫》新媒体产品418篇，总阅读播放量达7513.1万次。走村活动还实现了100天内为央视财经App新增100多万用户。

（三）深度融合，视听端联动，形成了报道合力

视听端加强联动，有机整合了线上线下、大屏小屏，电视广播的资源，实现了优势互补，多平台、多层次、多维度的传播，形成了报道合力。据不完全统计，总台财经节目中心已发《走村直播看脱贫》报道760多篇，《天下财经》推出电视直播连线46场，《经济信息联播》《第一时间》《正点财经》等栏目播出相关新闻130多条，电视播出时长总计近500分钟。此外，央广经济之声、中国交通广播发布的广播报道和新媒体报道，阅读量达130多万。此外，地方媒体对外发布《走村直播看脱贫》稿件总计1035篇，总阅读播放量达5049万次。

中央广播电视总台自组建以来，按照习近平总书记关于推动媒体融合向纵深发展的要求，积极推进"5G+4K/8K+AI"战略格局，坚持守正创新，不断拓展传播渠道和传播手段、深化融合发展，创新主题宣传报道、弘扬主流价值，打通多个舆论场，实现了总台内容优势和传播方式多样化的高度结合，将舆论引导水平提升到新高度、新水平，把握住了舆论场上的主动权和主导权，不断巩固和壮大主流思想舆论，为实现"两个一百年"奋斗目标、实现中华民族伟大复兴的中国梦提供强大精神力量和舆论支持。

继承延安精神　践行宗旨使命
——汲取信仰的力量宣传脱贫攻坚

■ 陶海军

巍巍宝塔山，滚滚延河水。穿越枣园的灯光、杨家岭的会堂、清凉山的红色电波，延安精神熠熠生辉。

2020年11月1日，延河岸边，宝塔山上，中央广播电视总台财经节目中心党委"继承延安精神　践行宗旨使命"主题党日活动在这里举行。延安精神是坚定正确的政治方向，解放思想、实事求是的思想路线，全心全意为人民服务的根本宗旨，自力更生、艰苦奋斗的创业精神。

"今天，延安精神引导和哺育我们……"财经节目中心大型融媒体行动《走村直播看脱贫》节目组的党员代表刘阳深情发言。

"我志愿加入中国共产党……"9位在《走村直播看脱贫》行动中向党组织递交申请书的记者、编辑、制片，与党员一起来到宝塔山上，向党组织作出郑重承诺。

"我志愿加入中国共产党，拥护党的纲领，遵守党的章程……"财经节目中心党委书记、《走村直播看脱贫》总策划梁建增带领全体党员重温入党誓词，要求大家理解领悟延安精神内涵，不忘初心、牢记使命，勇于担当、砥砺前行，牢记总台财经节目中心是国家经济宣传的主阵地，认真学

财经节目中心党委书记梁建增（右一）带领全体党员重温入党誓词

习领会、深入贯彻落实习近平总书记重要讲话和党的十九届五中全会精神，深刻认识我国发展环境面临的深刻复杂变化和2035年远景目标，准确把握"十四五"时期经济社会发展的指导思想、遵循原则、主要目标和重点任务，做好十九届五中全会和"十四五"经济社会发展宣传报道工作。

根据中心党委的要求，《走村直播看脱贫》总策划陈永庆会给每支报道队伍召开行前会，要求党员发挥先锋模范作用，工作中做出表率，遇到困难身先士卒。工作人员特别是党员同志纷纷表示，自己的走村之行，不仅是一场弘扬脱贫攻坚精神、赞颂脱贫攻坚成果的重要实践，也是一场深刻的思想洗礼！

到最贫困的地方感受艰苦奋斗精神

《走村直播看脱贫》的直播地——四川凉山彝族自治州喜德县中坝村，是中央广播电视总台的扶贫点，地属脱贫攻坚任务最重的"三区三州"地区。

报道团队在凉山的境遇，可谓亲历"自然条件极端恶劣"这一状况。2020年9月，车队从四川东部经G5京昆高速公路前往凉山的途中遭遇泥石流，必经之路被冲毁。大篷车只得绕行四川、云南2省9个地市1000多公里山路，耗费2天时间才进入喜德县中坝村。在当地，报道团队挖掘出一个"年轻党员从首都来到最贫困的地方感受艰苦奋斗精神"的故事。中坝村驻村第一书记刘超，是总台的一名年轻党员，他从北京来到凉山，想用自己的努力带动全村4245人走上真正的脱贫致富之路，她被彝族老乡亲切地称为"果果书记"。凉山脱贫攻坚任务到底有多重？当时全国有52个尚未脱贫摘帽的贫困县，其中四川凉山有7个县。报道团队不仅完成了喜德县中坝村和昭觉县三河村两场精彩直播，还对四川省委领导进行了专访。

党员身先士卒诠释信仰的力量

2020年9月下旬，《走村直播看脱贫》报道团队在甘肃、宁夏、内蒙古的行程意外之多超乎想象。谁也无法预料：在宁夏固原西吉，直播团队为赶时间特意一早出发，前方重型卡车突然陷落泥坑挡住道路，且无他路可走；4天之后，就是内蒙古的直播时间，但是直播地点仍未确定；两个省区已经约好的领导专访，临近直播却说不行……团队每两天赶一个直播站点，距离近的300多公里，远的500多公里，路线百折千回，天气阴晴雨晦，中午热得只能穿单衣，日落冻得换上羽绒服，大家天天披星戴月、风餐露宿、夙兴夜寐。大篷车到第三站内蒙古清水河县时，5位队员不约而同患病。我得了重感冒，嗓子很疼，头感觉像个铅球一样重。技术王超上吐下泻，出现发烧症状。另外3位同事也出现病情，生病人数达到创作人员总数的40%。

关键时刻，90后党员、编辑俞倩倩主动请缨承担本职以外的工作，制片老师提供应急药物帮助大家缓解症状。第二天，患病的党员、摄像师毛明洋和其他同事表示，大家有的看了病，有的服了药，都可以继续坚守岗位。

中午吃盒饭的《走村直播看脱贫》工作人员

《走村直播看脱贫》报道团队进行专访录制

党员身先士卒，大家齐心协力，身心达到极限的报道团队在短时间里经受住了数倍于常规工作强度的考验，仅用4天时间就完成内蒙古站点直播任务，刷新了纪录；还如期赶到下一站点河北蔚县，在国庆中秋双节持续奋战，顺利完成直播；并且成功邀请宁夏、内蒙古两位自治区领导来到直播村庄接受专访；河北蔚县的"我为家乡点赞"数量达到700多万，跃居百村首位，荣获最佳人气奖。

在此期间，我一心扑在工作上，每天睡眠时间只有四五个小时，当重卡陷落泥坑时，马上联系当地疏通道路；遭遇跨省路障，紧急协调解决；在队员们患病之际，迅速调整工作安排；宁夏、内蒙古领导因故不能接受专访，急事急办、连夜沟通换人……在河北蔚县，刚刚走完十几个县赶来会合的编导刘学宁看我气色很差，衣服里面鼓鼓囊囊，掀开一看，发现腰上缠着一圈充电护腰带。

团结一致战斗在雪域高原

西藏贡觉县金珠村，平均海拔3900米，最高海拔约4500米。《走村直播看脱贫》报道团队在这几乎都有高原反应，但没有一个人退缩。

张滨的高原反应最为严重，医生建议他转移到低海拔地区或入院观察。尽管一夜未眠，为稳定军心，他第二天仍然坚守岗位。摄像师高文鹏为保持镜头稳定，在缺氧情况下控制呼吸，以致面部红得发紫。记者平凡每次出镜前先猛吸几口氧气，一口气说完后，然后再大口喘气。他们，都是党员。看到氧气瓶不足，党员同志纷纷将氧气让给其他需要的同事。因高原反应住院的王雪晴说，党员的表率作用深深感染着她，激励她不断进步。

直播前3天，专访领导无法到达现场，怎么办？工作交给了正在拉萨援藏的财经频道主持人孟湛东，孟湛东当晚就沟通方案，撰写策划方案直到凌晨两点。第二天上午，江达、拉萨两地联动，领导专访圆满完成。然而大家并不了解，当时孟湛东刚到拉萨不久，不仅有高原反应，而且感冒未愈。领队马超，同样高原反应严重，晚上头疼欲裂，白天全身绵软无力。他尽量表现得比较轻松，除了本职工作之外，还承担了很多其他

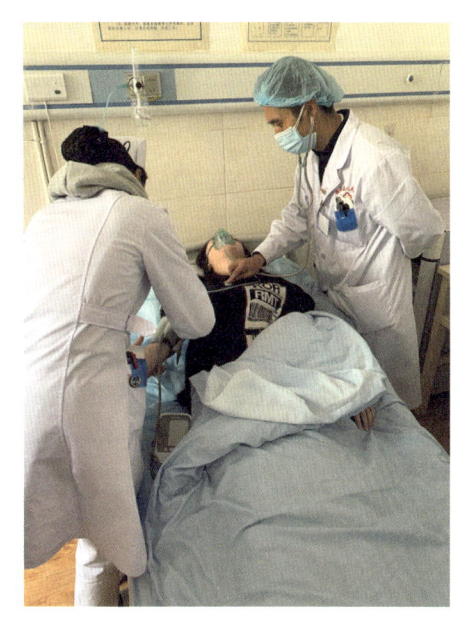

报道团队成员因严重高原反应在西藏医院进行救治

工作。在西藏10天，整个团队通力合作，克服工作强度巨大、精神高度紧张、高原反应严重的三重压力，以过硬的专业素养啃下了硬骨头，完成了3个站点直播，其中贡觉的直播观看量超过310万。

打破常规奉献收官之作

2020年10月31日，《走村直播看脱贫》第101场直播作为收官之作在陕西延安举行。百人腰鼓齐奏，村民喜气洋洋。5分钟的节目，将延安的脱贫攻坚成就展现得淋漓尽致，打破常规，富有新意。

创新的背后，也是前所未有的挑战。近200人的腰鼓场面，几天之内必须做到行云流水、一气呵成。几分钟的时间，需要集中呈现脱贫成就亮点。怎么才能做到既创新又安全？团队中的五位党员组成了一个党员突击队，带领大家全力以赴，尝试打造一个精品节目，每个人都在绞尽脑汁出谋划策。有的字斟句酌，把村民的采访改编成押韵的小调；有的反复设计最佳机位；有的细致入微地做好协调工作。在大家共同努力下，终于奉献了一场振奋人心的《走村直播看脱贫》收官直播。

财经节目中心大型融媒体行动《走村直播看脱贫》报道团队于7月25

日从江苏徐州出发，分成南北两线，11月1日到达延安会合，前后历时100多天，走进101个村庄，完成直播101场，增加用户100万，成功邀请到11位省、自治区领导接受专访。节目在电视、广播、新媒体端融合传播，全网总点击量突破5.25亿次；活动发布的《脱贫奔小康丨走村直播看脱贫》游戏，各渠道转发总次数达2.2亿；活动为帮扶企业和贫困地区搭建的签约平台，实现双方总签约额近4.8亿元。

在中心党委的领导下，《走村直播看脱贫》报道团队中的"共产党员"已经不仅仅是一个光荣的称号，更是一件件鲜活的小事、一个个清晰而立体的形象。在3个多月的时间里，共产党员不畏艰险、冲锋在前，近200名同志患难与共、团结一心，挺进大别山、大巴山、六盘山等重峦叠嶂，穿越雪山、戈壁、草原等恶劣环境，行程3万多公里，记录中国脱贫攻坚的伟大成就，呈现中国为国际减贫事业提供的非常智慧，寻找中国"创造人类奇迹"的重重密码，用镜头和文字在神州大地上书写了"全面建成小康社会，实现第一个百年奋斗目标"的重要宣传篇章。

习近平总书记在2021年2月20日召开的党史学习教育动员大会上强调，"全党同志要做到学史明理、学史增信、学史崇德、学史力行，学党史、悟思想、办实事、开新局，以昂扬姿态奋力开启全面建设社会主义现代化国家新征程，以优异成绩迎接建党一百周年"。在总台党组坚强领导下，财经节目中心将认真学习领会习近平总书记重要讲话精神，进一步增强"四个意识"、坚定"四个自信"、做到"两个维护"，提高思想认识和政治站位。为庆祝中国共产党建党100周年，中心2021年重点推出党史题材的大型融媒体行动《红色金融路》，以中国共产党成立为起点，以中国红色金融为主线，以历史的、宏观的、财经的、全球的视角深入浅出、生动形象地展现和解读中国共产党领导下的金融业从无到有、从萌芽到壮大的发展历程，让红色基因、革命薪火代代传承。

《走村直播看脱贫》真实记录时代变迁

■ 陶海军

习近平总书记指出:"2020年是具有里程碑意义的一年。我们将全面建成小康社会,实现第一个百年奋斗目标。2020年也是脱贫攻坚决战决胜之年。"紧扣这一重大主题,2020年7月25日至10月底,中央广播电视总台财经节目中心重磅推出大型融媒体行动《走村直播看脱贫》,记录"决战决胜脱贫攻坚"这幅伟大的历史画卷!

一、直击湖南如何推动十八洞村和全省脱贫攻坚取得历史性成就

2013年11月3日,习近平总书记在湖南省湘西土家族苗族自治州花垣县十八洞村视察时,首次提出"精准扶贫"重要论述。

7年后,2020年9月8日,《走村直播看脱贫》走进总书记"精准扶贫"重要论述首倡地——湖南省湘西土家族苗族自治州花垣县十八洞村。

这里也是《走村直播看脱贫》的第43站。

中央广播电视总台财经节目中心记者从这里开始,寻求十八洞村村民收入增幅将近10倍实现整体脱贫的致富密码,观察湖南如何始终牢记习近平总书记殷殷嘱托,按照"实事求是、因地制宜、分类指导、精准扶贫"要求,

2020年9月8日,《走村直播看脱贫》走进湖南省湘西土家族苗族自治州花垣县十八洞村

一仗接着一仗打,一年接着一年干,推动习近平总书记"精准扶贫"首倡地十八洞村和湖南全省脱贫攻坚取得了怎样的历史性成就。

湖南省人民政府副省长隋忠诚接受《走村直播看脱贫》记者专访时表示,十八洞村在精准识别贫困人口、发展扶贫产业、壮大村集体经济等方面探索出了可复制、可推广的经验,湖南省将继续多措并举巩固成果,高质量打赢脱贫攻坚战。隋忠诚副省长还说:"《走村直播看脱贫》这个节目,大篷车创意非常好,效果非常好。"

在湖南,《走村直播看脱贫》先后走进湖南省郴州市宜章县梅田湖镇龙村瑶族村、湘西土家族苗族自治州花垣县十八洞村、湘西土家族苗族自治州保靖县比耳镇比耳村、湘西土家族苗族自治州永顺县科皮村等4个村,引起了当地强烈反响。

二、深入"三区三州"一线前沿,揭秘深度贫困堡垒如何攻克"有天无地,有山无田,有人无路"

2020年6月1日出版的第11期《求是》杂志发表了习近平总书记的重要文章《关于全面建成小康社会补短板问题》,文中这样描述"三区三州"地区——贫困人口较为集中,自然条件极端恶劣,脱贫攻坚任务最重,是"短板中的短板"。

"三区三州"是事关中国能否全面建成小康社会的"关键之地",是最难啃的"硬骨头"。

"脱贫攻坚本来就是一场硬仗,而深度贫困地区脱贫攻坚是这场硬仗中的硬仗。"习近平总书记深刻指出。

国家明确的"三区三州",包括西藏、四川省涉藏州县、新疆南部四地州和四川凉山州、云南怒江州、甘肃临夏州。

9月5日开始,中央广播电视总台大型融媒体行动《走村直播看脱贫》陆续走进"三区三州"的甘肃、青海、四川、西藏等4省区12个深度贫困

2020年9月5日，《走村直播看脱贫》走进"三区三州"的甘肃省临夏回族自治州和政县新营镇三坪村

县，分别是甘肃省临夏回族自治州和政县新营镇三坪村、甘肃省临夏回族自治州东乡族自治县布楞沟村、甘肃省甘南藏族自治州迭部县、青海省海西蒙古族藏族自治州乌兰县茶卡镇巴音村、青海省海西蒙古族藏族自治州天峻县新源镇梅陇村、四川省凉山彝族自治州喜德县光明镇阿吼村、四川省凉山彝族自治州昭觉县三岔河乡三河村、四川省甘孜藏族自治州德格县龚垭乡雨托村、四川省甘孜藏族自治州新龙县博美乡仁乃村、西藏自治区昌都市芒康纳西民族乡纳西村、西藏自治区昌都市贡觉县阿旺乡金珠村、西藏自治区昌都市江达县岗托镇。

2020年9月7日，《走村直播看脱贫》走进"三区三州"的甘肃省临夏回族自治州东乡族自治县布楞沟村

由十几位工作人员组成的《走村直播看脱贫》南北两线两路报道团队，亲身体验什么叫作"有天无地，有山无田，有人无路"，深入了解"二区三州"人民如何战胜"雪封山""山挡路""苦缺氧""望天收"的绝望困境，通过"扶贫""扶志""扶智"结合，让过去的悲苦生活随风沅逝。

三、重点报道千百年来"苦瘠甲于天下"的三西地区

三西地区是指甘肃河西地区19个县(市、区)、甘肃中部以定西为代表的干旱地区20个县(区)和宁夏西海固地区8个县，共计47个县(市、区)，总面积38万平方公里，农业人口约1200万人。这片区域曾经号称中国最荒凉、最贫瘠的地方，改革开放以前，三西地区有个远近闻名的要饭村，每年青黄不接时，全村600来户人家，有300多户出门要饭。20世纪70年代末，甚至三西地区的县城街上都是"讨饭的比买饭的多"！

1982年的统计数据显示，宁夏西海固贫困人口占比高达74%，甘肃河西、定西贫困人口更是高达78%。农民辛辛苦苦干一年，人均年收入只有50元至60元。1982年，三西地区作为全国第一个区域性扶贫开发实验地，国家每年拿出2亿元对其进行开发式扶贫。

"三西"那么穷，不是百姓懒惰，而是自然条件太过恶劣。这里严重缺水，我国人均水资源量仅为世界人均的28%，而"三西"人均水资源量只有全国人均水平的4.35%。极端干旱年份，甚至全年无雨。130多年前，清朝陕甘总督左宗棠一声叹息："陇中苦瘠甲于天下。"30多年前，联合国官员来到三西地区考察，丢下的是一句绝望的评价："这里不适宜人类生存。"这一千百年来"苦瘠甲于天下"的三西地区，如何借助"精准扶贫"东风，战胜极端恶劣条件，向全面小康奋力前行？

2020年8月31日，中央广播电视总台财经节目中心大型融媒体行动《走村直播看脱贫》走进了第一个三西地区扶贫地点——甘肃省天水市甘谷县礼辛镇尉坪村，报道尉坪村在风沙弥漫中摸索出"支部+合作社+基地"模式，走出了一条以绿色发展为导向、可持续的发展路子，小苹果成了"富民果"，一抹辣椒红点亮小康梦。

2020年9月3日，《走村直播看脱贫》走进第二个三西地区贫困村——甘肃省定西市渭源县田家河乡元古堆村，聆听当地老百姓讲述大力发展康

养产业，靠中医药、马铃薯种薯、草牧业三大传统特色优势产业鼓起钱袋子，告别破败土坯房的动人故事。

《走村直播看脱贫》还走进甘肃省武威市古浪县黄花滩生态移民区富民新村、甘肃省平凉市静宁县甘沟镇杨咀村、宁夏回族自治区固原市西吉县偏城乡涵江村等更多三西地区贫困村，看看这里的"三西"人民，究竟是如何在峰峦纵横的六盘山下，在苍茫荒凉的黄土高坡上，在多灾多难的这片土地上，顽强发展，实现千百年来梦寐以求的"命运逆转"。用三西地区的语言来说，《走村直播看脱贫》要看看有多少"三西"人家从悬悬乎乎的沿崖汉，变成了红红火火的猛上户？沿崖汉，意思是日子像过到了悬崖边，就快摔下去了。猛上户，就是状况迅猛改善的农家。

四、技术"敢首创"，内容"沾泥土"，全面记录"决战决胜脱贫攻坚"和"全面建成小康社会"的伟大历史画卷

《走村直播看脱贫》走进全国23个省区市101个脱贫村的"外场新媒体大篷车"，是中央广播电视总台财经节目中心首创。围绕总台"5G+4K/8K+AI"战略布局，进行技术创新的《走村直播看脱贫》大篷车，长16.1米、宽2.55米、高3.98米，搭载5G+4K/8K+AI技术，实现了央视财经

搭载 5G+4K/8K+AI 技术的《走村直播看脱贫》"外场新媒体大篷车"

频道、央视财经新媒体、央广经济之声、中国交通广播四路信号同步直传，大篷车配备的机器人等高科技产品和5G移动演播室，可供村民参观、体验、互动。

业内专家评价说："财经节目中心围绕全面建成小康社会、脱贫攻坚决胜之年的工作部署，创新采用直播大篷车下乡方式，把报道做到村庄、村民中去，这再次证明，主流媒体不断出新，就能在重大主题宣传中有新作为。"

内容上，《走村直播看脱贫》"沾泥土、带露珠、接地气"，记者深入脱贫百姓村，体验脱贫村民摆脱"靠山吃山"、告别"旱涝无收"，甚至战胜极端恶劣条件，与牛蒡、瓜蒌、辣椒、脐橙、苹果、猕猴桃、艾草、竹子、玫瑰、鲤鱼、牦牛、滩羊、拉面、画笔、乐器等之间发生的脱贫故事，以微观视角记录伟大画卷。

《走村直播看脱贫》独创的特色新媒体产品《我当村主播 农民说新闻》，邀请各省村民实现"人生第一次"，坐上高科技的大篷车演播室主播台，以Rap、快板、戏曲等特色方式，介绍村庄发展，推介扶贫成果。据统计，共计有124位农民主播登上大篷车移动演播室，过了一把主播瘾。

《走村直播看脱贫》航拍的《云瞰中国之美丽乡村》系列短视频，带领大家高空俯瞰中国脱贫村庄的壮丽美景；原创的《记者走村Vlog》，记者亲身参与村民日常劳作，通过Vlog的形式活泼呈现脱贫村民的致富密码；精心设计出的H5投票产品，全民互动点赞家乡。

《走村直播看脱贫》电视直播主要在央视财经频道午间新闻节目《天下财经》完成，晚间黄金档新闻栏目《经济信息联播》和早间栏目《第一时间》均开设有"走村看脱贫"专栏。《走村直播看脱贫》新媒体产品主要在央视财经客户端推出，通过下载央视财经App，不仅可以观看直播，还可以参与抽奖。

2020年7月25日，中央广播电视总台财经节目中心大型融媒体行动《走村直播看脱贫》开始出发，截至2020年11月1日，已经走进江苏、安徽、湖北、江西、广西、贵州、湖南、四川、重庆、云南、河南、陕西、甘肃、青海、西藏、新疆、宁夏、内蒙古、河北等地，最终在革命圣地延安会合，前后历时3个多月，走完23个省、自治区、直辖市101个脱贫村，全面记录"决战决胜脱贫攻坚"和"全面建成小康社会"的伟大历史画卷！

五、电视广播新媒体融合，中央地方媒体联动，书写"全面建成小康社会，实现第一个百年奋斗目标"的重要宣传篇章

目前，中央广播电视总台财经节目中心已经发布《走村直播看脱贫》报道760多篇。

其中，央视财经频道《天下财经》推出电视直播连线100多场，《经济信息联播》《第一时间》《正点财经》等栏目播出相关新闻近400多条，电视播出时长总计近2000分钟；央广经济之声发布广播报道100多篇；央视财经新媒体推出新媒体直播101场，每场新媒体直播时长达1小时，加上启动仪式，新媒体直播时长总计6000多分钟。

与此同时，中央地方联动，内宣外宣联合，《走村直播看脱贫》实现了海内外立体传播的"滚雪球"效应：一是中宣部"学习强国"学习平台开设《走村直播看脱贫》专栏，并在首页推荐。中宣部"学习强国"学习平台已经发布《走村直播看脱贫》内容150多篇次，单期最高播放量超过20万次。二是人民网、中国日报网、央视网等中央主要新闻网站和澎湃新闻、新浪网、东方财富网等商业新闻网站纷纷转载报道。三是江苏、河南、湖北、江西、云南、湖南、山东、安徽、甘肃、青海等省的《新闻联播》以及省市县各级融媒体中心对《走村直播看脱贫》的活动线路、技术特点、传播亮点进行了报道。四是CGTN翻译《走村直播看脱贫》内容成为英语产品面向海外传播，同时推出《走村直播看脱贫》英文版直播。

截至目前，《走村直播看脱贫》整体报道全网总点击量已经超过5.25亿次。在具有里程碑意义的2020年，中央广播电视总台财经节目中心正在书写"全面建成小康社会，实现第一个百年奋斗目标"的重要宣传篇章。

在人类的历史上，没有任何一个国家像中国一样拥有如此规模、如此程度、如此速度的"命运逆转"，过去30多年，全球减贫事业成就70%来自中国。党的十八大以来，中国贫困人口减少过亿。中央广播电视总台财经节目中心大型融媒体行动《走村直播看脱贫》"长征"3个多月，南北两线报道团队前后接力挺进大别山、大巴山、六盘山等层峦叠嶂，深入雪山、戈壁、草原等贫瘠土地，只为记录中国近几十年特别是党的十八大以来的脱贫攻坚伟大成就，呈现中国为国际减贫事业提供的非常智慧，寻找中国"创造人类奇迹"的重重密码！

移动直播间行进式直播　全景展示媒体报道新模式

■ 《正点财经》 王哲

一、紧贴经济脉搏　有政治和大局意识

脱贫攻坚是时代赋予每一位扶贫工作者的时代任务和光荣使命。媒体人要识时局，顺时势，不辱使命，勇于担当，为脱贫攻坚献计献策、出力出汗，做好宣传报道。大型融媒体行动《走村直播看脱贫》，就是中央广播电视总台财经节目中心专门为配合国家这一重大主题，做好脱贫攻坚宣传而策划的重要大型活动。整个活动走进全国23个省、自治区、直辖市的101个脱贫村，看看现在村容村貌发生的巨大变化，挖掘带着泥土气息的鲜活脱贫故事，全面展现农村贫困人口脱贫、贫困县摘帽、贫困地区面貌焕然一新的喜人现象。

二、行程数万公里　踏踏实实走基层

大型融媒体行动《走村直播看脱贫》组织了上百名记者、摄像和技术直播团队人员，从江苏徐州出发，兵分两路：一路走北线，途经河南、陕西、甘肃、青海、新疆、宁夏、内蒙古、山西、河北等地；一路走南线，

途经安徽、湖北、江西、湖南、广西、贵州、四川、重庆、云南、西藏等地。这次行动持续3个多月，总行程35000多公里，踏踏实实走基层，为观众带来了最接地气的行进式新闻报道。

三、创新传播思维　线上线下全面联动

在报道形式上，《走村直播看脱贫》大胆融合，开拓新的传播思维。直播大篷车所到村庄的致富创业故事和当地经济发展情况，都通过中央广播电视总台央视财经频道、央广经济之声、中国交通广播、央视财经新媒体进行播出。其中，电视直播主要在央视财经频道的午间新闻节目《天下财经》完成，央视财经频道的黄金档新闻栏目《经济信息联播》开设脱贫报道专栏。同时，大篷车对所到的每个村庄在央视财经客户端进行了长达1小时的直播，观众通过下载央视财经App，可以观看直播，参与抽奖活动。

《走村直播看脱贫》节目组勇于突破创新，在演播室的设计和直播技术应用上首次开创了"外场新媒体大篷车"。大篷车搭载5G新媒体移动云制播系统，利用5G+4K/8K+AI技术，实现电视广播、线上线下、大屏小屏播出的有机结合。其配置了三讯演播区，演播区由集装箱改装而成，长12米、宽2.55米、高3.98米，箱体采用液压自动展开结构，最大可以上翻120度。演播区也可以自动展开，并外接扩展平台，面积50多平方米，可以满足大部分节目的场景要求。在直播过程中，栏目组邀请了脱贫村的村民代表、当地扶贫干部、县市负责人，从自己的亲身经历入手，讲述了当地如何齐心协力、自力更生、艰苦奋斗、脱贫摘帽的精彩故事。直播中，不少村民展示了当地的土特产和特色产品，使更多的观众了解了当地脱贫致富的丰硕成果。

四、精选全国多地脱贫典型　全方面展示脱贫故事

《走村直播看脱贫》大型融媒体行动精选了全国101个脱贫村进行直播报道，每个村的故事和内容都各具特色。全国脱贫看云南，云南脱贫看昭通。在《走村直播看脱贫》云南站，笔者了解到，昭通有贫困人口185万人，脱贫攻坚任务重，按照"搬不动大山就搬房，搬不动江河就搬人"的

思路，昭通将5个县的3.6万贫困群众搬迁到鲁甸县卯家湾安置区。本次直播以改善民生为抓手，通过医务人员为社区居民开展义诊活动，直播社区医疗体系改善等情况为亮点，突出当地为走出大山的村民解决就业、教育、医疗等一系列难题。栏目组还走进田间地头，通过直播镜头给网友展示脱贫攻坚给农村带来的新变化。直播中，主播将与村民互动，以电视大屏和新媒体小屏直播的形式展现易地扶贫搬迁群众脱贫致富奔小康的幸福生活。

在陕西省，《走村直播看脱贫》节目组陆续走进了商洛市山阳县法官镇法官庙村、安康市旬阳县李家台村、安康市平利县双杨村、汉中市镇巴县春生社区。法官庙村因地制宜用产业挑起脱贫大梁，李家台村打造四季有花又有果的生态农业园，双杨村的茶产业等，带大家一同领略了老乡们守护绿水青山、换来金山银山的脱贫故事，形成了一道道美丽的乡村风景线。

2020年8月4日，《走村直播看脱贫》大型融媒体行动走进中国传统中医药文化之乡——湖北蕲春五斗地村。"以前的五斗地村一年换三个村支书，家家户户守着只够糊口的一亩三分地，没有支柱产业。"2017年以后，本是蕲春后进村的五斗地发生了翻天覆地的变化，当地发力蕲艾产业，千亩岗地全部种上蕲艾，实现了蕲艾产品加工增值，形成种植、收购、加工、销售一条龙。经过三年多的经营，五斗地村蕲艾收入达720余万元，成为远近闻名的蕲艾专业村，未来将努力向4000亩蕲艾种植基地奋斗，为打造中医药健康旅游示范区打下坚实基础。

在湖南，节目组走进了花垣县十八洞村、保靖县比耳村和永顺县科皮村，报道那里的变化。近年来，龙村瑶族村以"支部＋合作社＋基地"模式，发展特色种养业，流转土地6500亩种植脐橙、油茶等，产品通过电商平台销往各地，走出了一条变地下为地上、变黑色为绿色、变短期为可持续的发展路子。2019年，村民人均纯收入达1.6万元以上，村集体收入70余万元。

大篷车开进内蒙古，首站走进呼和浩特市清水河县高茂泉窑村，重点采访拍摄了高茂泉窑村的经济发展情况。直播现场，当地乌兰牧骑及网红歌手表演了庆丰收主题的精彩文艺节目，展现了清水河五谷杂粮特产及国家地理标志性产品，还有区域公共品牌农产品及当地特色美食。

在甘肃省平凉市静宁县甘沟镇杨咀村，《走村直播看脱贫》节目组以大屏小屏互动直播的方式带领观众观看热闹的赛果大会，现场将直播的关注点对准了这些果子，向全国观众详细地介绍了这些"金果果"的特质及销售、助农脱贫等情况，讲述静宁发展苹果产业脱贫致富奔小康的故事，多角度展示静宁脱贫攻坚成果。

《走村直播看脱贫》特别设置了《我当村主播　农民说新闻》版块，让近百位老乡走上大篷车的主播台，老乡以Rap、快板、戏曲等特色方式，讲述家乡的变化和扶贫的成果，乡亲们既是故事主人公又是传播者，真正做到了"一传十，十传百"。

五、紧扣绿色发展主题　做接地气的报道

大型融媒体行动《走村直播看脱贫》播出了101期节目，笔者选取了其中一期节目来具体分析。清澈的江水，翠绿的群山，2020年8月11日，《走村直播看脱贫》第6站摄制组走进了河南省南阳市淅川县，看看这里的老百姓是如何坚持绿色发展，实现水清民富的。

一湖清泉可作证，千古难忘移民情。淅川位于豫西南边陲，是南水北调中线工程核心水源地和渠首所在地、南水北调中线工程横跨河南、湖北两省，河南省库区全部在淅川县。在20世纪50年代到70年代，淅川县已先后移民20多万人，在长达二三十年的时间里，淅川的父老乡亲有的西进青海，有的南下荆门，虽饱受颠沛流离之苦，却无怨无悔地支持着国家建设。2009年，南水北调中线工程丹江口水库移民启动，淅川需要再次移民16.5万人，淹没144平方公里土地，涉及11个乡镇、168个村、200多家企业单位，直接经济损失达百亿元。

淅川县是国家重点生态功能区、国家一级水源保护区，也是国家级扶贫开发重点县，移民任务完成后，淅川县接着面临的就是经济发展的问题。当地人深知"绿水青山就是金山银山"，受区位条件和移民迁安的影响，为保护水质，这里"有树不能伐、有鱼不能捕、有矿不能开、有畜不能养"，经济发展必须在保护水源、保护生态的前提下进行，那么，淅川该如何走出一条"绿色脱贫路"呢？

发展杏李产业，是当地人找到的一条重要脱贫路！杏李，是通过优质杏、李多次种间杂交培育出的珍稀精品水果，兼具了杏的香味与李子的甜味，果大早实、高产稳产、收获期长、耐贮藏，营养丰富，经济价值高，食用价值高，被誉为"21世纪水果新骄子"。杏李具有良好的水土保持效

果，是我国中西部地区生态经济型首选树种，特别适合淅川县的水土，在淅川县寺湾镇前营村的这片杏李园里，记者看到红红的果子挂满了枝头。当地的农民杨贵申告诉记者：一亩地就要产个5000斤往上，经济效益近6000元。我们注意到，杏李树下还套种紫薯、辣椒、中药材等，紫薯一亩地能增加效益2000多元，套种辣椒一亩地能增收四五千元，真的是实现了一地多收。

在淅川县，我们的直播采访团队先后走访了寺湾镇前营村、九重镇仁和康源软籽石榴基地、渠首大坝、环库公路、宋岗码头、丹江口水库等。直播节目的主要场景安排在淅川县寺湾镇前营村杏李基地，通过摘杏李、评杏李、品杏李，展示了杏李在淅川县脱贫攻坚过程中发挥的作用。在九重镇仁和康源软籽石榴基地，当地人告诉记者："我们的软籽石榴'喝'的是丹江水，'吃'的是有机肥，饱满多汁、口感清甜，一颗颗像红宝石，晶莹剔透，就是不一般……"

另外淅川县还重点发展了软籽石榴、黄金梨、薄壳核桃等林果业立体生态种植，淅川县老城镇王岭村第一书记杨宇说："这些都是喝着丹江水、吃着有机肥生长出来的原生态无污染的产品。"淅川县环境监测站副站长孙迪丽说："监测数据显示：丹江口库区水质因子常年稳定达到地表水环境质量标准二类水质，90%以上的水质因子达到一类水质。"目前当地生态林果面积已达38.7万亩，林下套种面积超过40%，农民人均增收1500元。

在直播中，县长杨红忠表示，将以生态文明建设为统揽，以水质安全为底线，举全县之力，综合施策，持续发力，使库区水质常年稳定保持在Ⅱ类以上标准。县委副书记曲岩表示：目前淅川县已经探索出了短中长三线结合的产业发展模式：做实短线产业，让百姓快速致富增收；做强中线产业，让群众种下"摇钱树"；做大长线产业，做大做强旅游业，让群众持续增收致富。而在央视的直播车上，通过8位驻村第一书记PK比武，展示了淅川县软籽石榴、香菇、艾草、玫瑰、鹳山鸡鸡蛋、黄金梨、大樱桃、蜂蜜等特色扶贫产业。寺湾镇前营村6位农民还通过"我当村主播"环节，畅谈了淅川县脱贫攻坚前后的喜人变化。

"问渠那得清如许？为有源头活水来。"南水北调中线工程通水近6年来，淅川通过发展杏李、软籽石榴、金银花等特色生态农业，30多万亩荒山披上了绿装，如今，淅川县打造了冢子坪桃园、马沟杏李基地、杨山石榴园等10个生态旅游观光精品园，全县初步建成旅游重点村36个，

淅川县——我国南水北调中线工程核心水源地和渠首

乡村旅游产业园40个，农家乐和特色民宿500多家，年接待游客500余万人次，辐射带动1600多户贫困户年均增收5000元以上，实现生态与发展的双赢。

春有花、夏有荫、秋有果、冬有绿。如今的淅川，山越来越绿，水越来越清，村民越来越富。坚守着丹江口水库的最后一道"生命防线"，一条生态优先、绿色发展之路正在绿水青山间焕发出蓬勃活力，逐渐变成"金山银山"，逐步实现水清民富县强。5年来淅川持续向京津冀豫4省市输水270余亿立方米，水质稳定在Ⅱ类标准以上。全县贫困人口由2016年年底的69555人减至5537人，贫困发生率由2016年年底的10.66%降至0.9%以下，159个贫困村有序退出贫困序列，脱贫摘帽目标已如期完成，决胜全面小康的画卷正徐徐展开。

六、行进式直播　多角度拓展传播思维

经过100多天的行进式直播，2020年11月1日，大型融媒体行动《走村直播看脱贫》在革命圣地——延安完美收官，全国多个地区的政府领导、扶贫企业代表和百村村民代表在宝塔山下录制了特别节目，嘉宾们重温了大家各自的脱贫故事，分享了各地脱贫致富、建设美丽乡村的智慧与成果，共同开启助力乡村脱贫攻坚、助推乡村振兴的新征程。在活动现场还特别展示了100多位当地画家，用画笔描绘的百村脱贫景象和脱贫攻坚伟大历程，101个村庄101幅画，总长度2020分米，以美好的寓意为2020年打赢脱贫攻坚收官战和实现第一个百年奋斗目标烘托氛围。

未来已来，将至已至。当下，新闻媒体的融合发展进一步加快，新闻

报道传播范围更广、传播更加快捷、传播形式更为灵活多样。在这样的背景下，党报、党刊、党台、党网等传统主流媒体如何做好创新，加快融合发展步伐，是本文思考和探究的主题。笔者认为，要加快运用新模式、新技术、新机制，推动电视播出、广播播出、报纸、公众号、微信、微视频、客户端融合度的提升，向受众提供创新新闻信息服务，才能实现新闻宣传效果的最大化和最优化。大型融媒体行动《走村直播看脱贫》用直播大篷车、多角度的思维模式和多部门的综合联动，为新闻报道传播蹚出了一条新路，值得大家思考和学习。传统主流媒体必须加强自我革新，顺应趋势，在既有专业性、权威性的基础上，提升节目信息、传播速度、传播效果，形成信息资源集约、结构布局合理、内容差异发展、部门协同高效的全媒体传播体系，才能占据舆论主导权，提高新闻舆论传播力、引导力、影响力和公信力。

《走村直播看脱贫》全网点击过5亿

■ 沈玉 孙莲莲 马媛媛

"鸟儿回来了，鱼儿回来了，虫儿回来了，像我们（这样的）年轻人也回来了，咱老百姓更自信了！"湖南省湘西土家族苗族自治州花垣县十八洞村村民施佳杰，这位"表情帝"村大哥，坐在央视主播台上声情并茂地介绍家乡的脱贫故事。他的家乡湖南十八洞村在4年时间里，实现了人均纯收入从不到1700元到14800元以上的飞跃。

"哥哥是个农村人，不比城头差半分，乡村别墅刚修好……乡亲们啊，人生在世不要懒，总有一天会翻身！"贵州织金山歌响彻演播间，村主播台子居村民张澜舰动情唱起"致富歌"。

这些活泼泼、鲜嫩嫩的报道，来自中央广播电视总台财经节目中心大型融媒体行动《走村直播看脱贫》。

100多天、101个村、101场直播、100多万用户、100多位村主播、101幅脱贫图，为村庄带来的近4.8亿元的订单，5.25亿次的全网点击量，这一系列数字描绘出了此次大型融媒体行动的亮眼表现。

2020年是脱贫攻坚决战决胜之年，在这具有里程碑意义的一年中，如何讲好脱贫故事？如何做好扶贫宣传？如何上下一心共同实现复兴路上的家国愿景？2020年7月25日启动，同年11月1日圆满收官，大型融媒体行动《走村直播看脱贫》在持续100多天的行进式报道中，力争拿出一份完美答卷。

量身定制的两辆大篷车开进田间地头

只有走下去,才能触碰到盛开在田野里的花。总台财经节目中心通过技术创新,让走进当下热腾腾的小康生活成为可能。

《走村直播看脱贫》首创搭载5G+4K/8K+AI技术的大篷车演播室,实现了央视财经频道、央视财经新媒体、央广经济之声、中国交通广播4路信号同步直传。车上配置了由集装箱改装而成的三讯演播区,箱体采用液压自动展开结构,最大可以上翻120度,展开就成了"大舞台"。《走村直播看脱贫》总监制陈永庆说:"大篷车让我们的走村落到了实处,走到哪儿直播到哪儿,强大的技术支撑是一个基础条件。"

大篷车不仅是行走在中国乡村的电视台、电台、新媒体中心,也是脱贫致富故事的移动宣讲队。每到一村,都能看到类似的场面:老乡们在展开的大篷车前排起长队,展展衣角、按捺兴奋,等着体验一番当村主播的感受。

这是报道团队特别策划的一款融媒体产品——《我当村主播 农民说新闻》。制片人张晓丽说:"走进央视演播室这件事情,对于很多普通老百姓来说,是一个不太容易实现的梦想。策划时我们就想要造一辆车,车里一定要有一个主播台,让老百姓能够坐在这里当主播。扶贫报道不仅仅是我们采访他们,应该是双向的,听听他们自己的表达。"

在发掘村主播的过程中,报道团队发现,乡亲们中间还真是卧虎藏龙,能人辈出。很多村主播的表现让人"惊艳"不已:有自己编词儿唱Rap的,有大展才艺打快板的,还有的"哇呀呀"来上一段大戏,十八般武艺齐上阵,创意多多,表现力十足。

截至报道结束,共有124位村民坐上大篷车内的央视主播台,用他们最接地气的表达,介绍家乡发展,讲述扶贫成果,分享身边发生的故事,引发热烈反响。网友评价:"真是又有趣又感人。"这些村主播短视频不仅接地气,更极具生命力。短视频上传至社交平台,在老乡自己、亲朋好友,以及当地媒体的推送、分享下,不少成为朋友圈的"爆款"产品。

这些有别于媒体的传统报道方式,从个人"小视角"切入大时代;这些村主播没有过多修饰的表达方式,直接展现了中国乡村正在真实发生的脱贫故事。

记者"本色出演",尖叫尴尬都是真的

大型融媒体行动《走村直播看脱贫》追求的从来不是"圈地自萌",而是输出爆款产品,突破圈层,让更多国人的目光投注到中国当下正在发生的伟大事业——全面脱贫。

报道团队制作推出的《云瞰中国之美丽乡村》系列短视频,利用无人机从高空看中国,多条短视频点击量超过130万次。另外,报道团队推出《记者走村Vlog》44条,其中一条记者分享锄草体验的微视频,就获得了2000万次的点击量。报道团队还创意推出H5互动产品,发起"我为家乡点赞"投票活动,全国各地网友积极响应,纷纷通过点赞的方式表达对家乡和生活的热爱,截至2020年10月31日,互动点赞人次达6892万。

此外,团队还特别设计了一款《脱贫奔小康丨走村直播看脱贫》微信小游戏,模拟"脱贫攻坚"过程中的各种困难挑战,网友要用"跑酷"的形式闯过多道关卡,才能成功"奔小康",让大家在游戏中体验"脱贫攻坚"的艰辛和不易,也获得上千万的点击量。

"我们也希望年轻的朋友在'大开眼界'的同时,能通过大家喜闻乐见的新媒体产品,通过身为同龄人的我们的视角和体验,一起关注'脱贫攻坚',了解'脱贫攻坚'的重要意义。"新媒体统筹、执行总导演罗敏说。

《记者走村Vlog》系列产品很多都成了网友热议的话题,比如在云南鲁甸县龙头山镇,记者吴南馨就带领大家去领略了花椒的N种打开方式,除了花椒全宴鲜香爽麻,还有花椒啤酒、花椒香皂、花椒身体乳等,让网友惊呼"大开眼界"。在河南平舆县西洋潭村,记者孟夏冰带领大家体验了藤编;在江西黎川县三都村,记者袁艺客串起了"油画拍卖师";在海拔3000米的青海化隆县本康沟村,记者李泽平还挑战了一次当地游乐园的王牌项目"高空秋千"……这些看起来五花八门的新鲜产业,其实都是当地的特色增收渠道,记者的体验犹如打开了一扇窗,让更多网友看到了当地脱贫致富的崭新面貌。

"我们的记者都很年轻,大多是90后,平常跑财经新闻,擅长做一些数据梳理或者产业调查,还有一些原本是后期小编,在节目需要的时候,第一时间顶上了一线,因而这次走基层的、沾满泥土的报道,对我们来说也是一次非常大的挑战,很多都需要学习。首先我们所有的直播都是一镜到底、一气呵成，对表达顺畅、场景衔接的要求非常高，需要记者有过硬的基本功并很好地把控住节奏。另外，这些年轻人是真真切切体验了一番到农田里劳作是什么感觉，他们基本上都没有下地干农活的经验，其间的状况百出、左支右绌，都是'本色出演'，比如记者李斯璇抓小龙虾是真的被夹了好几次；记者张伟杰是真的陷在水稻田里'拔'不出来，镜头前的尴尬和惊声尖叫都是真的。"

罗敏说，最开始其实每个人都是蒙的，但是通过亲身参与劳作，大家真切感受到农民的辛苦，也感受到通过自己的双手创造财富的幸福，进而把自己对生活的热情也融入其中，这种充满生活气息的、非常正能量的状态很让人感动。"觉得自己能够参与脱贫攻坚报道是一件非常自豪的事情，随之转化成一种责任感，不仅要积极记录报道，还要帮乡亲们出谋划策，寻找更多的特色产业和致富途径。"

除了"授人以鱼"，我们还要"授人以渔"

在历时100多天的报道中，《走村直播看脱贫》不仅是记录者，也是见证者。他们在走村过程中尽国家级媒体之所能，助力脱贫。

广西河池都安瑶族自治县隆福乡大崇村是当地有名的贫困村，那里的龙布屯有着非常美丽的星空，却"藏在深闺人未识"。有结对帮扶企业帮助他们量身打造了一个名为"日出龙布"的文旅扶贫项目，建设了集装箱客栈，但很少有人知道。"我们在那里做了直播后，还请陈伟鸿、史小诺等主持人给大崇村录制了一个短视频，号召大家有机会到这里来，看最美的星空，也帮助村子改变现状。"张晓丽介绍说。在新媒体端，罗敏收到了许多正向反馈："越来越多的网友关注到那里的美景，纷纷询问怎么才能过去旅游，这给当地带去了人气，带去了很多旅游资源。我觉得这是我们报道最重要的收获。"

这次走村活动也让记者和许多当地驻村干部、致富带头人、企业帮扶带头人成为朋友，他们一起研究怎么帮老乡找出路、打品牌。在四川广安革新村，有一位"剁椒妈妈"——陈明兰，她以前的主要经济来源是干农活，年收入最多只有5000元。如今借助电商平台售卖剁椒酱，她家的年收入能达到4万余元。为什么会有这样巨大的变化？多亏了一位"金书记"。金达帝，是当地的驻村第一书记，北京大学硕士扎根于四川革新村，来了两年，已经能说一口流利的四川普通话。他带领村民创立农产品的自有品牌、开展电商扶贫、在网上做直播带货等，现在村里贫困户人均年收入将近是6年前的7倍。

"收官的时候，我们特地把'金书记'请到了现场，他代表革新村与我们联系的帮扶企业签了一笔大约50万元的订单，不仅帮助他们提高了收入，而且帮助他们建立起一个长期、稳定的合作平台。除了'授人以鱼'，我们还要'授人以渔'。"罗敏说。

双线作战见证中国脱贫史

在脱贫攻坚的道路上，凝聚着无数平凡、微小的努力。《走村直播看脱贫》历时100多天，走进101个村，直播101场，行程达3万多公里。

《走村直播看脱贫》从江苏徐州开启以来，团队一路走南线，途经安徽、湖北、江西、湖南、广西、贵州、四川、重庆、云南、西藏等地；另一路走北线，途经河南、陕西、甘肃、青海、新疆、宁夏、内蒙古、山西、河北等地。为了确定这101个典型脱贫村，团队只能采取笨办法，一个一个地捋。

《走村直播看脱贫》要打破常规，把大篷车开进田间地头，那么能否具备直播条件就得提前反复进行敲定。"前期我们会跟这些村子进行沟通，我们有一张调查表，上面的信息非常全面且详细，包括村子里的路况，有没有限宽限高的要求，这关系到我们的直播大篷车能不能开进去，有没有地方停；还有村子里的网络信号如何，因为我们要做直播，信号不好，就没有办法完成等。"总导演刘阳介绍说。

直播路上不确定性太多，爆胎、塌方、高原反应、中暑等情况都曾猝不及防迎面痛击过报道团队。在去喜德的路上，突然遭遇塌方，大篷车无法通行，只能绕道1200多公里，两天一场直播的节奏又不能被打破……即便如此，报道团队也是有底气的，他们准备期间制订了各种应对突发情况的方案。两条报道线路便于他们双线作战，一路遭遇突发状况，直播计划有变，另一路就可以迅速补位。

各种突发情况挡不住报道团队的热情，各地火热建设新农村的景象，更是燃起了团队的斗志。"8月份在江西的一场直播中，记者易扬中暑了，马上要直播了，我们问她还能不能坚持，要不要换个人，她喝下藿香正气水，说了句'我没事'就直接去田里了。"刘阳回忆说，这样的场景太多了。

驾驶北线大篷车的司机是"重卡姐妹花"隋金荣和隋金环，昵称"四丫头"和"五丫头"。她们一路驾驶约16米长的大篷车已经很辛苦了，却还在空闲时拿起手机做直播。团队领队一打听才知道，姐妹俩竟然是快手平台上的大V（流量），她们正在自己的直播间为这次大型融媒体行动做宣传。罗敏透露说："有很多网友都是通过她们的直播间找到我们这里打卡的。"不仅如此，在青海，姐妹花还通过直播带货帮助农民卖了6000多单农产品，她们也在用自己的方式助力脱贫攻坚。

《走村直播看脱贫》每到一个地方，不仅要去记录、展现当地新农村的变化，同时也让当地的老乡们看到其他各地新农村的变化，全方位展示全国人民为奔向美好生活而努力奋斗的火热氛围，为大家坚定打赢脱贫攻坚战的必胜信心，同时也通过记者的提炼总结，让他们的成功模式，成为其他村庄可以参考、借鉴的样板。"通过参与我们的活动，他们的销量又上了一个台阶；我们一起努力完成这次报道之后，他们的生活又发生了新变化，这是我们最开心看到的。"罗敏说。

脱贫不是终点，是幸福生活的起点

2020年11月1日，《走村直播看脱贫》在革命圣地延安圆满收官。收官仪式上，财经节目中心推出"央视财经"客户端"百村大集"专区，征集各村龙头产品，提供线上农副产品展销平台，让村里的好物走进千家万户。同时，积极为帮扶企业和贫困地区搭建平台，总签约额近4.8亿元。现场还特别展示了100多位当地画家用画笔描绘的百村脱贫景象和脱贫攻坚伟大历程，101个村101幅画，总长度2020分米，以美好的寓意为2020年打赢脱贫攻坚收官战和实现第一个百年奋斗目标烘托氛围。那一天，参与走村报道的小伙伴们都难忍眼角泪水，"我们正在见证一个关乎民生的历史大事，作为其中的参与者，我们踏踏实实、真心诚意地做了，还看到了收获，感觉得到的特别多。"张晓丽说。

"我们的《走村直播看脱贫》结束了，但是总台财经节目中心对扶贫的宣传和支持，没有结束，我们在继续……"陈永庆介绍说，从2017年起，央视财经客户端就推出了"中国电商扶贫行动"，到2019年，已经帮助101

个国家级贫困县做过线上推介。"这次走村不过是我们就脱贫攻坚这一主题,以非常受欢迎的一种方式进行宣传和报道。"

在全面打赢脱贫攻坚战收官之年,总台财经节目中心推出的大型融媒体行动《走村直播看脱贫》,不仅体现了国家级媒体的责任和担当,也做出了融媒体报道的又一次探索与创新。总结此次大型融媒体行动,总监制陈永庆对于融媒体报道的体会越发深刻:"融媒体报道的'融',是体现在报道从策划到实施的方方面面的,新媒体不应该只做大屏短视频的分发商,更重要的是,要创作有自己特色的原创产品、互动产品,提升日活量。"

《走村直播看脱贫》虽然收官了,但是它见证、记录的脱贫故事还在中国各地乡村火热上演着,总台财经节目中心的记者们也将总结经验,整理行囊,继续为实现复兴路上的家国愿景,行走在报道路上。

走村路上的每一个弯道都是为了明天更好地到达

■ 新媒体直播组 刘潇凡

突破"舒适圈",新闻也可能有更多可能

中央广播电视总台财经节目中心大型融媒体行动《走村直播看脱贫》启动时是我参加工作的第二年,在进入总台工作的第一年中一直从事新媒体直播工作,从直播选题构想、直播内容策划、直播现场执行到直播后台端口的操作等,我逐渐学习并适应了整套新媒体图直播的流程,可以说是逐步搭建起了自己第一份工作的一个"舒适圈",当然同时我也跟团队一起做了很多尝试,完成了很多直播形式的创新和更多新闻议题的探索,可以说《走村直播看脱贫》就是我们一次较为成功的尝试。

刚开始策划这个项目的时候疫情还没结束,我们刚做完连续30天30场的《财经云直播》,可以算是在线下直播无法开展的时候激发出的我们的一次创新,结果很成功,但是也在过程中反映出了很多直播中存在的问题。所以在4月份左右我们出发之前,直播信号能不能保证、疫情的形势会不会允许我们出发、这么长的线路规划能不能走完、每一个团队成员在田间地头工作环境能不能适应,这些问题的答案都是未知的。而对于我来说,本来体弱、容易生病,3个多月的走村能不能扛下来,作为一个职场"萌新",

从一个熟悉的集体中走出去、进入新的工作团队中独立负责起直播工作能不能完成，这些焦虑也困扰了我很久。但总是觉得刚参加工作能碰到这么好的项目其实挺幸运的，不走出去试试怎么能知道自己行不行呢？

7月底，疫情缓解，我们的大篷车终于启程，两台搭载5G+4K/8K+AI技术的大篷车也搭载着我们的憧憬和对探索脱贫故事的期待，兵分两路向着田间地头开始出发。虽然作为第二波出发的队员，已经向前方部队取了取经，但刚出发还是感到了一切没有那么得心应手。首先是在这次大型融媒体行动中，我们新媒体直播团队要负责的除了新媒体直播内容策划和现场播出外，还要担任电视端直播的导播。从工作以来养成的"小屏"惯有思路让我经常对"大屏"的内容设计和画面表现没有把握。其次对于性格慢热的我来说，与各个工种的沟通和合作也成了一个新的挑战。内心的忐忑和不确定性迫使我充分利用起在大巴车上的时间，查资料、看回放、梳理策划内容，把需要一个人独立完成的工作尽量放在晚上，白天在现场的时间更多地留出来与团队里各个工种的老师沟通和学习。渐渐地，我发现走出自己的"舒适圈"，能够激发出自己更大的能力。

而对于新闻本身来说，在"大屏"思路和"小屏"思路的融合以及我们不断的尝试中，逐渐找到更恰当的表现方式。比如对于一个村整个脱贫成果、最突出的脱贫成就，就比较适合放在每天3分钟的电视端连线中播出，在固定、有限的时间内更精炼地展示最精准的内容；而对于一个村村民脱贫后的精神面貌和脱贫故事，则更适合用1小时的新媒体直播呈现在手机端，并且最大范围地宣传出去，通过运用配套的短视频产品《我当村主播　农民说新闻》和《云瞰中国之美丽乡村》，用最生动的村民语言和最吸引人眼球的靓丽田园风光最大范围地吸引用户收看内容，将脱贫村的脱贫经验传递出去。这种"大屏"和"小屏"的相互联动使得新闻内容呈现也冲破了传统模式，有了更多的可能。

真实呈现与画面把控的权衡

可能是长期做直播节目的原因，一直把对新闻现场感的追求放在优先位置，毕竟真实现场才是大多收看直播的观众想要看到的部分。我也在很多场直播中发现，有现场感的内容是比较容易产生作品亮点的。所以在过往策划直播时更多地想要用镜头去呈现当下真实的、正在进行的状态。但是走村过程中我逐渐发现，很多时候想要真实地呈现当下发生的事情并不简单，"不可控"就是一个很大的影响因素，有时候想要将内容更好地通过画面展现给观众，需要非常精心地编排、策划和一遍遍彩排。

另一方面，真实地呈现现场与塑造更精致、更合理的画面安排之间也需要取舍和衡量，我们每一站的走村直播中不仅包含1小时的新媒体直播，还包含3分钟的电视端播出的现场连线内容，如何把1小时的新媒体直播的每一分钟都做精致？如何在电视端3分钟的连线里呈现最精华的画面？如果单靠现场的"自然发生"可能无法确定我们想要展现给观众的内容会出现在这指定的3分钟内。

比如在宁夏盐池的直播当中，我们想要展现当地通过发展滩羊"健康跑"来提高羊肉品质带动脱贫，需要在直播中呈现滩羊奔跑的画面，但是动物作为不可控因素能不能在指定时间内出现在画面中就是个问题，所以我们安排了一次次的彩排、演练，确定滩羊圈起、起跑的位置和动线，安排机位、镜头、画面等，最终才能在直播的3分钟中顺利地将生动的画面展现给观众。所以"真实呈现"并不简单，虽然有时我们还是会留些"不确定性"在直播中，但是精彩的新闻画面呈现从来不是仅靠新闻"自然发生"的。

1
2

1. 动物在走村直播中的不可控
2. 为了呈现出最具现场感的画面让滩羊进行一次次"直播彩排"

真诚交流是建立彼此信任的钥匙

  出发时我们做了很多计划和预想，要拍哪些画面、采访哪些问题、展现哪些风情等，但从实地展开工作的时候我们发现，走村的采访比一般的采访困难要大得多，预采、策划、演练再到直播的流程并不会像想象的那样顺利。从采访对象来说，"村民"这个群体可能很少或从来没有接触过摄像机，面对镜头、一群陌生的"异乡人"和现场一排冷冰冰的器材，难免会感到紧张和局促，不要说表达出他们内心真实的感受，单单是在镜头面前回答记者简单的提问对他们来说都很困难。所以有时候我们听到一些好故事想要呈现给观众的时候，就会发现如何呈现、引导主人公以第一视角在镜头前讲出、讲好这些故事才是我们走村直播最大的挑战。

  我印象很深的一场直播是在广西河池市都安县大崇村的一场特别节目，我们找到了一个在众多脱贫故事中的典型人物——大崇村村民、龙布日出民宿服务员蒙艳桃。迫于家庭压力和生活重担，只有21岁的她早已嫁人成为两个孩子的母亲，但不甘命运安排的她选择来到了龙布日出民宿做一名服务员，靠自己的双手打拼。刚听到这个故事的时候我心里很震撼，也有很多疑问，在我们直播前一天见到艳桃的时候，正如我所预想的，腼腆的她很难在镜头前说出自己的故事，在她的眼睛里我看到了很多警惕和惶恐。我和主持人让摄像老师撤掉了摄像机和补光灯，跟艳桃说："我们的彩排结束了，咱们随便聊聊。"我跟艳桃从我们此行的目的聊到我的工作和生活，过程中我能感受到其实她对于我的生活和经历也是好奇的，于是我们的沟通慢慢地进一步展开，交流起我的经历是怎样的，她的经历又是怎样的。我们在差不多的年纪，过着完全不同的生活却也都有着各自的快乐和烦恼。在聊天结束之后，明显感觉到艳桃对我们少了些警惕，多了些信任，我对她说："不用紧张，明天就像刚刚那样说就行，你的故事很有力量，鼓舞了我，也会鼓舞更多人的。"第二天的直播很顺利，现场很多人为艳桃的故事流下眼泪，网络上的反馈也很好，很多网友跟我们留言说看完直播觉得很感动。

1. 《走村直播看脱贫》项目组与大崇村村民、龙布日出民宿的工作人员合影
2. 新媒体编导刘潇凡与广西河池市都安县大崇村村民蒙艳桃（右一）的合影

走村过程中我们遇到很多"艳桃"这样的人物，通过一场场直播我逐渐明白，想要呈现更打动人的故事和内容最关键的就是需要建立与采访对象之间的信任，而彼此的信任建立最重要的就是主动伸出橄榄枝、真诚地与他们交流。而在我们走村过程里整个团队的合作中，真诚交流和彼此信任同样重要。合作就是要靠每一个人的努力去共同达成目标，每一个人在不同的岗位上各司其职，真诚沟通、建立信任就是开展合作的第一步。

所有艰难的弯道都是为了明天更好地到达

在我们整个《走村直播看脱贫》融媒体行动过程中，团队成员和设备从一个村子到下一个村子的转移都是依靠中巴车和搭载演播室的重卡大篷车实现的。因为对于演播室和导播间的空间容量需求，我们的大篷车总长达16.1米，碰到在山里的村庄，我们进村和出村的路程都会变得格外艰难和危险，有时候预估三四个小时的车程因为大车行驶缓慢要六七个小时才能到达。在一些艰难的弯道都需要我们全员下车去帮忙看路、推车。但是在这个过程中，从来没有人喊过累、说过放弃，反而是在这个大家推动车辆喊出的一声声"一、二、三"的口号中整个团队变得更加团结，更加具有团队凝聚力。

除了车程中的艰险，我们也曾遇到过临直播下暴雨、赶去直播的路上碰到修路、采访对象临场没出现、村子里网络太差直播信号无法送出等问题和困难，甚至在进入一些特殊地区的时候我们的人身安全和健康也受到一定的挑战，比如我们在青海高原地区经历的全员高原反应、在宁夏地区小心翼翼地采访拍摄、在内蒙古高纬度地区气温骤降队员陆续感冒甚至高烧……但那些我们一起等雨停的时间、那些我们熬夜写提纲、剪片子的夜晚和那些我们同大篷车一起驶过的转弯和翻过的山峰，都是我们整个《走村直播看脱贫》行动最大意义的证明，也都会成为我们每一个人为将来人生道路所积蓄的力量。我们是新闻人，要走别人走不了的路，要去别人去不了的地方，所有艰难的弯道都不能够成为我们更好前进的阻碍。

体积过大的大篷车在弯道行驶中格外艰难和危险

而对于我们到过的每一个村庄，我们的每一次到达不仅是带来这个社会上一个群体对他们脱贫成果的肯定与关切，我们也在用自身的力量和他们数年甚至数十年的努力一起将有价值的脱贫经验传播出去，让越来越多的地方也能如我们的《走村直播看脱贫》的宣传片中说到的那样——"摆脱贫困、蝶变新生"。也许脱贫的道路上遇到的困难比我们一路上遇到的困难多得多、复杂得多，有更多的弯道需要走、更多的困难需要去克服，但我们都应该坚信，所有艰难的弯道都是为了明天更好地到达。

直播因大雨推迟，团队在等雨停的过程中一起庆祝"央视财经"新媒体八周年生日

做好融媒体人　讲好脱贫故事

■ 新媒体直播组　陈雨芫

《走村直播看脱贫》大型融媒体行动，从酷暑到寒冬，3个多月的路程，看似漫长，走起来快且不舍。2020年，是决战脱贫攻坚、决胜全面小康的收官之年。回首走村路上的点点滴滴，回顾一个个生动鲜活的脱贫故事，心中自豪感油然而生。

走村路上的"第一次"

走村之行，分为南线和北线，两条线路对于第一批出发的我们来说都是未知数，选择哪条线路都是一样的，万事开头难，可能是命运的选择，北线成了我们三次出发的目标线路。北线不同于南线，南线多为风景秀丽的省份，北线更多的是平原、戈壁，还有草原，但只有去了，才知道别有一番风味。

启动仪式在江苏徐州举行，疫情的缘故，我们早早地前往徐州，因为还需做核酸检测，这也是我第一次做核酸，过程比想象中要快和简单。结果出来后就到了紧张准备启动仪式的环节，我们也第一次见到了传说中的大篷车。卡车头加上可打开式车厢，有种变形金刚的感觉。车上装备着移动云制播系统，不论我们走到哪个城市、哪个县城、哪个乡村，都可以随时随地进行网络直播。

发车仪式之后,我们便踏上了走村之路。第一次出发,前往的是素有"九州腹地、十省通衢"之称的河南省。在河南,我们跟随走村的队伍走过开封市兰考县张庄村、濮阳市范县千安社区、新乡市辉县市裴寨村、驻马店市平舆县西洋潭村、信阳市光山县东岳村、南阳市淅川县前营村和洛阳市栾川县重渡沟村共7个村子。

最难忘的莫过于濮阳市范县千安社区,因为那里是我第一次作为电视直播导播的地方。作为新媒体直播编辑,切换网络直播已是我们的日常工作内容,但是当得知中午《天下财经》的导播也由自己来担任的时候,还是紧张爆棚。虽然出发前,导播老师给我们进行过简短的培训,但是万一切错了怎么办?这不就是播出事故了?心里的紧张直到直播前也没有缓解。作为导播,要对记者的稿件非常熟悉,说到哪句话,配什么画面,调动哪个机位都需提前规划好。记者连线电视直播,我们设计了三个机位——记者主机位、特写机位和航拍,有时还需插入一些当地的视频素材。这些在直播前都需构思好,进行多次彩排。导播和记者之间要进行充分的沟通,根据现场情况进行调度,这需要导播强大的控场能力。第一次的电视导播经历还算成功,但心里还是异常忐忑,结束后不停地请教身边资深的老师,应该没什么问题吧,得到肯定的答案后,心中勉强松了一口气。结束后我们也进行了经验总结,只为下次做得更好。

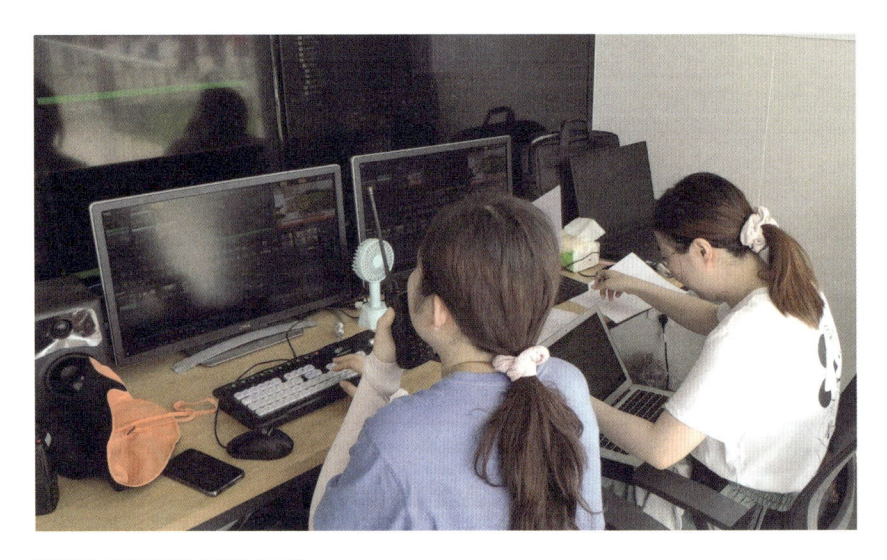

正在进行导播切换工作的我和同事

走村路上的这些笑脸,难以忘怀

从启动到收官,我在走村路上度过了50余天,从河南到甘肃,到青海再到河北,路程虽远且艰辛,但收获却很丰富,其中最难忘怀的便是遇到的一张张笑脸。每到一个新的地点,都要开启一系列工作流程——直播内容踩点、海报拍摄、内容统筹再到直播切换。直播内容踩点是最能体验当地风土人情的环节。走近村民,走进他们的日常生活,听他们讲述他们的故事,颇有滋味。

甘肃省甘谷县礼辛镇尉坪村盛产花牛苹果,我们到时正是收获季,可以看到果林间面带丰收喜悦的大叔大婶。近年来尉坪村以"支部+合作社+基地"模式,走出了一条以绿色发展为导向的可持续发展之路。小小的苹果成了村民们的"致富果"。这一期因为丰富有趣的直播内容,也成为走村单场观看量最高的直播。

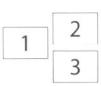

1	2
	3

1. 甘肃省甘谷县礼辛镇尉坪村开心收获花牛苹果的大叔大婶
2. 甘肃省渭源县元古堆村中药材喜获丰收的大爷大叔们
3. 甘肃省和政县三坪村开心采摘啤特果的大叔们

甘肃省渭源县元古堆村盛产中药材，中药材多种植于山上，村民们有时要踩着泥泞的山路才能到田里进行采摘。我们走在蜿蜒曲折的山间小路上，有的坡度接近垂直。

甘肃省和政县三坪村依靠高原山野独有的山中珍宝啤特果实现了脱贫致富，啤特果成了名副其实的"金果果"。啤特果还可以做成果汁，酸甜可口，给我们的走村队伍带来了清凉。

在河北省海兴县张常丰村，我们遇到了驻村第一书记张巍婷，她原是国家信访局督查室三级调研员，朴素的她在农村大展拳脚，培养致富带头人，树立特色品牌，推广绿色农产品，让盐碱地里的"土坷垃"真的变成了"金疙瘩"。2019年年底，村里贫困户已全部脱贫。村里开发的农副产品达到了20多种，主打产品"三面"——面粉、面条、面花，"四酱"——辣椒酱、牛肉酱、黑豆酱、芝麻酱，更是通过网络卖到了全国各地。这个海边小村庄印证着"面朝大海，春暖花开"。

河北省海兴县张常丰村向我们展示面花的爷爷奶奶

道阻且长，行则将至！困难和欢乐与我们同行

从2020年7月24日至11月1日，从酷暑到寒冬，横跨东西，纵贯南北，走村的路注定是条不平凡的路。古语云"道阻且长，行则将至"，吃得了苦才能尝得了甜。走村伊始，七八月份，正是酷暑难耐之时，每天的衣

服至少湿透两三次，有时直播完站起来，身下的椅子也被汗水浸湿。30多度的天气，骄阳似火，我们在烈日下常常无处躲藏。高山之上，紫外线更为强烈，中暑、晒伤、蚊虫叮咬、肠胃炎时常伴随着我们，几乎每个人都是驱蚊水、常用药不离身。

有时从一座城市赶往另一座城市，需要八九个小时，从白天上车到深夜进村，冗长的车程让每个人感到疲惫，下车即工作、上车也工作成为我们的常态。

在甘肃省渭源县元古堆村，由于上山的路过于泥泞，坡度过陡，一不小心就会摔倒。一位年龄稍长的摄像老师差点儿滑下山坡，幸好我们及时拉住了他。

有时在村里因为工作不能及时吃三餐，席地而蹲捧着盒饭吃是日常。

从甘肃进入青海，海拔骤然升高，高原反应也成了困扰走村伙伴们的难题。到达青海的第一晚，就有摄像老师因为高原反应严重被"120"救护车送去了医院。也因为高原反应和降温，我们接连感冒。

10月的张北草原已非常寒冷，越深入河北境内，寒冷的感觉越厉害。在河北省保定市涞源县北牛栏村，因村子坐落于深山里，大篷车停靠的地方没有太阳，直播当天的早晨，我们冻得瑟瑟发抖，每人穿上了随身携带的最厚衣物，贴了三四个暖宝宝，效果却并不明显。直播结束后，我们的手已冻得几近没有了知觉。

工作人员席地而蹲吃盒饭

虽然这一路走得非常艰难，但是欢乐也常常伴随着我们。很感谢这次的融媒体行动，让我们这些不同科组、不同工作内容的人相聚在一起快乐地工作。大家不仅是同事，是伙伴，也是家人。大家互相关心，互相帮助，互相体谅，形成了非同一般的革命友谊。也正是有这样的机会，让我们相遇在祖国的大好河山之中，一起领略祖国的繁荣与强大。

融媒体之行还在路上

《走村直播看脱贫》已经告一段落，我既有如释重负的轻松感，同时也感到一份沉甸甸的使命感。作为新闻工作者、新媒体工作者，我们需要做的还有很多。这次通过我们的镜头，让贫困农村走进了人们的视线，让全国人民了解这里那里的脱贫故事与感动人物。未来我们应该策划更多更好的节目，走进人民群众的生活中，以他们之乐为乐，展现真实的他们。只有真真正正地走近他们，我们才会有更好的视角、更鲜活的案例、更生动的报道。

未来的路还很长，我要一直不断地努力充实自己，向身边的伙伴们学习，向老师们学习，也要向我们在路上遇到的这些村民学习。只有努力，才能成就更美好的生活与未来。

这一次融媒体报道，也让我深刻地体会到大小屏联动的重要性，在未来，融媒体报道应成为常态，既能将现有资源充分利用，也能将规模与成效放大，何乐而不为？

我们要一直走在路上，走在不断强大自己的路上，走在成为一名真正融媒体人的路上。

走村直播　电视人的长征路

■ 上海财经报道组　胡元

2020年8月30日下午，绿皮火车行驶在从兰州到渭源的兰渝铁路线上，强烈的紫外线照进车厢。旁边座位上趴着一个三四岁的小女孩，脸上长着两朵"高原红"，鼻子下方还能看到两条鼻涕的印记。她刚刚挨过打，因为缠着奶奶要买铁路售货员兜售的零食。一袋零食要10元，奶奶只好用打骂来制止她，女孩的哭声回荡在车厢中。

这一幕把我的记忆拉回到30多年前的浙江农村，同样会追着父母要零食的孩童时代。这几十年，年轻人都纷纷外出，或求学，或打工，或创业。农村，生我养我、给我快乐童年的地方，如何在人员大量流失的情况下走出萧条，这是我一直思索的问题。

眼下，列车驰骋在空旷的大西北，偶尔有低矮的房屋散落在土坡上，牛羊懒散地在山坡上吃草，饱经千年风雨侵蚀的沟壑如祖父苍老的面容绵亘蜿蜒。从上海出发，飞机转大巴，转火车，已经连续十来个小时，离目的地渭源越来越近。这是我走村的第一站，接下来将在甘肃、青海的八个村直播，这也是北线最偏僻、海拔最高的几站。出发走村直播之前，早有朋友跟我描述西北的贫穷，把土豆当主食，几兄弟轮流穿一条裤子，更夸张地说娶媳妇都要政府安排。如果说浙江的农村告别萧条需要管理者的智慧，那西北的农村要走出贫穷，数千万人要告别贫困，又会是一个怎样的世纪难题？

脱贫王牌

三尺案板、二两面团,一揉一拉、一扯一撒,上千根直径只有零点几毫米的细丝浮现!在青海省海东市化隆县本康沟村,拉面师傅正在表演绝活,一团普通面团在他手中经过反复揉搓、拉撑,对折再拉撑后,就变成了一根根直径只有0.5毫米的面条,细可穿针。

青海省海东市化隆县拉面师傅表演"穿针引线"绝活

化隆县,作为拉面产业大县,每五个化隆人中就有两人做拉面。化隆牛肉面经过30余年的发展,拉面匠的队伍不断壮大,带来的经济效益持续增长。据统计,化隆县已在全国270多个大中城市、全球11个国家和地区开办拉面馆1.5万家,从业人员近10万。拉面经济及相关产业营业收入突破100亿元,实现纯收入30亿元以上,劳务收入占全县农民人均纯收入的53%。一碗小小的牛肉拉面发展成了带动一方致富的新兴产业。

在甘肃渭源的元古堆村,村民们正把中药材拉到药材加工厂出售。元古堆拥有13个自然村,长篇报告文学《高高的元古堆》曾这样描述它的穷与苦:分明是寒冬腊月里流淌在岁月最低处的13滴辛酸泪,封冻成了一句振聋发聩的民谚:"元古堆苦甲定西。"如今,依靠中药材、百合和马铃薯种薯培育等传统优势产业,元古堆村在2018年年底实现了整村脱贫。元古堆村植树造林、引进梅花鹿养殖、大力发展原生态乡村游,吸引不少周边游客。

在青海省海西蒙古族藏族自治州乌兰县的茶卡盐湖，蓝天、白云和远山的共同映衬，盐湖形成银波粼粼、如诗如画的镜面效果，宛若"天空之镜"，水天一色，风光旖旎，吸引无数游客前来参观游玩。作为"青海四大景"之一，"天空之镜"茶卡盐湖被评选为"人一生必去的55个地方之一"。盐湖景色优美，但对于当地农民来说，守着它可不是什么好事，因为土地盐碱化严重，农作物产量很低。紧邻盐湖的茶卡村曾经是一个贫困村。2015年，全村三分之一以上的家庭是贫困户，外村的姑娘甚至都不想嫁到茶卡来。如今，茶卡村靠着发展旅游产业顺利实现脱贫，2019年人均收入超过了15000元。

茶卡盐湖巴音村　跟着家人接待游客的小姑娘

此行走村，最大的感受是：要告别贫穷，各地都有王牌，归结为一点就是发展产业。我走村直播的点分布在甘肃和青海两省，原先都是深度贫困地区，自然条件差、经济基础弱、贫困程度深。其中的甘肃临夏回族自治州，属于国家定义的"三区三州"范围，三区三州是国家层面的深度贫困地区，是国家全面建成小康社会最难啃的"硬骨头"。经过8年持续奋斗，我国如期完成了脱贫攻坚目标任务，但脱贫不是终点，要让百姓脱贫不返贫，就需要探索更长久的发展模式。东西部协作既要"输血"，更要"造血"，唯有发展产业，才能告别过去的"等、靠、要"。

青海省海西蒙古族藏族自治州乌兰县茶卡盐湖

县委书记的脱贫账本

2020年9月4日,《走村直播看脱贫》活动的大篷车驶入甘肃省临夏州东乡族自治县布楞沟村,突如其来的阵雨把人群冲得有些凌乱。不知谁喊了一句,县委书记在村里展厅给大家介绍。我作为领队,便赶紧下车,冲向展厅。

步入布楞沟村的展厅,展品琳琅满目,有藜麦等农产品,也有手工绣制的工艺品。一位女士前来握手,她身穿灰色西装,面貌清秀,但满头短发已经灰白,形成了强烈反差。还没等听清楚身边人的介绍,她就热情地介绍起展厅的展品,对每一件展品都了如指掌,东乡一年多少藜麦产量,每一件手工艺品出自哪个扶贫车间,布楞沟村哪个农户最困难,家里有几只羊……她似乎经手了每一个细节,滔滔不绝。旁边人提醒她,后面有新的访问者到来,她才不得已停下了介绍。她走后,旁人告诉我,她就是东乡县委书记马秀兰。

初到布楞沟,对这里并没有太多认识,但没有想到,这是我直播途经的8个村中,地貌最令我震撼的,也是扶贫工作最系统、最庞杂的。初到布楞沟的第一天晚上,有幸和马秀兰书记再次聊起她的扶贫工程,一聊聊了3个多小时,从单个农户的脱贫增收到如何用整体搬迁解决就医、就学、就业问题,再到如何解决当地长远脱贫不返贫问题。在马秀兰书记心中,围绕全县32万东乡人的一个系统庞杂的脱贫工程正在东乡展开。

走出大山住新房

布楞沟,东乡语意是"悬崖边",缺水少田、土地贫瘠,东乡全县1800个自然村零散分布在山岔沟壑中,当地用"摔死麻雀滚死蛇"来形容山高坡陡。因为地形地势,当地地质灾害频发,基础设施建设滞后。吃水难、行路难、上学难、看病难、住房难、增收难曾是东乡族自治县人面临的六大难题。

"搬,是解决东乡'一方水土养不起一方人'问题的治本之策,也是实现贫困群众'挪穷窝、拔穷根'的最有效途径。"东乡县委书记马秀兰说,为了从根本上解决偏远山区群众诸多难题,东乡族自治县紧盯贫困村、贫困户,以建档立卡贫困人口为重点,瞄准贫困对象,精准分析困境,积极探索搬迁安置模式，把易地扶贫搬迁作为全县脱贫攻坚"头号工程"。

现在，走在东乡族自治县的各个社区，楼房林立，学校窗明几净，医院设施完善，生活便捷。"十三五"期间，东乡族自治县紧盯偏远、生活条件恶劣的贫困户确定了89个集中安置点，按照"集中安置为主，插花安置为辅"的原则，易地扶贫搬迁建档立卡贫困人口5255户28023人，搬迁安置人数占全县贫困人口的36%。

多元化培训促增收

楼房建好，群众入住，但这仅仅是开了个头，易地扶贫搬迁工作远远没有结束。马秀兰书记说："搬迁意味着彻底告别从前的生活习惯和就业方式。完成搬迁只是第一步，要帮助村民住得好、住得稳，工作难点还在后面。"

"授人以鱼，不如授人以渔。"对一些年纪较大的搬迁户来说，离开熟悉的土地和牛羊，就失去了赖以谋生的工具。要想让他们放心安居，就业是关键。

1
2

1. 村民在东乡族自治县职业技术学校学习刺绣
2. 东乡族自治县职业技术学校学生作品

或爆炒，或清炒，或油炸，抛锅颠勺数分钟，一道道色香味俱全的菜品摆上了餐桌……在东乡族自治县职业技术学校，楼上学艺，楼下餐厅实践，学员们学得不亦乐乎。东乡族自治县拿出专门经费，组织开展汽车驾驶、中式烹饪、美容美发、电焊等12个工种技能培训，学费、伙食费、住宿费等全免。精美的刺绣、精致的新娘妆……掌握了一门门手艺，学员们外出找工作，每月拿个四五千工资不再难。

与马书记的聊天中，最令我吃惊的是，她对扶贫方面的数据可以信手拈来，小到某个贫困户家里多少人，多少收入，几个孩子要读书、要就业，大到整个东乡供水工程、铺路、供电等资金落实和筹备。她说："八九十年代，政府人员去做计生工作，老百姓要各种躲避，现在做扶贫工作太幸福了，用国家的钱给老百姓办实事，老百姓来感谢我们。所以我们更应该用感恩的心做扶贫工作。"

虽然马书记嘴上说的是幸福，但是她满头灰白的头发却悄悄诉说着扶贫工作的艰辛和琐碎。听她的同事说，娴熟的数据都是马书记自己用脚丈量出来的，她走遍了东乡每个贫困村，掌握了每个村的实际情况。正是有千千万万像马秀兰书记这样的扶贫人，贫困才得以后退。打动我的是马书记对一方土地、一方百姓的爱，是百姓在艰苦的自然条件下的不屈服，更是一名共产党员在自己的岗位上爱岗敬业、勤勤恳恳的奉献精神。

电视人的长征路

2020年9月5日下午，甘肃和政县三坪村，出镜记者裴蕾在村委会垃圾箱旁哭泣，我和薛倩一起安慰她，可她的眼泪依然止不住。

这是一个直播现场。操场上，设计好的阵形有些无精打采。早上8点就通知现场人员就绪，近30位面点师一起和面，制作拉面；20多位扶贫车间的女工在缝纫机前制作袋子；20来个厂家带着直播人员，设摊展销直播。可是从早上8点开始准备直到下午2点，不是面点师普通话说不利索，就是拍到某个岗位人员没就位，抑或是光线穿帮、方位不对。就在刚才，预备采访的面点师说面和不动了，早上8点到下午2点没停过，因为一停面团就硬了，手已经没力气了。他还要为队伍里30个人做面，他崩溃了，裴蕾也彻底崩溃了，拖着连日熬夜疲惫的身躯、沙哑的嗓子喊了半天，也没找到采访者，便跑到垃圾箱旁哭泣。

走村路上，哭鼻子的不仅仅是裴蕾，上海财经报道组一起去的出镜记者王晓霖在第一站甘肃元古堆村，因为连日踩点疲惫，晚上又要熬夜编辑片子，加上新媒体的形式需要磨合，在直播前一天凌晨一点多，放声哭了一场。她还给制片人打电话说，干不了了，要回上海。庆幸的是，裴蕾和王晓霖最后都坚持了下来，并且圆满地完成了任务。

走村这一路，记者和领队都已经不是原来制作电视节目的角色，除了设计节目内容，我们还要成为一个活动策展人，哪些人参与、桌子怎么摆放、环节怎么衔接、设计哪些展品，都需要我们一次次沟通。

掩面哭泣的裴蕾

参与三坪村活动的有上百人，而这样的活动，在我走村的20天里，前后经历了七场，几乎每隔两三天就有一场。

最夸张的一次是在青海的天峻县，平均海拔4000多米，是北线海拔最高的一站，走两步人就会气喘吁吁。直播那一天，我们调动了100多只羊、30多头牦牛、8匹马，还有一场赛马比赛。最初设想的是发令枪一响作为开头，赛马选手驰骋在草原上，出镜记者开始介绍畜牧业，带出土特产，展示用牦牛制作帐篷的手艺，再以当地的摔跤和锅庄舞蹈结尾，环环相

甘肃省和政县直播活动现场一角

扣，一气呵成，热热闹闹。可现实是，不是牛跑了就是羊散了，或者赛马站不到一条线上，或者舞蹈配乐没跟上。高原凛冽的寒风吹得人脑袋"嗡嗡"直响，一望无垠的大草原，任凭你喊破沙哑的嗓了，寒风会迅速吞没你的声音。天地间顿时觉得自己如此无助和渺小，犹如飘在大自然中的一粒尘埃。

这一切的设计，缘于《走村直播看脱贫》是一场大型的融媒体行动，不仅有3分钟的电视直播，还有1小时的新媒体直播，全方位展示每一个村的脱贫故事。而这也是我近18年的电视从业生涯中第一次完整地做新媒体内容。

从《焦点访谈》、"3·15晚会"八年调查暗访记者，到十年前转型做财经记者，再到五六年前不断有人在喊新媒体会撼动传统媒体的地位和影响力。这一路经历了新闻、纪录片、深度调查等各种电视节目形态；这一路，一直在学习，一直在思考，电视的出路在哪里？未来的发展方向在哪里？而这次走村，内心像是经历了一次长征，不仅是挖掘扶贫故事，更是寻找传统媒体发展的出路。

不得不说，《走村直播看脱贫》是电视史上的一次壮举，历时百天，走进百村，直播百场，绘画百幅，用户百万，献礼百年！此次融媒体行动的直播观看量达到2.28亿次，整体报道全网总点击量超过5亿次。其中，《我当村主播 农民说新闻》《记者走村Vlog》《云瞰中国之美丽乡村》等多个形式新颖、内容活泼、参与度高的融媒体报道品牌广受欢迎。经历了一场场直播，自己对新媒体的传播规律和内容也有了全新的认识和体会。

走村虽已结束，但作为一名电视人，学习和探索永远不会结束！

青海省天峻县梅陇村直播现场

用镜头展现脱贫攻坚的精彩画卷

■ 财经资讯组 布日德

2020年是决胜全面建成小康社会、决战脱贫攻坚之年,中华民族千百年来为之奋斗的梦想终将成真。这是人类发展史上的伟大壮举,也是我们党执政为民的生动写照。我和我的团队有幸通过手中的镜头把这些奋斗的过往变成影像载入史册,将那些脱贫攻坚的一幕幕串联成精彩的画卷。

2020年8月23日,在贵州丹寨的一个小镇上,我开始了拍摄《走村直播看脱贫》节目的旅程。作为摄像记者,我们主要负责背景片拍摄以及新媒体和大屏直播。听上去不过是日常工作,可在偏远的山村,平常变成了难上加难。沟壑纵横的大山、阴晴不定的天气都给直播增加了不确定性。在四川长宁县犁头村直播前1小时,信号突然中断,继续直播有风险,放弃又会前功尽弃。紧要关头,我们团队临危不乱,迅速分工,一边录制备播,一边协调当地通信和电力部门紧急抢修,在离直播仅剩3分钟时,终于接通了直播信号。多少次的屏住呼吸都在直播结束时化作如释重负的会心一笑。

我和我的团队一起走过了14个山村,感受大山里的荡气回肠,也品味平凡生活里的岁月悠长,这一切我们都记录在了镜头里。那些真实、质朴的细节仿佛为脱贫故事镀上了金边,在记忆里闪闪发光。在丹寨小镇上,有一位做蜡染的老奶奶,我的镜头很快被她那双灵活穿梭在棉布上的双手

贵州省黔东南苗族侗族自治州丹寨县蜡染手艺人

吸引。70多岁的老人家，眼里透着赤子般的光芒，嘴里哼着悠扬的苗族小调，一手虔诚地抚着棉布，一手从容地握着刻刀，栩栩如生的美好画面不仅刻在了棉布上，也刻进了我的心里。每当回看这些画面时，我都会心生感动，老奶奶在用心传承着永不褪色的故事，而我亦然。

正是因为有人传承也有人传播，那些古老的技艺和悠久的文化才能在脱贫路上大放异彩。母先才一家在贵州省遵义市花茂村经营着一家陶艺馆，5年来母先才的陶艺馆游客越来越多，一年能卖出2000多件陶制品。为了让游客近距离感受手工艺制作的魅力，花茂村还在2016年动员返乡创业人员开起了"花茂人家"体验馆。娇艳欲滴的压花画、精致优雅的油纸伞、《天工开物》里的古法造纸都成为吸引游客打卡的网红爆款。拍摄期间，小院里游人如织，充满了欢声笑语，让网友们隔着屏幕感受到了遥远的乡愁。从丹寨蜡染到花茂陶艺再到苗族竹编，这些不会说话的手工艺品也成为我们镜头里的主角，娓娓述说着自己的"传奇"身世。

历经百日奔波，《走村直播看脱贫》节目的大篷车终于来到了第101站——延安市安塞区高桥镇的南沟村。直播前，很多村民早早来到小广场，贴心地给村里做起了"美容"，就是为了让镜头里的家乡更漂亮一点。在101位腰鼓手中间领鼓的是一位60多岁的老人，他打起腰鼓从不惜力，招招式式都透着昂扬向上的力量。为了更好地展现安塞腰鼓和当地农民的精气神，我们对开场画面进行了特殊设计，在克服现场机位限制等多重困难后，最终采用双机位的灵活切换，让开场表演展现出猛虎下山般的气势。看到镜头里陕北农民热情洋溢地打起腰鼓，广场上变成红彤彤的一片，我才意识到走村直播迎来了尾声，过去的一幕幕都在响彻云霄的腰鼓声里化作不舍和祝福。

历时百天，走过百村，我和我的团队一起成长。反反复复地走位，绞尽脑汁地编排，就是为了在短短几分钟的直播里能完整地呈现山乡巨变的故事，每一个细节背后都凝聚着无数基层脱贫干部的耕耘和汗水。我们通过现场拍摄、大屏直播、网络互动等方式，将脱贫攻坚报道的视角不断地投向扶贫村和贫困群众，全景式展示各地扶贫开发的工作成果、基层亮点和经验探索。我们用心记录扶贫历程，用情讲好脱贫故事，通过镜头生动展现着神州大地上脱贫攻坚的精彩画卷。

节目收官不是终点，而是新的起点。尽管跨越酷暑和初冬，历经情况和环境的不断变化，但始终不变的是攻坚克难和顽强拼搏的勇气与担当。我相信，在创建国际一流新型主流媒体的大路上，我们必将一路披荆斩棘、奋勇争先、再创辉煌！

1	
2	

1. 贵州省遵义市花茂村陶艺馆直播连线
2. 延安市安塞区南沟村直播连线

做受众的眼睛，让受众看见、听见

■ 新媒体编辑组 李亦阳

100多天，101个村，101场直播，100万用户，124位村主播，101幅脱贫图，近4.8亿元的订单，5.25亿次的全网点击量——这是《走村直播看脱贫》大型融媒体行动的成绩单。

2020年快过去了，脱贫攻坚也进入最后冲刺阶段。这些贫困县，时刻牵动着大家的心。为了深入脱贫前线，展现村民突破生存发展困境、走向致富之路的历程，中央广播电视总台财经节目中心大型融媒体行动《走村直播看脱贫》走进全国20多个省、自治区、直辖市的脱贫村。2020年7月25日，大篷车从江苏徐州出发，两辆大篷车分南北两线，走进一个个脱贫村，到田间地头直播。11月1日《走村直播看脱贫》在革命圣地延安圆满收官，虽然活动已经结束，但是活动策划那一天，大篷车启动出发的那一天，和小伙伴一起修改片子、稿件的那些天，依然历历在目……

"接天莲叶无穷碧，映日荷花别样红。"在乡村，这样的美景数不胜数，还能帮助村民脱贫增收；丰收的油茶、火红的辣椒，成为脱贫村致富的"法宝"；各地村民也登上主播台，他们多才多艺、能唱能跳，过了一把主播瘾……我们看到了翻天覆地的乡村巨变，发掘出黄土地上生长的智慧，记录了攻坚克难的勇气担当，我们将一幅幅脱贫的生动场景展示在观众面前。我们自己，也因为这些真实而鲜活的故事、人物而成长和历练。十分有幸，成为此次融媒体活动的一员；十分有幸，站在30岁的门槛处，将这些有意义的变化和故事带给更多人看，让更多人走进未曾走过的田间地头。

《云瞰中国之美丽乡村》：独特视角看乡村巨变

早在2020年6月，《走村直播看脱贫》大型融媒体行动的策划就已经开始了。除了田间地头的直播，什么样的新媒体产品能够让人耳目一新，让人更愿意看见农村，让人印象深刻，让人有"哇"的感叹，这是我当时一直思考的问题。脱贫村翻天覆地的巨变如何用镜头记录？我们当时想到了航拍。如果用颠覆性的画面、有视觉冲击感的航拍镜头来展现脱贫村的现状，形成系列，让受众看到与自己所想不一样的景色和内容，并留下深刻印象，那么这个新媒体产品可以算做得有意义。那么，什么样的名字能够既简洁又形象呢？我想到了《云瞰中国之美丽乡村》。云端俯瞰，代表了更宏观的角度，也代表了镜头的独特角度和独特美感。

在刚开始收到小伙伴们剪辑的《云瞰中国之美丽乡村》短视频时，不出所料地被震撼到了，不仅是被脱贫村的景色所颠覆，更是被一排排新建的楼房和村民笑脸所感染。他们的生活，是真真切切发生了变化，是真真切切好起来了。但是，《云瞰中国之美丽乡村》短视频在最初送审时并没有文字性的解说介绍，所以内容只有美景略显单薄。我们新媒体后期团队再一次开会讨论，决定将脱贫村的基本信息和体现脱贫村巨变的数据，以字版的形式加入短视频中，这样在欣赏乡村美景的同时，更多地关注乡村的变化历程。在音乐的选择上，更注重与画面的卡点和情绪的起承、烘托。这也是《云瞰中国之美丽乡村》在发布了198篇后，阅读播放量高达2073.6万次，多条短视频点击量超过130万次的原因。

《我当村主播　农民说新闻》：让村民体验央视C位主播

《我当村主播　农民说新闻》原创系列短视频邀请了124位村民坐上大篷车内的央视主播台，以Rap、快板、戏曲等特色方式，让脱贫村的村民介绍自己家乡的发展，讲述扶贫成果，展现当代农民风貌，阅读播放量达1839万次。

在6月份设计短视频产品时，想到了2019年在福州举办的第二届数字中国建设峰会现场，央视财经把"4K超高清演播室"搬到了峰会现场，市民争相排队体验央视C位主播的场景。于是我们在想，如果把央视演播室搬到乡村去，让村民体验一次主播，会不会碰撞出很多精彩和有趣的内容。果不其然，当脱贫村的村民坐上主播位，有的忘词了，有的侃侃而谈，有的展示才艺……正是这些真实的镜头加以新媒体剪辑，让微博的网友直呼：咱农民当主播，太中了！

因为《我当村主播 农民说新闻》短视频产品整体的基调比较轻松活泼，所以我们在文案的设计上更加突出新媒体化。标题在突出主播或村子亮点的同时，更加活泼，让网友看后更有代入感，也更想与我们互动。事实上，最后我们做到了。

《记者走村Vlog》：第一视角挖掘致富密码

《记者走村Vlog》原创系列短视频，我们策划构思的是通过记者亲身参与到村民的日常劳作中，以Vlog的形式记录脱贫村的特色农业发展，挖掘当地的致富密码，将一个个脱贫村的脱贫致富故事，用轻松活泼的记者体验来展示。最终，我们共发布《记者走村Vlog》217篇，阅读播放量达4891.2万次，单篇阅读量超700万次。

最让我印象深刻的《记者走村Vlog》是［这位重卡女司机太飒！灰头土脸拉煤10多年，只为给孩子一个"能拉粑粑"的家］这一篇。当时，我们组的编辑在前方告诉我，她想采访我们大篷车的司机，她是一名重卡女司机、一位单亲妈妈，独自带着两个孩子。不仅如此，她还是一个在快手平台上有着百万粉丝的大V，做短视频也做直播。当时听了同事的想法，新媒体的直觉告诉我，这个片子做出来一定会火，因为它足够有新媒体的点位——有故事，有情绪，有特点。经过讨论，我们决定在片子的开头做特别设计，先突出她开重卡帅气、洒脱的一面，吸引网友目光，再引出她的讲述，平凡又不平凡的故事，深深打动人。并且，在标题设计上，采用三段式标题，第一句"这位重卡女司机太飒"，给人最直观的感受就是霸气，然而后两句"灰头土脸拉煤10多年，只为给孩子一个'能拉粑粑'的家"与第一句形成强烈反差，这种反差会勾起网友的好奇心，从而点开视频观看。最后，我们在短视频平台——快手发布时，特别@了这位重卡司机，做了新媒体互动，最后，重卡女司机笑对人生的态度引起众多网友点赞，单条阅读播放量超771万次。

另一篇让我印象深刻的Vlog，是我们短视频小编李泽平的出镜作品——［在海拔3000米打篮球、荡秋千？什么体验？央视记者这次"玩嗨了"！］，不得不说，当时看到这期Vlog觉得眼前一新，第一视角镜头贯穿始终，中间穿插第三视角。一个人完成了出镜、拍摄、剪辑。整个Vlog主基调都是第一视角拍摄加表述，给用户的沉浸感非常强。再加上中间体验青海本康沟景区高山秋千的"狰狞表情"非常抓人眼球，文案也几经修改至轻松又有丰富内容，整体传播效果非常好。这一篇也让我对Vlog有了全新的认识。如何摆脱大屏的播报新闻感，在用个人化视频表达的同时，做到有趣又不失有价值的内容，这是值得我们学习的地方。

做受众的眼睛，让受众看见、听见

在审核了所有《记者走村Vlog》《我当村主播 农民说新闻》《云瞰中国之美丽乡村》的短视频和稿件，以及负责了走村项目新媒体编辑组工作统筹和人员安排后，发现成长就是在这一步步中。我们在深夜不断修改短视频、不断推敲标题拟定和文稿修改，这些努力换来的是，让更多的人看见、听见乡村的巨变！每一个深夜的沟通修改，都是一次学习、一次成长历练。唯一的遗憾，就是这次活动我一直在幕后，没有到前方的乡村去。

最后，通过这次融媒体活动，也给我带来了很多关于工作上的思考，如何统筹各方面的工作，如何安排前后方编辑的调配分工，如何让三个新媒体短视频产品更抓人眼球，内容更有亮点，更有传播力……这都是值得复盘和思考的问题。在工作中克服种种困难，在工作中收获点滴成绩，在工作中不断成长。这也是我站在30岁门槛上的感受。扎实做好每件事，做受众的眼睛，真实记录点点滴滴，让更多人知道，让受众看见、听见。

讲好脱贫故事的融合创新尝试

■ 新媒体直播组　张晓丽

2021年11月7日，中华全国新闻工作者协会主办的第31届中国新闻奖评选结果揭晓。中央广播电视总台财经节目中心创作的《走村直播看脱贫》大型融媒体行动获得了融合创新二等奖。

结果公布的时候，我已经泪流满面！这泪水有激动、有温暖、有不易，还有满满的幸福……这是一个从最初构想到实施完成跨越了三年的大项目，参与的人员超过500人，过程中遇到了太多的困难和问题，但此刻回忆的时候，记忆最深刻的却是那一个个被攻克的困难和一个个温暖的瞬间。

2020年是脱贫攻坚决战决胜之年，在这个具有里程碑意义的一年中，如何讲好脱贫故事，如何做好扶贫宣传，如何上下一心、共同实现复兴路上的家国愿景？从2019年8月开始策划，2020年7月25日启动，同年11月1日圆满收官。大型融媒体行动《走村直播看脱贫》在持续100多天的行进式报道中，走过了101个村，直播101场，绘制了101幅脱贫画卷，创造了近4.8亿元的订单，达到5.25亿次的全网点击量，这些都是《走村直播看脱贫》的成绩单，更是一次创新的尝试。

在《走村直播看脱贫》大型融媒体行动中我担任的角色是制片人、主要策划者、领队，也是大管家。现在回想起来，我可能是这次活动中最幸福的那个人。从脑海里的一个构想，一步步在领导和同事的努力下变成现实，这种成就感也许会成为我职业生涯中最灿烂的一笔。

自主设计融媒体制播大篷车，开进田间地头

脱贫报道怎么做？在策划初期，我们就下定决心，一定要走下去，走进田间地头，去寻找老百姓脸上洋溢出的幸福感。作为一次融媒体行动，用什么作为"魂"牵着我们去做这个有着重大意义的项目，我们想到了大篷车。

《走村直播看脱贫》首创搭载5G+4K/8K+AI技术的大篷车演播室，实现了央视财经频道、央视财经新媒体、央广经济之声、中国交通广播4路信号同步直传。车上配置了由集装箱改装而成的三讯演播区，箱体采用液压自动展开结构，最大可以上翻120度，展开就成了"大舞台"。用车做串联就成了此次融媒体活动的第一个创新和最流动的标识。

这辆车的研发历经了8个月，新媒体团队联合台里的技术局、汽车制造厂家成立了一个研发小组。设计图大改了三次，细节的修改更是不计其数。设计一辆能长途行进、有演播室和直播设备的直播车对我们所有人来说，都是第一次。尤其是在新媒体时代，这辆车和以往的电视转播车有很大的不同。

我们改装了两辆大篷车，南北两条线同时行进，从江苏徐州出发，行程3万多公里，在延安顺利会师！大量、长时间使用网络4G直播，是在总台直播中的首次尝试，技术上的创新也是一次重大突破。

大篷车外观设计图

1. 大篷车展开后的演播室和导播间
2. 导播间内部

让群众站C位，用生动故事展现百姓的获得感、幸福感

既然要走下去，就要让村民当"主角"。走进央视演播室，对于很多普通老百姓来说，是一个不太容易实现的梦想。所以，我们的直播车里就一定有一个演播室，而坐在主播台上的也一定是村民。扶贫报道不仅仅是我们采访他们，应该是双向的，听听乡亲们自己的表达。他们幸福的模样，才是脱贫工作最大的成效。

在发掘村主播的过程中，我们发现乡亲们中间还真是卧虎藏龙。很多村主播的表现让人"惊艳"，有自己编词儿唱Rap的，有大展才艺打快板的，还有唱戏的、说书的、表演三句半的……而这些正是我们想记录和传播的幸福感和获得感。一段段接地气的乡村新闻播报，从个人"小视角"切入大时代。这些村主播没有过多修饰的表达方式，直接再现了中国乡村正在真实发生的脱贫故事。通过故事化表达，让脱贫摘帽的故事走入人心。一个个小故事连在一起，就构成了中国脱贫攻坚的大历史。

《我当村主播 农民说新闻》延安市宝塔区康坪村现场

不断创新生产系列融媒体产品

在这几年的媒体融合实践中，我们深深体会到，新媒体的传播方式不同，我们生产的产品也要根据用户的需求而有所改变。在《走村直播看脱贫》大型融媒体行动中，我们生产的不是一个产品，而是一个产品包。每个村都包括了一场直播、一条《记者Vlog》、一条《云瞰中国之美丽乡村》的短视频、一条《我当村主播 农民说新闻》的短视频，还有一个走村小游戏、"我为家乡点赞"互动活动、一条电视直播新闻和广播直播。本着"吃干榨净"的原则，我们争取做到"一鱼多吃"，做出多样丰富的媒体产品。

《云瞰中国之美丽乡村》系列短视频，利用航拍从高空看中国，多条短视频点击量超过100万次。

《记者走村Vlog》44条，其中一条记者分享锄草体验的微视频获得了2000万次的点击量。

创意H5互动产品："我为家乡点赞"投票活动，全国各地网友积极响应，纷纷通过点赞的方式表达对家乡和生活的热爱，互动点赞人次达6892万。

微信小程序游戏《脱贫奔小康》模拟脱贫攻坚过程中的各种困难挑战，用"跑酷"的形式闯过多道关卡，才能成功"奔小康"，让大家在游戏中体验脱贫攻坚的艰辛和不易，也获得上千万的点击量。

小游戏《脱贫奔小康》的界面截图和"我为家乡点赞"互动页面

  财经频道电视新闻开设专栏，每天直播连线，从走村现场发回牛动的报道。记者体验农活、采访农户、"沾泥土、带露珠、冒热气"直击"走向我们的小康生活"如火如荼景象。广播端制作专栏带给听众最现场的扶贫故事。

  各个端口各具特色、发挥所长，让丰富的媒体产品抵达用户的各种使用场景。

一路走村　一生朋友

  2020年11月1日，《走村直播看脱贫》在延安圆满收官。那一天，参与走村报道的小伙伴们都流下了泪水，就连一向坚强的男同事也哭得像个孩子。我们正在见证一件关乎民生的历史大事，作为参与者，我们踏踏实实、真心诚意地完成了报道，还得到了收获。一路遇到的种种困难更成为一笔难得的财富。一路遇到的不少乡亲们，也成为心里需要牵挂的朋友和"亲人"。100天，一同走下来的小伙伴们，成了"兄弟姐妹"！这一路，我们得到了太多！

  中央广播电视总台财经节目中心紧紧围绕全面建成小康社会、脱贫攻坚决战决胜之年的重大战略部署和中心工作，勇于创新，用直播大篷车下乡的传播方式，直播23个省、市、自治区，交出了一份沉甸甸的答卷。这其中凝聚着党中央、国务院的正确领导，扶贫干部的呕心沥血，以及广大群众的辛勤汗水。这次大型融媒体行动报道形式新颖，内容丰富，深接地气，深受当地干部群众的欢迎，既鼓舞士气又提振信心，有力地回答了主流媒体只有与时代同频共振，才能更加大有作为！

部分主创合影

光影里的脱贫史诗　是结束亦是开始

■ 新媒体直播组　王雪晴

"横跨东西，纵贯南北，行程万里。"这12个字，从一个看似难以实现的计划到滚动播出的宣传片，再变成历时3个多月的"旅行"，直到现在，它成为每个参与《走村直播看脱贫》大型融媒体行动的人员心中难以忘怀的记忆。与我而言，是未曾想到的过去和肆意展望的未来。

在跟随《走村直播看脱贫》南线队伍走村的54天里，我走过了10省21站，这些记忆说来都是脱贫的故事，相似，却又各不相同。就好像为生活奔波的普通人，如果你愿意用心去了解，就会发现每个普通人各自不普通的过往。常有一个声音说人真正长大在于意识到自己是个普通人，我一直不同意这个观点，"普通"这个词并不足以用来描述每个人。对于从事新闻报道的我们来说，能挖掘到这些人普通中的不普通，是价值，是意义。

人生在世，每一分努力都值得被记录，每一个普通人努力生活的身影都平凡却伟大，能成为这些身影的记录者，是荣幸。3个多月101个村，即便是启动仪式看着大篷车缓缓开动，这一项报道任务，在我眼里好像与以往的工作也没有什么不同。如今细细回想，这一次历时3个多月的报道任务，是在记录这平凡土地上发生的不平凡故事，是让这土地之上，生活在高楼林立中的人所能看到的最真实、最美丽的田园牧歌。安徽省亳州市蒙

安徽蒙城戴尧村，万亩荷塘前农户手捧莲藕洋溢着幸福的笑容

城县岳坊镇"接天莲叶无穷碧，映日荷花别样红"的美景之下，是"藕虾共作""莲鱼共养"的劳动智慧。万亩莲藕产业扶贫基地是新农村运用现代科学技术知识改变生产方式、生活方式和思维方式的真实体现。土地面积6579亩的戴尧村，通过合理运用科学养殖技术，为贫困户找到了致富增收的新门路，也让这里在2019年全部实现高质量脱贫。这一路上所看到的、听到的脱贫故事都是黄土地上生长的智慧，是这些，让我们这一路见证了无数张洋溢着幸福笑容的、淳朴的面庞。

位于江西省抚州市黎川县的三都村曾经是路难走、房难看的贫困村，如今已经蜕变为道路平坦宽敞、农房错落有致的油画村。说起油画，人们可能先想到的是高贵典雅的西方艺术，很难将它跟一个省级贫困村联系起来。抵达这个小乡村的时候，接近黄昏，日头渐落，夜幕渐染，晚霞映在眼前大片的稻田上，好像在催着人们拿起画笔，记录下眼前的美好。这一刻，我大概知道为什么它能有条件蜕变成一个油画村。对于温饱还成问题的贫困户来说，艺术是奢侈品，但当地政府依靠独特的地理及自然资源，在大力扶持养殖业的同时，注重有针对性的扶志与扶智。村子里设立了数字书屋，定期举办放映会，有农业科技栏目也有精彩多样的影视节目，有针对性的农民画家培养，也让当地的农民在传统农业、养殖业外，掌握了一项新技能，为他们打开了一扇与外界交流的窗户。一幅幅油画不仅构成了三都村新的致富路，更成为让外界了解三都村最直观的方式。

江西省抚州市黎川县三都村，正在上油画课的小朋友向镜头展示自己的画作

  《走村直播看脱贫》是一次大型媒体融合的尝试，100多天101场直播，对所有人来说都是个巨大的挑战。可以说，报道团队不是在直播，就是在开往直播地点的路上。我们走访了很多移民小区、扶贫车间、脱贫户，每一张张笑脸之下，是生机与温暖。每一张笑脸的背后，是当地依靠科技进步调整农业经济结构，转变经济增长方式，实现的农业增效、农民增收、农村发展。每一个脱贫故事的背后，都有着勤奋的致富带头人和全年无休的驻村干部。

  还记得在一个雨夜，走村直播的车队开进了安徽省亳州市利辛县，南方的倾盆大雨总是来得声势浩大，但那天在我脑海里记忆最深的，是城北镇的党委书记江朋梅爽朗的笑容和她谈起当地扶贫工作时闪闪发亮的眼神，言语间藏不住的是她对当地扶贫工作的热爱和自豪。废弃的砖瓦木料、老旧的房屋建筑，在充满创意的设计和一双双巧手下化身新农村示范点。已经淡出生活的农具和村民精心绘制的图画一起拼凑成展示墙，让村里的孩子知道，更让屏幕前的我们知道，现在的生活是由何而来。

  这次走村报道任务中，不仅屏幕前农民的汗水值得被牢记，屏幕后的报道团队也一直在挑战着自己的极限，书写着自己的故事。3个多月的行程，从盛夏到初冬，从平原到高原，3万多公里，一路上遇过山体滑坡、塌方、下雪，有人中过暑，有人高原缺过氧，甚至有人氨气中过毒。车队进入安徽、湖北、江西地区时正值酷暑，由于节目时间定在中午，过于热情的骄阳让工作条件变得格外艰苦。我们不少工作人员都有了中暑的反应，让我记忆特别深刻的是我们的记者易扬和袁艺。在安徽大管村直播预演的时候，易扬的衣衫早已被汗水打湿，身体出现了中暑的反应，但在喝完两瓶藿香正气水后，就直接冲到了直播现场，顺利完成了直播；进入湖北的第一站蕲春后，我们切身体会到被作为"火炉"的威力，记者袁艺在直播快结束时已经明显身体不佳，但依旧圆满完成直播报道任务。

  车队驶入高海拔地区之后，工作人员或多或少都有一些高原反应，但每一个人都在坚持。还记得当初正好遇到团队人员交接，有一批人员是从北京直接抵达位于香格里拉的普达措国家公园内的浪茸村，那里最高海拔超过4000米，我们的摄像虽然常年奔波于各地早已习惯适应各种环境，但高强度的工作下，身体也出现了比较严重的高原反应。在每次拍摄前和工作间隙抓紧吸氧，坚持工作在一线，即便别人劝他休息，为了保证整体的工作进度，也从未离开或简单地应付工作，依旧尽职尽责地奋战在一线。为了不让大家担心，他也从不主动表示身体不适，直到有人把他拍摄完成后坐在地上吸氧的照片发到群内，大家才知道高原反应对他的影响有多大。这只是我身处现场所看到的故事中的一小部分，还有太多太多的事在向我们诉说这个报道团队的坚韧和专业。无论是已经从事新闻报道工作多年、富有经验的老师，还是刚刚从事工作就被派往一线的伙伴，每一个人都在自己的岗位上发光发热。

安徽省亳州市利辛县大管村，当地合作社内的农户正在向记者讲述脱贫故事

3个多月间发生了太多太多的故事，这篇手记能记录的有限，就像101场直播也仅仅能记录这片黄土地上一小部分精彩的瞬间。在这条脱贫攻坚的道路上凝聚着无数平凡、微小的努力，在更多我们没有看到的时光里。那些无名却勤奋的致富带头人、全年无休的驻村干部，他们是脱贫的中坚力量，带动一个又一个村实现脱贫。那些屏幕之中未曾出现的瞬间，以及幕后每一位为这次报道任务挥洒汗水的工作人员，都与那些在黄土地上奋力耕耘的人一起，共同写下这浓墨重彩的一笔。脱贫攻坚目标任务如期全面完成，是结束亦是开始，《走村直播看脱贫》这个活动亦然。对于每一个参与者来说，这个活动结束的同时，这段记忆依旧持续地影响着未来，如一个开始的启动键一般，用一个个点滴间精彩的故事，孕育着更多、更大的美好。

走村直播看脱贫　让报道更有温度

■ 新媒体直播组　肖榕

虽然《走村直播看脱贫》大型融媒体行动在2020年11月1日已经完美收官，再回望整个活动，一切恍如隔世，却又历历在目。

2020年2月初征集脱贫村的报名表，3月整理特色村庄，4月基本确定大篷车（南线）的行进路线，5月与脱贫村沟通典型脱贫案例，6月行进路线的最终调整，7月两辆大篷车于江苏徐州正式出发。随后在南线报道队伍的54天里，走过10个省共21个村、县，走进了7月底闷热的江苏和安徽，体会了8月酷暑的湖北和江西，领略了9月微凉的四川和湖南，感受过10月寒冷的云南和西藏。在经历了长达5个月的准备和3个多月的行进报道后，最终整体活动于11月1日在延安顺利收官。

回想起走村的那些日子，远离了城市的喧嚣和繁华，起初所有工作人员都很不适应。一直变化的是住宿的酒店、沿途的风景和每个村庄的村民，不变的是一辆大篷车、两辆中巴车和车上十几位工作人员为脱贫攻坚贡献一份力量的决心！由于报道任务繁重，按照南北两条线路的行程排期，基本上每两三天便要完成一个脱贫村的报道，出发前往下一个村。几乎每两天就会重复一次"坐车—彩排—直播—退房—出发—坐车"的流程，很快大家就适应了这样的快节奏报道。

规模大、节奏快、任务重！每天清晨在陌生的县招待所醒来时，我都会问自己三个问题：我是谁？我在哪？我要干吗？这不是戏谑，更不是单纯地问自己。在我看来，《走村直播看脱贫》不只是一次融媒体行动，更是一次包含了所有工作人员心血的报道。不能因为我一个人的松懈，辜负了整个团队的希望，乃至全村的希望。作为媒体人，在助力乡村振兴的道路上，要讲好脱贫故事，做有温度的报道！

对"温度"的新认知

"要做有温度的报道！"每个人在前期沟通时都会把这句话挂在嘴边，没想到活动才刚出发就给所有人来了个下马威。烈日当空，三十几度的高温暴晒不仅让导播台濒临死机，也让所有工作人员一度崩溃，大家都对"温度"有了新的认识。

7月31日上午，在安徽省亳州市利辛县大管村我与戴玉岭老师、徐欣宇老师一起探访养鸡场的有机肥生产车间时发生了一件让我难忘的小事。高温的夏日，铺满车间地面的发酵鸡粪，整个车间，乃至整个工厂都弥漫着一股刺鼻的氨气味道，刺得人眼睛都难以睁开。但是，时间紧、任务重，给我们心理建设和身体适应的时间并不多！为了在镜头前给观众呈现最精彩的画面，我们在做好简单的防护工作后，便开始了一遍遍的走位和彩排。在闷热的厂房里，零零星星飞着几只苍蝇，徐欣宇老师穿的是一件灰色防晒衣，胳膊上的汗水已经把防晒衣浸湿，原本宽松的衣袖已经紧紧贴在潮湿的双臂上，双手都扛着机器的他无暇顾及额头滴下的汗水，我在和导播老师连线通话的同时需要不时地帮他擦去脸上的汗珠，以免汗水滴进眼睛看不清拍摄画面。就这样，我们在肥料车间度过了3个小时，最终给观众呈现出最完美的一组镜头。拍摄结束后，徐欣宇老师的衣服已经能拧得出水，戴玉岭老师也终于受不住氨气的刺鼻气味，跑到一边偷偷呕吐去了。

这只是走村中的一件小事，我们经历的远远不止这些。活动时间跨度大，让我们不仅面临着高温，还有严寒。易扬在39℃的高温下顶着烈日完成了1小时的新媒体直播，在直播尾声时已经摇摇欲坠，濒临晕倒；袁艺在湖北蕲春的直播前先灌了两瓶藿香正气水；雪晴在零下几度的环境下依旧用冻肿的双手颤抖着进行切换台的操作；平凡在海拔4500米极度缺氧的情况下，边吸氧边和我电话沟通直播内容等。没有人因为氨气的刺鼻临阵退缩，没有人因为夏日的高温敷衍了事，没有人因为气温的骤变怕风怯雨，没有人因为海拔的高度心生退却!

有"温度"的新报道

无论是前期策划、沟通内容还是直播呈现,每一步我们都走得异常艰辛,每一场直播我们都无比重视。从开始到结束,我能感受到所有工作人员的心态有了一些微妙的变化,从最初为了直播效果而挖掘故事,慢慢变成大家乐于发现、善于发现。脱贫带头人的"美"、典型脱贫案例的"精"、特色农产品的"量",都是我们每一次报道的重点。虽然老乡们的方言我们多数听不懂,但他们信任的眼神、质朴的笑容让我们始终心头温热。我知道我们身上的使命和责任,这是在用镜头传播细小的声音,用报道来给这个村庄带来新的希望和发展!

3个多月,101个村,从突然加身的压力到最后结束时红了眼眶,我的走村之旅就在延安的宝塔下告一段落了。既有如释重负的轻松感,同时也感受到了一份沉甸甸的使命感。3个多月的走村报道,脚步虽然疲惫,思绪却依旧清晰,因为我知道,马上新的一场新闻报道任务又将开始!

1	
2	

1. 工作人员给浪苴村的小朋友分发礼物
2. 拿到礼物的小女孩抱着宠物猫来感谢我们

新媒体人的职业素养　努力变得更全能

■ 新媒体编辑组　李泽平

《走村直播看脱贫》活动已经结束了，而这次活动给我们工作人员带来了非常多的反思和收获。

在第一次走村出发前，我作为后方视频编辑，先是完成了地方台供稿的3个村子的片子，也是通过这些片子提前接触到了前方走村的工作内容，了解了接下来需要做的一部分工作。预热的工作非常重要，提前开始剪辑《云瞰中国之美丽乡村》也让我更早地习惯了面对大量航拍素材和脱贫信息，并将它们整合成完整的片子。

前方的走村工作相比之下要更艰苦一些，28天我一共去了甘肃、青海、河北3省共12个村，经历了大西北的干燥气候和高原反应，也经历了因连续几日下雨而无法拍摄的困难情况。一路走来，我亲身感受到这些村子在脱贫前后发生的巨大变化，第一次在短时间里做出了数量非常多的片子，个人在视频制作方面的能力也得到了很大的提升，特别是在工作效率、对片子结构的把握、拍摄经验以及和拍摄对象沟通等方面。

同时，这次走村之行还给了我一次尝试做出镜记者的机会。这是一次大胆的尝试，也是一次非常重要的尝试，特别是对于我们新媒体的原创编辑来说。我在努力学习如何在兼顾出镜、拍摄、剪辑等多方面内容的同时，还要保证视频的质量，以及如何扮演好一个记者的角色。我还想尝试着拍出属于自己风格的作品。而在成功的尝试过后，我本身的工作内容和形式也发生了非常大的改变。在接下来11月的上海进博会项目中，我也继续以出镜记者的身份去工作，而这些工作的变化，在这次走村之前都是我不可能想到的。在这12个村的工作中，在本康沟村的工作内容也让我印象深刻、受益匪浅。

本康沟村是我进入青海省后到达的第一个村子，所有的拍摄工作全都是在一天内策划并完成的。首先是在拍摄的当天早上，我无意间看到了村子的一个篮球场，当即就决定要自己出镜拍一期Vlog。随后我联系村里安排了下午可以一起打球的村民，并联系走村队伍里能打球的同事，策划了一场以"走村队VS本康沟村队"的篮球赛来拍摄《记者走村Vlog》。

当天的时间安排非常紧张，因为还要兼顾《我当村主播　农民说新闻》和《云瞰中国之美丽乡村》的拍摄，那一站的《云瞰中国之美丽乡村》也是我和青海飞手的第一次合作，同时《记者走村Vlog》也面临着一个急需解决的难题，就是如何把篮球赛这个噱头和整个村子的脱贫信息（游乐园项目）连接起来。

1	
2	

1. 本康沟村篮球赛时的工作照
2. 本康沟村的"拉面王子"

091

在上午完成了《我当村主播 农民说新闻》和《云瞰中国之美丽乡村》的拍摄之后，我用午饭的时间构思了一下下午Vlog的拍摄计划并准备了两套衔接方案，同时也决定了要按照篮球赛的基调，把整个片子的主题定在"体验"上，做出与之前的《记者走村Vlog》不太一样的片子。下午的Vlog拍摄很顺利，虽然很多镜头在拍摄细节上还有待提高，比如镜头角度、景别等，但是整体上还是完成了拍摄前所制定的目标。篮球赛与游乐园衔接的两套方案也都顺利完成，最后选择了用幼儿园来衔接，也是一种比较干脆且幽默的方式。

本康沟村工作的顺利完成也给我的走村之旅开了个好头，同时也让我深刻体会到了走村工作的节奏之快，让我在后面的村子里能更好地完成拍摄的准备工作。

而对于整个走村活动我做出的片子，我认为还有以下几点需要提升：第一，对视频的分类有更清晰的理解，特别是正确理解Vlog的定义；第二，掌握更多拍摄技巧，并尽可能在接下来的片子里做出属于自己的风格；第三，能更适应出镜记者的角色，在写稿和出镜等方面有更多的提升；第四，对片子的结构、节奏等有更加熟练的掌握，通过多看、多拍、多剪的方式提升自己的视频制作能力。

28天走过12个村子，无论是西北高原还是河北平原，每一个村子都展现出了其独特的脱贫成果，使我受益匪浅，相信在这百村之外，还有更多的脱贫故事等待我们去挖掘。

第一次走村时大部队交接工作的合影

苦瘠不再　新程已启

■ 地方资讯组　薛倩

《走村直播看脱贫》是2020年中央广播电视总台财经节目中心大型融媒体行动，由两辆融媒体直播大篷车和多个地方报道小分队协同合作，记录全国各地脱贫致富的历程。

11场录制　多于11个困难

作为执行总导演，我承担了陕西省汉中市春生社区、甘肃省天水市尉坪村、甘肃省定西市元古堆村、甘肃省临夏回族自治州三坪村的4场大篷车现场录制；湖南、辽宁、甘肃、安徽等地7场地方报道小分队的内容审核，广西、湖南、安徽等省的地方媒体宣传配合报道，不得不说，这是我15年记者生涯中难得的经历。11场录制，没有一场是轻松的，没有驾轻就熟，每一场都会遇到新的困难和挑战。

移动的演播室　多科组协同作战

从人员配备上，过去做新闻，一个记者一个摄像，基本是标配，到现在做直播，也就五六个人、一辆直播车。《走村直播看脱贫》的大篷车小分队，可谓人员架构最完备的豪华阵容。从出镜记者、摄像到新媒体导演、导播，再到技术、制片，一个团队20多人，就是一个移动的演播室。而这个演播室从出发到收'官，一直走了100多天。

团队成员来自地方资讯组，国际资讯组，上海、深圳报道组，新媒体组，制片组，在线包装组，编播组，几乎涵盖了财经节目中心所有的新闻采访及技术团队。过去，大家在常态节目中，可能是各自独立的平行科组，或者是节目链的上下游，在大篷车的移动演播室，我们可以做到迅速融合，共同面对。

靠天吃饭的直播小分队

从时间安排上，以往我们采访，除了突发事件，一个节目往往少则三天，多则一周的采访周期。而走村直播，每个村的播出时间都已经确定，相隔距离远一些的村，从出发到节目播出，4天时间。距离近一些，就只有两天。这些时间里要完成大小屏的踩点，3—5个点位的小屏录制，大屏试信号、演练，大小屏直播，以及从一个村到另一个村的路途。时间对于整个团队来说是最大的困难。

在走村的每一天，深夜剪辑、凌晨4点审片、车上写稿，已经是常态，移动的演播室有时候也是移动的机房。

都说农民靠天吃饭，我们的走村直播小分队也是如此。从陕西前往甘肃，大篷车带着我们一路颠簸了11个小时，到达甘谷的时候已经是深夜，天下着雨。到酒店的第一件事是看天气预报，好天气才能保障按计划播出。这才发现当地连着两天的雨，直到直播当天才天晴。这就意味着，从踩点到播出前都没有好的天气，小屏录制怎么办？大屏的场地选在哪儿？如果直播当天还是有雨怎么办？如果直播往后延，那么就意味着接下来的北线，每一场的时间都要发生变化。这一夜，几乎没有合眼。

第二天早上6点，我们的团队就赶到了录制现场。一路拍摄小屏室内的场景，另一路寻找即使下雨也可以直播的大屏直播点。接下来的两天，我们就在时停时歇的雨中争分夺秒，录备播试信号，确定了两个可以根据雨情调整的直播点。这两天里，团队里的一个同事一直拿着手机，时刻监看实时雨情。雨在直播前的傍晚终于停了，天边出现了极其绚烂的色彩。为了呈现更好的直播效果，我们连夜重新布置了直播现场。

甘肃省天水市甘谷县尉坪村直播现场

甘谷县尉坪村的这场直播创下了单场400多万的点击量，成了整个《走村直播看脱贫》单场点击量最高的直播。

直播车坏了

甘肃的最后两站，是甘肃临夏回族自治州的三坪村和布楞沟村。过去，临夏是古丝绸之路南道要冲、茶马互市的中心，也是文成公主进藏的途经之地，素有"西部旱码头"的美誉。由于紧靠兰州、毗邻藏区，是内地连接藏区的重要经济通道。

但是由于地形复杂，境内多山谷、少平地，平均海拔2000米，随着时代的发展，临夏是国家明确的"三区三州"中的一州，是国家层面的深度贫困地，是脱贫攻坚中的"硬骨头"。习近平总书记指出："脱贫攻坚本来就是一场硬仗，而深度贫困地区脱贫攻坚是这场硬仗中的硬仗。"因此，临夏的这两场直播，记者提前精心准备。

车队进入临夏，眼前的景象和我们对于深度贫困地区的预想不大一样。没有贫瘠的荒漠、裸露的山体，反而处处是绿荫。村里除了村民们的住宅，还有不少新盖的扶贫车间，簇新的建筑一栋挨着一栋。

刚找到场地把直播车停下，制片老师就发现了问题，直播车打不开了。我们的直播车是一个专门定制的长16.1米、宽2.55米、高3.98米的巨型大篷车，车上搭载了5G移动演播室，可以实现电视广播新媒体四路信号同步直传。而此时出现故障的正是我们的演播室的平台。平台原本可以展开垂直于地面，形成一个平面的演播室，现在支架出现故障，架设摄像机的地方成了一个斜坡。

这种定制的车当地恐怕难以维修，可是直播时间就在后天，没有时间让我们把车开去修车厂。这个移动演播室除了是大小屏直播的导播台，还有一个重要的作用，就是村主播的录制现场。车展不开，村主播录不了，当天的直播也会受影响。

没有时间抱怨，必须尽快想出解决办法。整个直播团队商量之后，迅速进行分工。制片组负责和徐工联络修车事宜，看看能不能就地解决修车的问题。我带着新媒体记者和摄像去车上，想想在现状下，如何完成录制。

最终，我们想办法垫平了平台，完成了村主播部分的录制。又从河南连夜请来了专业维修人员，在直播前修好了车。

直播当天，周围十里八乡的村民们都赶到现场，围着直播车观看节目，还有老乡给我们送来了热腾腾的拉面表达感谢，我想再多的辛苦也是值得的。

山乡巨变　脱贫攻坚加速度

这一路走来，让我们感触最深的不是面临的困难和遭遇的艰辛，而是整个贫困地区的变化，是村民生活由贫转富的喜悦。

这次直播，大篷车走过了101个贫困的村镇，我去的甘肃，更是全国脱贫攻坚任务最重的省份之一。印象尤为深刻的是定西市渭源县元古堆村。

说到元古堆，当地的农业专家是这样描述的："只有元古堆脱贫了，定西才算真脱贫；只有定西脱贫了，甘肃才算真脱贫；只有甘肃脱贫了，中国大概就真正脱贫了。"这话可能有一些夸张，但元古堆的情况在整个扶贫攻坚工作中，的确非常具有代表性。

元古堆所在的定西市属于"三西地区"，"三西"是指甘肃河西地区19个县(市、区)、甘肃中部以定西为代表的干旱地区20个县(区)和宁夏西海固地区8个县，共计47个县（市、区），总面积38万平方公里，农业人口约1200万人。"三西"的穷，不是百姓懒惰，而是自然条件太过恶劣。这里严重缺水，我国人均水资源量仅为世界人均的28%，而"三西"人均水资源量只有全国人均水平的4.35%。极端干旱年份，甚至全年无雨。

作为行政村，元古堆由元一社、元二社、窎地社等13个自然村组成，总共447户，1917人。"三里不同天"，所有的自然村被黄土丘壑阻隔、切割得支离破碎，孤零零地掖在漫长岁月的深处。

2012年年底，元古堆有低保户151户，491人，扶贫对象221户，1098人，贫困面达57.3%。人均从农业产业中获得的收入仅为660元，全村农民人均纯收入仅为1465.8元。

元古堆的致富路是循序渐进的，从打通山路开始，道路等基础设施的建设让村里人能够出村子，外面的人也能够走进来。如今，元古堆村内所有道路全部完成硬化，新建成桥梁两座，实现了家家门口有水泥路，村民一年四季出门不湿鞋的目标。

谁能想到，6年的时间，元古堆靠着发展中药材种植、旅游等产业，于2018年彻底摘掉了贫困的帽子。高高的元古堆，一跃成为全国脱贫攻坚示范村之一。

而我们《走村直播看脱贫》要做的，正是把这些山乡巨变记录下来。100多天里，我们的直播车兵分两路走进全国23个省、自治区、直辖市的101个典型脱贫村，直播了101场，行程达35000多公里，整个融媒体行动的直播观看量达到2.28亿次，整体报道全网总点击量超过5亿次。

5G新媒体移动传播见证记录脚踏实地的精准脱贫之路

■ 编辑播出组 郝莉莉

2020年7月25日，随着两辆携带5G新媒体移动云制播系统大篷车的徐徐开动，中央广播电视总台财经节目中心主办的大型融媒体行动《走村直播看脱贫》，就此从江苏徐州正式出发了。活动分成了南北两路团队，观众跟随记者的镜头，去乡间地头亲身体验脱贫致富的历程。

2020年是具有里程碑意义的一年，我们将全面建成小康社会，实现第一个百年奋斗目标。2020年是脱贫攻坚决战决胜之年，中华民族摆脱贫困的千年愿景即将梦圆。此次大型融媒体行动《走村直播看脱贫》是中央广播电视总台财经节目中心为配合这一重大主题，做好脱贫攻坚宣传的重要举措。这次报道之路，历时百天、走进百村、直播百场，行程3万多公里，从戈壁高原到峡谷盆地，记录和见证我们国家摆脱贫困、蝶变新生的一个个故事。

作为一名常年坚守直播一线的党员、一名导播，我为能参与此次具有里程碑意义的活动而深感荣幸与骄傲，但也深知自己肩上承载的责任。我的首站在河北省衡水市武强县周窝村，那里有一个音乐小镇，那里的村民靠制作乐器摘了贫困的帽子，并以制作乐器为支柱产业带动当地村民致富。在去武强县周窝村的路上，我的脑海里一直想着，如何用镜头画面和记者报道主题相融合的方式，来给观众讲述当地村民如何脱贫。是乐器的展示，是乐器的制作工艺，还是这个音乐小镇有哪些吸引我们的特殊之处？这些画面在脑海里一一闪现。

到了周窝村的音乐小镇后，我马上到直播报道的地点与记者会合。

因为到音乐小镇已经是下午了，而且次日上午10点到11点就要进行新媒体直播以及中午财经频道《天下财经》节目的直播连线，所以看场地的时间很紧张。与记者沟通完报道内容和主题后，我一刻不停地去报道点踩点看景，熟悉环境，做到心中有数。

与演播室日常新闻类节目不同，此次活动的直播技术设备跟传统演播室设计有极大不同。在技术应用和演播室设计上，《走村直播看脱贫》首创了"外场新媒体大篷车"。大篷车搭载5G新媒体移动云制播系统，利用5G+4K/8K+AI技术实现线上线下、大屏小屏、电视广播的有机结合。

当我第一次走进大篷车时，真是被眼前这个大家伙震撼到了。随着大篷车慢慢打开演播设备集装箱我更加惊叹如今新媒体移动制播技术的强大。演播区由集装箱改装而成，配置了三讯演播区箱体，采用液压自动展开结构，最大可以上翻120度。演播区也可以自动展开，且在整个大篷车集装箱打开后，向外扩展了平台，这样可以更大程度地满足节目的需求。

5G新媒体云直播大篷车

坐在大篷车里的切换台前，首先就会被一台精密而灵巧的小型多功能切换台所吸引。之所以说它精密，是因为画面的切换、视频的播放、字幕的移动完全由这一个小切换台完成。之所以说它精巧，是因为这个具备了这么多功能的切换台，大小只有台里演播室传统切换台的六分之一。这正是现代新媒体移动制播系统的发展趋势，也是媒体发展的时代产物。新鲜事物的出现，也必然带来新的挑战。这多功能合一的小巧切换台，既然是多功能合一，操作设备的人员也只有一人，就是我。没有了往日演播室切换技术人员，没有了字幕技术人员，也没有视频播放人员，导播一人需要完成直播中所有的元素。因为是直播节目，所以压力可想而知，不但不能出一点错误，而且要在画面调度上让观众深切感受到脱贫攻坚的决心，要用精准的直播，给观众讲述精准脱贫的历程。

在与技术人员交流沟通后，我掌握了设备的操作方法以及了解了应急预案，包括如何快速处理突发状况。时间紧、任务重，短时间内反反复复地磨炼各个环节的操作和流程，绝不落下任何细节。在画面调度上我增加了之前报道里没有的细节和关系画面，这让整个直播呈现的效果更加鲜明和独特。

2020年10月11日，上午10点《走村直播看脱贫——走进河北武强县周窝村》准时直播。直播中，我全身心地投入到工作中。在开播后5分钟左右，我正调度摄像进行画面转场时，主监画面突然黑了，我立刻意识到可能是传输信号断了，马上将播出画面切换到提前准备好的背景资料画面。

《走村直播看脱贫——走进河北武强县周窝村》直播现场

当时只听到旁边的同事和技术人员高呼:"黑场没出去!太及时了!"整个过程现在回想依旧很激动。直到整个直播结束后,我才将提着的心安然放下。

常年工作在新闻直播一线,每次上直播线都如同战士上战场,要全身心地投入,不能有丝毫懈怠。此次参与《走村直播看脱贫》的直播行动,让我看到了脱贫之决心,看到了坚定之信念。作为一名直播一线的党员、一名导播,我会将这份决心和信念一直放在心中,这也是我今后继续前行的动力!

融媒体直播背后的一线考验

■ 临沧融媒体新闻社 金维娜

2020年9月1日上午10点，中央广播电视总台财经节目中心携手临沧融媒体新闻社、凤庆县融媒体中心走进临沧市凤庆县马庄村，完成《走村直播看脱贫》直播活动，直播时长52分钟。当天在央视财经频道《天下财经》播出新闻《走村直播看脱贫——走进云南凤庆县马庄村》，时长3分钟。这是近几年来央视正面宣传报道临沧的最长时长，也是临沧融媒体新闻社独立完成央视约稿的成功案例。

直播团队在临沧市凤庆县马庄村

习近平总书记指出："2020年是具有里程碑意义的一年。我们将全面建成小康社会，实现第一个百年奋斗目标，2020年也是脱贫攻坚决战决胜之年。"由中央广播电视总台财经节目中心主办的大型融媒体行动《走村直播看脱贫》是配合这一重大主题，做好脱贫攻坚宣传的重要举措。该行动走进全国20多个省、自治区、直辖市的脱贫村，挖掘鲜活脱贫故事，直击村容村貌巨变，展现村民突破生存发展困境、走向致富之路的历程。

边疆临沧能参与这次直播活动，是把脱贫成果向党中央、向全国人民展示的一个机遇，然而该怎么切合直播主题选取村庄和产业却是一个难题。首先要考虑脱贫后的村庄景美、民富、人欢乐，要有配套的支柱产业；其次得考虑直播拍摄时的走位，村庄和产业的布局是否便于拍摄；最后由于直播中百姓是主角、需要出镜，选好参与直播的百姓也是需要考虑的一个要素。

在全市八县（区），500多个已脱贫的村子中，一一列数、勾选，到实地踩点、沟通，最后选取临沧市凤庆县马庄村为直播点。这个村子能进直播并非偶然，在明代这里称高枧槽。徐霞客路过凤庆夜宿这里时，一位梅姓老人用"百抖太华茶"招待徐霞客。村子位于澜沧江南岸，通过抓好核桃支柱产业，积极推广"核桃+茶叶""核桃+魔芋""核桃+烤烟"等套种模式，让产业达到长短结合、以短养长，助力群众实现增收致富。村里还与县里的龙头企业合作，走出了核桃产业的一条销路，现在全村核桃种植面积累计达11000亩，2019年全村实现高质量脱贫。

云南省临沧市凤庆县马庄村村民采摘核桃

直播当天临沧市凤庆县副县长陈正华（右一）介绍"一县一业"——核桃产业

现在马庄村家家户户发展"小菜园、小花园、小果园、小公园、小禽园"五小园庭院经济，村庄到处绿意盎然，房前屋后瓜果飘香，农户庭院鲜花盛开，呈现了山好、水好、空气好、村庄好、群众精神面貌好的生动画面。有历史故事、有村子新气象、有支柱产业、有百姓笑容……直播点敲定在了马庄村。

近一个小时的直播，考验编导、出镜记者、摄像的综合素质，身兼编导和出镜记者的我倍感压力、深知充满挑战。这是一场直播，不可预知的因素必然存在，直播内容不能偏离，得围绕一条主线。经过多次踩点，与当地党委政府、百姓细聊，搜集材料，我提前策划好直播方案和流程，分为核桃丰收、村庄变化、产业链三大部分。有了明晰的直播流程，开始带着摄像和需要参与直播的人员走位，经过反复演练，一场52分钟的直播流畅地呈现在了观众眼前。

做好直播，还需完成3分钟的大屏新闻，由"记者出镜＋采访"的方式完成，之前虽有做过类似的主题报道，但一般都时长过长，要拿捏好时长，并且让内容丰富鲜活，对我又是一次考验。通过与中央广播电视总台老师的反复沟通推敲，明白了要在3分钟内讲清楚核桃产业为什么能让马庄村的村民脱贫致富，不仅主线要明细，语言更要精悍，要在新闻报道里创新表达方式，改变以往的新闻语态，贴合实际，多用家常话，使报道更加富有感染力与亲和力。为了使静态的报道"活"起来，将新闻报道的故事情节叙事清楚，使受众在较短时间内了解报道的主旨，以此使新闻报道的可视性得以增强，这就是所谓的通过将报道的细节放大，达到报道真正"动"起来。

通过这场直播活动，我了解到直播是一个团队的合作，出镜记者不仅要与现场的工作人员密切配合，通过他们来掌握自身的形象和语态，还要与摄像师同步，例如采访、体验时摄像镜头要跟上记者，这时记者应当充分考虑到摄像师的步伐，尽可能地同步，以增加新闻报道的精度。记者若是想要使采访更加深入，则可以让摄像师对采访对象进行特写精度拍摄，以此来增加新闻报道的深度。出镜记者的表述也需要额外注意，由于记者与观众所在的角度不同，记者对整个直播有全面的了解，而观众可以说是一无所知，因此在陈述的过程中，出镜记者要充分认识到这一点，多站在观众的角度以观众的思维模式对现场进行报道，这其中，表述力就是新闻记者出镜的最大技巧。

此次与中央广播电视总台财经节目中心携手完成的《走村直播看脱贫》活动，临沧融媒体新闻社、凤庆县融媒体中心充分利用融媒体直播手段，更加直观地展示脱贫成就，借力网络媒体的优势，将有深度、有高度、有力度的产业脱贫这个主题宣传报道，以耳目一新的表现形态进行融合传播，符合了当下受众以移动视频获取资讯的方式，实现了主题报道的全新形态传播，彰显主流媒体的时代担当，搭建起内外宣传联动格局。

1. 临沧市凤庆县马庄村核桃林里拍摄村民丰收的喜悦
2. 采访临沧市凤庆县核桃精深加工龙头企业合作农户

大型融媒体行动《走村直播看脱贫》对传统媒体观念的突破

■ 地方资讯组 刘学宁

中央广播电视总台财经节目中心大型融媒体行动《走村直播看脱贫》历经3个多月圆满结束,《走村直播看脱贫》取得了巨大成功,不仅锻炼了队伍,提升了财经节目中心的组织和协调能力,也扩大了央视财经频道的知名度和影响力,并且收获百万央视财经App的推广量。更重要的是,这次活动的巨大成功对我们传统媒体来说,是一场深刻的启发,促进了我们媒体思想观念的大转变,使我们认识到传统媒体在新媒体时代仍然大有作为,仍有广阔天地。除了传播数据和推广量的巨大收获外,对传统电视媒体的再思考和传统媒体观念的转变应该是这次活动的最大收获,这种观念的转变意义深远。

一、摆脱电视节目的路径依赖 以活动推动多媒体深度融合

对于传统电视媒体人来说,日常考虑最多的是做电视节目,找选题,做策划,电视节目播出,关注收视率,这种思路几乎成了电视媒体人的认

知路径依赖。而《走村直播看脱贫》突破性地以活动为核心，实现了多媒体融合多渠道多层次传播，在互联网新媒体时代创造出一种全新的传播模式。

这次行动持续3个多月的时间，从徐州出发，兵分两路，一路走南线，途经安徽、湖北、江西、湖南、广西、贵州、四川、重庆、云南、西藏等地；另一路走北线，途经河南、陕西、甘肃、青海、新疆、宁夏、内蒙古、山西、河北等地，行程超过3万公里。

在报道形式上，《走村直播看脱贫》的直播大篷车就所到村庄的经济发展情况，通过中央广播电视总台央视财经频道、央广经济之声、中国交通广播、央视财经新媒体进行播出。在技术应用和演播室设计上，《走村直播看脱贫》勇于突破，首创了"外场新媒体大篷车"。该车搭载5G新媒体移动云制播系统，利用5G+4K/8K+AI技术，实现线上线下、大屏小屏，电视广播的有机结合。配置三讯演播区，演播区由集装箱改装而成，长12米、宽2.55米、高3.98米，箱体采用液压自动展开结构，最大可以上翻120度。演播区也可以自动展开，并外接扩展平台，面积50多平方米，可以满足大部分节目的场景要求。

重庆酉阳，团队直播结束后在直播车前留念

这种游走的演播室就是移动的电视台、移动的多媒体，游走四方，采风神州，形式别具一格、耳目一新，所到之处，轰动一域，影响八方，起到了很好的实体传播效果，这是传统电视台固定演播室做不到的。这次传播内容以直播为主，通过电视节目、新媒体客户端以及各种平台传播，传播效果是传统电视媒体无法企及的，达到了传统电视媒体传播的百倍效果。中宣部"学习强国"学习平台开设"走村直播看脱贫"专题，并在首页推荐；人民网、中国日报网、央视网等中央主要新闻网站和澎湃新闻、新浪网、东方财富网等商业新闻网站纷纷转载报道；多个省的《新闻联播》以及省市县各级融媒体中心对《走村直播看脱贫》的活动线路、技术特点和传播亮点予以关注。此次融媒体行动的直播观看量达2.28亿次，整体报道全网总点击量超过5亿次。

二、多工种协同作战　集约生产高效产出

军事上有协同作战模式，多兵种紧密配合，在一定空间、一定时间达到最佳战略效果。这次大型融媒体行动采用频道多工种协同配合的模式，几乎动用了频道所有科组人员，地方资讯组负责前期对接，记者组负责报道，制片组负责后勤保障，新媒体负责直播和新媒体产品推送，打破了传统电视媒体采编播的模式。这种新的协同模式经过短期磨合后，实现了集约高效的产出。全国两条直播路线实现了大屏和小屏的交替直播，一组不到20人的直播团队在两天时间完成大屏4分钟直播、小屏1个小时直播的播出量，同时新媒体还完成《云瞰中国之美丽乡村》《记者走村Vlog》等新媒体产品，整个活动直播时长在100多个小时以上，新媒体产品400多个，这些产量是传统电视媒体无法实现的。

多工种配合，集约高效产出。在直播队伍到达直播点之前，直播队伍的制片组早已和地方政府就各方面对接完毕，地方相关的配合工作已经就绪，电力、通信、交通和安保工作就已经做了充分的调动和准备工作。前期踩点的记者已经就直播内容做了充分的调研和整合，等直播车队到达，就可以顺利展开工作，直播队伍两天就可以完成一场大屏和小屏的直播，整个直播工作快速高效。

这种多工种整体协调配合，不仅提升了直播的工作效率和直播内容的

产量，这次活动也锻炼提升了团队整体素质，打造出一个能吃苦能战斗的队伍，涌现出一批业务强、协调能力突出的员工。在这次活动中，一些出镜记者得到锻炼，业务能力得到突破性提升，被领导誉为"五朵金花"。

三、多方参与　多元收获　多方受益　综合收益突出

这次大型融媒体行动，参与的单位机构以及参与的人员是空前的，仅频道参与人员就超过200多人，各地方政府参与人员有3000多人，接受采访人员超过700多人。其中基层群众参与度最高，直播内容中设计的村民当主播环节深受群众欢迎，共有124位村民坐上大篷车内的央视主播台，品尝了一次媒体主播的滋味。本次活动采访了近百名县委书记、县长，还有11位副省级领导接受了专访，参加人员的人数、层级和职业都是空前的。

这次活动不仅收获了直播观看量2.28亿次，整体报道全网总点击量超过5亿次的传播效果，很好地完成了"脱贫"这个大主题的宣传，同时还收获了100万的央视财经客户端的推广量，从侧面也证明这次活动的影响力和传播力，为央视财经节目内容的传播增加了大量接收端，此外，这次活动的赞助商赞助以及广告收益也是非常可观的。

陕西延安，企业与农产地签订购销合同

另外，这次活动的扶贫直播内容对各地的扶贫产业也有了一个广告效益，尤其是对当地的农产品起到促销作用。在央视财经客户端推出的"百村大集"专区，征集了全国各地龙头产品，提供线上农产品展销平台，让村里的好物走进千家万户。同时，积极搭建帮扶企业和贫困地区的对接平台，精准帮扶签约地方特产购销，这次活动有8家企业与贫困地区签署采购投资协议，总签约金额近4.8亿元。这些综合收益是传统电视媒体难以做到的。

四、以活动为核心 推动融媒体传播是传统媒体的自我突破

传统媒体在互联网和新媒体的冲击下，传播力和影响力以及生存活力都受到前所未有的冲击，可以说是"危机四伏"，一些地方台的生存都难以为继，靠地方财政输血活命。传统媒体的衰退形势已经非常严峻，这种危机已经覆盖到纸质媒体、电视媒体，甚至是广播和电影。同时大批优秀的采编人员向互联网流动，加重了传统媒体的危机。

传统媒体整个行业全体衰退，系统性风险正在形成。有人认为，电视台至少还有十年黄金期，其实形势已经非常严峻，这一点从电视台的营业收入和开机率的数字上已经体现出来了。客观上讲，第一代互联网圈地已经完成，移动互联网的第一波浪潮也已经结束，移动传播、手机为王的时代已经到来，以互联网为技术基础的新媒体时代早已降临，顺应形势发展趋势，电视作为传统媒体向融媒体转变是传统媒体发展的必然选择。

传统电视台既是内容的提供者也是传播渠道的提供者，在电视传播上有较高的垄断地位，有较深的护城河。但是，互联网的出现和普及，尤其是手机作为传播终端的普及，电视这个传统媒体的护城河被迅速填平，不管是内容还是传播渠道，都遭到互联网的迅速瓦解。就像当年的大运河，曾经一度繁荣了沿河的好多城市。但是，随着海运和铁路运输的兴起，大运河作为南北运输的主干道，逐渐衰落，沿运河繁荣的城市也不复昔日的荣光。而今的电视行业也面临着大运河的命运，如何自我突破是传统电视面临和急需思考的问题。

这次《走村直播看脱贫》融媒体行动给传统电视媒体带来了一缕新曙光，更带来了一种新思路，那就是传统媒体可以摆脱做节目内容的传统

思维窠臼，以自创的活动为核心，实现融媒体的独家传播，再造传播护城河。第一，活动是电视媒体独家策划实施的，按新闻价值理论讲，活动本身是独家的、原生的新闻，在传播上实现了一定垄断，消解了新媒体的冲击。第二，实现了线下的互动传播，由于是策划的活动，参与的人数众多，实现了线下互动传播，达到了线上传播无法实现的效果。第三，多元传播，多元创收。活动内容的传播，不仅通过传统电视媒体，更多的是通过新媒体多家平台传播，实现了互联网的矩阵传播，取得了传统媒体无法企及的效果，在创收上也实现了多元创收，不仅有线下的赞助收入，更有线上的广告收入。

这次活动政治站位高，具体操作周密、得当、高效，直播内容接地气又走心，得到当地政府和村民的积极配合，在多个层面取得了很好的效果，其综合效益大大超出了传统电视单纯依赖节目所创造的收益。这次活动不仅是一次财经节目中心大练兵、大锻炼的活动，更是一次思想解放、观念更新的活动，对下一步传统电视媒体发展变革都有深远的实践参考指导意义。

走进基层　锻炼"四力"

■ 财经资讯组　张伟杰

2020年8月，作为一名记者、团队的一分子，我参与了总台财经节目中心主办的大型融媒体行动《走村直播看脱贫》。历经两个星期，我们团队先后走进湖南宜章、广西灌阳和贵州丹寨等多个脱贫村，发掘脱贫故事，探访乡村变化。在完成多场新媒体直播、电视大屏直播及《云瞰中国之美丽乡村》《我当村主播　农民说新闻》等新媒体产品后，我们的走村之旅暂告一段落。

14天里，无论是村民们收入增加后修建的新房子，还是村集体发展出的、有本村特色的致富产业，抑或是大量扎根基层一线、无私奉献的驻村干部，还是带来了大量经验、资源的对口帮扶单位的无私帮扶，这些脱贫攻坚一线的故事、人物让我们深受鼓舞。老乡们在脱贫增收的过程中，对于美好生活的向往、对光明未来的信心和为此不懈拼搏奋斗的精神更是让人十分感动。

扎根广西灌阳永富村3年多的驻村干部李少华原本是桂林理工大学的一名教师。按照原本的计划，他应该在2020年结束驻村工作，回到桂林理工大学教师的岗位。但突如其来的疫情，村里很多的劳动力都无法外出打工，这几年村里发展的红薯粉、雪梨及超级稻等产业也面临不确定的市场前景，为了巩固永富村的脱贫成果，防止脱贫户返贫，他又主动请缨，在永富村再多待一年。

在丹寨，蜡染非物质文化遗产传承人张义苹也让我印象深刻。出生于贫困家庭的张义苹，上完初中就因为家庭无力供养不得不离家前往浙江打工，供弟弟继续上学。从小跟着母亲学习蜡染技艺的她，深爱着这项传统技艺。进入浙江一家服装工厂打工后，张义苹学习到了很多服装相关的知识。2016年，打工多年、有了一笔积蓄的她回到家乡，办起了一个蜡染的手工作坊。起初，没有创业经验的她吃了很多苦，走了很多弯路，但凭借坚韧不拔的毅力和对蜡染的热爱，她挺了过来。作坊的规模越来越大，还在蜡染制作加工的基础上，发展出蜡染制作体验等文化旅游项目。2019年，她获得了丹寨县一项扶持政策的支持，在县城的黄金地段租了两层楼铺面，生意越做越大，还带动了几十名建档立卡贫困户在作坊里工作。

很多地方在做到"两不愁三保障"的基础上，还在产业开发、教育扶贫、经济结构转型等方面做了很多工作。湖南宜章的龙村瑶族村有丰富的煤炭资源，曾经十分富裕，但村里面的贫富差距比较大，依赖煤炭开采的发展方式本身不可持续，于是龙村的很多煤矿主主动转型，结合当地的气候、土壤条件，开始投资农业种植脐橙，实现了从黑色经济到绿色经济的转变，从资源依赖型到绿色可持续型发展方式的转变。

在广西灌阳，记者在采访中偶遇了当地为贫困户免费提供的技能培训。在当地，农村剩余劳动力的安置是脱贫攻坚工作当中的难点，为了让这些有能力通过自己的双手脱贫致富的人摆脱贫困，当地政府组织了烹饪、家政等技能培训，帮贫困户掌握一技之长，增加劳动收入。

采访贵州丹寨蜡染非遗技艺传承人张义苹

广西灌阳为建档立卡贫困户免费开办的实用技能培训班

在贵州丹寨，当地依靠自然资源优势发展了蓝莓、板蓝根等作物的种植，也引进了一批有实力的知名企业作为支撑。因为当地有丰富的非物质文化遗产资源，所以在发展蓝莓等产业的基础上，依托非物质文化遗产资源和产业资本进驻的契机，发展"旅游+文化"的复合型产业，实现了产业结构的转型和脱贫增收。

受到这些脱贫故事的鼓舞和启发，我和财经节目中心所有参与此次活动的同事一道，不断增强"四力"——脚力、眼力、脑力、笔力，带着真情走村，真实地体验、真切地感受、真诚地表达，努力把我们在脱贫一线的见闻、感想和启发，变成一条条鲜活的报道、一场场生动的直播，努力挖掘每个脱贫村的特点与亮点，做到有所发现、有所思考、有所启发和领悟。

练"脚力"与时间赛跑　发掘更多报道亮点

在两周的时间里，我和摄像记者宁涛，一直在"争分夺秒"。8月15日，结束湖南宜章的工作后，我和宁涛马不停蹄，驱车3小时赶往下一站广西灌阳。8月20日，结束在广西灌阳的工作后，我和宁涛历时5个小时，换乘三种交通工具，于深夜赶到下一站贵州丹寨。尽管路途辛苦，但我们也为后续节目策划、踩点争取了时间。

在贵州丹寨，我们驱车一个半小时赶往远离县城的一个村寨，只为寻找古法造纸非物质文化遗产项目传承人，尽管最后并未在报道中呈现，但

8月22日技术团队小伙伴正在安装大篷车

追寻的过程也是对提高"脚力"的践行。不断奔跑，提升"脚力"，永远靠近现场和一线，才能找到最生动、鲜活的素材，记者的工作才更加鲜活、有生命力。

练"眼力"和"脑力"深化思考　打磨报道角度和主题

湖南宜章龙村瑶族村转型脱贫，最大的特点就是实现了经济结构和发展方式的转型。围绕这个特点，在新媒体直播中设计多个围绕转型发展的记者体验的环节，如为脐橙树除草、电商销售脐橙等，在大屏直播连线中也讲述了这一转变，突出了"绿水青山就是金山银山"的主题。

广西灌阳的超级杂交水稻种植面积广、单产量高，记者设计了水稻收割、打谷子、米粉制作等新媒体直播体验环节，增加了节目的互动性、趣味性，契合了当下厉行节约、粮食安全等热点。

在前期内容策划的过程中，在发挥"脚力"，遍寻素材的基础上，我们也特别注重脱贫村自身的特色，充分挖掘脱贫过程中的经验、做法，提炼合适的报道主题和呈现角度。这是一个锻炼"眼力"和"脑力"的过程。它让报道在鲜活、生动的同时，还能做到有所思考与感悟。

练"笔力"用心感受　真实表达

尽管设计了很多下田地、干农活的直播场景，但要真的把它们都做好却并不容易。我在体验打穗的时候，因为缺少农村生活经验，没掌握技巧和诀窍，有时候甚至显得有些滑稽。但我主动向一旁的村民老周请教，我并未想要去遮掩，不会做就是不会做，做得不好就是做得不好。我想这种真实的表达方式，会给观众留下更真实与自然的印象。我们在面临农村生活的种种不适，反而衬托出老乡们乐观、无私奉献、坚韧不拔的精神。而真正上手去体验农活之后，把自己代入相应的身份和场景后，我反而觉得在现场报道的过程中更加"有话可说"。

　　这次《走村直播看脱贫》大型融媒体行动，对于我们来说是一次非常难得的锻炼。脚下踏着泥土，心中才有真情。回顾这趟难得的走村之旅，只有不断提升锻炼"四力"，才能真正做一名合格的党员、合格的新闻工作者。

浅析融媒体时代直播报道的创新实践

■ 财经资讯组 陈昊冰

随着融媒体时代的来临，出镜记者的"舞台"不断延伸。电视最具竞争力的直播，已经不再是专属。随时随地，只要有网络，拿着手机就能开播。网络直播不仅便捷，而且成本低廉。从电视大屏到手机小屏的改变，也带来了技术手段、前期策划、报道方式、表达语态等方面的一系列变革与创新。但与此同时，电视直播也迎来新启发。一方面，融媒体行动的电视直播与传统新闻直播差异较大，需要在内容选择、场景设计等多维度下功夫，也给出镜记者带来了新挑战；另一方面，内容的传播渠道更加多元化，让电视内容更需要积极创新。本文结合《走村直播看脱贫》大型融媒体行动的具体案例，浅析融媒体时代直播报道的创新实践。

一、电视直播：点的选择　人的参与　场的营造

《走村直播看脱贫》走进全国23个省、自治区、直辖市的101个脱贫村，挖掘鲜活脱贫故事，直击村容村貌巨变，是一次关注脱贫攻坚、乡村振兴的大型融媒体行动。其中，每个村都挖掘鲜活现场，由前方记者进行5分钟左右的电视直播连线。

相比于新闻成片，对观众来说，直播是实时发生的现场，有悬念、有

笔者在河南省兰考县张庄村直播前的沟通现场

期待感，下一秒永远未知。传统的电视直播往往在突发事件时进行记者连线，把获取到的一手信息告诉观众。而随着电视直播的常态化，不光是突发事件，更多的新闻现场可以用直播的形式进行报道。不过，相比于新闻事件，融媒体行动的电视直播没有现成的现场，因此前期策划尤为重要。短短几分钟的直播，往往凝聚着整个团队长达数十天的努力，尤其要在点的选择、人的参与、场的营造上下功夫。

点的选择需要结合当地情况综合考量，《走村直播看脱贫》更要突出"走"和"看"。可以走入田间地头，可以走入农民家中，也可以走入当地特色……在河南兰考县张庄村，记者"走"的就是当地南北向的主干道——幸福路。在路上"看"什么？兰考是著名的"泡桐之乡"，当年焦裕禄带领大家治理"三害"种下的泡桐，孕育了当地的民族乐器产业。如今，全国95%的民族乐器的板材都用的兰考泡桐，产业年产值近20个亿。这个内容，有故事更有财经味，成为整段直播连线要"看"的重点。记者联系了兰考县的民族乐器协会，现场请来了民乐队，搬来了古筝、中阮等民族乐器，甚至还有一整棵树龄20年的泡桐树。这个点的选择，让整段报道的视觉上、听觉上、内容上都得以丰富。不过，泡桐致富是老故事，记者在村里还有新发现。幸福路两侧开了各式门店，成为村里的主要旅游景点，村民们在这里卖特产、谋生计、奔小康。有了这个思路，直播连线中选取了"张庄布鞋""小磨香油"来重点介绍当地产业带动、脱贫致富的故事，成为第二个"看"点。除了物质水平的提升，报道也关注乡村精神文明的建设。村里每周举办饺子宴，由村集体和村民捐赠共同出资，请老人每周免费吃一顿饺子。热闹的饺子宴、敬老爱老的精神文明，成为直播的第三个"看"点。短短5分钟的直播连线，总共设计了三个大段落，不仅有前期调研的挖掘，也离不开每个环节的精心策划。

人的参与是直播中的重要元素。不同于新闻直播可以由记者一个人表述完成，从而增加整段报道的信息量，大型融媒体行动中的直播，更要看到人、看到情绪、看到故事。在人的选择中有两个重要的考察点，一是要通过他/她讲什么，二是要让他/她讲什么。这涉及整个直播报道的主题和中心思想，也关系着直播采访具体的操作实践。比如河南省辉县市裴寨村的直播连线，选择了当地高端服装定制企业开业前夕的彩排当日，采访对象分别是投资商和采购商。投资商为什么要把钱投在河南的一个村，在村里开办高端定制的服装企业？采购商是否信任企业，能不能有购买意愿？这两个人能从两个角度说明，当地招商引资的优势以及可持续性，从而引出当地整体脱贫致富的现状及未来。出于电视直播只有一次，且播出时间紧张，因此必须提前沟通交流采访内容，帮助采访对象将表达尽可能精简、精准、鲜活。在这场直播中，投资商表示，自己是江苏昆山人，当地的投资成本比江浙一带少很多，目前学徒工的工资有2000—3000元，未来技术能手工资上不封顶。短短几句话，其实经过了长达几个小时的前期采访沟通。此外，直播中还要考虑细节。比如用方言更接地气，但观众是否能够听懂。一个小技巧就是在问答过程中，简单复述采访对象的表述重点，但如何不显啰唆，也需要在实践中总结经验。再比如大部分村民面对镜头容易紧张，甚至表达出错。这时候就需要记者及时听出并在口语中帮助"纠错"，同时临场应变，决定是否改变原有的行进路线。事实上，直播最大的魅力就在于不确定性，而这些突发情况都考验着出镜记者的综合能力。

场的营造，是能不能在第一时间吸引观众的重点。在四川省仁寿县河坝村的电视直播中，记者就选择了当地正在进行的一场分红大会。成打的百元大钞，红彤彤的现场、舞龙的热闹景象、村民脸上的笑意……这些意象共同构建了这个场，同时也体现出该村"三变改革"的最大亮点。在这个过程中，如何选择行进动线、如何嵌入有效内容、如何将直播和现场原有议程相结合，都是策划和操作的难点。在此次走村的整体报道中，团队在每个村为了体现当地特色，都在构建一个富有代表性场的过程中付出了大量努力，而这些也需要当地的积极配合。

二、新媒体直播：从流程设计到深化立意　考察记者综合素质

与电视直播5分钟左右的时长相比，新媒体直播往往倍显"慷慨"。此次《走村直播看脱贫》在每个村都进行了长达1小时的直播，在央视财经客户端、微博等多渠道都能够收看。时长的增加一方面能够让报道承载更多的故事和细节，甚至足够体现出记者和采访对象的人物个性；另一方面也对场景的多样化、内容的丰富度提出了新要求。在整体节目设计时，可以有多种思路，比如平行结构、递进结构、对比结构等。在具体实践中，每个村的新媒体直播都选择了多个报道场景，通过转场或者直播录播穿插的方式来完成。

新媒体直播中，不同场景的转场方式也可以设计。比如两路记者直播，可以彼此互动，有个交接；比如提前录播，可以设计镜头、声音方面的转场。再比如可以用提前制作的小片和宣传片，来活跃气氛、强调主题。此次《走村直播看脱贫》制作了丰富的新媒体产品，比如航拍村庄变化的《云瞰中国之美丽乡村》、让各地村民坐上主播台播报新闻的《我当村主播　农民说新闻》，都可以在新媒体直播的1小时内播出，也起到转场的作用。

此外，新媒体直播既要有现场感，也要有主题性，流程的设计是为了立意的深化。比如河南省信阳市光山县东岳村的新媒体直播，主题为"走村直播看脱贫——古坊东岳焕新颜"，一共设计了5个部分，分别是在东岳村文化中心、油茶地、虾稻共作稻田、信阳毛尖茶厂等。如果用解析文章的结构方式来对比，这期节目是"总—分—总"的整体设计。其中，在东岳村文化中心首尾直播两次，第一次由当地直播带货"网红县长"介绍光山十宝及全村情况，展现脱贫的特产和整体面貌。最后结尾则展现了当地的非物质文化遗产特色花鼓戏和皮影，体现当地奔小康路上丰富的精神文化生活。中间部分的油茶产业、虾稻共作、茶产业是当地脱贫致富的"三大法宝"，构成了平行结构。整期新媒体直播既反映了当地的现状，也深入讲述了脱贫故事，更用文艺的形式体现了对未来的憧憬，场景很多元，元素很丰富，更紧扣报道主题。

笔者在河南省辉县市裴寨村进行新媒体直播

从直播的语态和表达来说，新媒体要求出镜记者更加放松和自然，一旦"端着"说话，就会与整体氛围格格不入。不过，尽管这已经是一个人人可以拿起手机直播的时代，但如果有人认为新媒体直播没有门槛，那就大错特错了。对出镜记者来说，电视直播不容出错，对表达的流利度和状态有非常高的要求。但新媒体直播更能体现记者的综合素质，是否提前做了功课、功课做到什么程度、平时有哪些积累，都可以在长时间的表达和采访中呈现，甚至个人的素养、礼貌程度、反应能力等其他素质，也会在长时间的直播中有所反映。电视直播是浓缩的精华，但正因为浓缩，就少了一些鲜活和自然。新媒体直播的流程设计更为复杂，也对出镜记者的各方面能力都提出了新要求。既要精心策划，又要让人感觉舒服自然，这其中的拿捏与平衡，都需要在实践中探索。

第一时间，直击现场，直播永远魅力无限。融媒体时代，直播的技术普及之下，好内容更显功力。《走村直播看脱贫》的直播内容是5分钟大屏和1小时小屏，而背后考验的是记者及整个团队的策划能力、协调能力、危机应对能力等，有这些宏观层面的综合素质，才有机会呈现记者具体的业务能力，最终呈现屏幕上的精彩瞬间。随着技术的不断变革，新时代对传统媒体人提出了新要求，迎来更多挑战的同时，也必将在实践中获得更多创新。

联动发力　协同增效

■ 地方资讯组　李琳

《走村直播看脱贫》大型融媒体采访行动不仅给2020年全国脱贫攻坚报道留下了浓墨重彩的一笔，也是我从事新闻工作20多年来参与过的时间最长、涉及地区最多的一次报道活动，留下了深刻的印象，也有一些感悟。

一、总体策划　多点联动

2019年年底，地方资讯组就开始参与筹划这次大型融媒体行动，后来因为疫情一再推迟了计划，一直到2020年7月25日在江苏徐州正式启动，11月1日延安会师。作为地方资讯组的一员，在长达半年多的时间里承担了大量准备和协调工作，直接组织主导了12个点的走村直播报道，其中作为领队完成了河北省保定市的涞源县北牛栏村、阜平县骆驼湾村，沧州市海兴县的张常丰村3个村的报道活动，联动江西、湖北、云南、新疆等地方台站组织完成了9个点的报道内容，包括江西省宜春市宜丰县的东槽村、上饶市三清山八磜村，湖北省襄阳市保康县的陈家湾村、十堰市竹溪县的甘家岭村、恩施土家族苗族自治州建始县的村坊村，云南省腾冲市清水乡的司莫拉佤族村、临沧市凤庆县的马庄村、丽江市永胜县的岗峨村，新疆维吾尔自治区和田市的达里亚博依村，并前期联系大篷车去江西、云南、湖北3个省的7个报道点，和各级宣传部门、地方政府、电视台做好前期报道对接工作，联系云南省领导专访，整个活动期间协调、推动各地方媒体的预热、同步和后续报道，同时发动观众参与央视财经新媒体"我为家乡点赞"活动，直接拉动了当地收听收看《走村直播看脱贫》的关注度。事情虽然庞杂，但因为频道的总体调度和明确分工，活动有条不紊地推动，最终顺利地完成了直播计划。

由于这次活动计划要报道的村多达101个，全国贫困村分布范围广，而且大多处于交通不便的地方，体积庞大的大篷车要走遍这些地方是个大工程，线路的设计非常复杂。为了保障活动按计划推进，有的村就需要发动地方记者站和地方电视台共同完成。财经频道地方资讯组日常就承担着和全国各地方台站沟通，为频道的资讯类节目组织大量片源的工作，所以在接到任务后，地方资讯组迅速按照划分的片区联系各地，了解当地贫困村情况，筛选出最有报道亮点的村子，制订拍摄计划，落实报道内容，迅速行动。让我们感动的是，所有参与节目的地方台站都是抽调最强干的报道力量，全身心投入，认真细致地设计报道点，不厌其烦地修改文稿，把最精彩的内容呈现到我们大屏和小屏的直播中。

在参与走村直播活动的组织协调中，深刻感受到整体统筹规划的重要性。由于之前制定了节目的操作规范，跟地方台站沟通时就有了范本，按照直播流程统一规范操作，避免了偏差，保证了节目的统一标准。同时对地方台的直播车、话筒的Logo，也都作了具体的要求，提供了制作模板，使得整体报道活动整齐划一，体现了频道的凝聚力。

在河北省阜平县骆驼湾村合影

有了地方台站的加入，我们的报道队伍一下子扩大了，各地做出的报道也是精彩纷呈、亮点频出：江西省宜春市宜丰县东槽村用直播带货的方式把村民种的形态各异的盆景卖到了全国各地，使贫困村成为远近闻名的盆景村；三清山八磜村把过去不通公路的贫瘠山区变身成为游客蹦极打卡的网红地，村里妇女们的精美绣品成了特色旅游纪念品，在透明的玻璃栈道上展示出别样的风采；湖北十堰的甘家岭扶贫搬迁集中安置点的村民在古镇上用击大鼓、舞火龙等特色民俗营造了丰收节的喜庆氛围，魔芋、豆腐乳、茶叶、贡米酒等绿色生态农特产品展示出乡亲们搬出大山、过上富足生活的欢乐；保康的陈家湾通过把当地的冷水米进行深加工，产品受到上海、深圳等地高端市场的喜爱；在恩施的村坊村，记者不仅展现了成片的关口葡萄带来的丰收喜悦，也带来了各地游客在这里体验时尚绝壁攀岩的惊喜；新疆和田达里亚博依村大片金黄色的胡杨林不仅醉了广大观众，也带动了当地民宿兴起，让维吾尔族村民过上了富足生活；云南澜沧江南岸的马庄村通过抓好核桃支柱产业，套种茶叶、魔芋和烤烟，让全村实现了脱贫；丽江永胜县的岚峨村彝族山寨里一望无际的千亩玫瑰园，延伸出食品、化妆品、高端保健品产业链，给当地百姓生活带来翻天覆地的转变；腾冲清水乡的司莫拉佤族村用订单农业让农户不愁销售，4万亩金灿灿的万寿菊带动了500多户贫困户脱贫致富。

完成直播任务后节目组在河北阜平晋察冀边区革命纪念馆上党课

虽然牵头组织直播的这些村子我一个都没有去过，却在一次次和记者的沟通中体会到当地这些年切切实实的变化，在直播画面中村民们淳朴的语言和笑脸中感受到了他们对政府和国家深深的眷恋和爱，有什么能够比得上看着自己的家乡越变越美、守着自己的孩子一起长大的那份幸福感呢？而能把这些鲜活的真实表现在财经频道的屏幕上，对于每一位记者来说又何尝不是一种满足呢？

二、凝聚团队　锻炼队伍

我们这次的直播报道分南北两条线，每条线配有一辆直播大篷车、两辆中巴车。团队成员包括地方资讯组，记者组，上海、深圳报道组，新媒体组，运营组以及相关技术部门的多个工种，20多人，大部分成员都互相不认识，头一次合作。到了节目组，大家也没有陌生感，很快融入集体，投入工作，为了一个共同的目标早起、熬夜、奔波。我们的记者、新媒体工作人员许多是90后的年轻成员，他们大学毕业刚加入新闻队伍不久，也是头一次参加这样大规模的报道行动，但在整个过程中没有一个怕苦喊累。我带队在河北报道的三个点，基本上是一个村庄就停留一天，头天到，队员们立即布设备、踩点、前期采访、写稿，第二天演练、调整，第三天中午直播完收拾好设备就出发前往下一个点，日夜兼程，一路颠簸，有身体不适的也是默默地能扛就扛过去。大家在直播中不仅能迅速完成自己分内的工作，还互相帮助，及时补位，从来不计较个人得失，保证了大小屏节目流畅顺利地呈现。大家在艰苦的直播活动中结下了深厚的友谊，相约下次再合作，并笑称希望以后多有这样的报道行动。

《走村直播看脱贫》团队在录制《我当村主播　农民说新闻》

三、总有一种力量让人泪流满面

在这次融媒体行动中另一个让人感动的就是在村里面接触到的扶贫干部们,他们大多来自省城甚至中央的政府机关,却在最基层的农村扎下根来,一干就是三五年。去河北省保定市涞源县的北牛栏村,我们直播团队开着大篷车离开高速公路,又开了一个多小时,穿过大片大片一眼望不到边的玉米地,路上却见不到一个人。正当我们疑惑的时候,一个整齐、干净、清爽的美丽小村庄映入眼帘。盛开的格桑花是村民自己种植的,农妇热情地要把刚收获的金灿灿的南瓜送给我们,90多岁的婆婆邀请我们到家里去坐坐,村边的山坡上是一排排整齐的光伏发电设施,几台挖掘机正在有条不紊地作业。驻村书记曹志明带我们参观了村史馆,其实就是保留的一处村里的土坯老房子,在里面我们看到了这个村的贫困户当年一家人共穿的棉裤、用了几十年的油灯。在村委会我们看到当年曹书记第一次来北牛栏村行车记录仪拍下的难行的土路、破败的小村庄,看到曹书记在村委会办公室旁边备有一张简陋的单人床,得知他经常是几个月回不了一次家,我们忍不住热泪盈眶。

沧州的张常丰村,就是最最普通的北方农村的模样,向我们迎面走来一个地地道道的农村妇女,她是驻村书记张巍婷,一位来自国家信访局的三级调研员。她来的时候跟县长开玩笑说:"我要是在这三年里让张常丰村脱贫,你要让我在这三年中把自己嫁出去。"县长说:"你现在已经让张常丰村脱贫了,但你把自己变得越来越像农村妇女了。"

河北省保定市涞源县北牛栏村驻村书记曹志明(右一)带记者参观村史馆

张常丰村村民连夜用玉米和绿豆做走村直播看脱贫的展板

就是这样一批一心扎在村子里的驻村干部把村子当作自己的家，顾不上自己的小家，在村子里付出全部心血，村民脱贫了，他们开心了。

还有阜平的骆驼湾村，因为土地贫瘠，道路狭窄崎岖，交通不便，属于全国连片特困区。2012年12月底习近平总书记到访，脱贫攻坚的动员令从这里发出，小山村确立了打造乡村生态旅游、山下发展食用菌种植、山上种植新型果树的产业脱贫思路。同时，租赁村民房屋经营的民宿旅游项目让村民不仅可以获得打工机会，还可以参与企业分红。8年的时间，骆驼湾村发生了巨变，乡亲们脱了贫，村子成了京津冀地区的打卡地。"旅游+扶贫"辐射带动保定周边百余个贫困村，贫困人口9.9万人。

经常觉得当记者是幸运的，因为有机会接触各行各业、各个阶层的人群，每一次报道，都是对心灵的一次洗礼。走村让团队成长，直播让业务提升，走村直播，助力脱贫，让记者担负责任。虽然没有机会参与延安的会师活动，但我把内心的这些感动转达给了在现场录制节目的同事们，在我们的节目中传达对中国脱贫攻坚战所有参与者的崇高敬意。期待若干年后能回访这些村，期望看到更多的惊喜。

"收官"归来话感悟

■ 编辑播出组 刘巍

党的十八大以来,以习近平同志为核心的党中央站在全面建成小康社会、实现中华民族伟大复兴中国梦的战略高度,把脱贫攻坚摆到治国理政的突出位置。在2020年新年贺词中,习近平总书记特别强调:"2020年是具有里程碑意义的一年。我们将全面建成小康社会,实现第一个百年奋斗目标。2020年也是脱贫攻坚决战决胜之年。"

为了宣传报道这一重大主题,中央广播电视总台财经节目中心直播团队兵分南北两路,历时100多天,行程35000多公里,走进全国23个省、市、自治区的101个典型脱贫村,进行了101场直播报道,用一个个鲜活、生动的场景,展现了全国一盘棋、聚力打赢脱贫攻坚战的奋斗历程。作为一名导播,我不仅参与了日常系列报道节目的直播连线,还有幸参加了《走村直播看脱贫》在延安的现场直播。虽然只有短短几天时间,但令我感触颇深。

一、只有坚持聚焦国家战略,紧扣时代脉搏,才能履行好媒体人的职责,做出符合时代要求的、全方位有深度的优质节目

2020年是中国历史上极不平凡的一年,面对一场突如其来的疫情,全

国人民在以习近平同志为核心的党中央坚强领导下，攻坚克难、奋勇前进，不仅有效地控制了疫情，还取得了脱贫攻坚决战的决定性胜利，这其中也包含了我们媒体人的勇于担当和辛勤付出。

1. 强化学习，打牢基础

为了高标准地完成脱贫攻坚决战决胜的宣传报道，财经频道上下高度重视，认真学习党和国家决战脱贫攻坚工作的方针、政策，领会精神实质。为让全国人民及时了解党中央的决策部署和脱贫攻坚的最新战果奠定了坚实的基础。

2. 充分论证，明确方向

在众多贫困村中，我们遴选出最具代表性、最能突出反映党和国家脱贫攻坚政策效果、涵盖各项扶贫支撑计划内容的101个典型村，据此制订了详细的报道方案和计划，从而确保了这次大型融媒体报道行动在高起点上展开。

3. 加强协调，上下联动

在前方的短短几天里，我看到了带队领导高效的指挥、有序的组织策划、各工种间全力的配合。这些都为直播现场的高效运行打下了坚实的基础。

延安市安塞区南沟村直播现场

在我参与的延安市安塞区南沟村直播现场，当地村民展开了一幅5米长的画卷，他们用自己的双手在画卷上记录了近几年来家乡的生活变迁。民间剪纸艺人、苹果种植户以及101名由村民组成的安塞腰鼓手纷纷来到镜头前，诉说着家乡变化为他们带来的改变。

彩排中，我们从腰鼓队员的脸上和动作上感受到了他们发自内心的欣喜。和现场各位老师共同商议后，我们决定增加一路4G信号，请摄像老师身背4G包迎面冲进腰鼓队，近距离记录队员的动作和表情，让观众能近距离地分享他们的喜悦。但由于4G信号在人多的地方回传不稳定，从而出现了画面卡顿或马赛克的情况。为了保证有效画面的安全播出，我们多次调整拍摄路线以及队员站位排布，终于将信号安全平稳地送回了大篷车。

直播开始了，村民们用鼓声表达了脱贫致富后的喜悦心情，表达了不忘初心、永跟党走的坚定信念；而我们也借着鼓声为此行走过的101个村送上了最响亮的祝福。

二、只有坚持深入基层一线、同大众打成一片，才能真实反映脱贫攻坚的鲜活、火热场景，做出接地气、有温度的优质节目

"脚上沾有多少泥土，心中就沉淀多少真情。"这次大型融媒体行动，不仅让我有了一次绝佳的认识国情、体察民情、锻炼技能的学习练兵机会，同时也极大地增加了观众的代入感和播出效果。

1. 走村直播传播广

《走村直播看脱贫》将镜头直接瞄准田间地头，摇向老百姓炕头，用浓浓的乡村烟火之气，真实反映了农民致富前后的生活面貌。通过一个个生动感人的画面，把党和国家脱贫攻坚的决策部署、各地采取的有效举措以及百姓致富的成功经验传到千家万户，让观众直观感受到脱贫攻坚带来的巨大变化和广大农民脱贫致富后的喜悦心情。最终，此次活动在各大平台的直播观看量达到了2.28亿次，全网总点击量突破5亿次。

2. 同步直传特色新

我们的大篷车配置了由集装箱改装而成的三讯演播区。箱体采用液压

自动展开结构，最大可以上翻120度。演播区也可以自动展开，外接扩展平台后，面积可达50多平方米，有效提高了演播区空间。同时，我们利用大篷车上装载的5G+4K/8K+AI技术，实现了央视财经频道、央视财经新媒体、央广经济之声、中国交通广播四路信号的同步直传。在频道领导的指挥下，我组和相关科组通力配合，在精确计算好连线前播出时长的同时，提前叫通广播端导播间电话测试信号和声音，确保安全准点进入直播连线，让不同观（听）众在各媒体端都能准时、完整地收看收听到我们的节目。

3. 深度报道效果好

在我看来，收官之战地点选在位于革命圣地延安市安塞区的南沟村可以说是颇具深意。延安作为革命老区，为中华人民共和国的成立做出了突出贡献，但由于种种原因，老区人民的生活质量仍停留在较低水平。但近年来在党和政府的领导下，南沟村　举甩掉了贫困的帽子。

为了深入展示这一巨变，记者采访了当地有关部门相关领导、腰鼓手工制作师、安塞剪纸传承人，通过新媒体网络直播，从不同角度为观众讲述他们是如何借助全面打赢脱贫攻坚战的东风，走出一条文农旅深度融合促脱贫新路的。

大篷车、导播台及 5G 通讯车

三、只有坚持不断学习，对业务工作精益求精，才能不断适应编辑播出工作的新要求，做出群众喜闻乐见、内涵丰富有力度的优质节目

俗话说，艺无止境。编辑播出工作亦是如此。近年来，随着大量新技术、新装备、新设备的引进和运用，对编辑播出人员的业务素质要求也越来越高，这就需要不断加强学习以适应形势发展需要。

1. 在现场直播实践中学习

实践是学真知、练技能、长才干的最好"练兵场"。直播中不确定因素很多，稍有闪失便有可能带来难以挽回的遗憾。因此在直播中如何快速处理各种突发情况，就成了摆在大家面前亟待解决的课题。我组在完成日常节目播出的同时，根据出现的播出事故或隐患，总结出了《演播室直播应急要点》，在组织全员学习的同时开展实战演练，让每名组内同事都能在遇到突发情况时快速、正确反应，将屏幕上的差错降到最低。

2. 在一线火热生活场景中学习

101个直播村既是脱贫攻坚战役的主战场，也是一个传授多种知识的大课堂。在这里不仅能学到专业技能，还能学到一线党员干部和群众无私奉献、攻坚克难、"敢教日月换新天"的优秀品质和拼搏精神。给我印象最深的是，在直播队伍走入西藏的过程中，同事们遇到高原反应，很多人靠着吸氧才能保证身体状态正常，但一到达工作地点，他们又生龙活虎地投入工作中。正是这种团结协作、连续作战和吃苦耐劳的革命精神，才使大家圆满地完成了精彩直播连线。

3. 在历史感悟中学

不忘初心，方得始终。能有幸参加这次活动不仅是业务上的一次锤炼，也是政治上的一次洗礼。特别是作为一名党员，参加了财经频道党支部在宝塔山上组织的特殊的主题党日活动，心情更是格外激动。

在宝塔山的见证下，我们重温党史，缅怀先烈，高唱《国际歌》，重温入党誓词。远眺清凉山，我感受到了老一辈新闻工作者的奋斗历程和伟

大精神。那铿锵有力的话语从中国新闻广播事业的摇篮——清凉山上传来，时刻提醒着我不忘初心，努力做一名称职优秀的媒体工作者，切实履行好党和人民赋予新闻工作者的神圣职责。

宝塔山合影

克服高原反应　完成直播任务

■ 深圳财经资讯组　张滨

2020年国庆节前，我接到了《走村直播看脱贫》的报道任务，说句实在话，刚接到任务时，得知自己去的是西藏，内心十分复杂，既激动又担心。激动的是我还没去过西藏，现在终于可以去领略高原美景和藏族风情；担心的是2019年体检时，查出心律不齐等一系列问题，医生还特地嘱咐我要注意休息，不要过度劳累。所以此番西藏之行，我还是有所犹豫的，不过在两者权衡之中，我选择了工作优先。就这样，10月6日，国庆假期还没过完，我就踏上了西藏的走村之行。

第一站到达的是西藏昌都市芒康县纳西民族乡纳西村，海拔3000多米，一路上除了颠簸之外，身体没有特别的反应，心中暗暗庆幸。这里的特色是葡萄种植和葡萄酒酿造，当地人也是依靠该产业脱贫。所以这一站走村直播的主要内容就是围绕葡萄酒展开，走村直播团队的到来也受到了当地民众的热烈欢迎。不过我们也遇到了新的难题，由于走村直播是和当地电视台合作完成的，而当地记者从来没有做过类似的直播节目，同时普通话表达不是特别流畅，于是带领地方台记者制作直播小片成了一大难题，这个任务就落到了我的身上。我带领当地台的记者、摄像，从直播踩点、出镜词的写作到摄像机位的设置，事无巨细，无不事事躬亲，总算打磨出了直播小片，圆满完成了直播任务。

第二站到达的是西藏昌都市贡觉县阿旺乡金珠村，海拔4000多米，最高处接近5000米，在这里我遇到了巨大考验。直播团队是当天傍晚到达贡觉县的，一路上随着海拔的升高，我已经隐隐感到不适，呼吸困难，当天晚饭吃了一点就回到宾馆休息。除了随身携带的氧气罐，我还特地要来了一个容量比较大的氧气包。由于西藏地域辽阔，县与县、乡与乡之间距离遥远，一路颠簸之后，身体已经很累了，但是由于缺氧，脑袋隐隐作痛，睡不着，到了后半夜，呼吸越来越困难，心跳得厉害。我赶紧唤来当地的医生，医生给我量了血压，询问了我过往的病史，我一一如实回答。医生告诉我每隔半小时他来量血压，让我做好下山的准备。医生走后，我忍着头痛收拾行李，过了半个多小时，医生又来量了血压，高位不降。他问我是否可以承受，实在不行连夜下山。我想这么晚了，不能惊扰团队，先忍着看明天的情况如何。医生走后，我迷迷糊糊地睡着了，终于熬到了天亮。第二天，藏区清晨的阳光照进来，我庆幸安全度过了一晚，用自己的意志成功克服了高原反应。

第三站到达的是西藏昌都市江达县岗托镇矮拉村。这里是西藏和四川的交界处，海拔又降了下来，只有3000多米。我的身体也好了许多，除了完成直播任务，这一站最大的感受就是党建工作。精准扶贫是我党当前的重点工作内容，同时也取得了巨大的成就。走村直播的过程也是向全国乃至全世界展示我国精准扶贫的过程，一路上我们在当地的贫困县、贫困乡，通过当地的图像、图片等历史资料的前后对比，亲眼见证了当地民众巨大的生活变化。尤其在西藏地区，变化尤为明显，家家户户从内心里拥护党的领导。江达县是当年人民军队解放西藏的第一站，在这里我们参观了当地的革命历史博物馆，了解了西藏解放和建设的前后经过，从而对这段历史了解得更为深刻、具体。

总而言之，此次西藏走村直播的过程，对我而言，既是一次新闻业务的锻炼和检验，也是一次爱党爱国的深切体验。

在南北扶贫路上成长

■ 新媒体编辑组 张皥晗

在2020年接近尾声的时候，我开始着手准备那年夏天参与总台财经节目中心主办的大型融媒体行动《走村直播看脱贫》的扶贫手记，脑海中不断闪现当时扶贫直播的画面、与当地老乡温馨交流的场景。这一路走来，从南到北，在30多天的时间里，我去了7个省份，10多个不同规模的城市，行程一万多公里，见识了祖国不同地区的山河与村落。脱贫路上人民的变化与祖国的富强，见证了自己的成长。

南　线

2020年8月，人说七月流火，此时的南方仍然烈日炎炎。顶着骄阳，我有幸跟随《走村直播看脱贫》的大篷车队，进入南线。在南线我分别去了湖南省郴州市宜章县梅田镇龙村瑶族村、广西贺州市富川县朝东镇岔山村、广西桂林市灌阳县新街镇永富村、贵州省丹寨县。

南方的夏季温热潮湿，远处青山黛瓦。其中让人印象深刻的是在广西桂林市灌阳县新街镇永富村。当天阴雨不断，当时是采访袁隆平院士团队在广西灌阳的超级杂交水稻试验田的脱贫故事，为了寻觅最佳的采访拍摄时间，我们一直站在泥潭里等待。好在天公作美，雨过天晴。在一片金黄

与摄像老师在泥地里拍摄

的稻田里各部门齐心协力顺利完成拍摄。一条关于中国杂交水稻的样片将永久记录下来，这让我觉得一切都是值得的。

更重要的是，在这片超级杂交水稻试验田里，每株超级稻稻穗的谷粒数是普通杂交水稻的3倍！"超级稻+再生稻"的种植模式，让试验田的亩产量稳定在1500公斤左右，甚至曾经一度创造了单产1561.55公斤的世界纪录。杂交水稻不仅让农民增产增收，还对脱贫攻坚和提高粮食产量有着重要意义。

北　线

10月，在紧锣密鼓的短暂准备后，我迅速投入北线扶贫直播行动当中。北国的风光，虽不见雪飘冰封，但犹可看到长河落日的壮美景观。在沙漠戈壁的一片苍茫中，我途经甘肃省平凉市静宁县甘沟镇杨咀村、宁夏固原市西吉县偏城乡涵江村、宁夏吴忠市盐池县、内蒙古呼和浩特市清水河县高茂泉窑村、河北省张家口市蔚县暖泉古镇。

由于此前南线的历练，在去往北线第一站甘肃省平凉市静宁县甘沟镇杨咀村的机场阶段，我就进行了拍摄。

但是南北的温差仍然让我的身体处于超负荷状态，我一度担心因为身体不适而不得不中途折道回京。强打精神的同时，我们来到了静宁县，截至2019年，该地全年的苹果种植面积已经超过一百万亩。苹果的产量88万吨，为当地人创造了39.6亿元的年收入。依靠苹果产业，累计有19.6万人稳定脱贫，真正地做到了"甜了舌尖，富了口袋"！

苹果种植户开心的笑容

在静宁，我认识了一位种苹果树的老乡，他皮肤黝黑、阳光开朗、善于言谈。在一阵欢乐的聊天氛围中，我们了解到，原来当地在脱贫致富路上已经遥遥领先。很多像他一样的人上午打理完苹果后，下午都自由打发时间——做一些自己想做的事情，让生活丰富多彩。在短暂交谈中，我甚至一度感到作为农民的浪漫，"采菊东篱下，悠然见南山"，陶渊明理想的生活不正是如此吗？最后我用相机记录下了这美好的一刻，看到老乡的笑容，我已然忘记了身体的不适，融入当地，以相机为笔、光为纸，尽力展现与宣传老乡们在脱贫致富路上发自内心的、对当下美好生活的满足，对美好未来的向往和信心，这不也是我们此次行动的意义吗？

会　合

11月，南北两路走村直播队伍在伟大的革命圣地延安会合，我参与《走村直播看脱贫》微纪录片的拍摄。看到每个不同岗位的人叙述着此次活动的脱贫故事，长途跋涉行走高原的困难、战胜恶劣天气的勇气、新闻报道后的喜悦，像音乐的不同声部，共同谱写了脱贫致富路上的美丽乐章。在这么重大的日子，在延安革命根据地，我参加了入党仪式，因成为一名入党积极分子而心潮澎湃。

作为一名新闻工作者，在这次长达数月的《走村直播看脱贫》大型融媒体行动中，接触到了大量优秀的共产党员。他们站在群众工作的第一线，在突发事件中挺身而出，把人民利益放在高于一切的位置，自强互助，关心群众，以自己的模范行动，影响和带动广大群众增强信心，战胜困难。

这样的场景和采访次次令人感动，也深深感染了我！我也会像各位前辈一样严于律己，早日成为一名优秀的中国共产党员。

时间飞逝，南方闷热潮湿里老乡们温柔腼腆的笑容、北方落日长河中老乡们粗犷豪爽的性格，都已成了回忆。我依依不舍于一片片松软的土地和生活在这方土地上热情的人们。

这次走村之旅让我成长，就像一块经过不断打磨的土地，耕耘、播种、浇水，最终收获。在此期间，我学习与体验了不同的领域，也跟大家建立起了深厚的友谊。

当地村民热情地跟记者打招呼

从酷暑江南到雪域西藏　用事实展现民生的人

■ 新媒体编辑组　吴柏辰

在2020这个不平凡的年度里，我有幸用近三分之一的时间，跟随中央广播电视总台《走村直播看脱贫》大型融媒体行动的大篷车，走过全国8个省份、17个曾经的贫困县，看到了各地在2020年脱贫攻坚决胜阶段的脱贫成果，通过与脱贫攻坚一线冲锋陷阵的人们朝夕相处，更让我体会到了脱贫的重要与战役的艰辛。

我印象最深的莫过于第一站——江苏省徐州市齐阁村。当我亲眼看到约16米的新媒体制播一体车（大篷车）开进齐阁村的田地间展开后，我拍下了制作新媒体产品的第一个镜头，那是大篷车的展开延时视频。其实当时我十分震撼，脑海中第一个念头就是"直播还能这么做"。把舞台搭到田间地头，将受众的距离拉到面对面，把镜头推到脱贫最前线，将贫困县的真实改变展现在全国人民面前。

那一站直播我制作了两期新媒体产品，分别是齐阁村的《云瞰中国之美丽乡村》和《记者走村Vlog》，互联网点击量很不错，均突破了百万。特别是同记者李斯璇合作拍摄的《记者走村Vlog》，我们采用现场体验式的架构，再加上新媒体创作元素的加持，让"农忙"显得轻松有趣，我觉得这是在"三农"报道中特别重要的一点，希望受众产生亲近感，而非陌生感。

这种"近距离"不仅让我们制作的内容更贴近民生，而且让脱贫这件事不再是冷冰冰的数字和文章，而是一个个鲜活热忱的笑脸，讲着一件件温暖感人的故事，传递着一声声切实有效的脱贫政策落地之响。

在江西省抚州市黎川县三都村，我见到了"中国油画之乡"的实情实景。当地美丽的稻田风景，以及错落有致的白墙青瓦的传统徽派建筑群，让人仿佛进入曼妙的画卷当中。这都得益于当地对乡村环境的治理，以及当地脱贫产业发展之后，村民生活条件日益提升，许多外出打工者都愿意返乡创业，建设家乡，因此才有了如今风景如画的三都村。于是，我采用当地特色"油画"产品，结合航拍技术，制作了一期《云瞰中国之美丽乡村》新媒体产品，由画入从画出，将三都村"风景如画"的概念呈现出来，产品深受受众喜爱，收获上百万点击量。

如今回想起，还是那句话——"事实胜于雄辩"。脱贫一线的成果如此丰硕，无论是用真实的直播画面，还是不加滤镜的乡村风景，又或是热火朝天的产业基地航拍，都不需要过多的文字阐述和描绘；老百姓脸上的笑容、脱贫农产品畅销的订单、越来越便捷的乡村交通网，都在用事实告诉全国人民，中国的乡村好起来了，乡村的人民富裕起来了。

在活动期间，我曾到达贵州遵义的花茂村。2015年6月16日，习近平总书记来到花茂村进行脱贫考察。他鼓励村民，好日子是干出来的，贫困并不可怕，只要有信心、有决心，就没有克服不了的困难。我在花茂村采访时发现，近年花茂村因地制宜发展乡村旅游，村民们纷纷端上"旅游的饭碗"，实现了脱贫致富。

花茂村不仅有美食美景，还有古法造纸的传承文化、手工陶艺、体验农田等一系列特色产业，让我们一行媒体团队都萌生了"留下来，找回乡愁"的念头。我特别拍摄了花茂村古法造纸传承人张胜迪，在她返乡创业的这些年来，也经历过挫折阻碍。但我认为之所以很多类似遵义花茂的贫困村能够脱胎换骨般地改变产业结构，蝶变新生，正是因为一位位像她这样的返乡创业青年。因为他们最了解当地的产业潜力，也最熟悉故乡的贫困痛点与难点，才能从根源处去除穷根。

这是我在走村直播报道中感受很深的一点，当他们告诉你"从前我都不敢提起我的家乡，害怕他人嘲笑：'你是这个贫困村的哟？'"到"现在我都会主动介绍，我是XX村的某某某，我们村里最厉害的产业是……"他们脸上洋溢出的自信与幸福，是我用镜头记录下的最美画面。

2020年10月《走村直播看脱贫》大型融媒体行动走进了西藏昌都市江达县，时值西藏昌都市解放70周年。江达县是这次融媒体行动中海拔最高的地方之一，我们曾经到过海拔5000多米的隘口，在海拔3800米左右的地方过夜，团队可以说时刻面临着生命的威胁与挑战。

那　站我承担了一段10分钟的新媒体直播任务，因为要采访最真实的牧民，我们要从制播车处驾车前往山区牧场，去遇见放羊回来的藏民们。牧场是没有公路的无人区，越野车行驶在颠簸的草原上，我们团队内心更多的却是创作直播内容的兴奋与迫切，一路上我们都在讨论当地特色产业的细节，以及直播内容的创新。在与当地向导的沟通讨论后，我们在直播中如实展现了当地如何通过饲养"阿旺绵羊"带动藏民群众脱贫致富，办起养殖基地，将优质农产品运往全国各地的客观事实。

短短10分钟的直播内容也要强调体验感、受众参与感。那是一个最接近自然的环境，拥有淳朴的牧民，为了体现"原生态、无污染"的内容概念，专门设计了记者体验环节，从服装造型到身上的道具及语言，都尽可能凸显出"真实"二字。因为真实是最打动人的。

在长达100多天的感受与体验下，从7月25日启动仪式到11月1日活动总结仪式的全过程，对我个人的改变是深远且永恒的。11月1日我来到了陕西延安，在荣幸见证这场大型活动的总结仪式的同时，我在红色圣地延安的宝塔下庄严宣誓，申请加入中国共产党。

这是走村活动带给我的最大改变，让我看到了身为中央广播电视总台的一名记者，是如何用自己的眼睛去发现真实、记录真实并且报道真实。让我真实体会到记者是用事实展现民生的人。

中央广播电视总台媒体云——移动制作系统在《走村直播看脱贫》活动中的应用

> 制片协调组 杨绍童 孙浩 王志亮

中央广播电视总台财经节目中心主办，技术局提供技术支持的《走村直播看脱贫》大型融媒体行动创新性地将演播区和移动制作系统集成于两辆可自动展开的集装箱大篷车内，《走村直播看脱贫》打破常规，把直播车开进田间村头，展现富有生活味、烟火气的百姓日常。节目集合多种传播手段，在电视端、广播端、新媒体端进行融合传播，形成规模化、大小屏联动、行进式直播报道效应，融合传播效果十分显著。

技术局针对该活动需求特别研发和定制的车载系统，采用总台5G媒体应用实验室多项成果，以总台媒体云为依托，为南北线大篷车提供了5G传输、"云端＋本地"的节目制作模式，支撑大篷车南北两线电视、广播、新媒体的融合直播工作。

系统主要技术特点集中在制播系统云服务化后，能提供广域互联网接入保障和云端全媒体、多工具的调用。同时，云化部署对于系统运行维护也不受地域限制，使技术人员前后场内外结合融合保障。此次大型融媒体行动历时3个多月，移动制作系统完成了101场新媒体直播。

以下就该系统应用功能做一下阐述。

一、大篷车移动制作系统布局

大篷车除车头外，车身采用可自动展开的集装箱作为融媒体节目制作平台，集装箱长12米，划分为三个制作区域：后台设备区、融媒体制作区、访谈出镜区。其中后台设备区配置有移动制作系统随车部署的制作和网络后台设备、UPS、空调，并兼备储物室的作用。融媒体制作区包括4块监看大屏和1张操作台，配置有融媒体切换设备和制作终端设备。访谈出镜区设计为三讯道出镜平台，作为大篷车展开后进行融媒体节目制作的访谈区域。

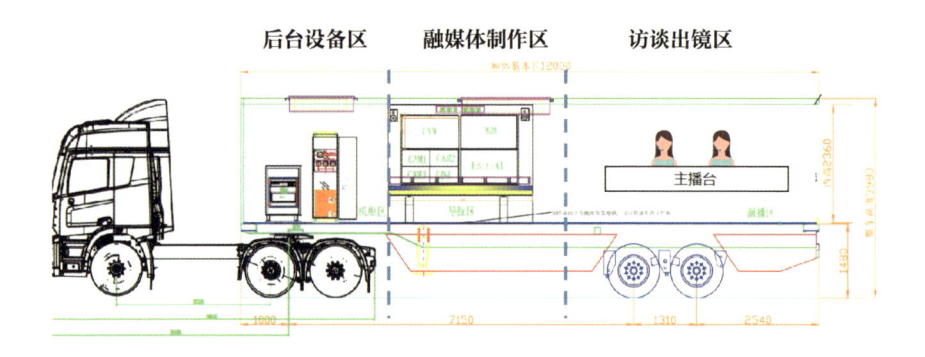

大篷车移动制作系统整体布局

下表列出每辆大篷车内移动制作系统的主要设备：

设备清单

序号	设备名称	数量
1	便携式摄像机	3
2	融媒体一体化导播切换设备	2
3	移动非编工作站	2
4	网络交换设备	2
5	4G/5G 背包	2
6	手机移动终端设备	3

由于应用移动制作系统，使得系统内原有支撑编辑、素材管理、切换等应用的后台设备虚拟化，由传统以硬件服务器或工作站为载体部署，转变为在云资源中虚拟化部署。这样一来，传统融媒体制播系统中的后台收录、管理、转码设备无须部署在大篷车中，从而节省空间，减少了物理设备的搭载，也减轻了大篷车长途行驶过程中硬件设备故障影响节目制播的问题。

二、5G 网络传输

为保障大篷车所在区域的网络接入能力，电信运营商技术团队全程提供南北线大篷车直播所在地的 5G、4G 或互联网传输保障；在有条件的区域为大篷车提供 5G 网络接入，借助 5G 带宽和延时的优势，为大篷车提供高码率、低延时信源接收和推送能力。

其中，5G CPE 设备可将 5G 信号转化为有线网络和 wifi 信号，为外场转播活动提供稳定的高带宽网络支撑。在大篷车使用的 4G 背包基础上，5G 背包是总台与国内编解码厂家共同研发的具备自主知识产权的 5G 超高清视频传输设备，具有符合总台播出标准、移动性强、视频编码传输灵活稳定等特点。结合大篷车报道经验，未来在有 5G 网络覆盖区域，可以作为外场超高清视频传输的有效手段。

5G CPE 设备、总台 5G 背包

三、云端素材收录与共享

应用在大篷车内的"总台媒体云——移动制作系统"是面向5G网络的在线4K超高清节目采编制作系统,支持云端信号收录,实现云端素材汇聚、交互、储存、发布。

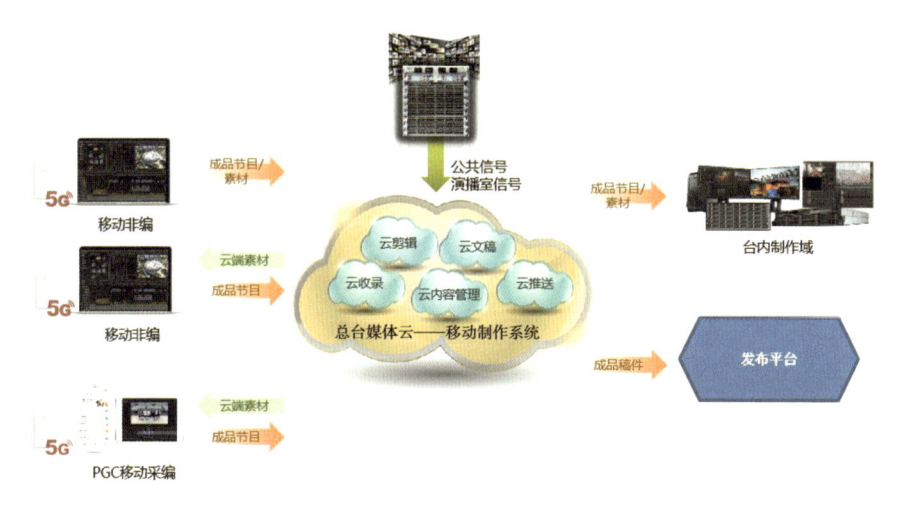

"总台媒体云——移动制作系统"功能示意图

移动制作系统中部署有云端信源收录功能,可以接收通过手机、背包、编码器等设备推送的大篷车流媒体信源。云端提供的大篷车收录服务,可对两辆大篷车所产生的单路信号、PGM信号、回传信号等所有信源在云端进行实时收录。同时,云收录服务支持准实时回看和编辑,即对于已经录制的视音频文件,在未完成封口的时候即可对视音频文件进行访问。采用云端收录功能为后端频率、频段及新媒体后端制作提供了便捷高效的制作手段。

此外,云端具备素材管理、检索、分享等功能,素材内容库提供节目人员按照组织、频道、栏目等不同权限维度进行访问和下载。云端实现素材整合后服务广播、电视用户进行素材检索、分享。

四、融媒体一体化切换、包装、推送

大篷车中主要保留的物理硬件设备是两台融媒体导播切换机。该设备是传统线下导播切换一体化设备，但与传统设备不同的是，在总台5G媒体应用实验室中，设计团队使其具备了4K超高清信源的切换制作能力，结合5G网络传输设备可以完成超高清画质的新媒体制作与推送任务。

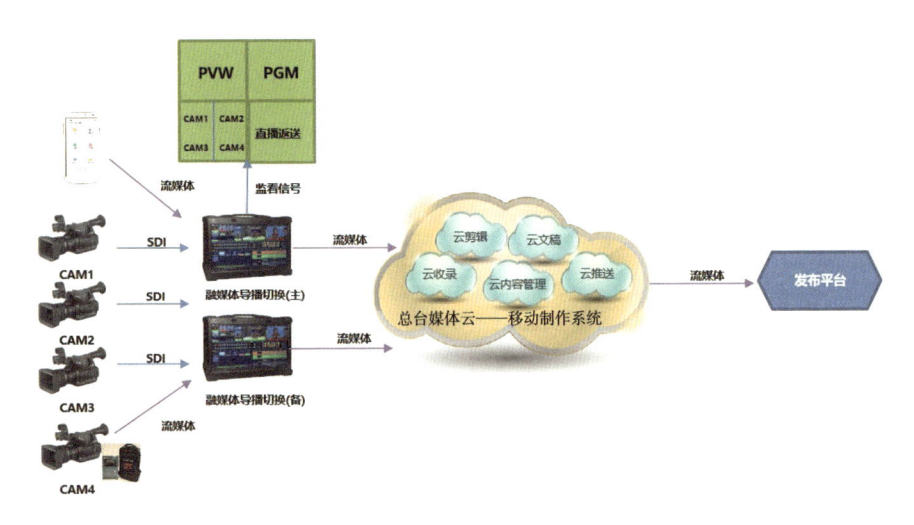

大篷车内融媒体一体化切换制作

在南北线大篷车节目报道中，每辆大篷车中配置有两台此类型导播切换一体化设备。设备符合广播级切换制作要求，具备主备联动机制，支持专业包装模板制作及流媒体包装渲染能力。设备可以接入访谈区3路摄像机信源，同时支持以流媒体方式接入手机或5G背包回传的车外信号，配合可控制的小片播放通道及可配置的信源外接监看功能，完整支撑了两辆大篷车在车体内融媒体制作区，对信源的统一监看、切换、包装及推送。

五、多工具、移动化节目制作与发布

"总台媒体云——移动制作系统"中具备多工具、移动化节目制作功能。大篷车中的信源统一在云端进行收录，用户可以通过网页在检索、下载、共享的同时，也支持通过移动非编工作站、网页编辑器、手机、PAD等移动终端通过5G、4G、互联网接入云端素材库，实时访问收录素材或其他存储在云端的视频、音频或图片等媒体资源，进行多工具侧、移动化的节目伴随制作和新媒体稿件制作与发布。

使用移动云采编 App 伴随直播进行拆条发稿

　　大篷车收录文件存储于云端存储，接受移动制作系统云端内容管理。移动非编工作站在访问收录素材的同时，也支持上载或引入本地素材至云端，时间线上可同时拖拽本地或云端素材进行混合编辑和节目输出。

　　移动非编工作站运行专业非编软件，在大篷车报道期间满足广播、电视用户，进行专业节目剪辑、合成的需求。同时，系统内还具备在手机或PAD中直接安装使用的"移动云采编App"。可以服务广播、电视用户，在移动终端进行图文稿件和视频稿件的节目制作与发布。

　　此外，系统还提供了基于网页的编辑功能，可不依赖客户端硬件性能，通过浏览器方式访问、编辑、使用。

六、跨地域云端连线、切换

　　"总台媒体云——移动制作系统"中具备云连线和云端切换功能。云连线是指以低延时通信协议取代传统流媒体传输协议，在嵌入现有融合媒体导播切换一体化制作流程后，可以实现互联网环境中，低延时视频连线与高质量新媒体包装、切换、推送的整合方案。通过此功能，可以为大篷车实现两辆车之间、多地多人间的视频连线，丰富报道手段。

　　此外，在大篷车报道过程中，还应用了云端切换技术。云端切换技术通过对本地切换台CPU、GPU等计算资源的虚拟化应用，在云端提供流媒体接收、切换、包装、推送的云端切换功能。在大篷车融媒体报道活动中，用户使用云端切换台，在前方节目制作人员紧张的情况下，在北京后方进行了远程切换，完成节目制作任务。

综上，"总台媒体云——移动制作系统"是针对移动节目制作专项设计，采用5G媒体应用实验室相关成果，以总台媒体云为依托，为南北线大篷车提供了5G传输、"云端＋本地"的节目制作模式，顺利完成大篷车南北两线电视、广播、新媒体的融合直播任务，是总台制播云服务化的一次重要实践。

使用云切换进行远程节目切换、推送

融媒体传播的创新实践
——《走村直播看脱贫》大型融媒体行动的几点思考

■ 财经资讯组 斯琴

2019年1月25日,中共中央政治局就全媒体时代和媒体融合发展举行第十二次集体学习,中共中央总书记习近平在主持学习时强调,全媒体不断发展,出现了全程媒体、全息媒体、全员媒体、全效媒体,信息无处不在、无所不及、无人不用,导致舆论生态、媒体格局、传播方式发生深刻变化,新闻舆论工作面临新的挑战。我们要因势而谋、应势而动、顺势而为,加快推动媒体融合发展,使主流媒体具有强大传播力、引导力、影响力、公信力,形成网上网下同心圆,使全体人民在理想信念、价值理念、道德观念上紧紧团结在一起,让正能量更强劲、主旋律更高昂。[①]

2020年,在脱贫攻坚的收官之年,中央广播电视总台财经节目中心的大型融媒体行动《走村直播看脱贫》启程出发,也开启了一次电视央媒的融媒体创新实践之旅。

2020年7月,两辆融媒体直播大篷车从江苏徐州出发,分赴南北两线,这次融媒体行动历时100多天、走进101个村、直播101场,行程达35000

[①] 习近平主持中共中央政治局第十二次集体学习并发表重要讲话[N].中国政府网,2019-01-25.

多公里。大篷车首创装载了5G+4K/8K+AI技术的演播室，节目在电视端、广播端、新媒体端进行融合传播。此次融媒体行动的直播观看量达到2.28亿次，整体报道全网总点击量超过5亿次。此间，央视财经App的新增用户数突破了108万。中宣部"学习强国"学习平台开设"走村直播看脱贫"专题，并在首页推荐；人民网、中国日报网、央视网等中央主要新闻网站和澎湃新闻、新浪网、东方财富网等商业新闻网站纷纷转载报道；多个省的《新闻联播》以及省市县各级融媒体中心对《走村直播看脱贫》的活动线路、技术特点和传播亮点予以关注。这样一场大型融媒体行动，在融媒体、全媒体传播方面进行了全维度的探索实践，为业界提供了新的思路。

一、突破传统媒体一对多的单向传播思维和"观众思维"，与用户实现平等的互动式传播

媒体融合从表面上看是互联网技术革新，背后则是用户需求方式的深刻变化。一些传统媒体依然固守一对多的"读者思维"定式和以自身为中心的运作方式。如一些传统媒体机构创办的新闻客户端往往都以内容发布为核心，将传统媒体一对多的传播理念，直接应用到新媒体平台中，导致平台上某些产品并不符合媒体融合的大趋势。媒体融合的核心应该是由传播技术进步所带来的传播理念的变革，关键是彻底颠覆原先一对多的大众传播模式，将"读者思维"转换成"用户思维"，与用户实现平等的互动式传播。[1]

在《走村直播看脱贫》大型融媒体行动中，新媒体的特性和作用得到了最大化发挥，大大提升了整个活动与受众的互动性。受众或者说用户成为节目的参与者、投票者，甚至是节目中的主角。这样的互动不仅带来节目点击量、阅读量的提升，更让节目中的故事真实可感，充满了原生态的活力与亲和力。

比如，此次融媒体行动打造的一个互动节目《我当村主播 农民说新闻》系列报道，脱贫村推选出的村民坐进大篷车的主播台，以Rap、快板、戏曲等特色方式，讲述脱贫故事、细数生活变化、介绍家乡变迁、展现当代农民风貌。这个形式创新的节目播出后，引起了热烈反响，每个村都争

---

[1] 胡怀福，周劲.王者融归——媒体深度融合56个实战案例[M].北京：人民日报出版社，2019.

相推选村里的能人、红人、能说会道的人，来当村主播，宣传自己的家乡、推广家乡物产和文化。最终有全国各地的124位村民参与了《我当村主播 农民说新闻》节目。其中的爆款［河北馆陶县，人杰地又灵！乡村如画卷，小镇传美名！］微博阅读量突破了100万次；另一个爆款作品［靠着苹果、花椒，这个村增收1200万元以上！这成绩，"椒"傲！］，微博阅读量也接近100万次。

此次活动还特别制作了H5投票产品，全民互动为家乡点赞，截至2020年10月31日节目收官，H5互动点赞量达到了6892万次。每到一地，投票点赞都会掀起一波热潮，从当地媒体的直播预告开始，到直播当中和直播后，各村各县的投票点赞数据都是快速攀升。不少县村的基层干部说，这次活动也让他们看到了来自普通百姓的凝聚力所释放出来的潜能。

一系列突破了一对多的"观众思维"的互动创新，让受众（用户）和节目融为一体，实现了平等的互动性传播。

二、大小屏融合互补，打造多元信息触点，实现全景式传播的N个维度

在媒介整合这一层面上，未来媒体公司或集团也许无法单单用一种旗舰节目或出版物来获得大批受众，而是需要通过遍布一系列平台的各种传媒工具组合来获得受众。当媒体成为信息与受众的接触点时，媒体本身是什么并不重要，重要的是媒体是否真正地成为信息的载体。此时，信息的提供者更应该关注的是信息的"质"，即什么样的信息适合使用什么样的媒体发布，媒体怎样发布能使信息的价值实现最大化？[①]

在技术应用上，《走村直播看脱贫》大型融媒体行动首创装载5G+4K/8K+AI技术的大篷车演播室，实现了央视财经频道、央视财经新媒体、央广经济之声、中国交通广播四路信号同步直传。尤其是大小屏的融合互补，探索实践了在一档直播节目里，权威性、影响力与接地气、互动性的同屏共振，实现了全景式传播的N个维度。

（一）充分发挥央视的大屏优势，省长专访凸显全局性、权威性、影响力

《走村直播看脱贫》大型融媒体行动，共有11位省、自治区领导接受

---

① 蔡雯，许向东.融媒体建设与创新［M］.北京：中国人民大学出版社，2020.

了央视财经专访，以点带面，系统梳理了全省脱贫攻坚的经验做法，让整个节目的视野更高，更凸显央视的全局性、权威性、影响力，能够实现更广泛的社会影响和舆论引导作用。

（二）释放新媒体优势：形式活泼、播出时长充裕、打造爆款

在《走村直播看脱贫》大型融媒体行动中，推出了多个形式新颖、内容活泼、参与度高的融媒体报道品牌：《记者走村Vlog》是一款人气很高的新媒体产品，记者们真正参与到村民的日常劳作中，亲身体验鱼塘抓鱼、竹编、采摘、刺绣、挖鱼腥草等，以Vlog形式记录走村途中的所见、所闻、所感。这些现场热闹、可视性强、新奇好玩儿的作品，播出后被大量转发，在当地政府部门和百姓中引起了热烈反响。其中的爆款［黄河滩区老村变鲤鱼塘，全村增收上百万！红烧鱼、糖醋鱼……央视小姐姐带你打卡黄河鲤鱼的N种吃法！］，阅读播放量达到705.7万次；另一个爆款《云瞰中国之美丽乡村》系列短视频，则是利用航拍从高空俯瞰中国，换一个视角展现乡村的丰收场景与村庄变化，多条短视频的点击量都超过130万次。

三、行进式的融合传播——突破线上线下、时间空间，实现品牌的传播、扩展

在2021年的跨年演讲中，得到App创始人罗振宇讲到了线下活动的意义。2020年，疫情使得数字化进程加速，许多人会觉得，线上已经成为高效获取资源的渠道，那么线下活动的意义和作用是什么呢？他提到一个说法："每一个高价值的线下景观，都是一个意义的'存钱罐'。"事实上，《走村直播看脱贫》的直播大篷车，犹如一个行进中的电视台，在许多途经的城市乡村，就是一个充满神秘的景观，它吸引了许多人来参观、拍照、参与节目。在这里，大家一起标记了它的意义，继而口口相传，在交互中实现了品牌的传播、扩展。

（一）行进式的融合传播，挖掘线下活动价值，实现品牌的传播、扩展

此次直播的大篷车长16.1米，内部不仅集成了5G+4K/8K+AI技术，还配置了由集装箱改装而成的三讯演播区。演播区不仅可以自动展开，还配

备了5G手机、4K电视、AI机器人等高科技产品，供村民们体验互动。于是每到一地，总有附近十里八乡的村民们来到现场，他们在大篷车前合影留念，看大篷车里怎样录制节目，到主播台上体验一下当主播的感觉，拍张照片发朋友圈。于是，这里不仅是一个设在村里的"申视台"，对每个到过现场、参与其中的人，它更留下了意义的痕迹，也自然会带来二次传播。而这也为《走村直播看脱贫》和中央广播电视总台、财经节目中心的品牌影响力打造，做了一个最接地气的地推，提供了一种口口相传的品牌传播思路。因为线下，因为如此"亲密接触"，这样一个品牌在这群人当中的生命力也变得更真实可感、更持久。

（二）整合县级融媒体的传播资源和优势，快速触达每一根"末梢神经"

2018年8月，习近平总书记指出"要扎实抓好县级融媒体中心建设，更好引导群众、服务群众"，首次提出"县级融媒体"这一概念。随后中宣部要求，2018年先行启动600个县级融媒体中心建设，2020年年底基本实现县级融媒体全覆盖[①]。推进县级融媒体中心建设，能够让新型主流媒体平台的技术及应用向基层全面下沉，与人民群众建立更加广泛而深入的联系。县级融媒体中心是现代全媒体传播体系的基础，推动县级融媒体中心建设，将为媒体深度融合带来更多的社会资源，增添强大动力。[②]

1. 依托基层的融媒体网络，快速触达"末梢神经"

此次《走村直播看脱贫》融媒体行动过程中，我们惊喜地发现，经过几年的融媒体实践，目前，不少县级融媒体都搭建了一个能够延伸到村村户户的宣传网络，这个网络能迅速传导到每一根"末梢神经"。于是，《走村直播看脱贫》每走进一个县、一个村做直播，都会与当地县级融媒体中心充分沟通，让他们充分了解这项活动的目的、意义、内容和为当地所做的宣传报道。这样，县级融媒体中心的潜能就被充分调动起来，他们会主动制作宣传片、通知，通过当地的电视、广播、网络等全媒体进行发布。于是，这样一个直播预告就在很短时间内迅速触达每一个单位、家庭、村民，传递到了"末梢神经"。由此，也提升了直播节目的传播效果。比如，

---

① 何加晋.县级融媒体热的冷思考[J].视听，2020（2）：5-7.
② 人民日报社.融合体系——中国媒体融合发展年度报告（2018—2019）[M].北京：人民日报出版社，2020.

甘肃省天水市甘谷县尉坪村的一场走村直播节目，直播数据就达到了近458万；徐州丰县齐阁村一场直播的数据也突破了400万。

2."入乡随俗"，实现与当地本土化新闻和特色节目的融合传播

对当地受众来说，县域融媒体的受众黏性主要来自本土化新闻和富有当地特色的节目样态。走村直播在节目内容上，通过与当地县级融媒体中心的深度合作，实现了从传播方式、受众偏好等多维度的融合传播。比如，我们在湖南省湘西土家族苗族自治州永顺县科皮村做直播的过程中，1小时的新媒体直播节目中有两个小版块是和当地电视台合作完成的。县电视台的主持人能够在央视亮相，积极性也很高，精心挖掘当地的脱贫产业，我们一起策划设计了极富当地特色的抓鱼比赛和土家宴，我们的出镜记者与县电视台主持人一起搭档做现场直播，效果非常好！当地主持人熟悉当地风俗、方言，更接地气，我们的出镜记者能够随时把控节目主题和内容、节奏，整个节目既生动、接地气，又凸显了产业脱贫的大视角和样本价值。

四、打造融媒体IP的长尾效应，充分释放品牌的长尾价值

一个好的IP就是一个产业。要有这样的想象力，在资本、机制和人才的推动下，不断拓展媒体价值链，做到一个IP多次开发、一次开发多个产品，实现一次销售多个渠道、一次投入多次产出、一次产出多次增值。[1]

《走村直播看脱贫》，100多天走进101个村、行程35000多公里，走进全国23个省、市、自治区。101期直播节目，记录了许多脱贫故事和历史瞬间；我们打造的《云瞰中国之美丽乡村》《记者走村Vlog》《我当村主播 农民说新闻》等多个融媒体品牌节目，所有这些，共同打造了"走村直播看脱贫"这样一个IP、一个品牌。如何更好地发挥品牌的长尾效应和长尾价值，"走村直播看脱贫"也做了大量创新实践。

（一）为产业扶贫搭建平台 让长尾效应创造价值

利用"走村直播看脱贫"的品牌影响力，"央视财经"客户端上线了

---

[1] 吕焕斌.媒体融合的芒果实践报告［M］.北京：中信出版社，2019.

"百村大集"专区，征集各村的龙头、特色产品，提供线上展销平台；在收官总结活动上，还牵线搭桥，邀请大型企业、商超与正在脱贫或已经脱贫的村庄签署采购投资协议，总签约额近4.8亿元。《走村直播看脱贫》的长尾效应，转化成了助力产业扶贫的长尾价值。

（二）记录历史　让品牌的长尾价值成为历史的一部分

《走村直播看脱贫》除了在镜头里留下鲜活的脱贫故事，还邀请了100多位各地画家用画笔描绘脱贫攻坚带来的生活变迁。来自101个村庄的101幅画卷连接成了全长2020分米的"百村脱贫图"。这些画作有的展现了村容村貌的变化，有的描绘了脱贫产业的发展，从水墨画到工笔画、从山水画到农民画，既勾勒出走村直播万里行程的壮阔，更是为2020年打赢脱贫攻坚收官战，留下珍贵的历史记录。《走村直播看脱贫》品牌的长尾价值也成为历史的一部分。

结　语

在中共中央政治局就全媒体时代和媒体融合发展举行的第十二次集体学习中，中共中央总书记习近平强调，推动媒体融合发展、建设全媒体成为我们面临的一项紧迫课题。要通过流程优化、平台再造，实现各种媒介资源、生产要素有效整合，实现信息内容、技术应用、平台终端、管理手段共融互通，催化融合质变，放大一体效能。要坚持移动优先策略，让主流媒体借助移动传播，牢牢占据舆论引导、思想引领、文化传承、服务人民的传播制高点。[①]

媒体融合、全媒体传播，是优化、是再造、是共融互通，更是融合质变。在这条探索实践的道路上，最重要的能力应是上下兼容。向上，要用开放学习的心态拥抱新技术、新变革；向下，要能下沉触点、感知村村户户每一根"末梢神经"的需求。唯此，主流媒体便能占据舆论引导、思想引领、文化传承、服务人民的传播制高点。

---

① 习近平主持中共中央政治局第十二次集体学习并发表重要讲话[N].中国政府网，2019-01-25.

主题主线新闻报道的创新性表达
——《走村直播看脱贫》融媒体报道策略分析

■ 新媒体直播组 张宁

一、内容创新，纵深式挖掘，讲好村里的故事

内容是新闻报道的基石，尤其是在融媒体时代"内容为王"更不过时，好的内容才能留住受众。坚持创造好的内容，尤其围绕新闻的纵深式挖掘是主题主线报道创新性表达的灵魂。中央广播电视总台财经节目中心的《走村直播看脱贫》大型融媒体行动围绕脱贫攻坚这个主题选取了中国101个已经脱贫或正在脱贫的贫困村，以每个村的脱贫故事这个小切口来展示中国全面打赢脱贫攻坚之战的大图景。

（一）以"我"为视角报道新闻

传统新闻报道中通常使用第三人称，通过对第三人称的描述来重现新闻现场，记者站在记录者的角度能够客观呈现完整的新闻事件。但是，这样操作的结果就是新闻报道千篇一律，无法彰显特色吸引更多受众。在《走村直播看脱贫》的报道中更多从"我在现场"这个角度、语气来进行报道，更能体现真实感、实时感，更具有代入感。同时，在每场大屏及小屏

的直播中，更多地让村民来讲述自己的故事，使得刻板的扶贫报道更加鲜活、更具感染力。尤其是子栏目《我当村主播 农民说新闻》，让村民登上主播台来讲述发生在本村的脱贫故事，通过颇具地方特色的方言、曲艺等形式来进行新闻播报，深受观众的喜爱。

（二）通过"舆论场"来传播新闻

《走村直播看脱贫》被定位为融媒体行动是出于这是一项集合电视、网络、广播等多种传播手段的全方位报道行动，其中网络平台报道更是占据了非常大的比例。网络平台的传播不同于传统媒体的单向传播模式，而是可以轻松实现各种动态跟踪、反馈以及网友互动留言评论，快速形成"舆论场"。《走村直播看脱贫》通过微博话题词的创立、客户端专题页的建立以及结合每个村的点赞页面在线上和线下都创立了"舆论场"。这两个"舆论场"一方面为主体创作提供了非常海量的素材，另一方面也成为新闻报道的重要内容组成部分，实现了新闻报道二次传播的效果。

（三）"点"与"面"结合全景式新闻报道

传统的扶贫报道内容要么通过"点"——单一的扶贫故事，要么通过"面"——整体脱贫数据情况来进行报道，这种报道形式非常容易落入模式化套路，难以出彩。《走村直播看脱贫》采取的是"点"与"面"结合的方式来进行全景式的脱贫新闻报道。在内容设计上既有生动感人的脱贫故事、扶贫人物，又有相关省领导从宏观上介绍扶贫情况，从微观层面到宏观层面都有涉及。

二、形式创新，打破常规性思维，创造有效传播

在实现进行主题主线报道的创新性表达方面，形式是必不可少的一环，在提高传播力、引导力、影响力和公信力方面举足轻重。《走村直播看脱贫》大型融媒体行动在传播形式上包括了直播、短视频、投票H5、互动小游戏等众多形式。

（一）运用短视频来讲短故事

2020年4月，中国互联网络信息中心发布了第45次《中国互联网络发

展状况统计报告》，我国短视频用户规模为7.73亿。短视频作为一种短平快的新闻报道形式越来越成为网络平台的主流。这次《走村直播看脱贫》行动更是一口气策划设计了《云瞰中国之美丽乡村》《我当村主播 农民说新闻》《记者走村Vlog》三个短视频，从不同切口来进行内容创作，通过浓缩的镜头设计来讲发生在村里的短故事，更适应在碎片化传播时代来获得更多的传播效果。

（二）使用直播互动形成传播氛围

融媒体直播报道同传统媒体直播报道单向传播的模式有很大不同，融媒体直播互动性增强，记者会根据受众互动或者提出的问题做出内容的修改或回应。在融媒体直播中还可以增加图文直播栏目，为观众提供图文直播信息，实现了图文加视频的多形态多维度信息呈现。在《走村直播看脱贫》中，每天1小时的新媒体直播借助了多平台进行宣发，每期的直播间里都非常热闹，网友的互动热烈，为活动形成了良好的传播氛围，让网友成为该场直播的"自来水"。

（三）利用小游戏增加受众黏性

视频贴纸、表情包、小游戏作为新闻活动中新兴的传播形式已经显示了越来越大的作用，这些形式能够通过寓教于乐的形式让网友能够参与进来，增加了用户黏性。此次行动还设计了一款微信小游戏《脱贫奔小康丨走村直播看脱贫》，搭载微信平台，能够盘活社群资源，通过小游戏可以实现每天打卡，完成游戏任务，收集各村的照片、脱贫故事等，让受众在游戏中观看了节目，了解各贫困村的脱贫情况，达到了最终的传播目的。

三、渠道创新，推进品牌拓展，打造媒体影响力

内容与渠道作为新闻产品赢得受众认可的两大关键因素，并行成为媒介发展的重要环节，既要坚持"内容为王"的理念提高新闻制作水平，也要拓展传播渠道更好地将信息传递给目标受众，并建立互动性强的传受关系。

（一）拓展线上平台，打造传播生态圈

融媒体时代，是媒体百花齐放的时代，传统媒体的优势已经日渐式微，

通过拓展整合线上平台能够为传统媒体打造线上传播生态圈，通过互联网移动平台和社交媒体平台渠道的有效利用可以促进主题主线新闻报道的有效传播和互动传受关系的紧密连接。《走村直播看脱贫》除了在电视端央视财经频道、广播端央广经济之声播出外，更多内容的输出是在网络平台上进行，推出的101期新媒体直播，每期新媒体直播在央视财经客户端、微博及央视新闻、央视频、今日头条、百家号、快手、B站等15家网络平台上进行同步播出，直播观看量达到2.28亿次，平均每期点击量228万次。

（二）结合线下推广，利用活动打造品牌

线下传播渠道是在主题主线报道中经常被忽略的一方面，但线下渠道的推广往往能够起到"出其不意攻其不备"的效果，有效的线下推广给新闻报道装上效果放大器的同时，也打造了品牌效应，提升了媒体本身的影响力。《走村直播看脱贫》采取线上与线下结合的方式，将两辆改装过的直播大篷车开到田间地头，让走村不仅仅停留在镜头层面，更是付诸实践。改装的直播大篷车一方面是新闻报道制作的"中央厨房"，另一方面也成为移动的互动体验平台。依托这个平台实现了与村民的线下互动，进一步强化了"央视财经"这一品牌。

四、技术创新，充分利用新方法新技术，做出好看的新闻作品

主题主线报道中好的新闻作品不仅要有好的内容，也要有好的形式，要善用新技术、创新表达方式，真正做到好新闻更好看。

（一）看、读、听，呈现一场视听盛宴

伴随着中央广播电视总台的成立，在媒体融合的新格局下，《走村直播看脱贫》尝试打造电视、广播、网媒三位一体的全媒介、多终端视听模式。每天的内容根据不同传播平台的特点进行量体裁衣，制作出适合各自传播特点的产品进行播出，从早上的《第一时间》、10点的新媒体直播、12点的《天下财经》直播连线到晚上8点半的《经济信息联播》，打造了一场全天联动、丰富精彩的视听盛宴。

（二）移动直播车，融媒体时代的一触即发

《走村直播看脱贫》在技术应用上，此次报道首创装载5G+4K/8K+AI技术的大篷车演播室，实现了央视财经频道、央视财经新媒体、央广经济之声、中国交通广播四路信号同步直传。车上配置了由集装箱改装而成的三讯演播区，箱体采用液压自动展开结构，最大可以上翻120度。演播区也可以自动展开，外接扩展平台后，面积可达50多平方米。大篷车里还配备了5G手机、4K电视、AI机器人等高科技产品，供村民们体验互动。

产业扶贫报道新特色

■ 地方资讯组 刘雪荣

2020年,全国各种媒体的扶贫报道如群星璀璨,系统阐述了全国脱贫攻坚工作,仅在视频方面就有《为了总书记的嘱托》《第一书记》《遍地英雄下夕烟——致敬脱贫攻坚的人们》《攻坚日记》等大型报道、系列报道。中央广播电视总台财经节目中心的大型融媒体行动《走村直播看脱贫》作为其中独具特色的展播形式,以大篷车为载体,报道了101个贫困村的脱贫攻坚工作,反映了我国脱贫攻坚的总体历程。

习近平总书记指出,经过8年持续奋斗,我们如期完成了新时代脱贫攻坚目标任务,现行标准下农村贫困人口全部脱贫,贫困县全部摘帽,消除了绝对贫困和区域性整体贫困,近1亿贫困人口实现脱贫,取得了令全世界刮目相看的重大胜利。他强调,要持续发展壮大扶贫产业,继续加强脱贫地区产业发展基础设施建设。因此,促进产业扶贫,推动扶贫产业高质量可持续发展,进而推动乡村产业振兴,对于实现巩固拓展脱贫攻坚成果同乡村振兴有效衔接,具有十分重要的现实意义。

然而,在日常的新闻报道中,产经新闻无论在形式内容上还是篇幅体量上一直落后于其他类型新闻,在扶贫报道中更是如此。据《人民日报》统计,《人民日报》的扶贫报道以社会层面的报道居多,占总体比例的51.6%,政治层面的报道次之,占比为28.2%,扶贫报道中的经济层面占比为10%。电视化产业报道难度大，扶贫产业报道易于表面化。《走村直播看脱贫》深挖百村的产业特色，走出了央视财经自己的报道特色。

一、记者出镜作为讲述人，道具使用多样化

大型融媒体行动《走村直播看脱贫》打破常规，把两辆装载5G+4K/8K+AI技术的直播车开进田间地头，"沾泥土、带露珠、冒热气"直击"走向我们的小康生活"如火如荼的景象。

自2020年7月25日启动以来，直播车走进101个典型脱贫村，历经100多天，推出直播101场。直播在央视财经客户端、央视新闻、央视频、今日头条、快手、B站等15家网络平台上进行同步播出，直播观看量达到2.28亿次，平均每场点击量228万次。

《走村直播看脱贫》每一场都有记者出镜进行现场直播报道，镜头作为记录者，记者成为讲述人，苹果、鲤鱼、剪纸、老照片等都成为记者使用的"道具"，画面丰富、动感十足，传播力大大增强。在电视端大屏报道中，记者将整个脱贫故事浓缩在3分钟左右；在央视财经客户端，记者用1小时全面展示贫困村的产业发展、人物故事、脱贫历程。

整个报道以现场为背景，记者和村民、脱贫产业的真实靠近，使报道更为鲜活、更具借鉴和参考意义，道具的多样性使节目更加真实、更加全面，打破了采访、讲解的传统报道模式。

二、产业扶贫报道以市场为导向，以经济效益为中心

产业扶贫是扶贫开发工作的核心和关键，是解决贫困地区和贫困人口生存发展的根本手段，是实现稳定脱贫的必由之路和根本之策。近年来，随着扶贫领域投入力度不断加大，贫困地区基础设施和公共服务设施逐步健全完善，但产业发展基础还比较薄弱，对贫困地区和贫困群众的支撑带动作用有待进一步的提高。

《走村直播看脱贫》报道中，记者对产业进行了深度挖掘，产业是促进贫困地区发展、增加贫困农户收入的有效途径，是扶贫开发的战略重点和主要任务。

北牛栏村位于太行山深山区，群山环绕、交通不便。2017年北牛栏村

整村改造，累计建设住房65套，安装路灯100余盏，新建933米护村坝，硬化3公里进村路，成为全县第一个村民整体搬入新居的深度贫困村。同时，村里投资100万元配套建设养殖小区，壮大母牛繁育产业，发展规模达到150余头，实现"户均两头牛、脱贫不用愁"。2019年年底，全村人均可支配收入突破万元，是2016年的4倍多，彻底改变了贫穷落后的面貌。

产业扶贫是一种内生发展机制，目的在于促进贫困个体（家庭）与贫困区域协同发展，根植发展基因，激活发展动力，阻断贫困发生的动因。

三、强化前期采访，探索构建产业扶贫报道的多种途径

2020年10月6日大篷车开到了第76站，河北省保定市阜平县龙泉关镇骆驼湾村。2012年前的骆驼湾村，是革命老区、深山区、贫困地区"三区合一"，属于全国连片特困区。2012年寒冬，习近平总书记踏着皑皑白雪，来到骆驼湾，唐宗秀挽着总书记的手臂走过黄泥墙的画面让人印象深刻。

8年过去了，通过《走村直播看脱贫》的镜头可以看到，深度贫困村实现了大变样，当年破旧低矮的泥土小屋，已变成青砖、灰瓦、黄土墙、塑钢窗、大瓦房。以前这里的村民以种植土豆和玉米为生，很多人都不愿意来这里，2012年人均收入仅900多元，现在当地通过种植菌菇、林果，养殖硒鸽，发展旅游带动村民增加收入。2019年村民人均可支配收入也增长到13620元。

骆驼湾一号院

记者提前进行了大量的采访，将骆驼湾村的脱贫过程进行了细致的梳理，选择了两位代表人物——河北省农业农村厅驻骆驼湾村工作队第一书记刘华格和骆驼湾村村民任二红，来展现骆驼湾村的三大主要产业——林果、菌菇、旅游产业，讲述"土地流转金＋薪金＋股金"的脱贫模式。

　　因地制宜，因地施策。脱贫攻坚工作应借助当地不同的地域环境，集中力量改善和改进、挖掘和升级本地特色，从而在不大拆大建的基础上实现脱贫致富。在保留当地特色的基础上增加收入，提高生活水平。

四、产业扶贫报道也要注重人文关怀，讲述人的故事

　　扶贫报道要多增加基层的声音，让基层的群众表达自己切身的体会，反映现实中的问题；让基层的领导反馈一线的扶贫情况、工作得失，只有这种"接地气""沾泥土""带露珠""冒热气"的社会真实报道才能引起广大受众的共鸣。

　　河北省邯郸市馆陶县的寿东村是走村的第86站，记者在报道这个村的时候将目光聚焦在平凡的农村女性身上，讲述了她们的故事。寿东村在2014年之前是省级贫困村，村民人均年收入不足3000元。6年后的今天，寿东村村民的年均收入已经达到24500元。帮助寿东村脱贫致富的，就是近年来村子里大力发展的用粮食作画的产业。

粮画制作

目前在粮画小镇，共有100多名女性从事粮画制作，她们的人均年收入达到三四万元。另外，粮画小镇从山东、内蒙古、北京等地引进艺术家，通过艺术家入驻，提升粮画制作的艺术性，把粮画产业做大做精。粮画产业的发展也促进了当地旅游业的发展。2019年12月13日，粮画小镇被评为国家4A级旅游景区，游客的到来，拉动了村里农家乐和民宿的发展。电影院、咖啡馆、运动场等这些城市里的运动休闲项目相继在村里发展起来。如今，寿东村已脱贫摘帽。这个传统的农村已经发展为新型的农村，农民也变身为新农民。

美好生活是通过双手创造的，扶贫不是等、靠、要。扶贫工作也不是给钱、给物。扶贫工作的关键是人，要调动村民的积极性，让村民想致富、想脱贫，扶贫工作人员的责任是帮助村民树立脱贫致富的目标，确定工作方向，制订工作计划，深入了解和考察本地致贫原因，因地施策。产业扶贫的关键在于整合当地资源，发展本村特色，形成产业。《走村直播看脱贫》全面报道了寿东村粮画产业的发展模式，为产业脱贫打下了样板，以显著的成绩形象地说明了产业扶贫的作用，对其他贫困村具有鼓舞作用。

五、融媒体在产业扶贫报道中的作用与效果

当前传统媒体和新兴媒体的融合发展成为一种趋势，《走村直播看脱贫》在宣传报道中充分利用融媒体，一次采访，多点开花，力求达到最大化、最有效的传播效果。

2020年10月13日，大篷车开到了河北省邢台市平乡县后营村，昔日的后营村是典型的贫穷落后村。现如今，当地依托童车产业，家家户户搞起了组装儿童车、儿童玩具等家庭手工业。村民们都说，以前是靠天吃饭、靠地挣钱，现在是靠手致富。后营村所在的平乡县被称为"中国童车之都"。目前，平乡县生产的童车数量占国内市场的70%、国际市场的50%，销售收入达到200亿元。记者在做这个村的报道时运用了多种手段。记者提前到达后营村，以走基层、扶贫蹲点日记、伴随式采访等形式，全方位、立体式、多角度、生活化、生动报道脱贫攻坚工作领域的先进经验、模范典型、鲜活事例以及工作成就等。在报道过程中，记者通过《记者走村Vlog》《云瞰中国之美丽乡村》"我为家乡点赞"等形式配合宣传，增强报道的深度、广度和传播范围。其中，《记者走村Vlog》原创系列短视频，通过

记者亲身参与到村民的日常劳作中，记录脱贫村的特色农业发展，挖掘致富密码，共发布217篇，单篇阅读量超700万次。

互联网的大力发展，带火了一大批产业。多媒体协同报道既有正常传统的报道，也有更贴合大众的短视频报道，丰富多彩的报道形式既有对扶贫工作的报道，也有产业发展模式的细节展现，丰富体裁的同时也展现了脱贫工作的日常，常规报道和新颖媒体的双重报道，更符合大众审美，更具真实性，效果更佳。

平乡县后营村喜庆丰收

论总台《走村直播看脱贫》的创新表达

■ 《消费主张》 黄程美

2020年是我国全面建成小康社会之年，也是脱贫攻坚收官之年。7月25日，由中央广播电视总台财经节目中心主办的大型融媒体行动《走村直播看脱贫》从江苏徐州出发，两辆携带5G新媒体移动云直播系统的大篷车，挖掘鲜活脱贫故事，直击村容村貌巨变，展现村民如何突破生存发展困境、走向致富之路的历程。节目播出以来，社会反响强烈，好评如潮。

一、打破常规，发挥电视直播优势，下沉至田间村头直击脱贫村如火如荼的奋斗景象

以往，中央广播电视总台的电视直播，总是围绕党和国家重大活动，如庆祝中华人民共和国成立70周年阅兵式、天安门广场国庆大联欢、"一带一路"高峰会议等，在第一时间直播，立体、全面，充分满足观众对重大活动、重大事件的知情权。而这次，中央广播电视总台财经节目中心打破常规，把直播车开进田间村头，第一时间同步呈现"沾泥土、带露珠、冒热气"的脱贫致富景象，集合多种传播手段，形成规模化、集群化、大小屏联动、声势浩大的强势报道效应。

（一）媒体勇于担当，现场直播方式呈现脱贫攻坚重大题材

脱贫攻坚这一重大主题主线报道，媒体不可缺席，必须发挥好宣传与鼓动的主力军作用。中央广播电视总台勇于担当，用直播的手法，对脱贫攻坚这一事关全局的中心任务、确立了广大人民群众关心的"脱贫攻坚"这一重大报道主题，通过系统性梳理事件背景全面直播报道。

这次报道行动持续3个多月的时间，记者们从江苏徐州出发，兵分两路，一路走南线，途经安徽、湖北、江西、湖南、广西、贵州、四川、重庆、云南、西藏等地；另一路走北线，途经河南、陕西、甘肃、青海、新疆、宁夏、内蒙古、山西、河北等地，行程3万多公里。

在报道形式上，《走村直播看脱贫》大胆融合各类媒体介质。大篷车所到村庄的经济发展情况，都通过中央广播电视总台央视财经频道、央广经济之声、中国交通广播、央视财经新媒体进行播出。其中，电视直播主要在央视财经频道的午间新闻节目《天下财经》完成，央视财经频道的黄金档新闻栏目《经济信息联播》也专门开设脱贫报道专栏。

（二）克服重大题材报道动态感不强的弱点，直播时点面结合，既看到个体典型又看到全貌

电视直播，具有现场感强、真实感强和与事件同步发生等特点，越是动态感强的重大事件，越能引起人们的关注。而农村脱贫奔小康，无论是场景还是事件本身，都是静态的，缺乏动态感，缺乏高潮，没有名人效应或重要人物等吸引人关注的元素，那么靠什么吸引观众？这对电视直播来说是一个巨大的挑战。

首先在内容呈现上，《走村直播看脱贫》点面结合，充分展现脱贫攻坚中的骄人成绩单，让观众直观看到国家脱贫攻坚工作取得的重大成就，给人以鼓舞和振奋，让观众心头一振、眼前一亮。如江苏省脱贫率达到99.99%以上，徐州丰县黄河故道百里荒沙带扶贫县的贫困村蜕变成为全国种植面积最大的牛蒡基地之一，产品远销海外多国；河南省53个贫困县全摘帽，仅泡桐之乡——兰考乐器年产值近20亿元；安徽省31个贫困县全部脱贫摘帽，砀山县魏寨村种梨闯出致富路，将家乡发展成"世界梨都"。

这些重大喜讯震撼人心！同时点面观照、美学叙事，增加了主叙事层

的真实感、多视角的全貌认知感和故事层次的丰富感。一个个喜讯、一个个脱贫奔小康的鲜活故事，深接地气，扑面而来！直播大篷车走到哪里，就带来了新鲜感人的故事，鼓舞士气，提振信心！

（三）让农村致富达人当主播，新鲜话、新鲜事、新特产、不拘一格的原生态表达，吸引眼球，交互带货

［咱农民当主播，中不中？来吧，展示！乡村Rap、铿锵豫剧……不要太有范儿！］［中气十足四平调、手舞足蹈唱快书，多才多艺的河南人民当主播！］

让农民当主播，这在央视还是第一次。这也是《走村直播看脱贫》极具特色的一个版块——《我当村主播 农民说新闻》。村民们以Rap、快板、戏曲等特色方式，介绍家乡发展，讲述扶贫成果。广西壮族自治区贺州市富川瑶族自治县朝东镇岔山村的大哥大姐用幽默的"三句半"形式唱出了古村大变样的故事；陕西省商洛市丹凤县棣花村两位老大爷用浓重的西北口音唱道"嘿，文化旅游把钱赚，幸福日子比蜜甜"；湖南省郴州市宜章县梅田镇龙村瑶族村村民身着民族盛装，用朴实的语言推广自家的脐橙——"果大！汁多！香甜可口，无渣"。这些朴实可爱的农民在主播台上略带羞涩的表情却吸粉无数。

《我当村主播 农民说新闻》：搭载央视财经5G新媒体移动云制播系统的大篷车开进乡村，邀请乡村达人做客车体内搭建的"央视财经"移动演播室，当起村主播，让村民们用自己的表达方式，介绍家乡、讲述扶贫成果，展现农村致富达人的精神面貌。农民当主播，更增加了报道的真实性和趣味性。同时，农民自己最熟悉当地的土特产，介绍起来津津乐道，直播带货更有说服力与感染力。把当地的蘑菇、大桃、莲藕、梨等瓜果蔬菜和编织刺绣等特色产品生动有趣地介绍出来，让人感受到扑面而来的丰收喜悦，而且更能引发客户下单购买的欲望，发挥了电视直播促销的交互作用。"沾泥土、带露珠、冒热气"，报道形式新颖，引发各界干部群众和广大电视观众的关注。

二、直击"啃硬骨头"，贫困地区向最后"堡垒"发起的总攻，让电视直播记录历史，形成舆论中心

"脱贫攻坚本来就是一场硬仗，而深度贫困地区脱贫攻坚是这场硬仗中

的硬仗。"《走村直播看脱贫》现场式展示"三区三州"和其他地区深度贫困村脱贫攻坚一线,将镜头直接对准已脱贫和正在脱贫的农村和村民,对准助力脱贫攻坚的扶贫干部及相关个体,通过颇具震撼甚至是惊心动魄现场感的帮扶故事,勾勒出脱贫攻坚工作的艰苦与伟大。

(一)解构性:全流程详细解析因地制宜精准扶贫的具体措施

如何让深度贫困村脱贫摘帽?《走村直播看脱贫》的报道不仅"看热闹",还要"看门道",利用直播全记录优势,大篇幅、"全画幅"、全流程解构当地因地制宜的具体措施,如8月12日报道的江西省赣州市赣县区河埠村,他们把蔬菜产业作为扶贫的首要产业,走出了一条"龙头企业+合作社+贫困户"的产业扶贫新路子,带动了当地深度贫苦户45户全部脱贫摘帽。直播大篷车还走进西藏,报道了西藏自治区74县(区)全部脱贫摘帽。由于自然条件和历史原因,西藏是全国贫困发生率最高、贫困程度最深、扶贫成本最高、脱贫难度最大的区域,是我国"三区三州"中唯一省级集中连片深度贫困地区,到2015年年底,西藏的贫困发生率还高达25.32%。西藏干部群众扎实做好产业扶贫、易地扶贫搬迁、就业扶贫、危房改造、教育扶贫、健康扶贫、生态扶贫等。74个县(区)终于在2019年12月全部甩掉了贫困帽子。这种解构性详细地告诉观众,因地制宜、分类指导、精准施策、精准扶贫的全流程,说明脱贫攻坚成果来之不易。

(二)揭秘性:零距离勾勒脱贫攻坚干部群众群像,乐观、坚毅,不获全胜不收兵

《走村直播看脱贫》零距离给观众带来身临其境的报道,其中最重要的是聚焦人,典型人物有村干部、脱贫带头人等。如8月15日报道了湖南省郴州市宜章县梅田镇龙村瑶族村,在党总支书记邝素珍的带领下,该村的贫困发生率从原来的20%下降到当时的0.1%,曾经是全县最有名的贫困村,如今成了脱贫攻坚示范村、省农村社区建设示范村。如9月5日的报道,湖南十八洞村支部书记龙书伍带领干部群众落实精准扶贫,让偏僻的山村在4年内实现了人均纯收入从不到1700元到14800元以上的飞跃。利用绿水青山办旅游,14户开办农家乐、苗绣、蜂蜜、茶叶、矿泉水等产业,红红火火。还有四川省凉山彝族自治州昭觉县三岔河乡三河村曾是深度贫困村,2018年,三河村易地扶贫搬迁项目全面启动。2019年,村民全部搬

迁入住。报道勾勒了干部群众乐观、坚毅、不获全胜不收兵的群像，深深感动观众。

（三）故事性：扶贫扶志，志智双扶，小故事连成大历史

《走村直播看脱贫》没有流于形式，而是深入采访，做好前期深度挖掘，在直播中有了纪录片一样的故事化表达。如8月12日报道了贵州省黔西南布依族苗族自治州册亨县伟外村，近几年借助东西部协作大好机遇，形成全国独有的油茶"立体封闭产业链"发展模式，群众靠油茶系列产业链实现了人均年收入超万元，2019年最后600多贫困人口都脱贫摘帽了。直播还讲述了村民王连凯脱贫的故事，过去村民习惯了懒散的节奏，后来通过工作队的扶贫扶志，志智双扶，给村民发鸡苗，最终发展成村里"三宝"——土鸡、油茶果和林下种菌。江西省宜春市宜丰县同安乡为了扶贫脱困，利用满山遍野的杜鹃花发展起来盆景种植产业。政府组织村民电商培训后，村里有一半的村民干起了网店销售和直播带货，每天有上千个订单从这里发往全国各地。村里盆景销售的总收入突破600万元，种植户人均增收5万多元，4户9名贫困人口的人均收入已达到4000多元。

通过故事化表达，让脱贫摘帽的故事走入人心。一个个小故事连在一起就构成了中国脱贫攻坚的大历史，彰显了中国决胜脱贫攻坚的伟大成就，一时间形成热切关注的舆论中心。

三、融媒体传播，电视端、广播端、新媒体端同时发力，视角全面，手段丰富，形成合力"滚雪球"规模效应

（一）电视端

中央广播电视总台财经节目中心《天下财经》栏目是承担《走村直播看脱贫》电视直播任务的主要新闻栏目，加上地方电视台的加入和支持，共直播101场，如《走村直播看脱贫》第一站——江苏省徐州市丰县范楼镇齐阁村，记者两腿泥走进田间地头，现场采访种植户、企业，讲述该村发挥特有砂质土壤优势，从黄河故道百里荒沙带扶贫县的贫困村蜕变成为全国种植面积最大的牛蒡基地之一，产品远销海外多国的故事。《经济信息联

播》《第一时间》也对70多个村庄的脱贫致富路径进行了跟进报道。

（二）广播端

7月23日以来，央广经济之声《天下财经》精选直播优质内容，播发近百个脱贫道路上的鲜活案例，分别关注了宁夏回族自治区中卫市中宁县红宝村的80多位农民组成的合唱团，用歌声唱响农村新生活；聚焦了贵州省探索以发展大数据作为突破口，使大数据走进了更多当地人的生活等内容。题材具有代表性，内容故事性强，用特色的乡土声音烘托脱贫攻坚大主题。

（三）新媒体端

截至11月1日，《走村直播看脱贫》融媒体行动的直播观看量达到2.28亿次，整体报道全网总点击量超过了5亿次。这个数据对于非娱乐节目来说难能可贵。

1. H5产品全民互动点赞家乡

报道活动专门设计制作了H5投票产品，如发布报道［Ladies and 乡亲们！咱村有机会上央视了，就差你这一票！］吸引用户参与投票点赞自己的家乡。截至2020年10月31日，"我为家乡点赞"H5的互动参与量达6892万次，扩大了节目的受众黏合性和影响力。

2. 多维度设计短视频产品，丰富报道内容

（1）《云瞰中国之美丽乡村》系列短视频：利用航拍从高空看中国，换一个视角展现乡村的丰收场景与村庄的变化。如［惊艳！"金"牛蒡，荷田田！今天，@央视财经 站上云端看巨变！］［昔日老村坑塘，蓄上黄河水！百"鲤"挑一］等，引发用户强烈关注。

（2）《记者走村Vlog》：让记者走进田间地头，真正参与到村民的日常劳作中，以Vlog的形式展现脱贫乡村的特色农业，挖掘脱贫村的"致富密码"。如［大型吃播现场！央视小姐姐一手拔出比人都高的蔬菜，这竟是沙土地里的"黄金"？！］单条阅读播放量超320万次。［黄河滩区老村变鱼塘，全村增收上百万！红烧鱼、糖醋鱼……央视小姐姐带你打卡黄河鲤鱼的N种吃法！］单条阅读播放量超400万次。

（四）技术创新：外场新媒体大篷车+5G新媒体移动云直播系统+三讯演播区

在技术应用和演播室设计上，《走村直播看脱贫》勇于突破，首创了"外场新媒体大篷车"。该车搭载5G新媒体移动云直播系统，配置三讯演播区，演播区由集装箱改装而成，长12米、宽2.55米、高3.98米，箱体采用液压自动展开结构，最大可以上翻120度。演播区也可以自动展开，并外接扩展平台，面积50多平方米，可以满足大部分节目的场景和景深要求。

大篷车内还配备有5G手机、4K电视、AI机器人等高科技产品，可供村民参观、体验、互动，成为本次大型融媒体行动的一道独特风景。同时，大篷车将对所到的每个村庄在央视财经客户端进行长达1小时的直播，观众通过下载央视财经App，可以观看直播，参与抽奖活动。

结　语

中央广播电视总台财经节目中心，紧紧围绕全面建成小康社会、脱贫攻坚决战决胜之年的重大战略部署和中心工作，勇于创新，用直播大篷车下乡的传播方式，直播23个省、市、自治区交出一份份沉甸甸的答卷，它凝聚着党中央、国务院的坚强领导，扶贫干部的呕心沥血，以及广大群众的勤劳汗水。报道形式新颖，内容丰富，深接地气，深受当地干部群众的欢迎。这次大型融媒体行动鼓舞士气、提振信心，有力地印证了主流媒体只有与时代同频共振，才能更加大有作为！

地方台如何借力做好重大主题直播报道

■ 十堰广播电视台 付伟

2017年11月8日，习近平总书记在致中国记协成立80周年的贺信中强调，希望广大新闻工作者坚定"四个自信"，保持人民情怀，记录伟大时代，讲好中国故事，传播中国声音，唱响奋进凯歌，凝聚民族力量，为实现"两个一百年"奋斗目标、实现中华民族伟大复兴的中国梦不断作出新的更大的贡献！

在一片稻海中，大篷车开进湖北省十堰市竹溪县中峰镇邓家坝村贡米基地准备直播

按照这一指示，脱贫攻坚战打响以来，全国各级主流新闻媒体围绕主题，深入主战场，当好生力军，上下联动，应用线上线下直播、电视网络联动浓墨重彩地讲述脱贫故事。特别是在这次直播活动中，湖北省十堰市竹溪县中峰镇下辖乡村，成为央视直播关注聚焦的对象。本文将以这次大型直播的台前幕后故事为例，探析在重大主题直播宣传中，地方媒体如何借力，做好策划，讲好地方故事。

一、上下联动，精准选择报道对象

十堰地处湖北省西北部、汉江中上游，是鄂豫陕渝毗邻地区，肩负着保水质、保生态和脱贫攻坚的双重艰巨任务，也是全国集中连片贫困地区。党的十八大以来，当地政府把脱贫攻坚作为全市最重要、最紧迫、最艰巨的任务，采取一系列有效措施，精准脱贫工作取得实效。那么，面临这样一个难得的重大宣传机遇，究竟该选择在哪里、哪个县、哪个村，才能最直观有效、最真实地反映地方脱贫成果？

经过反复与中央广播电视总台财经节目中心的编导沟通，与地方宣传部门联系，结合"时度效"，最终，我们选择了十堰市竹溪县中峰镇下辖的樟扒沟村、邓家坝村等几个村。因为竹溪县是十堰最偏远的一个县，受交通、人流等因素影响，脱贫攻坚任务艰巨。如果说，能够通过央视直播镜头，展示这里的脱贫攻坚成果，无疑可以进一步提升当地干群精气神，加快脱贫后的致富步伐。最终，从这次直播后的反响来看，因为上下联动，提前沟通，精准选择宣传报道对象，这次直播宣传达到事半功倍的效果。

二、步调一致，直播流程统一规范

没有规矩，不成方圆。在这次大型直播行动中，中央广播电视总台财经节目中心提前谋划，精心布局，统一活动标准，全方位对地方台进行指导，确保活动高质高效地开展。

在这次《走村直播看脱贫》大型融媒体行动中，十堰广播电视台有幸成为参与者、执行者。为统一规范宣传要求，财经节目中心制订了一套详细的组织实施方案，明确活动目的、制定具体操作流程、确定播出时间平台、细化拍摄注意事项等。特别是为了凸显直播内容，对地方台直播车、

在贡米稻田里，竹溪县县长柯尊勇（右一）正在接受主持人采访

话筒 Logo，也都作了具体说明。在操作中，我们克服时间紧等困难，按照要求，加班加点，制作了统一的走村直播活动 Logo，张贴在车身上，强化了传播效果。在直播中，带有央视标志的直播车出现在乡村、稻田，再通过多机位拍摄以及无人机航拍，画面美感立现，为此次直播活动营造了气氛。这也为我们今后的大型融媒体行动如何精心筹备、谋划，提供了参考借鉴。

三、因地制宜，精心策划报道内容

融媒体时代"内容为王"。媒体发展的历史证明，无论技术、环境如何变化，内容才是媒体的核心竞争力。直播内容亦是如此。

在这次《走村直播看脱贫》大型融媒体行动中，为确保1小时的直播效果，地方台编导先后两次到实地进行摸底了解情况。在财经节目中心编导的指导下，以当地山水及绿色生态农特产品为主线，确定了四个直播报道现场。直播开场，以《贡米全宴：一桌十八菜 引来八方客》为题，通过厨师现场制作介绍展示、上桌、游客评价及当地农业专家点评，完成第一个现场直播报道。整个过程，有条不紊，紧凑精致，看点多多，勾人食欲。那么，被授予国家地理标志产品的竹溪贡米，产自哪里？接下来，直播第二主场，迅速将画面切换到当地贡米稻田。此时正值贡米成熟的季节，稻田一片金黄，联合收割机正在来回穿梭。现场节目主持人与收割机师傅、村民、县相关负责人进行交流互动，探寻贡米的营养价值、种植技术、市场销路及如何助农增收等。同时，借助无人机航拍，整个现场画面看上去色彩丰富、美感十足，展现了一派丰收的喜悦和生机，视频特有的优势发挥得淋漓尽致，是任何文字表述都无法比拟的。在第三个直播点位，同样是做了精心策划。好山好水出好米，说到水，就不能不说到当地的山泉水，马上将直播画面切换到竹溪县樟泉纯净水有限公司扶贫车间，当地有60多个村民在这里干活，因为水质好，销路不愁，村民工资有保障。在直播中，通过主持人与村民、扶贫车间负责人进行交流，展示了脱贫成果和实效。在第四个直播点位，甘家岭扶贫搬迁集中安置点，直播活动达到高潮。当地组织了一个热闹喜庆的农民"丰收节"，现场不仅有"大鼓""火龙"等具有地方特色的民俗表演，周边村民也把自家产出的魔芋、豆腐乳、茶叶、贡米酒等绿色生态农特产品，摆在街上。现场通过主持人的体验式采访，展现了农民丰收的喜悦，展示了地方的脱贫成果。

应该说，一个小时的直播，内容满满，互动性强，四个直播点位环环相扣，不拖沓，不啰唆，紧扣了"走村直播看脱贫"主题，讲好了当地的脱贫故事。

在甘家岭扶贫搬迁集中安置点，村民以"赶集"的形式，展示绿色生态农特产品，喜庆中国农民丰收节

四、融媒体发力，多平台展示凸显宣传效果

融媒体发力，讲好故事。除了"内容为王"，多渠道传播也是一个重要的手段。在这次《走村直播看脱贫》大型融媒体行动中，财经节目中心首创5G+4K/8K+AI技术的大篷车演播室，先后通过央视财经频道、央视财经新媒体、央广经济之声和中国交通广播4路信号同步直传，实现了线上线下、大屏小屏、广播电视、新媒体多平台结合，形成了强大的融媒体报道矩阵和聚合效应。特别是在对十堰市竹溪县中锋镇的这次脱贫直播报道中，央视财经新媒体不仅用一个小时的时长进行了全方位、多角度、立体式集中报道，重点核心内容还在央视《天下财经》新闻专栏中，进行了全现场直播报道。作为一个乡村，能够在国家级电视媒体上，进行如此长时间、多渠道的关注聚焦，应该说是少有的。这样做不仅获得了良好的传播效果，在当地产生了广泛的社会影响力，也体现了新时代国家主流媒体"接地气""沾泥土""俯下身"，积极践行"走转改"，关注民情，助农增收的为民情怀。作为市级媒体来说，我们也必须要加快媒体深度融合，实现一次采集，多屏互动，多渠道传播的新理念、新格局。

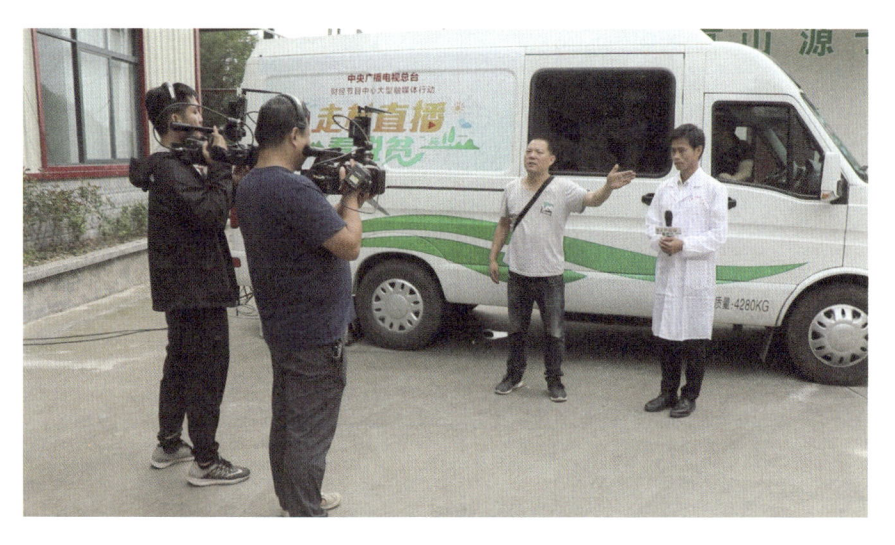

在竹溪县中峰镇樟扒沟村扶贫车间，直播人员正在进行直播现场演练

五、活动断后，宣传效应不断叠加

搞宣传不能一蹴而就或者一根筋。有时候，必须要大胆创新，要注意设计一些有意义、有正能量的活动，作为补充，实现宣传效应的不断叠加，形成最大的影响力、传播力、引导力。

在这次直播活动中，财经节目中心还策划了"我为家乡点赞"PK互动环节，通过展示地方特色村子的地标、代表性景观或农产品，引导各地受众为自己家乡打卡，从而再次吸引大家的聚焦关注。另外，还别出心裁，设计引导各地绘画爱好者，用笔墨画出当地最具特色的乡村美景，在延安会师大会上，进行集中展示，反映脱贫成果带来的山乡巨变。这一创举，也为整个《走村直播看脱贫》大型融媒体行动做了一个完美的结局。一系列的创意、策划、做法，具有教科书式的示范意义，值得地方媒体学习借鉴。

不忘初心，牢记使命。思想决定高度，总之，从财经节目中心这次成功策划实施的《走村直播看脱贫》大型融媒体行动来看，作为党的新闻舆论工作者，我们必须要以习近平新时代中国特色社会主义思想为指引，在舆论宣传工作中，坚持守正创新、准确把握时代脉搏，坚持"四力"，善用融媒体平台，借力直播技术，发挥广电视频优势，应用互联网思维，多渠道传播，多活动跟进，为重大主题宣传留下历史记忆，营造良好的舆论氛围。

从"走村直播"看脱贫攻坚背后的力量

■ 《对话》 姜文博

　　历时百天，走过百村，南北两线大篷车即将在延安会合，《对话》要为这场活动做一个圆满收官。在我依次回顾大篷车走过的每一站时，最深的感受就是这份任务的"重"——不仅在于要查阅多少资料，掌握多少人物的信息，而是作为本次活动的最后一站，一路收集的故事和感想要在这里梳理和总结，讲给更多人听；一路集结的各方力量要在这里牵手，开始一个新的延续；要怎么记录这些正在发生的历史才不显得怠慢？要怎么展示每个村、每个模式、每个经验的脱贫成果才不显得潦草？这些都是要不断提给自己的问题。

　　我理解中的这场《对话》，其实是搭建了一个舞台，让大家共同来讲述一个关于脱贫攻坚"最后一公里"的故事。2013年11月，"精准扶贫"的理念被提出；2014年10月17日，国家设定了首个"扶贫日"；2015年11月，中央扶贫开发工作会议上强调，要坚持精准扶贫、精准脱贫，确保到2020年所有贫困地区和贫困人口迈入全面小康社会，坚决打赢脱贫攻坚战。历经7年多，国家投入了不计其数的人力、物力，啃下了最难啃的"硬骨头"，取得了决战脱贫攻坚的决定性胜利。翻开时间轴，《走村直播看脱贫》行动正是发生在这场脱贫攻坚战的"最后一公里"，我们用100多天完成了对中华民族战胜绝对贫困的一次记录。而从空间维度上看，走村团队没有选择"贫困县",而是克服重重困难,把大篷车开到了一个个"贫困村",甚至是贫困村里最远、最穷的"贫困屯",尽可能把镜头关照到更微观的单元上,可见这份想要见证中国脱贫攻坚"最后一公里"的决心。

想到这里,此前的诸多问题归结到一个出口——我希望在这场特别节日中呈现一群人,用他们的故事拼出中国脱贫攻坚"最后一公里"的图景。

在我准备这期《"走村直播看脱贫"特别节目》的过程中,有一个感受贯穿始终,那就是在中国广袤的乡村里,在那些贫中之贫、坚中之坚的扶贫一线,有着远比我们想象中还要雄厚的基层人才力量。他们日复一日扎根贫困地区,文能驻村扶贫抓生产,武能直播带货当主播。他们是年轻有为的第一书记,是返乡创业的有志青年,是思想开放务实的基层干部。更重要的是,他们不再是我们过去印象中所认知的、个体行为特别突出的"楷模",他们每个人都足够优秀,但他们的背后也都有团队,有相互支撑的伙伴——可以理解为,是越来越多的"楷模"找到了同行的力量。因此,这场《对话》几乎是有史以来发言嘉宾最多的一期节目,因为他们每一个人的努力都不应该被轻视、被比较、被取舍,他们的声音都值得被传递出去,让更多人听见。我们想记录的,正是这些群体。

"第一书记",是我接触到扶贫报道以后经常会看到的四个字,对一个做节目的人来说,这个群体意味着一种保障,他们通常有着流利的普通话、条理清晰的思考能力和非凡的行动力。这次节目中接触到的几位第一书记也同样如此,河北涞源县北牛栏村的曹志民书记、四川广安区革新村的金达帝书记、广西灌阳县永富村的李少华书记、陕西平利县双杨村的黄开华书记、甘肃临夏州布楞沟村的杨成书记、河北海兴县张常丰村的张巍婷书记等。但这一次我最大的感受是,他们的年纪普遍都更轻,他们用自己的智慧和才识把地处偏远的贫困乡村与外界连通,让乡村不再是新技术的红利覆盖不到的角落;他们驻村的时间都很长,有的超过了任期还在坚守,这使得当地的脱贫政策有了更加连续和稳定的保障;同时,作为"最后一公里"的接棒者,他们要啃的是最硬的骨头,这就要求他们的工作不能再停留在通水通电、路面硬化、房屋改造这样的基础阶段,他们必须兼顾扶志与扶智,用产业、技术给乡亲们建好一条能造血的路径。

革新村的金达帝书记,这位在江苏苏州长大的80后北大硕士,能说一口流利的四川话,对农村工作颇有心得。在驻村的近三年时间里,他将电商带到了村民们身边,亲自策划、设计、推广,培育了"剁椒妈妈""柚子爷爷""蛋大叔"等一批由贫困群众自己代言的网红品牌，带动了全村增收。双杨村的黄开华书记，几年前就在线上线下开办了"第一书记扶贫超市"，为村里的土特产在全国打开销路。当得知现场时长有限要精简发言内容时，他再三表示一定要让与他同来的电商脱贫带头人多说几句，自己甘当陪衬。永富村的李少华书记，张口闭口我们村怎样怎样，如数家珍的程度让人完全想不到他自己的家乡其实在千里之外的河南。在节目有限的时间里，他没有选择多谈更有传播度的超级稻，而是介绍了让当地更多普通贫困百姓脱贫致富的红薯粉产业。这些第一书记的共同点是，你既能看到他们在带领村民脱贫致富的过程中发挥的不可替代的作用，又能够看到他们实实在在地为当地留下了"带不走的工作队"。而这样的驻村干部，从2015年国家正式开始选派第一书记驻村以来，保守估计已累计有46万人，其中在岗的就有21万人，实现了对建档立卡贫困村的全覆盖。

同时，在这个过程中可以发现，现阶段第一书记们发挥的力量，已经不仅限于整合个人、单位以及全社会的资源，帮助贫困地区发展产业助力脱贫上，他们还在工作中逐步深入地介入了当地的乡村治理过程中。比如北牛栏村的曹志民书记在节目中就谈到，他们是如何在这几年时间里抓党建、促脱贫，用一项项细致落地的政策，把扶贫扶志结合起来动员全村走出贫困的。革新村的金达苇书记也曾提到，农村电商的价值之一就是加强村集体和村民之间的经济联系，从而实现村集体对农民的再组织、再动员、再规范。这些系统的工作与思考，也让我们对今后驻村干部的力量在乡村振兴过程中的发挥有了更多的期待。

天黑后依然参与彩排沟通的第一书记曹志民（左三）、李少华（右二）

在筹备这次节目的过程中，令我感到惊喜的还有返乡创业者的数量之多，尤其是这其中的女性力量。贵州遵义花茂村的古法造纸传承人张胜迪，从一名茅台镇上的优秀酿酒师转身回到家乡，用古法造纸将当地特色文化进行了创新演绎。来自西藏芒康县纳西村的东子曲措，辞掉公务员的工作，回乡与哥哥经营葡萄酒企业，不仅带动了种植葡萄的农户增收，还融合当地150多年的酿酒文化打造出了走出国门的品牌。陕西平利县的王秀梅，辞掉了安稳的教师工作，回到家乡创业，售卖家乡特产绞股蓝，经过一番探索，如今直播和电商已经成为当地脱贫的利器之一。还有一位远在新疆和田地区的姑娘，于田县达里亚博依村的库尔班罕·买提肉孜，作为乡里走出的第一位大学生，毕业后回乡参与了当地旅游合作社的创办，不仅成为于田小有名气的青年老板，更成为家乡旅游的网红宣传员。

返乡创业者，重点在"返乡"。做《对话》的经历让我深深地感受到，对于这个社会上成功的企业家和创业者，我们给予多少敬意都不为过。创业者返乡，一方面是一个值得被赞许的选择，另一方面也让我们看到，经过国家多年的精准扶贫，越来越多的美丽家乡有了发展的空间，有了吸引年轻人回去的机会。而这些返乡力量终将成为未来当地乡村振兴过程中的源头活水。

除了驻村、返乡这些外来力量，当地基层干部更是带领群众脱贫攻坚、走上乡村振兴之路的重要角色。这是一支数量庞大的群体，他们当中的一部分人既能了解当地情况，拥有深厚的群众基础，又能够在面对时代变化时果断抓住机遇，带领大家用新思路蹚出新模式，转型到新兴战场。湖南花垣县十八洞村的施金通书记，在节目现场回顾了当初是如何带领十八洞村村民把习近平总书记"精准扶贫"的理念践行到位的。山西平顺县的副县长段开松，在节目中介绍起当地特产，一张口竟是熟练的直播带货范儿。在他看来，电商直播不只是解决买卖农产品的途径，更是抓住电商机遇，推进当地农业数字化发展的新路径。

恰好就在这期特别节目播出的前后，四川甘孜州一个藏族男孩丁真的爆红，让全国人民看到了他背后无数扶贫干部的多年坚守，以及一座地处西南的高原县城拥抱互联网、发展旅游促脱贫的努力。人们讶异于一个刚刚脱贫摘帽的贫困县竟能顶住丁真爆红后的流量冲击，迅速跟进签约、拍摄宣传片、落地配套政策、回应网络上的互动、应对外界时刻都可能发生变化的风向，稳准狠地拿出了一系列堪称满分的应对措施。在这个看似偶然的契机背后，需要多少人的努力作为铺垫，需要多长时间的准备作为底气，很多人说，看到丁真才知道，理塘早就准备好了。但其实整个《走村直播看脱贫》的融媒体行动恰恰向大家展示了，不仅是理塘，全国很多地方都准备好了。毕竟理塘所在的四川甘孜州是全国14个集中连片特困地区和"三区三州"深度贫困地区之一，是"短板中的短板，硬仗中的硬仗"。可以看到，经过多年努力，国家的整套扶贫工程就是已经铺展到了这一步，基层的人才储备、治理水平，已经经得起这样的检验。

2020年11月23日，随着贵州省宣布最后9个深度贫困县退出贫困县序列，全国832个贫困县全部脱贫摘帽，现行标准下近1亿农村贫困人口全部脱贫。但是，驻村干部们还没有撤，基层的人才力量只会越来越壮大，他们用行动回答了，为什么今天的我们能够在这场人类与贫困的千年斗争中取得胜利。

现场播放百村画卷

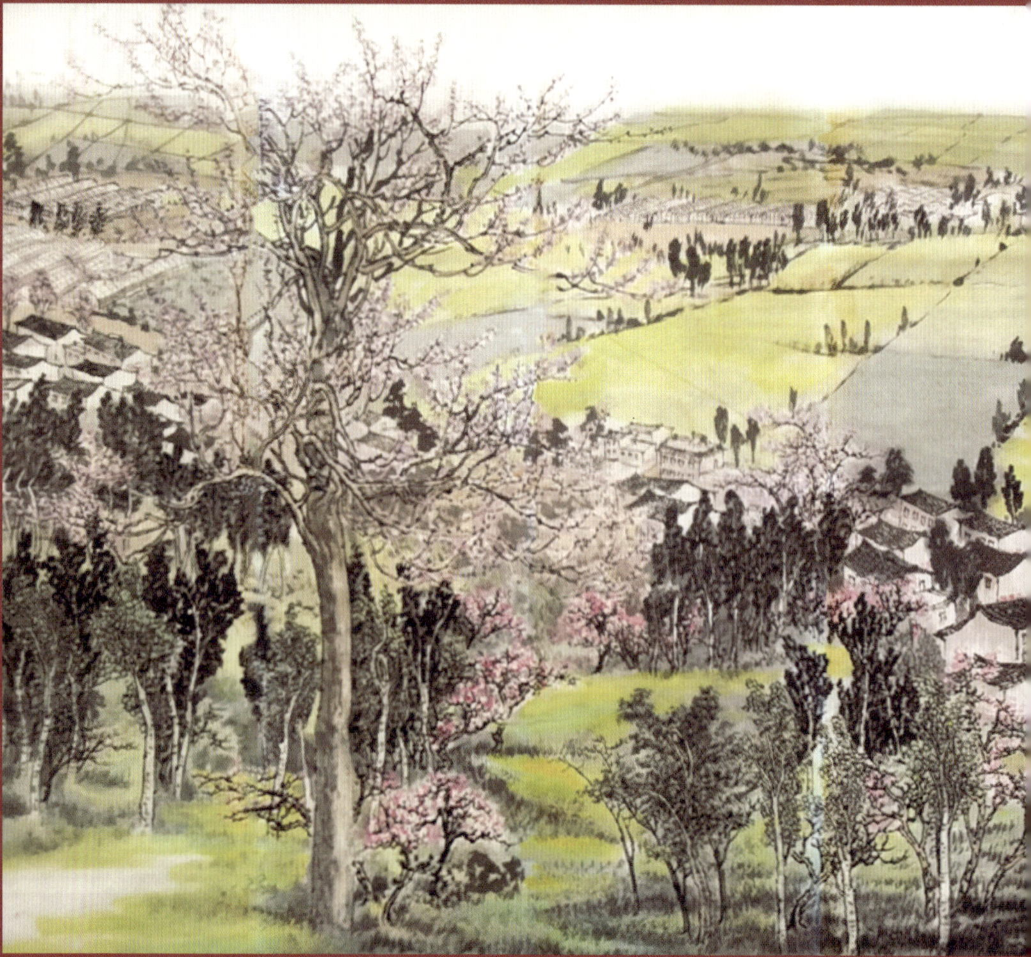

第二编
走村纪实篇

幸而走村　遇见意想不到

■ 新媒体直播组　张婷敏

2020年7月25日，孵化了数月的大型融媒体行动《走村直播看脱贫》，终于从江苏徐州出发，两辆携带5G新媒体移动云制播系统的大篷车，开启了南北两线长达35000多公里的旅程。出发时，谁也不知道未来的100多天会如此让人难忘，每个参与者都经历了一次克服万难、不顾一切、蓬勃生长的时光。我是特别开心的，因为我参与了最初第一版方案的规划，经历了几次搁置和审核，真的有种梦想成真的感觉。

探访田间直播场地

我是8月出发的，这也是2020年新冠肺炎疫情后我第一次出差。当时正值炎炎盛夏，想象中贫困村的模样让我出发之前心里颇为忐忑，同行的同事带了24公斤的行李先"忧"为敬。但落地后，哪里有什么穷山恶水，南方的阳光给本来就已经很繁盛的乡村景色加了滤镜，一切都生机勃勃。

不过，乡村的美妙在半小时后就消失了，即便戴着帽子，不少人还是被烈日晒伤，大家的脸红扑扑的，若不是回望照片，可能都会忘记见到那景色时心中泛起的涟漪与欣喜……

作为新媒体编辑，此行的主要任务就是和记者同当地进行沟通，挖掘

1. 下雨转战室内排练

2. 创作团队和参与表演的村民百人大合影

"沾泥土、带露珠、冒热气"的鲜活素材。每个村需要利用不到三天的时间策划新媒体1小时直播内容。

这样紧迫的工作内容在平时进行，本身就有不小的难度，何况是在刚脱贫和即将脱贫的乡村，眼前这个冒着热浪的季节让所有人都捏了把汗，旅程才刚刚开始……

雨夜排练百人"东方之舞"——丹寨锦鸡舞

不知道有多少人记得，2017年，一条在央视反复播出的公益广告令人记忆犹新："游丹寨，就是扶贫！"丹寨，一个曾经默默无闻的贫困县，如今早已成为贵州的度假天堂，也是我们此行走村的目的地之一。

到达这里后，经过一天的了解，我们计划展现当地独具匠心的苗族非物质文化遗产：银饰、鸟笼、刺绣以及烧茶村小吊瓜产业，还解锁了"东方之舞"——丹寨锦鸡舞。

最难的其实就是这锦鸡舞，因为需要协调一个百人舞蹈团，直播时需要通过航拍俯拍锦鸡舞的阵形，所以排练尤为重要。但那几天丹寨都在下雨，百人团队没办法在表演地进行实地排练，于是舞者在晚间表演完后就地在剧场进行彩排。

金属屋顶在暴雨的敲打下轰隆隆作响，配上舞者的脚步声、呐喊声、银饰碰撞声，显得锦鸡舞更加恢宏。大家一遍遍从晚上10点一直排练到凌晨，没有一个人喊苦抱怨。当地的文工团也很配合地进行指挥，有序地把每个阵形都练习到最佳状态。

经历两天的训练，久违的太阳刚好在直播当天出现。直播是上午10点正式开始，百人团队上午8点抵达现场，我们的走村巨型"战车"带着"长枪短炮"穿梭在人群中，和舞者默契配合，争取进行开播前的最后彩排。

凉爽的风吹散了丹寨夏日的燥热，直播中更是天朗气清，优越的自然底色加上认真的人，锦鸡舞成为当天直播中的最大亮点。

不得不说，丹寨是名副其实的"中国南方的隐秘世外桃源"，几天的体验，我发现被古老独特的文化浸润的丹寨，真的有挖掘不尽的魅力。直播所在地卡拉村就很值得一说，"卡拉"在苗语中是"星宿坠落的地方"，据当地传说，人类是由鸟类孵化而来，苗家人世代敬鸟，由此诞生了卡拉鸟笼。于是，我们邀请来人们推荐的"鸟笼西施"分享她通过编鸟笼脱贫致富的故事，让我们的网友知道这样一个小村子，大部分村民均以鸟笼制作为第二产业，每年生产鸟笼多达20万个，他们的致富路就是一个个鸟笼铺就的。

此外，这里还有被海内外公认为"东方第一染"的丹寨苗族蜡染，它与苗族生活习俗息息相关，记录着先民对原始生活的认知和理解。让人欣喜的是，现在已经传承到最年轻的一代——90后。

看着远山和炊烟，看着这些姑娘，这一站就要结束，中间波折重重，最后结局喜人，叹旅途无常，不过旅途的可爱之处也多半就在这无常之中，我们和丹寨也因此交织上复杂而美好的情愫。

1
2

1. "鸟笼西施"正在展示编鸟笼
2. 正在进行丹寨苗族蜡染的村民

时隔三年重逢的第一书记——"柚子书记"

在我到达广安市广安区龙安乡革新村的前几天,微信对话突然弹出一条信息:"婷敏,我们村是你来吗?"我正看着昵称觉得有点陌生,翻看聊天记录才想起这位金达苇书记,原来2018年我就邀请他参加过直播活动,当时他刚以驻村第一书记的身份被商务部派往革新村几个月。

这一晃就是三年,他向我介绍,革新村曾是名副其实的贫困村,是凭借一颗小小的柚子全面脱贫的。

龙安柚是四川有名的品种,但是前些年因为缺渠道,销路不畅,赚不到钱的农民不愿意管理,导致品质逐年退化。2018年,金达苇来到革新村,成为这里的驻村第一书记,眼见这特色产业即将变成问题产业,便开始四处调研走访,联系茶叶企业和药材企业进行合作,最终,龙安柚这个产业链被盘活做大,帮助农户增收将近10万元。

从陌生"外来户"变成乡亲信任的"领头人",金达苇也是吃了不少苦头。我见到他时,他的肤色比前两年黑了不少,普通话和四川话随意切换,边热心地向我们介绍村情,边请我们品尝他们研发出的柚花茶、柚子饼、柚子汁……柚子产业做大后,他们甚至还做了文创周边,而且这一切都可以在当地的电商网站上购买。"行走的种草机"——金达苇书记还为我们推荐了他这几年打造出的"剁椒妈妈""蛋大叔""柚子爷爷""土猪腊肉"等革新村农产品品牌,同行的摄像大哥、技术老师们都忍不住下了单!

金达苇(右一)接受记者采访

记得前期踩点，我坐着金达苇书记的小摩托跟随他到"剁椒妈妈"家时，路程有点长，一路上遇到了很多村民，他都能一一喊出他们的名字并打招呼。到"剁椒妈妈"家后，他们攀谈的样子也很熟络，颇有点家人闲坐、灯火可亲的味道，这份人和人之间真诚的亲近感，让我很是感慨。同样让我感慨的是金书记，多少人盼着从山里出去不再回来，而总有一批像金书记这样的年轻人从城里回来，却一再推迟没有离开。当下的他，状态一如三年前，依旧干劲十足、心态乐观，一副永远清醒又永远温柔的模样。

我问他："不想早点回去吗？"他憨笑着说："当然，但是我单身，其实也还好，回头北京帮忙组个相亲群呀。"大家笑作一团，继续忙手头的任务。

有时候或许报道本身很局促，没有那么多空间放进这些小细节，但作为记者或编辑的身份感知和体验到了，总有机会把它们以另一种方式分享出来，一如此时，这大概是这个职业最大的幸事。

为了这只鸡，我还能再来花茂100次

8月底，我们一行人踏入花茂村。都说花茂村，望山见水有乡愁，这样的景色真真切切从电视机里展现到我们眼前。但是我对花茂村的印象全停留在盬子鸡上了，好喝到甚至忘记乡愁！

这些年，花茂村从一个"出行难、饮水难、看病就医难、农田灌溉难、

花茂村的村民为我们制作的走村纸浆压花画

村民增收难"的老大难贫困村，一步步找寻自己的文化支撑和地方特色，成为美丽旅游村，而盬子鸡也是来这儿旅游必吃的美食。

我们来到村里的第一天，忙着踩点，去了茄子地、林蛙园、民宿区、陶艺一条街……处处皆景，我们把花茂旅游产业看了一圈，也饿了一天。晚上，民宿主人架起桌子，留我们吃饭，就这吃饭的工夫我们也没闲着。

首先，送上桌的就是炖了半天的盬子鸡。现杀的土鸡用盐、姜片等调料进行腌制后放进盬子，加入红枣、枸杞、虫草花等煲汤神器，不加水，放进当地特制的陶罐中，这陶罐外形像一面鼓，上面的盖子像"天锅"，陶身上部有好多孔，底部呈喇叭状。这样的造型为的就是在数小时的炖煮中收住蒸汽，化气为汤。

最后，汤炖出来鲜黄油亮，鸡肉嫩而不柴，肉就着汤一起喝，鲜甜味美，汤醇肉香，肉和汤分开吞咽，别有一番风味，相比之下，这一路上为了消解暑热寻摸的奶茶和"肥宅水"，带来的快乐不值一提。

这盬子鸡真的是入味七分、回味三分……吃完后大家立刻决定一定要把它搬上直播，这绝对是花茂村最能"勾魂"的利器。看来这直播，我们是越做越"上头"了，逐渐往"舌尖上的乡村"奔去。

1. 村民在大篷车直播中展示盬子鸡
2. 作者在母先才店内体验

而炖鳖子鸡的器皿——鳖子，我们也寻根问底，原来制作的匠人母先才就在我们白天去过的陶艺一条街上开着自己的店。他家的手艺已经传了四代，每一件鳖子都需经拉坯、晾晒、挖陶器孔、上釉、入窑烧制等多道工序，承载着花茂的土陶文化特色。

回到饭桌，在闲谈中，我们发现花茂这个神奇的村子简直人人是"民间大佬"。民宿主人张胜迪曾是茅台镇的酿酒师傅，酿了十几年酒，最后却觉得自己始终还是应该回到故乡花茂做点什么，于是一腔热血，回乡创业。她开起民宿，做起农家饭，还带着朋友一起做了款花茂酒。她说想让各地游客来到她的"花茂人家"，在山水间溯乡愁味道，到院落中习古法造纸，再聚到一起品酱香人生。

这是每一位花茂创业青年的心声，他们在花茂村度过童年，酿就了他们挥之不去的乡愁。他们长大成人后便用自己的手艺，吸引八方来客，让家乡花茂更加花繁叶茂。

从美食到器皿，从一桌饭到一群人，很多事物就是这样一环扣一环，让人大开眼界。而开眼界就像开荤，是停不下来的，于是我们就有了更多的收获、更深的了解，不仅仅是对节目，更是对人，这大概也是做媒体人的乐趣所在吧。

尾　声

这一路我们去过湖北、江西、湖南、广西、贵州、四川、重庆、云南等地，往往前一天凌晨还在北京加班，第二天一早就要飞到村里，每次在村里待20多天，其间由一辆中巴载着我们在村与村之间穿梭，路上遇到过暴雨、大雪、山体滑坡，有时候在车上一坐就是十几个小时，但这些原本足够我们吐槽一整年的辛酸旅程，没想到却被一路上温暖的人甜哭。

我们在路上度过了央视财经新媒体八周年生日，老乡们围着我们唱歌庆贺；我们追过差8分钟就飞走的航班，抓着十几公斤的行李狂奔一公里；我们被各地记者站素未谋面的老师帮助，网友见面后友情更加深厚；我们被很多村民投喂过不知名的美食，拓展了中国美食版图……

习近平总书记指出："2020年是具有里程碑意义的一年。我们将全面建成小康社会，实现第一个百年奋斗目标。2020年也是脱贫攻坚决战决胜之年。"这次大型融媒体行动，这一路的点点滴滴，让我们每个人都更深切地感受到这番话背后的艰辛和力量，当你亲历，便知不易。

这个历时100多天，走进101个村，直播101场，整体报道全网总点击量超过5亿次的走村项目，最终在大家的努力下圆满完成，以渺小启程，以伟大结尾。

有幸作为亲历者，这可能是我人生中最好的夏天了吧。

大篷车穿越大江南北　镜头讲述扶贫故事

■ 地方资讯组 张宇

习近平总书记强调:"2020年是决胜全面建成小康社会、决战脱贫攻坚之年。"为了记录全国各地脱贫致富的历程,财经节目中心报道团队于2020年7月25日从江苏徐州出发,正式开启了《走村直播看脱贫》大型融媒体行动。此次报道由两辆融媒体直播大篷车和多个地方报道小分队协同完成,兵分两路走进全国23个省、自治区、直辖市的典型脱贫村,历时100多天,走进101个村,直播101场,行程达35000多公里,在电视端、广播端、新媒体端进行融合传播。我有幸参与到这次融媒体报道当中,尽绵薄之力讲好脱贫故事。

黄土高原上的常青树

从甘肃省临夏回族自治州和政县三坪村驱车赶往东乡族自治县,一路的地貌也发生着变化。道路两旁的山逐渐多了起来,这些黄土山上被凿了很多土窝,每座山的顶部顺下来几条水管子。这样的绿化工程着实让人惊叹:东乡人民为了让家乡多一点绿色开动了多少脑筋,付出了多大的努力啊!

我们要去的就是布楞沟村。布楞沟村位于甘肃省临夏回族自治州东乡族自治县。用东乡语来解释,布楞沟是"悬崖边"的意思。这里不仅自然环境恶劣，四季缺水，而且行路难、住房难、上学难等问题长期困扰着老百姓。7年前，吃水难的问题依然影响着布楞沟村百姓的生活。2013年3月，布楞沟流域整体连片扶贫开发工作实施，仅64天，中国石化援建的20公里"惠民路"正式通车，坑坑洼洼的黄土路变成了干净整洁的硬化路。布楞沟村地处东乡族自治县北部的干旱山区，长期面临缺水窘境。此前，水窖积蓄雨水、翻山越岭到20公里外的镇子上拉水，村民用水来源靠这两种方式维系着。而随着东乡族自治县中西部农村人饮安全工程的实施，164个蓄水池、578公里供水管道，布楞沟村家家户户用上了自来水。2018年4月，当地建成"巾帼扶贫车间"，实现了布楞沟村贫困妇女顾家、挣钱"两不误"的脱贫梦想。在车间，布楞沟村贫困妇女们可以制作花馃馃等东乡特色食品，让东乡美食走出大山的同时，也为自身增加收入。

全国脱贫看甘肃，甘肃脱贫看东乡。这里正在谱写山乡巨变的新篇章，这里的脱贫故事没有硬核反而充满智慧，就像东乡族自治县职业技术学校的中式面点师傅马进龙的拉面绝活"四车道""八车道"，这里脱贫找到了属于自己的四条"赛道"。沿川经济带发展养殖、种植产业；沿库经济带发展旅游产业；沿路经济带发展商贸物流和林果产业；洮河经济带打造县域次中心城市……扶持就业，提供免费学知识学技术的机会，让村民变成产业工人。脱贫增收，激发内生动力，让内循环更加顺畅，克服湿陷性黄土困难修建公路，迎更多的人进来，让更多的人走出去，这里正在成为社会内卷化之后的一片净土。

公路蜿蜒的东乡族自治县

布楞沟村背着弟弟四处游逛的姐姐

在布楞沟村的广场上，大篷车展开，直播工作台引起了很多村里小朋友的好奇，他们怯生生而又害羞地在车下围观。我们招手，让他们上来参观。孩子里面，有一个10岁的姐姐背着2岁的弟弟，姐姐个头不高，衣服也有些旧了，朝我们善意地笑了笑之后，大大的眼睛就一直盯着弟弟。看得出来，她非常爱护弟弟，而弟弟对大篷车上的事物似乎没什么兴趣，执意要下去，姐姐摸摸弟弟的脸，哄了哄他就背起弟弟颤颤地下车而去。望着姐姐被压弯腰的背影，还有她背上开心的弟弟，我的视线也慢慢模糊在这正午的烈日里……

青藏高原上的脱贫画卷

从海东化隆沿着国道G227，一路向西，海拔不断在提升……突然眼前一条绿色"巨龙"让我兴奋不已，查阅地图才知这条蜿蜒的"巨龙"就是黄河。这和我这个常年生活在东部地区的人对黄河的认知是截然不同的，原来黄河中上游的水这么清。这让我想起，在飞往兰州的飞机上俯瞰到的黄河，九曲十八弯，真应了李白的"君不见，黄河之水天上来，奔流到海不复回"。高原对于外地游客而言，是一道坎儿。进入海西州，海拔直接跃升到3000多米，一些同事出现高原反应，吃了"红景天"，大口吸着氧气。高海拔地区人烟稀少，G6京藏高速往往数公里都见不到一辆车，陪伴我们的只有那一排排硕大的风力发电机。在路上，落日余晖，且听风吟。

巴音村1969年建村，住户只有15户，没有耕地，仅靠牧业维持生活。1971年从原巴音乡搬迁到位于茶卡镇以东20公里的小水桥。部分村民在这里开荒农耕，部分村民则继续放牧生活。生活之艰难，用村民们的话说就是"骆驼吃青盐——咸苦在心里"。2011年至2013年，巴音村整体搬迁至镇区巴音新村，虽然村民的基本生活问题得到了解决，但是生活水平还是难以提高，村民的生产生活情况依旧艰苦。然而就在2015年，茶卡盐湖悄然走红，被誉为中国的"天空之镜"，巨大的旅游资源吸引着四面八方的

夕阳余晖下的茶卡盐湖

游客慕名而至,巴音村距离茶卡盐湖景区仅三四公里,村里依托盐湖旅游,家家户户开起了民宿,吃上了"旅游饭"。我走进村委会后面的一家民宿,店主大姐非常热情,茶几上摆了两大盘水果。她告诉我,现在的日子真的比以前好多了,虽然茶卡盐湖旅游的季节性很强,旺季在每年的5月到10月,但是这半年的收入让全家人都很满意,有时一天的收入就能超过5000元。临走时,她见我客气没吃水果,就塞给我一把柴达木枸杞,这枸杞又大又红,像是小辣椒,吃起来却特别甜。

离开乌兰县,我们赶往天峻县。海拔也越来越高,一度接近4000米,路上的车更加稀少了。我们一到天峻县,天气就给我们来了个下马威,虽然是9月,但是晚上的气温骤降至−4℃。源自祁连山脉支脉的布哈河是青海湖盆地最大的河流,甘露般的河滋润着广阔的土地,哺育了海西地区最大的天然牧场——天峻草原。"乱花渐欲迷人眼,浅草才能没马蹄。"广袤的天峻草原养育了白云般的羊群,是藏族牧民世世代代生存繁衍的乐土。我们的大篷车也就在这片草原上,在羊群、牦牛群中舒展开来。

天峻县新源镇梅陇村只有72户214人。但就是这个青海湖畔的小村庄,却干成了一件大事——不仅用10年时间使村民收入增长了4倍,梅陇生态畜牧业专业合作社还被农业部授予"全国农民专业合作社示范社"称号,全国各地前来学习"梅陇模式"的团队络绎不绝。

合作社成立以后,牧民的收入提高了,当地草场的生态环境也得到了

在天峻草原上工作的大篷车

改善。富裕后的梅陇人还在县城购置商品房，兴办火锅店，入股西宁酒店行业。

巴山夜雨话脱贫

从雅安出发，一路向北开往南江县，成名高速不远处就是杜甫"窗含西岭千秋雪，门泊东吴万里船"诗句中的西岭雪山。大篷车速度慢，550公里的路程要七八个小时，但转念一想，晚上就能感受到李商隐所写的"何当共剪西窗烛，却话巴山夜雨时"，旅途的劳顿也消减大半。

巴中市南江县西厢村，地处大山深处，为了能让大篷车开进村里，当地提前开山拓路，但就是这样，大篷车在山路上行驶依然步履维艰，真是"蜀

雨后云雾缭绕的西厢村

道之难，难于上青天"。到达西厢村后，我们却被村容村貌折服，后来我们了解到，在脱贫攻坚中，按照"旅游+"的模式，通过三产融合发展，西厢村成了远近闻名的"网红村"。村里的建筑古韵与时尚浑然一体，青瓦白墙的聚居点漂亮别致，九重山下的"流萤小筑"让人流连忘返。正如村史馆对联写的那样："金灿灿千年楠木王，活生生一出西厢记。"曾经的贫困村正迅速向产业兴旺、生态宜居、生活富裕的乡村振兴示范村华丽转身。

点滴思考

离开南江县，一路向北，目的地延安。穿越秦岭山脉的过程并不枯燥，秦岭让我感受到了季节的变化、地貌的多样。同一天，我体验到了秦岭以南的温暖湿润和秦岭以北的寒冷干燥，从绚烂多彩的光雾山到黄土高原的窑洞。

地貌的多样性如同互联网需求的多样性，央视财经App这款产品在这次《走村直播看脱贫》报道中收获颇丰，新增用户超过百万。此次融媒体行动的直播观看量达到2.28亿次，整体报道全网总点击量超过5亿次。这一系列成果的取得，顺应了当今互联网应用的主要趋势，遵循了三个关键词：Social（社交）、Local（本地化）和Mobile（移动），整合到一起就是SoLoMo。通过"我为家乡点赞"等活动，营造线上和线下话题，凸显了社交的特性。每到一个省区、一个县、一个村，通过自媒体的宣传，凸显了本地化的特性。而手机等移动设备为信息的交流和服务提供了平台，凸显了移动的特性。在特定的时间和特定的地点把特定的用户吸纳到特定信息中，这也是充分利用了自媒体发展所需要的技术手段。

在这次活动的100多天里，我们的团队分享了全国各地脱贫故事、见证了建设美丽乡村的智慧与成果，将来还希望和各地共同开启助力脱贫攻坚、助推乡村振兴的新征程。

一路向南　微距感受脱贫路

■ 地方资讯组　宋瑞娟

2020年是脱贫攻坚之年，这一年中，作为中央广播电视总台财经节目中心地方资讯组的一员，我编辑过很多条有关脱贫的新闻，每一次都会被脱贫乡亲们的喜悦、扶贫干部的不易和美丽的乡村风景打动，但工作岗位原因，鲜有机会亲身感受这一切。7月下旬，机会来了，财经节目中心大型融媒体行动《走村直播看脱贫》开始了，计划在3个月的时间里，用直播的方式记录100个脱贫村的脱贫故事。机会难得，第一时间我就报名参与。接下来，从8月10日到26日，16天的时间，历经四省四村，真正微距感受到了脱贫路上的喜乐风景！

湖南省郴州市宜章县龙村瑶族村村民正在庆祝丰收节

众所周知，网络直播带货是脱贫路上的一大法宝，通过主播们的形象介绍，各地的好产品走出深山、走出偏远村落，走到百姓的餐桌上，为乡亲们带来经济效益。来到此行第一站——湖南省郴州市宜章县龙村瑶族村，就真切感受到了直播带货的强大，上一秒还在脐橙园里除草的村民，下一秒来到了直播间里，熟练地吆喝起了自家的橙子，宜章脐橙也在这样的吆喝声中越来越畅销。然而比起村民们秒变主播，更让我惊叹的是当地政府为此所做的各种配套服务。在龙村瑶族村村委会，一个整洁的小院里，来往的人流络绎不绝，有的来办贷款，有的来咨询电商事宜，还有外地的客商来这里洽谈业务，这里似乎无所不能。而无所不能的背后其实就是"五站合一"综合服务点，包括农村电商服务站、金融扶贫服务站、助农取款服务站等，五个站点合署办公，为群众提供"一站式"服务，让老百姓足不出村就能享受全方位服务，而这样的服务点遍布宜章县的246个行政村。这样精准化的配套服务让乡亲们在脱贫的路上走得既顺畅又舒心！非常有幸，我们配备有5G新媒体移动云直播系统的大篷车向全国观众直播了这一个个鲜活的瞬间：在"五站合一"综合服务点里，村委会工作人员有条不紊地帮老乡们办理各种事项；在废弃矿山上开发出来的脐橙园里，果农们用现代化的机械除草；在丰收节上，瑶族村民们打糍粑、唱瑶歌，庆祝丰收的喜悦。直播是最真实的记录，记录下来每一个朴素鲜活的瞬间，每一个瞬间都是脱贫路上最美的风景！

广西壮族自治区贺州市富川县岔山村村民载歌载舞，用"长桌宴"接待外来游客

说到风景，就不得不提此次行程中的第二站——广西壮族自治区贺州市富川县的岔山村。来之前，听过这个村是近年异军突起的网红旅游地，有美丽的风景和特色古建筑群落，还是潇贺古道入桂必经之地。2018年，在旅游业带动下，这个深度贫困村一举脱贫摘帽。美好的事物总是让人向往，然而在从县城一路开向岔山村的路途中，感受到的却是一路颠簸，坑坑洼洼的水泥路走了将近一个小时，我们的心里不仅充满了疑问，路途的尽头到底是一个怎样的村落？这样一条路能铺就岔山村的脱贫之路吗？到了目的地，眼前的景象却让人大吃一惊：穿梭来往的旅游大巴，熙熙攘攘的游客、古建筑、特色美食、异彩纷呈的歌舞表演，这个古朴的小村落有着成熟的旅游配套，俨然一个网红打卡地。这样的反差让我们惊叹不已！

　　岔山村位于富川县朝东镇，朝东镇党委书记汪书记解答了我们的疑惑。据悉，岔山村曾是深度贫困村，它虽然贫瘠，却拥有古桥、古道、古街、古民居、古戏台等10多处古迹，所以富川县把开发旅游定为该村脱贫的主攻方向。然而财政资金有限，当地政府只能燕子衔泥一般一样样打造，先修整古民居、恢复传统店铺、打造农家乐。2016年，在互联网宣传还不普及的富川县，岔山村尝试开设微信公众号，给游客提供免费wifi，这一系列措施让岔山村火了起来。然而之前通往岔山村的路都是泥泞小路，为了让游客们顺利到此，当地政府多方争取资金，终于修了这条水泥路，虽不完美，却是现有条件下最好的一条路。每天都有大量当地、湖南及广东的游客慕名而来！

　　在带我们一路游览的过程中，汪书记不时和街上店铺的老板们打招呼。这些老板都是岔山村的村民，当时为了做通他们的思想工作，镇里的干部们可是没少上门。一开始，从来没有接触过旅游的村民们心里没底，不敢干，镇里的干部们就一家一家地做工作，才有了现在的油茶铺、豆腐坊，才有了这热闹的美食一条街！据了解，每家店每年的纯收入最少有2万元，多的可达到30万元。在岔山村，我们真切地体会到了扶贫干部的不易，更感受到了村民们的喜悦，直播镜头中，那一张张笑脸就是最好的证明！

　　说到扶贫干部，印象最深刻的就是接下来行程中的一位驻村书记！一张黝黑的脸庞，一口地道的当地方言，要不是脸庞上的一副眼镜，我们几乎不敢相信这就是桂林理工大学派驻在广西壮族自治区桂林市灌阳县永富村的驻村第一书记——李少华。永富村有着悠久的红薯粉加工传统，但不

广西壮族自治区桂林市灌阳县永富村驻村第一书记李少华正在接受采访

成规模。李书记到村后，以合作社为切入点，打造出了"永盈红薯粉产销专业合作社"这一名片，吸纳村里贫困户入股，规模化种植红薯，并请来了桂林理工大学的专家们改良红薯粉加工设备，对红薯粉产品进行包装设计。在两年的时间里，这些精准的扶贫措施让永富村的村民们富裕了起来，也让这位文气的李老师变成了事事都操心的李书记！如果只从电视镜头中，你感受到的可能只是一个个脱贫数字，只有面对面，才会真正感受到这些数字背后的付出和努力。非常幸运，作为电视记者，我们感受到了那么多来自脱贫攻坚第一线的风采！

大篷车一路南下，青山绿水间白云缭绕，6个小时的车程丝毫不觉劳累，还没看过瘾就到了贵州省黔东南苗族侗族自治州丹寨县烧茶村，也是此次行程中的最后一站。去之前，就了解到丹寨县是苗族、侗族等少数民族的聚集地之一，有着丰富的非物质文化遗产资源，依托这些资源，当地大力发展手工、文创和演艺产业，带动贫困户增收。耳听为虚眼见为实，来到丹寨，才发现这些民族瑰宝真的是致富法宝。在手工艺工坊里，绣娘们绣出来一件件精美的服饰；在脱贫车间里，银匠师傅们雕刻出一件件精美的银饰；在鸟笼加工作坊中，美丽的姑娘编织出一个个精美的鸟笼……这些独一无二的产品让人有着强烈的购买冲动，毫无疑问，前来旅游的游客们几乎满载而归，而这不正说明丹寨找到了一条正确的脱贫之路吗？

16天的时间，一路南下，感受了太多扶贫路上的喜乐，那一张张脱贫后的笑脸永生难忘，就像习近平总书记在2021年新年贺词里说的那样："这些年，我去了全国14个集中连片特困地区，乡亲们愚公移山的干劲，广大扶贫干部倾情投入的奉献，时常浮现在脑海。"

大山深处的互联网脱贫经验

■ 主持人组 张琳

2020年是决胜全面建成小康社会、决战脱贫攻坚之年，中华民族千百年来存在的绝对贫困问题历史性地得到解决，我们每一个中国人都是见证者和受益者。而对于一个共产党员来说，更多了一份使命感和责任感，因为，为人民谋幸福，是脱贫攻坚战的目标，也是共产党人的初心所在。

为了记录全国各地脱贫致富的历程，中央广播电视总台财经节目中心报道团队于2020年7月25日从江苏徐州出发，正式开启《走村直播看脱贫》大型融媒体行动。报道由两辆融媒体直播大篷车和多个地方报道小分队协同完成，兵分两路走进全国23个省、自治区、直辖市的典型脱贫村，历时100多天，走进101个村，直播101场，行程达35000多公里。

大山深处极致的穷

2020年9月7日，从北京出发，历时10个小时，我和一组小分队来到了位于广西壮族自治区河池市都安县隆福乡的大崇村。这是一个彼时全国挂牌督战的贫困村，可以说是整个广西贫困程度最深的地方，416户1851人，人均耕地面积不足0.5亩，贫困发生率超过35%。虽然我几乎每年都会下农村走基层，但这一次还是被这里极致的穷深深震撼到了。

上山的路

这里有一则广为流传的"一匹马"的故事：有村民想建房子，要把水泥从山下一袋袋运到山上，有一天，一匹正在驮水泥的马突然跳崖了！因为山路太难走了，负重太多了，马实在太累了，就"自杀"了……这，其实并不是故事，而是不久前发生的一件真事。

这里如此贫困的原因到底是什么？看看它的名字就知道了——大崇村，意思就是"大山深处的崇山峻岭"，交通问题把这里的人牢牢困住了。还有一个重要原因是，大崇村典型的喀斯特地貌造成了"三多四少"：山多、石头多、自然灾害多；土地少、水资源少、矿产资源少、动植物资源少。大崇村17个屯中海拔最高、最偏僻、最穷的一个，才是我们此行的最终目的地——龙布屯，它也因此被称为"穷中之穷"，"穷途末路"般的穷。

这里生活的艰难是城里人难以想象的，比如屯里仅有的8户人家，2009年才第一次用上电，2020年才有干净的饮用水。在这里，你会看到有些村民生活在窝棚里，有些村民家徒四壁，唯一能称为家具的只有床，有的甚至就睡在木板上，而床不够的人家，孩子们就要睡在户外。在这里，你会看到孕妇怀孕生产，只能就地分娩，剪刀用火烧一烧就能剪下脐带；有孩子高烧不退，要送到山下卫生所治疗，但送去的时候晚了，一只眼睛因此看不到了；在这里，你会看

龙布屯放学后还要做农活儿的8岁女孩儿"小梅花"

到孩子们爬着坑坑洼洼的山路上下学，往返一次就要四个小时，很多人坚持不了，读不到初中就辍学了；在这里，你会看到20岁左右的年轻母亲把孩子捆在背上干活儿，她们早上背玉米、打猪草，下午放羊，全家的一日三餐更是跑不掉。

村里来了引路人

全面建成小康社会，一个也不能少；共同富裕的路上，一个也不能掉队。在各方的帮扶下，大崇村开始了一点点地变化，有两个人给我留下了深刻的印象。

第一个人是村支书韦荣成。1986年，韦荣成出生在大崇村，高中毕业后他顺利考上了大学，但是因为穷，最终放弃了上大学的机会。让人没想到的是，外出打工多年之后，他选择了回乡工作。2017年，他当选为村支书，第一次走进龙布屯，惊讶地发现这里依然是羊肠山路，村民们住的依然是20世纪60年代木瓦结构、歪歪扭扭的房子，腐烂的梁柱随时都有倒塌的风险，这里还没有旱厕，大家都在野外解决。

1. 木瓦房
2. 山路十八弯

他想到的第一个办法就是整体搬迁，每一户在县城可以有两套房。可他用了一年时间进行沟通动员，这8户人家竟然都不搬。大家担心的是失去农田之后，在县城的生活方式和生活成本下可能无法维系一大家子的生活。

搬迁不成，他就和县委县政府沟通，在政府扶贫政策推动下，当地政府投资100多万元，用了一年时间，专门为龙布屯仅有的8户人家修了一条3.3公里的十八弯公路。这是上百年来进出龙布屯的第一条公路，2020年8月正式通车。这里几代人遥不可及的梦想就这样实现了，我深深觉得这真是一件难以想象、也只有在中国才会发生的事情。与此同时，这一年，大崇村还完成了村庄道路硬化、水柜改造和通电通网工作。

深山中的互联网脱贫实验

有了路，有了网，村民们的幸福生活就开始了吗？答案是否定的，村民如何增收脱贫是一个严峻的现实问题。这个时候，第二个人出现了，她就是"腾讯为村"的创始人，有着10年乡村公益经历的陈圆圆。

作为腾讯结对子帮扶的项目负责人，瘦弱的陈圆圆一到大崇村，就在村民家里与村民同吃同住生活了将近两个月。她慢慢发现，这里最适合的扶贫方式，可能不是彻底的移民搬迁，而是如何畅通道路，以创新的发展理念打开山里人的视野，通过"扶智"来实现"扶志"，激发村民内生动力，让大家有机会就地发展。所以最初200多万元的帮扶资金，他们决定花在刀刃上。逐渐清晰起来的思路是，以"龙布日出"为品牌，融合大崇村特色农业与文化旅游，把"互联网+扶贫"做起来，让屯里人和外面的人，通过场景打造和产品消费建立起联系。借助互联网企业核心能力，用互联网思维跨界整合资源，打造四两拨千斤的创新扶贫样本，一场轰轰烈烈的互联网脱贫实践就此展开。

农业方面，打造蜂蜜、山葡萄、吴茱萸、瑶山羊、跑山鸡、鸽子等系列特色农产品产业；文化旅游方面，在龙布屯山顶，创新性地打造一组由14个集装箱改造而成的山顶客栈，成为都安县第一个坐落在贫困村中的民宿，贫困户的屋顶也可以改造成为农家乐餐厅；基础设施方面，嫁接中国移动和中兴通讯的资源关系，在当地开通5G信号，这里已经成为全国第一个开通5G的建档立卡贫困村。

星空下的集装箱客栈

更宏大的计划是，以"村民赠股、扶贫干部集资入股"的方式，盘活大崇村原有闲置的村民合作社，实现全体村民、建档立卡贫困户全覆盖。就我的观察看来，这是激发乡村内生动力最为重要的一环——让贫困村民从被帮扶的旁观者，变为有主人翁价值的参与者和集体利益的维护者，让大崇村有机会从脱贫摘帽迈入乡村振兴。

后 记

能够在2020年脱贫攻坚的决胜之年，有机会亲历脱贫一线，真的是感慨良多，也更真切地感受到，中国的脱贫攻坚是一场史无前例的伟大战役，能够关注到每一个贫困家庭、每一个贫困人口这样的最小单位，可以说把减贫放到如此高度的政党和政府也只有在中国才有。一个个普通而坚定的脱贫"战士"，一个个平凡而伟大的扶贫故事，一个个美好而光明的崭新村庄，给我们鼓舞，也给我们期待。

临走的时候，正巧遇到了雨中崎岖山路上去上学的孩子们，看着他们弱小的身躯，但依然灿烂的笑脸，告诉我们这里的一切都是未完待续，一切都是继续出发！

上学路上的孩子

脱贫折射时代巨变　让家不再遥不可及

■ 上海财经报道组　裴蕾

我是裴蕾，此次走村我承担记者的工作。从2020年8月26日出发至9月18日回上海，我走过甘肃、青海的6个村，分别是甘肃省天水市甘谷县尉坪村、甘肃省临夏回族自治州和政县三坪村、青海省海东市化隆县本康沟村、青海省西宁市大通县边麻沟村、青海省海西蒙古族藏族自治州乌兰县巴音村和天峻县梅陇村。我全程负责了其中四站，包括直播前踩点、设计流程、写稿、彩排，最终进行大小屏直播，还有《记者走村Vlog》的设计和拍摄；另外两站我参与了新媒体直播。

走村初印象：一个人的旅程　好奇而忐忑

从2020年8月26日凌晨4点多，一个人踏上前往甘肃的旅程，内心是充满好奇却又忐忑不安的。身处陌生的环境，面对陌生的人，还要独立完成各项直播的内容设计编排，心理上的压力是非常大的。但是，记者的工作就是这样，一步步踏实地行走，感受这片土地的厚度，与不同的人打交道，体会这片土地上人的温度，还要挖掘每个村落的与众不同，梳理发展脉络，讲述脱贫故事。

甘肃省天水市甘谷县尉坪村：一碗散饭折射脱贫巨变

我记得初到甘肃天水机场，机场规模很小，从飞机上下来进入机场内部，就能看到提取行李的地方，拿完行李走出一扇门，直接就出机场了。

坐着车到了甘谷县，县城很是可爱，眼前就是一座山，县城整个是被山环绕着的。刚好学生放学的时间，学生骑着电动车，有的还载着同学，放学回家吃饭，充满了朝气。内心的陌生感和不安一点点被抚平，当地接我的宣传部的老师还和我开玩笑说："来了不要害怕。"晚饭尝到了西北特色——散饭，像是玉米面糊糊的一大碗，搅着油泼辣子和韭菜花一起拌着吃，是西北当地人家从小就吃的一种主食。当地人介绍，小时候就吃这个管饱，现在伙食好了，散饭也很少吃了。我从这一碗散饭上，看见了当地脱贫成果的冰山一角。

夜幕降临，广场上有老乡在唱秦腔，还有一整个乐队在伴奏，就连不太懂戏曲的我也觉得好听。孩子们骑着滑板车滑过，围观的听众拿手机拍着照，我就站在这舞台前，静静地欣赏了好一会儿，本来脑海里关于直播内容等的万千思绪，就这样一点点安静下来。有什么比此刻更惬意和值得珍惜的呢？我也在这时候感觉到，脱贫不是一个个冰冷的数字，而是一个

1
2

1. 散饭——玉米面和土豆做成的面糊糊
2. 甘谷县的秦腔演出现场

个活生生的人，有更加安心和幸福的生活，这才是脱贫的意义，也是我们讲述的方向。

到达甘肃甘谷县之后，我无时无刻不在沟通和思索着直播到底该如何设计，大屏直播的主线是什么，新媒体的1小时又该如何充实和衔接。在经过反复沟通和体会之后发现，甘谷县尉坪村的苹果、花椒、辣椒都是当地致富的宝贝，于是我将大屏电视直播的主题定为——尉坪村"三宝"知多少。有意思的是，这三个宝贝成熟了都是红彤彤的，也预示着当地老乡们的生活越来越红火。

幸运的是，在经历了兵荒马乱的繁杂工作和前期准备之后，直播顺利地完成了。在这个过程中，我进了果园，下了辣椒地，去了加工厂，逛了新农村，尝遍了地里新鲜的辣椒和韭菜，然后顶着一口韭菜味，跑遍了整个村子。在踩点设计内容的时候，老乡们经常从树上摘个梨、摘个苹果让我尝尝，我只能左右手兜里都塞了果子。我也明白，这是老乡们塞不下的热情和善意，这里的果子也真的很甜很好吃，我也很希望借助我们《走村

1
2

1. 甘谷县尉坪村的花椒
2. 甘谷县尉坪村的七寸红辣椒

215

韭菜地里生吃韭菜

直播看脱贫》的融媒体行动，让甘谷县尉坪村的苹果、花椒、辣椒被全国的观众朋友们熟知。在完成直播快要告别的时候，我心里感到非常不舍，于是在前往下一站的路上，发了一条朋友圈，表达我内心最真诚的感谢。

甘肃省临夏回族自治州和政县三坪村：脱贫是改善不平等的第一步　教育是未来是希望

这两个村子的主题有些类似，都是劳务扶贫。甘肃省临夏回族自治州和政县三坪村是劳务技能大赛，拉面比拼和缝纫技能比拼两项比赛在我们镜头前直播亮相。当地的劳务培训都是免费的，这种授人以渔的方式，真正提升了老乡们创造财富的能力。

在彩排准备的时候，有一个小状况让我感到非常难过。在和政县三坪村，当时准备彩排沟通走位和流程，9月的西北天气是干燥而炎热的，前后沟通了两个小时的我已经口干舌燥，脸颊也被晒得通红。可是正当准备走一遍流程的时候，发现一个采访对象不见了，好不容易找回来，另一个采访对象又不知道去哪里了。那一刻我崩溃了，多日睡眠不足，加上繁重的工作和紧张焦虑的情绪持续蔓延，我不知道该怎么面对沟通了一遍又一遍却还是有疏漏的事实。一个小小的失误都可能造成直播事故，在全国的电视机前被放大，这种压力是每场直播背后我的每个同事包括我自己，无时无刻不在承担的。

于是，我快步走到角落里号啕大哭。领队老师和同事们看见了忙问我

1. 劳务技能大赛新媒体直播
2. 新媒体直播：和政县三坪村啤特果

怎么了，了解清楚后，有位甘肃的老师和我说："这些老乡文化水平不高，有的人可能才小学文凭，你和他们说的这些他们理解起来是比较困难，也希望你理解。"

我听了顿时就懂了，眼泪更止不住地往下流，心里是深深的愧疚，为自己的不理解而自责。我为自己的鲁莽感到抱歉。我想如果自己不是出生在经济尚可的地方、受到良好的教育，又能做到什么程度呢？

当晚我写下了一小篇日记："每个人生下来，无论是在样貌、健康、财富、家庭等方面，都有着巨大的差异。我们之所以成为我们，很大程度也是运气。而运气这种东西，又有什么可值得骄傲的呢？希望自己有更大的能力，为改善这种不平等做出更多努力。"我想这也是脱贫的意义。

青海省海东市化隆县本康沟村：脱贫的温度——让家不再是遥远的守候和奢求

青海省海东市化隆县有着"拉面之乡"的美誉，化隆拉面在全国各地也是留下了很多印记，大家熟悉的兰州牛肉拉面很多都是化隆老乡们开的。和大家说几个有趣的数字：青海化隆全县30多万人里面，就有11万人从事拉面工作，约占全县人口的1/3；现在化隆人开的一共有17000家拉面店遍

及全国27个省和11个国家或地区，实现总产值近100亿元。这样的"拉面影响力"真的是靠着一个个化隆人亲帮亲、邻帮邻，一步步建立起来的。而且，在自己开拉面店致富了之后，他们没有忘记自己的家乡，这是非常可贵的。

在我衷心为化隆的拉面脱贫而感到赞叹的时候，事物发展的另一面也逐渐浮出水面。我看到了一张照片，是当地十几岁的少年坐着火车去北京参与拉面培训，而我也了解到，当地为各类拉面培训和在外实习投入了大量补贴。但是，与当地人沟通的时候，

新媒体直播记者学做拉面"翻车"现场

他们经常会说，这样老乡们有了更多技能，可以出门打工赚钱，一个人赚的钱就能让一个家庭三口人都实现脱贫。在外打工赚钱固然比在家务农收入要高得多，可是这一条"走出去"的路必定充满辛酸。老人、儿童在家留守，青壮年外出打工，"家"成了一个遥远的地方。

我理解这是一种无奈之举，是当地为了挣脱贫困硬闯出来的一条道路，在吃饱穿暖的硬性需求下，养活自己和家人成为首要任务。可是我多么希望，有朝一日，当地老乡不用再为生计踏上遥远的征程，寻常的家庭温暖不再是一种奢求。每个地域不同的特性和历史进程决定了其经济发展的快慢，但是我真的希望每个地方都能找到自己的发展道路，将家人留在身边，留下来建设自己的家乡，使家真正成为"家"。在已经全面实现脱贫的今天，我相信这一天不会太久。

青海省海西蒙古族藏族自治州天峻县新源镇梅陇村：智能手机进牧区 牧民也刷短视频

我是从青海省海西蒙古族藏族自治州乌兰县直接坐车翻了一座山，就到了天峻县，路途很有趣，是完全不同的景象。远处雪山皑皑，高原牛羊成群。在路上我就一直很兴奋，和司机师傅聊着天，踏上了这片海拔近4000米的土地。

在来天峻之前，就了解到天峻有赛马、摔跤、锅庄舞等独具藏族特色

的活动，想着一定要在直播里展现出来。巧的是，从入住的宾馆房间窗户望出去，就有两匹马拴在一栋小楼前。当时还觉得很稀奇，后来才发现，马儿虽不如牦牛、羊那么多，但还是很常见的。

天峻县梅陇村属于青海省海西蒙古族藏族自治州，梅陇村位于柴达木盆地东缘，村民们大多以放牧为生。梅陇村说是一个村，但不是中原地区村落聚集的概念，覆盖范围极其广阔和分散。因为是牧区，而牧民们大多是根据草场季节流转着放牧，整个县除了最中心的县城，其他地方都是大片的草场牧区，地广人稀，梅陇村不过200多人，牛羊比人都多。

这一站的直播内容设计最大的困难就在于语言。由于是藏区，牧民们大多说藏语，用普通话交流很是吃力。可是由于是直播，我们电视和新媒体播出去是无法实现同步上字幕的，所以寻找到合适的、会说普通话的采访对象很重要。当时心里很是着急，担心找不到能说普通话的牧民。与当地沟通了解到有这个困难后，已是傍晚，第二天就要新媒体直播了，时间非常紧张，就赶紧乘车进入草场深处寻找牧民进行沟通。由于高山草甸的深处经常没有信号，进去后我们的手机就无法与外面联络，而且高海拔地区9月中旬晚上的温度已是零下，我在牧区被冻得瑟瑟发抖。

新媒体直播：老乡在高原上煮羊肉

1. 天峻县梅陇村的航拍画面
2. 天峻县梅陇村牛羊遍地
3. 天峻县梅陇村的赛马

　　在找到一个牧民之后，我脑中的设想是新媒体直播展现真正的牧民生活，他居住的帐篷里面到底是什么样的，牧民平时怎样生活，这会非常有意思。于是，我和当地宣传部的同事在牧民的帐篷里坐着沟通，沟通一度需要翻译，但最终还是顺利进行下来了。有趣的是，帐篷里有客厅、卧室、厨房的功能分区，还有电灯、电视，牧民叔叔、阿姨还人手一部智能手机，他们的网络似乎比我的好，还能刷短视频看。这家牧民光是交通工具就有好几样——汽车、摩托车、马，还有一只牧羊犬照看着牛羊，我来的时候还朝我吼了两声，看来很是尽职尽责。牧民的生活在这些年也发生了翻天覆地的变化，路修好后两三天就能进一次城，不再像以往几乎"与世隔绝"，智能手机和网络更是打通了信息互通的道路，除了工作的内容不一样，牧民的生活好像渐渐也和大家趋同了。

　　我去的时候天色已渐暗，沟通了3个小时，聊完已经是晚上8点多，打开帐篷出去发现一片漆黑，真的是伸手不见五指。这是常年居住在城市的人很难体会到的，因为在城市里，无论多晚，天色永远能被灯光映出一片光亮。尽管一片漆黑，抬起头却是满天繁星，那样星星密集的夜空，我好久没看见过了。夜晚的高原更加寒冷，进入车内，车灯一亮，才发现卧着的牦牛都睁着一双双大眼睛在看我们，我们也许惊扰了它们的睡眠。有意思的是，在这片高原，牛羊是真正的主人，我们意外闯入，才是被牦牛们围观的"客人"。

智能时代：信息爆炸　我们无处可逃

在这漆黑寂静的夜里，回县城的路上，我回想起在牧民叔叔家做客的几小时：我忘记了手机、网络，只专注于与眼前人交谈，这样的时刻好像很久没有发生了。我们通过智能手机和网络能随时随地与天南海北的人进行交流，我们每个人都被连接着，但是很多时候，却愈发觉得生活得像一座孤岛。在这信息爆炸的时代，耳边有很多杂音，牧区里的静谧很难得。如今，牧民们也渐渐被连接，生活方式的改变一方面是生活条件的提升，但另一方面也是原有生活状态的打破，很难评判这样的打破是好是坏，但很确定的是，几乎每个人都无可避免地被时代的洪流推着向前，只有极少数人能寻得安静一隅得以自处。

这还让我想到大学时上过的一门传播学的课，结课的论文我探讨的主题就是"多样性"。更多信息的传播能加强不同区域人的理解，减少误会和争端。但与此同时，这样的传播是不是也让我们的世界在渐渐趋同？独特的文化、生活方式大量悄悄地消失，我们只能在资料和文物里找寻它们存在过的证明。

后记：媒体人的幸福

作为记者圆满地走完6站，至今回想起来仍感慨万分。

第一个感受是太累了。这20多天的走村生活从时间上来看并不算很长，但真的是对我体力和心力及专业能力的极大考验，高强度的工作让自诩体能不错的我都快扛不住了，焦虑的情绪反反复复，还总觉得时间不够用。我算了一下，平均下来，每天睡眠时间大概只有5个小时。最惨的是第一站，直播前一晚忙着定稿和编辑画面，凌晨3点半入睡到5点起床，一个半小时的睡眠支撑起了我两场直播。其他方面，更是升级成"神奇女侠"，可以在行车途中完成各种事情，比如写稿、剪辑、化妆等。

第二个感受是幸福。走村中的点点滴滴给了我极大的幸福感，永远在路上，永远在接触新的人和故事，并能通过我和直播团队的设计编排，将这些故事娓娓道来，展现给大家。这可能就是作为一个媒体人的幸福和价值感。我想要和亲爱的你们一起去分享这个世界，无论是平凡还是精彩，一点一滴都是我们生活过的痕迹。

第三个感受是成长。我很感谢《走村直播看脱贫》大型融媒体行动，让我能在25岁的年纪，学会用更宽广的视角去看这个世界。每个地方、每个人都有着各种各样的差异，但是至少我们都在努力认真地生活，这就是最了不起的事情。

作为媒体人我们常说："脚下有泥，心中有光。"为了几分钟的直播，我们几十上百人的团队可能花费了很长时间的努力。但只要我们的报道能让这些人和故事有一丝丝地走进作为观众和读者你们的心里，就已经很满足了。

最后，我想要对各位同事和老师们说声感谢，感谢你们的支持和包容，感谢胡元姐一路的陪伴和指导。最后的最后，还是要谢谢亲爱的你们，来聆听我这样一位年轻记者的走村故事。

我们后会有期。

百转千回万里路　四时佳兴与人同

■ 财经资讯组　易扬

大暑时节出发，立冬前夕抵达。我有幸两次搭乘《走村直播看脱贫》直播节目的大篷车，在南北各异的风光和四季交替的景色里感受远方的辽阔。镜头里的老乡起初有些腼腆，可一旦干起活来又麻利到忘我。无人机从菜地腾空而起，村庄在这一刻变得乖巧可爱，像孩子一般安静地躺在远山的怀抱里。对于很多农村来说，受到这样的关注，还是第一次。让寻常百姓成为故事主角，关注脱贫路上的辛苦点滴，这就是我们《走村直播看脱贫》记录山乡巨变的独特方式。

南线：稻香深处　脱贫不忘来路

在草木最繁盛的夏季，我跟随南线的大篷车行驶在安徽、江西的乡间小道上。彼时窗外的土地正迸发出强大的生命力。田地里散发着稻香，池塘中的荷叶被太阳晒出了绿宝石的光彩；树上挂着的鲜果，个头一天一个样；蜜桃、冬枣、葡萄、香瓜，赤橙红绿青蓝紫的缤纷在这里都能找到；加上此起彼伏的鸡鸣犬吠、鸟语蝉鸣，视觉、听觉、嗅觉、味觉，完全被调动起来，感官竟然有些应接不暇。正是这大地山川养活了世间万物，置身其中，就能理解为什么农民总是用谦卑和勤奋来感激自然的馈赠。

1. 记者（左一）在江西省赣县区河埠村陈贻英的空心菜大棚内进行直播连线
2. 记者（左一）在江西省赣县区河埠村的蔬菜大棚外进行直播

陈贻英大姐是我们在江西省赣州市赣县区河埠村采访时频频遇到的一位村民。村口保洁、农家乐帮厨、合作社打零工，都有她的身影。而她最重要的生计，是9个蔬菜大棚。陈大姐的地不仅种得多，换茬儿也特别勤，地里从没闲过。一年下来，一亩地种植蔬菜的收入能与当地种植赣南脐橙相媲美。丈夫常年卧病在床，两个女儿已经远嫁，陈贻英不诉苦，不多言，只是默默地每天在凌晨4点前起床，披星戴月赶到地里，凭一己之力，让全家脱贫。贫困的发生不由人愿，但每一个努力生活的人都是自己生命中的英雄。

陈大姐的勤快，村里人人称道。这背后实实在在的脱贫政策也在发挥着四两拨千斤的作用。在河埠村，贫困户可以免费领种合作社的大棚，自己出劳力就可以获得全部收益。这对于村里像陈贻英这样的人来说，无疑是生活的重大转机。多少年来，穷家薄业的农民，只在天灾人祸里感受过绝望和无助，根本不敢想象峰回路转的好事会发生在自己身上。而当这一切真的发生时，村民们又小心翼翼地呵护着梦境般的现实。有一天，狂风骤雨突袭河埠村，雨滴如同万箭齐发剧烈地打在大棚上砰砰作响，顾不上穿戴雨具的村民第一时间赶到地里，当他们放下卷起的大棚塑料膜时，那动作就像给孩子掖被角一样轻柔。刚破土的甜叶菊小苗，就好像在探头探脑地观察着这一切。

我们可爱的农民从不吝惜自己的力气，他们熟悉日出而作日落而息的生活，可看到如此勤奋的老乡因灾致贫、因病致贫，便深深感受到了他们的脆弱与不甘。如果没有脱贫攻坚，谁能在这绵延不绝的大山深处给他们带来生生希望？每当跟随大篷车翻山越岭，稳稳当当地行驶在通村公路上时，便会感叹农村这片广阔天地大有可为。这里是家园，也是战场，每一个人都在声嘶力竭地与贫穷作斗争。

在串联起河埠村连片大棚的小路上，一辆红色摩托车十分显眼，它总是变换着位置陪伴它的主人——驻村干部吴新莲。这是吴新莲更换的第6辆摩托车，驻村6年，她全年无休，在灼灼的烈日下比太阳更热情地向村民们讲政策、做示范。有时，说不上几句话就要吃力地清一下嗓子，脸上的皱纹缩到眼角，眉头几乎要拧成一个"山"字。吴新莲的嗓子一直都很受瞩目，以前是因为远近闻名的金嗓子，而现在，却是因为与娇小身材实在不协调的粗哑嗓音。虽然我们没来得及认识那位在唱歌比赛上年年拿奖的吴新莲，但我们认识了挨家挨户登门拜访，把土地三分、五分集中起来统一流转的吴大姐，多少闭门羹都没能把那热情的笑容从她脸上赶走。她的双手在这里种过菜，喂过鹅，开过渠，当她再翻看手机里曾经穿着旗袍打扮得漂漂亮亮的照片时，吴大姐没有为逝去的青春伤感，而是为6年没有虚度的光阴感到骄傲。如今，空中俯瞰河埠村，90%的土地盖上了大棚，整齐气派，阡陌纵横。脱贫攻坚是一场前无古人的壮举，成就它的是每一分细致入微的耕耘。

江西省赣县区河埠村90%的土地已盖上蔬菜大棚

安徽省利辛县城北镇徐田社区村民家改造后的废弃牛棚

"明月别枝惊鹊，清风半夜鸣蝉。稻花香里说丰年，听取蛙声一片。"——这令人神往的画面描写的正是江西农村的夏夜。年少时，它曾启发过我关于乡村风物的审美，现实中看到的景象也的确如文人笔下那般静谧温婉，可纵使有这样的诗情画意，真实的生活总是充满挑战与磨砺。走村直播想要呈现的不仅是今天林茂粮丰的农村，还有无数人奋斗的过往和对生活永不磨灭的热情。

时任安徽省利辛县城北镇党委书记的江朋梅，是位性情十分舒朗的大姐。平时戴顶草帽，在村里看见有不尽人意的地方，就随手在笔记本上画出改造的草图，把偌大的村庄当作自己家来收拾，女性的细腻在此时展现得淋漓尽致。最让她得意的，是这些改造"不花钱"。党员干部、村里的木匠、学校的老师纷纷加入，看着简易的图纸，把对家乡的热爱都倾注在了这些"独一份"的作品里。破破烂烂的房子、废弃的砖瓦木料，竟然也在精心的打造下变身村里的新地标。那些曾经脏乱差的牛棚，过时的农具被保留下来做成了展览，给村里的孩子们留作纪念。

说到这些孩子，真是让我们感动又惊喜。这些年，村里盖起了工厂，越来越多的年轻妈妈们回到孩子身边，女孩儿都梳着整齐漂亮的小辫儿，男孩儿个个活泼开朗，看到来客人了，孩子们就把我们团团围住，热情大方地介绍起村里的变化，挺着小胸脯向我们保证看到乱扔垃圾的游客一定会上前制止。这里是他们真心热爱的家乡，有用废弃轮胎为他们垒出来的游乐园，有在老乡家里为他们打造的小书屋。就算物质匮乏，依然有人在想尽一切办法保护他们的天真烂漫。这个曾经让他们的父母想迫切离开的地方，现在给了孩子们不可替代的安全感，让他们从小就明白，贫穷不可以逃避，而是要用双手去改变。

1. 直播过程中安徽省利辛县城北镇徐田社区的孩子们与游人互动
2. 安徽省利辛县城北镇徐田社区用废弃轮胎为孩子们打造的亲子乐园

北线：黄土地上　浪漫还在平凡中

寒露过后，我再次启程跟随北线的大篷车进入山西和陕西，窗外的色彩逐渐变得单调，北方的黄土地在这个时节几乎完成了它一年的使命，准备进入休眠状态，人们的生活也不再是围着土地转。

地处太行山区的山西省长治市平顺县东坡村，海拔在1000米以上，冷空气比我们更先一步抵达这里。天暖时捣乱的飞虫不见踪影，各家的小黄狗都耷拉着耳朵在日光浴里作闭目养神状，此时院子里传来的沙沙声响让人忍不住想要上前一探究竟。推门而入，果真别有洞天。年轻的媳妇们轻快地颠着簸箕里的小米，扬起的谷壳散落一地；老人家坐在小板凳上，轻轻拨弄掉党参身上的泥土，把它们根根分明地铺在地上；门口的铁笼足足两米高，装在里面的玉米一边失掉水分，一边显现出更饱和的色彩。米黄的党参、鹅黄的小米、金黄的玉米，在阳光的照耀下都镀上了一层金边，看过去是金灿灿、暖洋洋的一片。盛行在南方山区的晒秋，就这样自然地登陆太行人家的小院，婆婆媳妇互相搭把手，不一会儿，农家小院就快盛不下这一季的丰收了。

山西省平顺县东坡村的农家小院

　　起初，这里的晒秋也十分单一，山沟沟中间平坦的土地种的大都是玉米，而当地独特气候条件孕育的党参等中药材则长在峭壁之上。近几年，脱贫攻坚让现代农业的种子在这里播撒，村民们不再冒险上山采挖野生中药材，而是把它们齐齐整整地种在了自家地里。与种玉米不同，药材生长慢、花心思、费劳力，刚开始村里的很多老人都不愿意接受。东坡村驻村第一书记武正辉就用羽毛球筒做成了第一个简易播种机。这款播种机的"问世"，让很多种了一辈子地的庄稼汉再不敢以行家自居，对这位城里来的年轻人刮目相看。武正辉趁热打铁，陆续发明了移栽器、采挖机、除草机等十多种覆盖中药材种植全流程的农机具。在这些"土装备"的帮助下，东坡村的中药材种植面积达到了户均一亩。现在，每逢东坡村晒秋，空气里还会弥漫着草本植物湿润的清香，党参、柴胡、板蓝根各占一块地盘，挤在一起热闹得像个集市。

　　黄土高原不仅孕育了丰富的物产，也结出了累累人文硕果，陕西就是这样一片文学高地。路遥、陈忠实、贾平凹，成长在这里的作家，尤其擅长描绘农民与黄土地之间的联系。他们笔下，发生在普通人身上的故事是如此有张力，而这种张力正是我们节目所需要的。当大篷车驶过延安的东关大桥，远处的宝塔山突然闯入视野，这些在路遥笔下《平凡的世界》里反复出现的地标让我倍感亲切。小说里孙少平、孙少安两兄弟在困难面前展现的美好品质和艰难处境中人与人之间的真挚感情也让我对滋养他们的土地愈发向往。

  5年前的安塞南沟村还和书中的"双水村"一样，沟壑纵横，交通闭塞。由于年轻人的大量外流，甚至还比不上"双水村"当年的人气。我们到达南沟村时，这里刚刚经历了一场丰收。山坡上的苹果在经历了数月风吹日晒后红得发亮，咬上一口，那清脆的响声远远都能听见。分拣中心里的苹果堆得像绵延起伏的山峦，在这萧瑟的天气里如同火把一般把周围都映照得温暖。山顶的百亩高粱地里因为无人机的起飞荡漾起一圈又一圈的波浪。当电影般的画面清晰地呈现在眼前时，我不得不感叹这片黄土地的浪漫。

  更浪漫的是这里的人。张口就来的信天游直抵人心，农民在歌手和诗人之间肆意切换，黄土丘陵是他们天然的音箱；围坐在炕边的婆姨女子个个心灵手巧，心之所想很快就能跃然纸上；腰鼓就更有魔力了，上至九十九，下到刚会走，拿起鼓槌都会扭。每当我回看南沟村直播中百人腰鼓的壮观场面，都会有一种感动涌上心头。元气充沛的农民鼓手打出了磅礴气势，响彻天际的搏击更显出黄土地的厚重包容，自己的心也跟着变成了牛皮鼓面，在隆隆声响中感受豪情积蓄力量。正是这些普普通通的农民在一招一式间传递的精气神，才赋予了安塞腰鼓永不褪色的风采。如果真是天赋使然，那这种天赋也未必是嘹亮的嗓音和灵巧的双手，而是对生活义无反顾的热爱。

陕西省安塞区南沟村百亩高粱地

1. 走村直播最后一站——安塞南沟村直播现场
2. 直播过程中百名农民鼓手进行腰鼓表演

　　曾经被小说震撼，如今又被现实再次震撼，我们幸运地看到了无数个"双水村"旧貌换新颜。虽然《平凡的世界》已在几十年前完结，可是我们能预想到，以奋斗为本分的少平和少安不会就此停下脚步，苦难造就了他们坚韧不拔的品格。在我们走过的村庄中，也有许许多多的"孙少平""孙少安"，在平凡的世界里，他们的故事还在继续。无论将来发生什么，他们都会带着永远期待收获的心情竭力劳动，像没有遭遇挫折一样热情生活，这正是脱贫攻坚的生动写照。

　　尽管在农村以外的世界里，我们学习过上天入地的文化知识，谈论过古今中外的风云变幻，但依然会被这片土地上最质朴的哲理与诗意打动，对养育我们的大地有未曾远离的挚爱与深情。《走村直播看脱贫》大型融媒体行动是一场生动的新闻实践，让我们更加体会到贫困之顽固和战役之艰辛，也让我对职业多了一份敬畏。作为一名记者，有幸走进这部波澜壮阔的奋斗史，收集战胜困难的决心和勇气，让这一路上的艰辛坎坷在光影史诗里化作中华民族的宝贵财富。

重返武定　16年再见山村巨变

■ 财经资讯组　童盈

在我的电脑里，有几张照片已经珍藏了16个年头。2004年，我和同事去云南楚雄彝族自治州武定县，采访"上海对口帮扶云南贫困学生"。那些大山里的孩子，他们生活的校园、他们的教室、他们的操场，以及他们的笑容，让我至今难以忘怀。那时我印象中的武定县，道路坑坑洼洼，尘土飞扬，一天采访下来我们总是灰头土脸。晚上学校总停电，一些山村里的学校教室没有门窗，操场没有围墙，孩子们穿着带补丁的衣服。因为贫困，仍有很多孩子辍学。

时光荏苒，2020年9月，中央广播电视总台财经节目中心大型融媒体行动《走村直播看脱贫》的直播车开进云南，我作为云南领队前往云南昭通市、楚雄彝族自治州以及迪庆藏族自治州等地，开启了为期十天的报道。有了这次工作机遇，时隔16年，我能与武定再相见。10月1日，国庆假期的第一天，直播团队走进楚雄彝族自治州，以大屏小屏互动电视直播形式，对武定县高桥镇勒外村进行全面的报道，展现一个曾经贫困的地区在当地干部群众共同努力下，如何脱贫致富奔小康的故事。

作为一名多年从事一线报道的新闻记者，我感慨万分，也充满期待。我很想知道，如今的武定县变成什么样子？这里的孩子都好吗？这次能借助《走村直播看脱贫》大型融媒体行动的机会再一次来到楚雄，又是来到我十几年前曾经采访过的武定县，对于我来说，心情是兴奋而充满了好奇的。

楚雄武定县土瓜地村小（拍摄于2004年4月）

  抵达武定县的第一个早晨，我便早早起床，独自一人来到街上，迫不及待地想看看如今的武定是什么样子。而今，尘土飞扬的街道已经变成宽敞的柏油路，街道两边高楼林立，远处还有很多正在建设的楼房，城市化进程很快，这里已经不再是我印象中的那个乡镇模样的县城。不远处写着"狮子山"方向，我便顺着小路上了山。高原的早晨，阳光很早就出来，洒满了大地。山上的原始次生林郁郁葱葱，带给人以新鲜的气息。而一路上我都在想，武定县从贫穷落后到如今高楼林立，16年间这里都经历了什么？会不会以生态破坏为代价，会不会污染了环境？他们有什么产业在支撑着这样一个贫困山区，走出贫困的阴影？这些疑问在我的心中激荡，我担心这里的变化是我不想看到的模样。

  当年我知道武定县贫困，是因为这里除了森林就是森林，没有其他什么资源。武定县97%的面积隶属于长江流域，3%属于红河流域，这里实施好天然林保护，遏制水土流失，对保护生物多样性、长江中下游地区的可持续发展，发挥着重要的作用。自1998年，我国正式启动天然林保护工程，武定县那些靠山吃山的群众收入减少，而新的产业支撑短时难以形成，部分群众生活陷入困境。产业是一方经济持续发展的关键，也是群众实现"两不愁三保障"的关键，而产业因其特殊的自然规律、市场规律，也是这几年脱贫攻坚的难中之难、艰中之艰。政府和群众因产业结构调整带来的阵痛期，也是必然要经历的。

这一次，我来到武定县的村村寨寨，正值秋收季节，大地里的稻谷迎风摇摆，空中看到的景象更让我惊叹，一排排的农业大棚点缀在山坳间。此次直播的高桥镇勒外村，是本次《走村直播看脱贫》云南省直播的第二站，全村1014户3987人，居住着汉、彝、傣、苗、傈僳、回6个民族，这个村的变化就是众多贫困村的一个缩影。自脱贫攻坚战打响以来，通过发展彝族刺绣、武定壮鸡、高原蔬菜、花卉大棚等产业，有效带动了群众增收致富，为全村脱贫摘帽奠定坚实基础，目前全村已经全部脱贫。

如何巩固拓展脱贫成果、实现乡村振兴，那就要在农业上先做好文章。武定县的最大变化就是林子保护起来了，特色农业发展起来了。武定县委书记李玉林带着我们摄制组的几个人，一头扎进了一片种植满天星的大棚里。他告诉我们，这些年武定产业结构调整是头等大事，摒弃污染的工业，放弃不可持续的木材产业，加大农业产业结构调整和组织化程度，通过高原花卉、高原蔬菜种植，让这里的老百姓有了属于自己的特色产业，仅高桥镇一下子就引来了三家全国知名的农业龙头企业。

直播团队与武定县宣传部研究直播方案

直播前的踩点工作

"绿水青山就是金山银山。"高桥镇党委书记李文武告诉我，通过这些年的封山育林，山里的松茸多了，群众尝到了生态保护带来的甜头，不砍林子也能赚钱，从而生态保护意识明显增强。农忙时节干农活，闲时搞彝绣，一件小小的绣品也能卖出一头老母猪的价格。充分挖掘乡村文化软实力，打造乡村旅游新天地。这里的高原蔬菜，质量好，更生态，这里的土鸡肉紧味美，还有稻田里的小龙虾，在这里乡村旅游吃住玩一条龙，昔日的"穷窝窝"变成了如今的"金窝窝"。楚雄州委书记杨斌在我们的直播中表示，楚雄州将推动产业扶贫向产业振兴转变，促进脱贫攻坚与乡村振兴战略有效衔接，实现贫困群众稳定持续增收。

看到这些变化，我的心真的踏实了很多，但最让我牵挂的是山里的学校，山里的孩子们怎么样了？这次走村活动，让我更加欣慰的是，看到了昔日贫困山区学校之巨变。如今的土瓜地村小已经和其他几个村小合并，重新规划建设了设施完备的吆鹰小学。新学校有餐厅、宿舍、图书室等，孩子们也有了体育活动的操场。

条件的改善，让偏远乡村学校的育人环境、管理水平都得到极大提升。如今我把当年的村小照片给当地人看，连他们自己都认不出来了，学校的变化可真大。正所谓扶贫先扶智，让村里的孩子们接受优质的教育，让他们的学习环境得到改善，这才能为贫困地区未来带来无限的发展动力。

吆鹰小学风貌

　　据了解，精准扶贫、精准脱贫攻坚战打响以来，楚雄州"十万扶贫大军"以"不破楼兰终不还"、不摘贫帽誓不休的决心与意志奋力攻坚。全州建档立卡贫困人口从2014年年底的88733户333825人到2020年6月底全部达到脱贫退出标准，实现了贫困县、贫困乡、贫困村、贫困人口全部脱贫退出。在当天的直播活动中，《走村直播看脱贫》通过"农民主播说新闻"的方式，邀请当地群众讲述了通过产业扶贫过上幸福生活的故事。

　　用镜头记录云南省脱贫工作翻天覆地的变化，用车轮去衡量云南乡村脱贫攻坚的历程。云南的生态地位非常高，它是6条重要河流的上游或者发源地，生态区位十分重要。而云南省在脱贫过程中，克服了很多困难，找到了民族地区发展的优势和路径。通过这些优势，带动了当地的产业发展，不仅让当地老百姓脱了贫，还鼓起了钱袋子，深刻体现践行了习近平总书记"绿水青山就是金山银山"的发展理念。在云南进行《走村直播看脱贫》直播采访的数十天中，我们走过了曾经历6.5级地震的鲁甸县，看望了地震后的孤寡老人；我们经过了红军长征时走过的金沙江，重温了长征精神；我们和搬出大山的孩子们一起在新建的幼儿园里玩耍，看到他们无比灿烂的笑容；我们还在稻田里举办了一场属于我们农民朋友自己的特殊的T台秀《稻田彝绣走秀》；我们直播了中国大陆第一个国家公园里的村庄，我们见证了绿水青山就是金山银山。这些难忘的足迹，让我经历了一个十分特殊的国庆节，也是最充实的一个"十一假期"。最为重要的是，这个"十一"让我和祖国的命运联系得更加紧密了。多难兴邦，消除贫困、改善民生，实现共同富裕，让我们一起坚持不懈地努力下去。

《走村直播看脱贫》云南摄制组在直播车上合影

三个村和四条河

■ 财经资讯组 孟夏冰

在短暂的记者生涯中，我拍了许多扶贫主题的节目，足迹遍布河北、青海、贵州、陕西等。大部分时间，我是一个观察者，站在一边仿佛看到了事情的全貌。但在参与2020年中央广播电视总台财经节目中心主办的大型融媒体行动《走村直播看脱贫》的过程中，我有了新的体会，我发现我们常说的"真听、真看、真感受"，往往需要时间的沉淀与积累。当地的一杯水、一粒米和一草一木中，可以感受到更鲜活、更有温度的故事。

我印象最深刻的，是我到过的三个村子，分别是河南省濮阳市范县前房村、驻马店市平舆县西洋潭村和南阳市淅川县前营村，一路从黄河到淮河再到长江，每个地方的故事都与水有关。

第一条河：黄河与前房村

河南省濮阳市范县前房村是我到达的第一个村子，在我们到达的时候，这里刚刚脱贫满半年。这里是我走村的起点，也建立起了我对接下来工作的一个基本认知。

在前房村房爱银师傅的鱼塘，我第一次知道了"黄河滩区"这个名词。

黄河有两道堤坝——护河工程和黄河大堤，两道堤坝中间就是黄河滩区。站在滩区的土地上，抬头能看到奔腾的黄河水。而范县有9万多老百姓，就这样头顶悬着黄河生活了一辈子。房爱银经历过严重的黄河漫堤，8米高的房屋底座眼看着被水冲垮，此后他最害怕的就是村子里涌进黄河水。说这句话的时候，他正站在老村的房屋地基上，脚边是蓄起的黄河水，水里翻腾着黄河大鲤鱼，这个场景反差到让我有些难以置信。

房爱银带我去看了他的新家，距离老村的旧址只有两公里，刚刚好翻过了黄河大堤。一排排白色的二层小楼房，配有小院和露台，屋前有个大广场，人们三三两两下棋、纳凉。房爱银说，以前这个时候正是黄河汛期，大家每天都要去黄河护河堤上看看河水的情况，哪有这种闲情逸致。如今，滩区居民搬进楼房，老村的旧址变成鱼塘养上了当地特产黄河大鲤鱼，一个村子一年下来多了100多万的收入。

房爱银所在的前房村是整个滩区搬迁的一个缩影，不仅仅是范县，甚至不仅仅是河南省，在黄河中下游平原上，几十万的黄河滩区居民都迎来了新生活，搬离滩区过上了"脚踏实地"的日子。我们把直播地点选在了房爱银的鱼塘，脚下曾经用来防御洪水的8米高台，仿佛是一个时空的交

河南省濮阳市范县前房村旧址鱼塘里活泼的黄河大鲤鱼

点，一面连接着"人水争地"的过去，一面连接着"人水和谐共生"的现在，而脚边热闹的水里，就是年年有余的未来。

河南省濮阳市范县迁安社区航拍图：从黄河滩区搬迁出来的大型易地搬迁社区

第二条河：汝河与西洋潭村

"平舆是水资源非常丰富的地方。"在路过宿鸭湖的时候当地人介绍道。湖绿的水面吹过一阵风，忽然就下起了大雨，这是我对这个地方的初印象。

西洋潭是这个地方的行政称呼，我们到的地方自然村名字是老湾村，在1971年以前，淮河的一个重要支流——汝河在这里拐了一道弯。在汝河的环抱下，这里十年九涝，广种薄收，是个典型的贫困村，被人们称作"落汤湾"。然而走进村子，一路上两边的房屋干净整洁，墙壁上绘着主题鲜明的壁画，贫困村的影子已经荡然无存。硬化好的道路上，不时开过载满游客的观光车，仿佛置身某个生态公园内。

刘艳镇长极力邀请我们去坐游船，我有些不解。游船缓缓向前，河道忽然变得狭窄起来，两侧肥厚的荷叶夹杂着亭立的花骨朵挤挤攘攘，仿佛游船是在整片的荷塘中分出了一条路。刘镇长伸手折了一个莲蓬，剥出莲子给我们尝。在她的介绍下，我明白了——这片荷塘，就是他们摆脱贫困村的"法宝"。雨水大，种庄稼种不成，就种荷花。

河南省驻马店市平舆县西洋潭村藤编工厂里变身藤编工人的村民脸上洋溢着幸福的笑容

摇船的刘师傅就是村里人，他以前在外面打工，全家就指望着他不稳定的收入生活。随着年纪增长身体变差，回家种地只能勉强够家里的口粮，一家人的生活就没了着落。直到村里开始发展乡村旅游，刘师傅也成了一名景区工作者。昔日的"落汤湾"正是发挥了水资源丰富的优势，建立起了乡村旅游综合体，带动像刘师傅这样的贫困户200多户，人均增收3000多元。

"荷处相逢，汝水老湾"，这条曾经让老百姓十分头疼的汝河，已经成为当地乡村旅游的重要风光带。而一幅绿水青山、生态如画的美丽乡村图景，也沿着汝河水道缓缓铺开。

第三条河：长江与前营村

淅川县的直播主题是杏李采摘，也是我所有的选点中唯一一个时节性比较强的主题。受疫情影响，我们比预计的时间晚到了两个月，预先选定的地点已经没有成熟的果实等待采摘了。本以为这个主题可能要更换了，没想到，在我与当地人一起在山里寻找了一天之后，在海拔偏高的山坡上，还有一千多亩的晚熟杏李正要采摘。

据当地人介绍，在淅川县杏李种植面积有6万亩，全国的杏李有接近四分之一都在淅川，光是大家熟知的品种就有30多种。由于淅川多山，这些杏李除了受到品种的影响，还有土壤、海拔、种植面积、采摘方式等多种因素的影响，所以杏李采摘可以从6月初一直延续到8月。虽然还没有到盛果期，但是收入已经超过300万元，还有很大一部分果实在冷库里等着错峰出售。

准备采摘的是前营村的种植大户杨贵申家的种植园，果树的枝子上长满沉甸甸的果子，垂在地上。杨贵申最初和大家一样，种的是小麦和玉米，但是后来有了变化。这就要从淅川特殊的地理位置说起了。淅川是南水北调中线工程的渠首所在地，在脱贫的同时保护一库清水永续北上也是当地的重要任务。为了保护水源，当地不再允许大面积种植小麦和玉米，转为种植对生态友好的果树。"就算是果树，也不能使用农药和化肥，损失有20%多。"杨贵申介绍说，"刚开始，大家都有点担心。"

大自然并没有愧对当地老百姓的付出，第一批杏李成熟得确实比其他地方要晚一些，但是由于生长时间长，果实口感非常好，十分受消费者欢迎。而错峰出售也让价格十分有优势。再加上发展林下经济，现在的一亩地收入，比种庄稼的时候高了十倍。杨贵申这个果园一年收入就要有40万元，这样的收入杨贵申以前想都不敢想。

在杨贵申果园背后的山坡上放置了醒目的红色标语——"绿水青山就是金山银山"，如今山坡上绿满青山、山坡下果满仓，当地老百姓的生活就像一片片杏李林一样，硕果累累。

河南省南阳市淅川县前营村杏李丰收，村民满脸笑容

第四条"河":我与走村这条"河"

在走村的过程中,我们遇到了许多日常工作中没有的难题。于我而言,这个项目就像是渡河——在摸索中前进,也要带着热情和胆量渡过。

遇到最多的,就是很多预先选定的直播地点,约16米长的直播车无法到达。更换直播地点固然是最直接的选择,但是很多时候为了保留极具特色的直播地点,我们也采取非常规的解决方案,比如冒险进行远距离直播,也就是记者和摄像在距离直播车、导播和后期所有技术工种几公里的位置进行直播。这样的解决方式,一是要保障信号传输的畅通性。一方面要分时段、反复多次地对传输信号进行检测,另一方面也要提前做好备播录制。二是由于导播和摄像已经脱离了对讲机可连接范围,只能通过群聊语音的方式进行沟通,影响了沟通效率。应对方案是,从路线设计、稿件内容和直播方案三个方面,都要进行反复推敲。稿件内容敲定后,要进行大量的现场演练,使每个环节、每个工种的每个细节都落实到方案中。通过反复演练,达到直播当天的"零失误"。

还有一条"河",就是如何在3—5天的时间内,迅速了解一个地方的风土人情、历史变迁和产业发展。唯一的解决方案就是同时准备大量的背景材料。针对每个地方,我都准备了几十页的背景材料,很多看似与直播主题无关的历史材料都对后来细节的挖掘提供了帮助。结合着背景材料再去"真听、真看",得到的才是"真感受"。比如在前营村,乍一看只是很普通的丰收果园,收成并不惊人。但是把这一切与清澈的丹江口水库结合起来,眼前的所有细节都有了意义:替代经济作物的果树、替代高效化肥的有机肥,以及大片郁郁葱葱蓄势待发的果苗。一个普通的果园,就讲明白了"绿水青山就是金山银山"。

走完三个村,见过三条河。三个村的故事都与水有关,也都从受制于水,变成与水和谐共生。这片土地上,还有更多的脱贫智慧和脱贫故事,等着我们去挖掘。

而也是这三个村和三条河,帮我渡过了职业生涯中一条难忘的"河"。

安置区、高原特色种植业、生态扶贫
——讲好云南特色脱贫故事

■ 财经资讯组 吴南馨

易地扶贫搬迁惠民生：搬得出 稳得住 有就业 能致富

2020年9月下旬接到组里通知，9月27日我开始了为期12天的云南线三站走村行程。云南线的第一站是位于昭通市鲁甸县的卯家湾易地扶贫搬迁安置区。印象中昭通是全国贫困人口最多的地级市，全市建档立卡贫困人口达185.07万人，其中不少人都居住在高寒地区，交通极为不便，而且自然灾害非常频繁，2014年的一场地震更让这里雪上加霜。所以昭通也是云南省脱贫攻坚的主战场和"硬骨头"。为了让住在贫困生态脆弱地区的群众搬出大山、摆脱贫困，2019年这里建成了一个大型易地搬迁安置区，来自昭通五个贫困县的3.6万贫困群众搬进了新家。从我们大篷车停靠的幸福广场远远可以看到搬迁社区的一栋栋楼房，写着"搬出大山天地宽，幸福家园卯家湾"。很难想象这里是从一片荒坡地变成的新城。

到达之前我对当地易地搬迁做了功课，因为云南线的上一站就介绍了四川一处易地扶贫搬迁安置区的脱贫故事，同样是易地搬迁，这一站如何突出卯家湾的特殊和不同，把这里的脱贫故事经验讲好并推广？在前期我和当地工作人员就大小屏直播的内容、地点等问题进行沟通，通过视频方式和基层社区工作人员一起踩点，初步选定了两个大屏直播地点：一个是卯家湾幸福广场，这里是5个安置社区群众的生活广场，当时临近国庆、中秋双节，广场上生活气息浓厚，不少人在广场唱歌、跳舞、摆摊，很是热闹，另一个地点则是位于社区里的生活中心，这里也是村民搬下山后生活的一个缩影，超市、卫生院、培训中心、图书馆等，都在这个生活中心汇集。为了尽快确定方案，到达当天，我和领队老师就前往安置区社区实地踩点，进入社区，直观感受就是这里和城市里的普通小区并无两样，老人们三三两两地坐在小区公共区域聊天。走访社区的过程中，我们也看到了村民搬迁后生活的变化。在社区的医疗中心，我们看到一位老奶奶推着她因患小儿麻痹瘫痪的孙子过来进行中医治疗。她告诉我们，在搬到这里之前，她家住在海拔三四千米的深山中，每次看病都要背着孙子走好几十里的山路。现在一家人搬出大山，在社区里就能看病。她买了轮椅，推着孙子坐电梯上下楼几分钟就能走到社区的医疗中心。对于这些因病致贫的家庭来说，便捷的医疗服务帮他们解决了很大的生活困难。医疗作为卯家湾安置区扶贫攻坚的一项重要内容，补上了农村卫生医疗的短板，真正解决了他们的后顾之忧。除了医疗，孩子的教育也是安置区重点解决的问题。在社区外我们看到不少绿色巴士，这些就是去往学校和幼儿园的班车，农村空心化造成留守儿童上学难曾是困扰农村家庭的难题，当地在东西定点扶贫项目的帮扶下，投资近5个亿，建了4所幼儿园，现在孩子坐着班车在家附近就能安全有序上学。一路走访下来，在社区里更能直观展现村民搬迁后的新生活，因此最终我们将大屏的直播地点选在了社区的生活中心。

卯家湾易地搬迁安置区幼儿园的孩子们课间活动留影

此外，由于卯家湾易地扶贫搬迁安置区最大特点是安置区群众来自昭通5个贫困县的不同地区、不同民族，这种融合也是当地易地扶贫搬迁的一个工作亮点。为此，新媒体直播开场就选在了位于5个社区中间的幸福广场。跳舞的社区文艺队员告诉我，他们之前来自不同的村镇，来到这里半年多，搬迁后除了物质生活改善外，文化娱乐生活也愈发丰富。刚开始住在社区还不习惯，现在真正把这里当成了自己的家，生活越来越有盼头。

鲁甸花椒产区附近家家户户门前晒花椒

在广场上还展示了当地扶贫的支柱产业，既有苹果、花椒等重点支柱产业，也有藤编制作这样解决就业的扶贫工厂，让没有劳动力的人也能工作。除了增加收入，更多的是让他们通过双手开辟新生活，获得幸福感，真正实现安居乐业。在录制Vlog等新媒体内容中，我们还探访了当地花椒、苹果产地，能感受到老乡们提到这些特色农产品时都很自豪。当地有一句话叫"半城苹果满城香"，我们过来的路上也能看到当地把苹果树作为道路绿化的植被，成为当地最具地方特色名片。

搬迁群众正在"幸福"地拥抱新生活。卯家湾安置区目前实现了17016人的就业，就业率达92%以上，保证了易地扶贫搬迁贫困户家庭至少有1人实现稳定就业，可以说初步实现了安居。搬迁之后如何发展，还需要继续加大对就业民生的保障投入，搬迁与脱贫同步、安居与乐业并重，写好易地扶贫搬迁后半篇，打赢脱贫攻坚战。"挪穷窝"与"换穷业"并举，安居与乐业并重，将群众从"一方水土养不起一方人"的地方迁出，可以说当地通过易地扶贫搬迁，解决了就业、上学、医疗等最实际的民生问题，确保群众"搬得出、留得下、能致富"。

农村土地改革　盘活资源激发活力

楚雄州武定县高桥镇勒外村是本次南线的第二站，虽然位于缺水的云

大小屏直播地点之一——生菜种植基地

南中部，蔬菜、水果、花卉等高原特色种植业却是当地脱贫的重要产业，也是本次直播重点呈现的内容之一。在勒外村的生态种植基地，可以看到满眼的绿色，成片的智能大棚。这里不再种植玉米、苞谷这种低经济效益的作物，改而种植生菜、香菜等高效益的作物；地里不再需要农民天天在地里灌溉，每天早晚智能灌溉系统就能同时实现浇水、施肥两项工作，节水又高效；这里的蔬菜直接供货给位于上海的"海底捞"，有稳定的销售渠道。同样，在当地的花卉种植基地、由废地沼泽改造成的莲藕和小龙虾基地，也都实现了这样的规模化种植、养殖，增加收入的同时也带动了更多就业。在采访中，花卉基地的种植大户告诉我，像他这样的鲜花种植大户在勒外村就有七八户，带动村民就业将近300人。随着规模的扩大，现在招工甚至要到外镇去招，还带动了临镇的一部分就业。

其实总结当地的产业脱贫经验可以发现，"合作社+种植大户+村民"的模式是当地产业脱贫的重要模式，也就是村集体通过土地流转整合土地、引进种植大户、雇用当地村民带动就业，使村民从土地流转金、务工、收益分红等多渠道创收。而这样的模式其实离不开我国土地制度的改革。随着我国城镇化的推进，大量的人口涌入城市，农村大片的土地都处于半耕种或者弃耕状态。为了将土地全面利用，国家进行土地确权，通过丈量每家每户的承包地，然后以签约、签协议的形式确定下来。这样就让土地合理利用，不造成资源浪费，而且还能增加收入。村长告诉我，2020年上半年高桥镇包括勒外村的土地确权工作已经完成，村民们拿到土地确权证书后，从事农业的农户能放心地增加投入，从事非农业的农户也能够放心将经营权"让渡"，土地确权加速了土地流转，规模化生产用地不断增加，激活了农村改革的"一池春水"。相信在未来产业化、规模化的现代农业发展，会为当地带来更多的效益。

绿水青山就是金山银山

经过前两站的紧张拍摄，第三站我们来到景色优美的香格里拉市浪茸村。和我之前接触过的扶贫方式不同，浪茸村是通过生态扶贫的方式让全村脱贫。浪茸村位于我国第一个国家公园普达措国家公园内，我们到达当天下午，看到了湛蓝的天、洁白的云，山上林木茂密，山下草场丰美、牛羊成群，藏家酥油飘香，透露出一副生态和谐之美。从前村里人靠砍树过日子，现在靠保护生态致富。国家的生态补偿金，当护林员、养牦牛、捡松茸、种森林蔬菜，以及中草药的收入都是村民们的收入来源。我们采访过程中，家家户户都有人在国家公园内从事旅游和生态保护工作的，走进藏民家里，酥油茶、奶渣、糌粑、水果摆满了桌子，现代化的家电一样不缺，并且每家每户都实现了人畜分离。生态美景能赚钱，演绎出的不仅是财富，更是藏乡的生态意识，既是村民也是园民，浪茸村从生态保护中获益，也为保护这片森林的生物多样性贡献着自己的力量。浪茸村的扶贫模式极大地推动了当地环境保护，打造了生态文化旅游、环境教育和社区收益为一体的发展模式，我们在这里找到如何做好生态扶贫的答案，这也是习近平总书记提出的"绿水青山就是金山银山"的生动实践。

普达措国家公园直播地点　　　　浪茸村组大篷车停靠位置前的乡村景色

讲好中国扶贫脱贫故事

此次走村除了看到各地脱贫致富的经验，对于我个人在工作上也有很多收获。包括前期有效对接、到达后踩点、布置现场以及突发情况下的应变，都对作为记者的我在方方面面提出了很高的要求。尤其在紧凑的行程中，完成大量工作，也考验记者的能力。由于在国庆前接到任务，面临假期，需要在节前提前把各项工作及时通知给地方工作人员，包括大小屏直播流程、电网线路、视频资料等，这些都离不开当地同行和政府的大力支持。在楚雄和迪庆，我们和地方台的老师提前设计拍摄细节，包括走位以及内容，老师们都给予了非常专业的建议。记得在香格里拉，踩点拍摄结束，迪庆台摄像师保伍老师他们带我来到家里的工作室处理拍摄素材。虽然第二天还有更紧张的直播工作，但由于对镜头画面的精益求精，那天我们四人六台电脑一直工作到半夜，他们对镜头的处理方式和工作态度都让我受益匪浅。此外，这次走村中，队伍真正深入田间地头，往往吃饭都在现场解决。虽然简朴但是脚踩大地，也让我们充满干劲。

2020年12月中国现行标准下农村贫困人口全部脱贫，贫困县全部摘帽，贫困村全部退出，脱贫攻坚目标任务如期全面完成。很幸运能通过这次《走村直播看脱贫》大型融媒体行动讲述全国各地脱贫致富故事，传播脱贫经验。从脱贫攻坚迈向乡村振兴，要有更有力的举措、更强大的力量。怎样做到让脱贫者不返贫，还需付出很大的努力，还要"撸起袖子加油干"。

武定莲藕种植小龙虾养殖基地踩点

脱贫摘帽不是终点　而是新生活的起点

■ 财经资讯组　袁艺

跟随《走村直播看脱贫》的大篷车，20多天我去了三个不同省份的乡村做了扶贫报道，见证了不同地区、不同扶贫方式的脱贫成果。

因地制宜发展扶贫产业：小艾草成为脱贫大产业

位于湖北省黄冈市的蕲春县是我去的第一个报道地点，走进蕲春，四处散发着艾草的清香，蕲艾产品成为当地老百姓生活中的必备用品，几乎每个人都能说上几句蕲艾的历史和用途。当时正值酷暑和防汛的关键期，党员干部要24小时不间断地在江边巡堤。当我问他们日夜坚守身体能否吃得消、夜间守堤坝蚊虫是不是很多时，他们笑着说都是贴着艾灸贴来缓解疲惫，涂着艾草制作的防蚊液去巡堤的，在蕲春，线上线下蕲艾产品交易如火如荼。

可如果将时间倒回2015年之前，那时候蕲春还是个贫困人口大县。蕲春是李时珍的故乡，《本草纲目》记载的1892种药物中，蕲春就有700余种，而艾草就是最具代表性的药材。在当地就流传着这么一句话："千门万户悬菖艾，出门十里闻药香。"然而蕲春虽然有种植中药，却没有发展加工产业。近几年来，蕲春结合当地的艾草优势，大力发展蕲艾产业完整产业链。

1. 湖北省黄冈市蕲春县手工艾条制作现场
2. 记者（右二）在蕲春县艾草种植基地采访

　　为了提高农民种植艾草的积极性，政府实行艾草最低收购价。种植户江欢告诉我，她2020年增加了10亩的种植面积，2020年的最低价格是每斤11元。这个价格相比其他地方的市场均价要高出数十倍，并且农闲的时候还能在蕲艾加工厂干活，在家门口就把钱赚了。家里人还有去当艾灸师，收入也非常可观。蕲春艾灸疗法非遗文化传承人韩善明在采访中透露：现在艾灸是一人难求，全县共办了70多期培训班，培训了3000多名艾灸师。现如今，蕲春有3万农户种植艾草，艾草企业达1800多家，蕲艾产品有1000多个品种，产值超过百亿元，带动了10万人就业，帮助了全县3万多人脱贫，小艾草成为脱贫的大产业。

　　有朋友知道我在蕲春出差，给我发她用过的艾草精油图片，说体验特别好，但因为销售火爆，一直都订不到货，让我帮忙在当地问问能不能买到，正如国务院扶贫开发领导小组专家成员李小云在节目中点评时所说："扶贫产业一定要有市场的需求，要靠市场竞争的方式来展开，产业扶贫是向贫困地区输入一种现代化的生产和管理方式，蕲春县把艾草产业包装成一个品牌，通过品牌在可持续需求的基础上能够形成可持续的供给。"

"富口袋"又"富脑袋":小画笔画出致富梦

无独有偶,在江西省抚州市的黎川县通过陶瓷煲以及胭脂柚、食用菌等多种产业助力脱贫攻坚,日子富裕了,老百姓的精神文化也很富足。

远山如黛、近水清涟,白墙灰瓦、花草相依,在宛如一幅油画的三都村文化长廊里,我看到了有老师正在进行油画培训,培训对象不是外来写生的油画爱好者,而是本地村民。20世纪80年代,一批上海知青开办油画培训班,从此埋下了艺术的种子,带出一批当地农民画师,画油画成为当地一条很好的就业途径。通过这样的免费培训,全县累计有200余名贫困户拿起画笔脱贫致富。目前黎川有3000名油画师,产品远销欧美等20多个国家,油画年产值达2.6亿元,成为远近闻名的"油画之乡"。

三都村的老街上方是五颜六色的油纸伞,在这条小巷里不仅有油画展览室,还有图书阅览室、棋牌室、数字影院,村民可以来看看书、下下棋、听听乐队演奏,陶冶情操,学习最新的农业科学技术以增长见识。在这里我还看到了一间矛盾调解室,村民之间的小摩擦、小问题都有了一个可以

1	
2	3

1. 三都村游客写生
2. 三都村油画体验活动
3. 记者体验油画写生

坐下来慢慢沟通的地方，大家在当地乡贤的调解下，化干戈为玉帛，让邻里关系更加和谐。扶贫先扶智，在这里处处可以感受到文化扶贫的力量，为经济发展提供着精神动力和智力支持。

旅游扶贫让古道焕新生："非遗"变脱贫致富生产力

同样是文化，广西壮族自治区富川瑶族自治县把非物质文化遗产变成了脱贫致富的生产力。始建于秦朝的潇贺古道曾经是南北经济交流的重要通道，沿途保留了众多古村，其中有三分之一在富川境内。我去的岔山村是潇贺古道进入广西的第一个村，得交通之便，岔山村一度是潇贺古道上著名的驿站。然而随着交通中心和交通干线的转移，曾经喧嚣的岔山村渐渐无人问津。

不过从2016年开始，岔山村结合当地的瑶族文化和特色美食，发展乡村旅游业，一项项非物质文化遗产成为一张张靓丽的名片，贫困村摇身一变成了网红打卡地。这里有国家级非物质文化遗产瑶族蝴蝶歌、芦笙长鼓舞，还有瑶族织锦。瑶族织锦是瑶族妇女世世代代传承下来的一种技艺，用大山里天然植物和中草药材制成各色染料，染好后在泥土中埋三天，这样就不容易褪色。随着村里旅游的发展，织锦也成了游客的抢手货。还有手工制作的芦笙和长鼓，不仅是舞蹈的道具，还是工艺品，一个芦笙可以卖到一千多元。

富川的非物质文化遗产炸粿条，是油茶的神仙搭配。2016年，岔山村成立了油茶合作社，油茶、米豆腐、梭子粑粑这三样美食，成了岔山打响旅游经济的第一枪。

一位油茶店的老板告诉我，过去她是村里的贫困户，种植烤烟是主要收入来源，而现在，店里一年的利润有60多万，不仅脱了贫还买了房、买了车。说起未来的规划，她的眼里满是期待，脱贫摘帽不是终点，而是新生活的起点。

精准脱贫的答案，写在大山深处

■ 新媒体编辑组 金陆雅

作为一名记者，我2020年参与了中央广播电视总台财经节目中心主办的大型融媒体行动《走村直播看脱贫》，跟随《走村直播看脱贫》的大篷车，在40天里去了3个不同省份10个村庄：河南重渡沟、陕西法官庙、四川雨托村……在秦岭、关中平原、川西高原见证了不同方式的扶贫成果，配合同事先后完成了10场新媒体直播和新媒体产品《记者走村Vlog》《云瞰中国之美丽乡村》《我当村主播 农民说新闻》的拍摄制作。历时40天，从夏天走到秋天，我的走村之旅收获满满。

2020年10月中旬，从北京到厦门转机，经过10余个小时，我们一行人终于抵达四川省甘孜州格萨尔机场。全州总面积14.97万平方公里，为四川省面积最大的地级行政区，人口116.49万，其中藏族人口比例占78.3%，甘孜为全省主要牧区，草原面积约占六成，自然风景优美。我们此行要去的地方平均海拔4000米，当地农户多以放牧为主。

在格萨尔机场接我们的司机师傅是个50岁的藏族大叔，脸黝黑黝黑的。在去往德格县雨托村的途中，路边寺庙随处可见，他一边开车，一边为我们介绍当地的文化习俗与饮食习惯。此次走村的第一站是四川省甘孜州德格县雨托村。在藏语中，"雨托"的意思是"绿松石上的村庄"，这个小村庄平均海拔3700米。过去雨托村的牧民居住分散，经常要翻过几座山才能找到人，近年来为了解决这种交通、医疗、教育不便的现状，当地政府在金沙江畔找到了一片平整的、适合居住的区域。把"星罗棋布"的雨托村整村搬迁到了这里。次日，我们稍作休息就跟随记者去了解当地的风土人情。在雨托村小学里，低年级的学生正在上体育足球课，红扑扑的脸蛋上洋溢着兴奋的神情，同事见状立刻加入他们，没想到对高海拔还没适应，踢了两脚就气喘吁吁。在随后的采访中，一位小女孩告诉我们，她最大的梦想是"走出大山去学习，再走回大山来建设"。

针对当地自然条件恶劣、贫困群众后续增收难的实际情况，当地政府针对产业发展"精准滴灌"，重点实施"万头奶牛扶持""庭院经济建设"和就业扶贫计划。2014年以来，德格县累计全口径投入59.87亿元，实现5511户22931名贫困人口脱贫，贫困发生率从2014年的27.46%降至2019年的0.64%。2020年将实现贫困发生率降至0。

甘孜州的第二站是炉霍县吉绒村，在探访了四五个地方后，我决定拍摄村里一位制作古陶的老手艺人。他住在山的最高处，车一路盘旋而上，山路泥泞崎岖，走着走着半条路就被滚落的山石淹埋住。乡长说，这里太容易滑坡了，经常要修。我内心不禁感叹：要致富，先修路。

大叔的家在一条小路的尽头，60岁出头的大叔，听不懂也讲不出汉语，地方请了位跟我同龄的男孩来做我们的翻译。他们热情地教我如何制作黑陶，在谈到自己曾经的学生时，大叔有些落寞，说"留不住人"。然而近几年，为了发展当地的黑陶产业，当地政府开始往外"送人"，把年轻的学徒送到瓷都景德镇，还研发了共同烧制黑陶和青花瓷的方法，这个产业链预计每年会给当地带来30万元的收入。

路上经常会遇到成群的牦牛，不怕人、不怕车

和制作黑陶的手艺人学做黑陶罐

  走完了川西高原的两个村，去雅安的途中要翻过海拔4000多米的折多山，刚刚被炉霍降下来的海拔瞬间又被拔高，我手忙脚乱地拆了瓶新氧气带上。山路绕，路旁的景色不断因为海拔改变而变换。常绿乔木、高山灌丛、高山草甸，最高走到了雪山，大概在海拔3740米。路过塔公草原的时候，一片陌生的景色突然冒出来：荒凉的山坡上，像是硬生生被塞进了水泥石块，想起之前看到的仿佛被画在山上的村庄。在这里，草原和山川是一切的背景板。在此时，更加感受到国家脱贫攻坚的难度之大，决心之坚！

《走村直播看脱贫》第3站——陕西法官庙村

在见证各地各村脱贫的路途中，让我印象最深刻的是陕西省安康市平利县的一位基层干部。他叫柳伟，是平利电视台"云端平利"融媒体中心的工作人员。在融媒体工作室成立后，他一个人包揽了策划、拍摄、剪辑、包装等工作，制作了两部以农家"庖汤宴"为主题的纪录片——《纽带》《回归》，画面内容质朴大方，旁白解说深入人心，看到厨娘将一道道菜端上饭桌时，内心充溢着喜悦与满足。柳伟告诉我，为了拍好这两部纪录片，他从很早的时候就开始策划，去农户家中了解庖汤宴的制作流程，从杀猪一直跟到宴终，从黎明破晓一直跟到月明星稀。直到把每一个环节都吃透了摸熟了，才正式开始拍摄制作，即便如此，他还是累积了四五个硬盘的素材。

在互联网迅猛发展的今天，信息化是当今时代发展的大趋势，代表着先进生产力。柳伟和平利县融媒体中心的同事深谙此道。如何将家乡的农产品、风俗文化推出去是这些年轻人工作的核心。有画面感的拍出来、有故事性的写出来，短视频结合纪录片，人物侧写结合深度报道。据了解，自从双杨村2019年7月21日举办首场"庖汤宴"开始，截至2020年9月已办了160多桌"庖汤宴"，直接让群众增收14余万元。

除此之外，一起走村的工作人员也经常打动我。《走村直播看脱贫》分为南线和北线，两条线的司机分别开着一辆长约16米的卡车。北线开重卡的司机是一对姐妹，俩人都爱美，卡车的车座和靠垫套着蕾丝纱织的保护套。姐姐画着紫色的眼影，妹妹穿着棉布裙子，一路上俩人换着开，不开的那个人就打开直播和"卡友"们聊天。采访姐姐前半个小时亢奋地和我们讲自己从小受到的"谁说女子不如男"的严父教育，如何从开公交到开煤车再到开重卡，眉梢都是骄傲。说起儿女，说起上一段婚姻，她说："他给我捅了天大的娄子，我实在接不住了，我们就分开了。"分开后她带着儿女和几十万的外债离开。"我儿子那时小，我用皮带把他绑在车上，绑到他能走路。"一次拉煤的途中，儿子想从驾驶室那边上来，她没看清，突然打开的门把儿子远远弹了出去。她回忆道："我当时眼泪就下来了，娘俩儿抱着在煤堆上哭。"后来她狠心把儿子留在刚刚成人的女儿身边，拼了命地一趟趟跑车，想要挣出房子首付，让孩子们有个家。

大家很快熟识起来，我们亲切地叫她们"四姐""五姐"。她们短视频社交平台上的粉丝数高达140万，开直播的时候总是一脸骄傲地谈起现在的这份工作，也会主动帮农户打广告，说"跟着见证脱贫的车"就要一路参与扶贫!

党的十八大以来,以习近平同志为核心的党中央高度重视脱贫攻坚工作,举全党全社会之力,深入推进脱贫攻坚,取得了重大决定性成就。其力度之大、规模之广、成效之显著、影响之深远,前所未有、世所罕见,创造了人类减贫史上的中国奇迹。全国多个贫困县脱贫摘帽,数千万贫困人口斩断穷根,更重要的是各个脱贫村在"精准扶贫"的道路上找到了自己的致富密码,因地制宜、扶人扶志,深耕产业、创造就业,让脱贫农户拥有稳稳的幸福!

想变成一个"有故事的女同学"

■ 新媒体编辑组 杨茵茵

记忆中的乡村是什么模样？在阳光照耀下，有绿得璀璨夺目的田野。

上次在乡村住过一段时间，已经是2015年的夏天，那时候有个调研项目，让我至今难以忘怀的是一个"笑"。那时，我们调研村民年收入，随机抽选了一位村民，我是从最低选项开始问的，结果，他"扑哧"苦笑了一下说："差很多，哪有那么多钱？"我现在已经忘记了最低选项的数目是多少，但是，他的苦笑让当时的我尴尬得脸一下子红了。而2020年夏天，跟随着《走村直播看脱贫》大型融媒体行动，我走过了14个村，如今，很多贫困村都脱贫摘帽了，很多村子的人均年收入都在万元以上，村容村貌各不相同。但同时，我看到了老乡们脸上抑制不住的笑容，是质朴、自信和由衷的欢喜。

其中一个让我印象深刻的笑脸来自"剁椒妈妈"。在四川广安革新村，有一个网红品牌叫"剁椒妈妈"。其实，"剁椒妈妈"叫陈明兰，她以前经济来源主要是干农活，年收入最多只有5000元。

但如今，借助电商平台售卖剁椒酱，陈明兰家实现月净收入约4000元，年收入4万余元。为什么会有这样巨大的变化呢？在我们的走村直播结束后，"剁椒妈妈"带我们看了她的辣椒地，她说金书记带着他们学做辣椒酱，未来村子里还会有食品加工厂，以此来推动产品标准化生产，陈明兰被邀请到工厂里当老师，教其他村民做剁椒酱。

她反复提了几次金书记，我们问她，喜欢金书记吗？她说："喜欢，他人很好。"她口中的金书记就是商务部派来的驻村第一书记金达苇，来了两年多了，头发略有些发白了。现在的他已经能说一口流利的带四川口音的普通话，与当地村民打成一片。他带着农民将产品进行深加工，创立农产品的自有品牌，开展电商扶贫，在网上做直播带货，等等。近年来，村里贫困户人均年收入翻了7倍。

这给了我很大的触动，我看到了在脱贫攻坚背后，凝聚了无数平凡的、微小的力量，他们有着攻坚克难的勇气与担当，他们脚踏实地去帮扶村民，做了一些真正有意义的事情，能够切实地让别人的生活变得更好。

而作为记者编辑，在本次行动中，我也在思考如何做一个好的传播者，如何去讲一个动人的故事，除此之外我还能做点什么。本次行动中，我跟随无人机的视野在千米之上记录了乡村的新面貌，爬上大篷车里采访一位刚柔并济的女司机，抡起5斤重的锄头走进田间干农活……以下通过三个走村中的作品来分享创作心得。

1. "剁椒妈妈"陈明兰拿着自己做的剁椒酱
2. 金达苇书记（左一）和陈明兰（左二）交流剁椒酱生产中的问题

村主播说相逢即是缘分，我们合影留念（左三为记者）

换个角度　世界不同

　　《云瞰中国｜河南兰考泡桐长出"致富路"！如今，兰考县GDP已增加至380亿，一起云瞰乡村巨变！》是我们新媒体产品《云瞰中国》系列中的一个视频，看完这个短片，仿佛进行了一次奇妙的高空旅程，这是我想要给观众的心理感受——一种耳目一新的沉浸式体验。

　　观众熟悉的航拍视频主要是无人机所拍摄的画面内容，呈现方式相对单一。为了让观众在美景中有较强的沉浸式体验，就要在观众熟知的或过往的生活经验里寻找灵感。

　　日常生活中，很多人有过坐飞机的体验，并且喜欢透过飞机上的窗户去俯瞰景色，这样俯瞰的视角和无人机拍摄的视角非常相似。于是，选定了以"坐航班"的情景来展开：在画面上，视频开头的特效呈现了一个飞机窗户的遮罩画面；在声音上，录制了人们熟悉的飞机广播话术"欢迎乘坐本次航班，飞机已到河南兰考上空"，但是，这还不够极致，综合我们的报道主题，得突出乡村变化，于是，加上了"曾经盐碱内涝，如今粮油丰产"等体现人们生活变化的解说，也使用了左右分屏的方式，将新老画面进行对比，用画面告诉观众村庄发生了巨大的变化；最后，考虑到体现地方特色，就设计了用河南方言来配音："诗和远方，豫见美好。河南兰考，一个来了都说'中'的地方！"一个"中"字非常接地气。

走进内心　触摸灵魂

关于重卡女司机短视频的制作，原动力是想要把一个好的人物、好的故事让更多的人表达与分享愿望。那么，什么才称得上"好"？首先，特别、不常规；很多人听闻或看到开着约16米长大篷车的竟然是"女司机"，他们要么竖起大拇指，要么感慨可真厉害，于是，观众就会有很多好奇的点位，为什么一对姐妹花会开大卡车？她们和大卡车有什么故事？她们有哪些令人意外的人生经历吗？

其次，人物所具备的美好品质与精神足够打动人。除了司机一职，我们还观察到了"女司机"还是在快手上有140万粉丝的大V，会发短视频做直播。姐姐隋金荣灰头土脸拉煤十多年，只为给孩子一个"能拉粑粑"的家。虽然煤灰已把她的脸蛋"抹"黑，但是，她努力奋斗的形象让我们觉得她是美的。在采访过程中，听到隋金荣哽咽地说起自己和孩子在大卡车上的点点滴滴让人不禁鼻酸泪落。一开始她还面带笑容，但说到动人处，眼泪簌簌地掉，让人心疼得想伸手抱抱她。隋金荣平日里酷飒爱笑，喜欢唱歌，很多人对她的评价也是如此，但她背后的艰辛远不是一个视频和快手上400多个片段能讲述完的，她知道自己如何爬过那段大雪纷飞、煤灰扑脸的日子，很难，但她依然笑靥如花。

记者在大卡车上采访了霸气又温柔的女司机隋金荣

我会一直记得，采访完我们俩那个厚实的大拥抱，我拍拍她的背说："生活或许不易，心也会有消极的时候，但是，爱永远不会停止流动。"我们看到了一个虽生活在艰难境遇下，但仍乐观、坚韧、积极的女性形象，我们被她所打动，我们想把她的故事说给更多人听，鼓励在窘境下的人们仍要乐观坚持。生活有时很苦，但仍要抱有希望与期待。

脚踩泥土　一路芬芳

恰逢丰收节，我们做一个提醒大家丰收不易、要珍惜粮食的短视频策划。于是，在四川广安柚子园，我拜一位农民为师，进行了一次5分钟的除草体验。我抡起的锄头约有5斤重，比健身房的小杠铃还要重，过程中需要持续弯腰，干了5分钟后就已经大汗淋漓，累出"外八字"脚了。但是对于农民来说，他们一人一天除草将近8小时，需完成一块篮球场大小的面积。除此，我们了解到柚子从小苗到结果需要两三年的时间，需要播种、除草、施肥等，以记者的亲身体验，以小见大真实地展现出粮食的来之不易，提醒大家要珍惜点滴。

通过此次走村行动，我看到了那些正在创造故事的人，希望自己以后不仅会讲故事，还能是一个"有故事的女同学"。

记忆中的乡村是什么模样？在阳光照耀下，有绿得璀璨夺目的田野，有笑声、有希望。

在四川广安革新村体验除草，累出"外八字"脚

走村直播看脱贫　新闻工作者的"攻坚之战"

■ 国际资讯组　贺嘉婧

　　2020年10月下旬，北京天气开始转凉，我收拾好行囊，踏上去往四川省甘孜州炉霍县的走村路。作为这一站的负责记者，为我们整个《走村直播看脱贫》活动的团队去打前站。出发前询问了几位参与过走村直播的同事，他们的反应都是先惊讶后担心。"国际资讯组的人也要去走村？""那你会比较辛苦。"一个新闻工作者的世界里从来没有"容易"二字，时间紧、任务重早已是家常便饭，但看到这次任务单中有且仅有的两场直播，我的内心是忐忑的：恐怕没这么简单。

　　事实的确如此，在跟我的主编也是我这一站的负责人杨全录老师交流后，发自内心地感慨，不论是报道质量还是团队配合，这次走村无疑是国际资讯组记者的一次"攻坚之战"。其一，我几乎很少跟地方上的人打交道，如何去协调各个地方上的负责人，沟通的效率直接影响最终的呈现效果；其二，虽然只有两场直播的报道任务，但电视节目和新媒体直播要有不同的侧重点，不仅要内容丰富、形式多样，有温度有深度，还要留下记忆点。这也就意味着，不论你做了多少功课，都要走到村子里去，根据现场的实际情况，制订直播方案——变数大是我对这次走村任务的第二印象。

然而到了炉霍县开始工作，我才领悟到，比变数大更具挑战性的是，在高原地区工作对于身体素质的考验。

心里有火　眼中有光　炉霍县脱贫攻坚那些平凡的小人物

10月17日，降落在甘孜州格萨尔机场已经是当天傍晚，来机场接我的是一位县宣传部的小伙子，面色黝黑，两颊挂红。"贺记者，这是我们给您准备的哈达，欢迎您的到来！"笑起来眼睛眯成一条线，一种莫名的亲切感，这也成为我对炉霍县人的初印象——好客、热情。后来我发现，这份热情不仅仅是对远道而来的客人，也体现在炉霍人对脱贫的那股子干劲儿里。

大概两个小时的车程后，我在炉霍县城见到了此次我们走村项目的当地负责人，临危受命的县纪委书记王斌斌、年纪跟我相当的宣传部副部长罗丹以及扶贫相关部门的负责人。没有太多寒暄，一碗热气腾腾的鸡汤下肚，大家围坐在一起，统筹和安排第二天的工作。王斌斌书记的开场白，让我印象很深："贺记者啊，纪委书记接管宣传项目是门外汉，需要什么尽管说，我全力配合！"这句话对于王斌斌书记是保证书，而于我则是一张通行证。第二天一大早，他按照我们提前商量好的路线，亲自带队去踩点。每走一个地方都会拉着那里的负责人和宣传部的人一起对直播方案，其间还会用他招牌式的风趣幽默来给我们打打岔。虽然那天我开始有一些高原反应，注意力很难集中，但所有计划好的工作都在这样高效的团队配合下完成了，多半天的工夫，我们走完了6个点，也算是提前收工了。这样的工作效率让我们的心稳了一大半。对于像王斌斌书记这样的基层干部，平日里我也只能从一些影视作品中了解到，更是无法体会他们对于工作的那份热情。听王斌斌书记讲述，过去他们从村子到县里开会，要走几天的路，因为不通网，一进村就是"失联"状态，想给家里捎个信儿，只能等谁回去的时候顺便转达一下。如今马路通、电路通、网路通，人心相通。

10月19日的第一站，是去民族手工艺学校的直播。校门口，穿着民族

1. 东华校长（右二）和唐卡老师（右一）做介绍
2. 陕西支教老师娟娟（右一）

服装的东华校长一脸笑盈盈地迎接我们。边带我熟悉学校环境，东华校长边介绍起这里的学生和老师。"我们这里好多学生是建档立卡的贫困户，在这里什么都是免费的，好好学，有门手艺，找工作也容易了。"走到一间教室门口，怕影响里面上课的学生和老师，校长故意压低声音对我说："你看前面正在讲课的老师了吗？他就是我们这里毕业的，很优秀的。"说到这里，他满脸写着骄傲，我知道，那是一名教育工作者的荣耀。

这样的简单和质朴，我也在素描班的支教老师娟娟身上看到了。我问她为什么会选择来这里当老师，她害羞地笑起来，白皙的脸颊绯红："从一个朋友那里得到消息，说这里招老师，我就来了，来了就不想走了。"班上的学生都很喜欢这位连眼神都很温柔的老师，来上素描课的孩子也逐渐多了起来。对于未来，娟娟老师并没有太多设想："还没想过要离开，我挺喜欢这里的，喜欢我的学生。"没有宏伟壮丽的大梦想，因为热爱，所以我在。

脱贫攻坚不只是修路建房子，还有教育。这代人物质脱贫，下一代人精神脱贫。

10月20日是我们此次报道中的压轴任务，也是炉霍县脱贫致富的"法宝"——飞地产业园。但是天公不作美，连夜下起的雨一直不停，还伴着雪花，这也是我们走村团队2020年看到的初雪。

1. 学生课间操
2. 学生上素描课

  直播彩排定在下午两点，因为雨没停，只能在室内进行。但气温很低，所有参与彩排的人里里外外穿了好几层衣服，捧着保温杯，嘴里吸吸溜溜地喊冷。

  县委书记伍强的到场给我们的大棚里添了不少人气。高大的身影站在那里，稍显不自然地交流着采访的内容。随行的人告诉我，伍书记很少接受采访，不太会表达。嘉宾不善言辞，记者的压力会大很多。对于这点我是很担心的，提问时也做了一些取舍。让我意想不到的是，说起飞地产业园，从规划、建设、运作到收益，伍书记可以流畅地报出一组组数据。

  而实际上，在此前的交流中我并未提及过这个问题。县扶贫办的负责人告诉我，伍书记是炉霍县的老书记，在这里一干就是25年，飞地产业园也是他提出来的。但伍书记摆摆手回应说："脱贫是块硬骨头，扶贫的这些干部是真的很辛苦。"多硬的骨头也要啃下来，脱贫这条路，汗水中夹杂着泪水。所有的工作结束后，扶贫局长亚玛里初握着我的手，眼里的泪花打着转道了声感谢："谢谢你们看到我们的成绩，我们的工作没白做。"做好宣传报道，也是我们新闻人能为脱贫攻坚贡献的一份力量。

1. 炉霍县委书记伍强在蔬菜大棚里接受采访（右一）
2. 炉霍县走村团队合影

　　四天满满的行程，很短却很充实，通过3分42秒的电视报道和1小时的新媒体直播完美呈现，而留给我的还有宝贵的经验、精神的洗礼和意志的挑战。作为这一站的记者，我亲身感受到了脱贫给炉霍县带来的变化，也亲眼见证了那些奋斗在贫困地区的基层干部和教师，一个个平凡的小人物的故事。心里有火，眼里有光，有他们在的地方就有热情和希望。

行走雪域高原　帮助农民销售3.7亿元

■ 深圳财经报道组　汤鹤松

在《走村直播看脱贫》大型融媒体行动即将走进青藏高原的时候，广东记者站财经报道组接到任务。2020年9月5日，我从深圳来到青海省海东市化隆县本康沟村，气温从30℃骤降到3℃，一夜之间从夏天进入冬天。在青海的第三天，我头昏脑涨、心跳加速、鼻孔流血，脚像踩了棉花似的飘飘忽忽。夜里失眠，凌晨一点，我到化隆县人民医院体检，医生诊断是高原反应导致的供氧不足，用"红景天"、氧气瓶和霍胆丸综合治疗。为了稳定大家的情绪，避免团队对高原反应产生恐惧心理，同事问起来，我一边说"有点头晕，没大事"，一边让制片组赶紧采购氧气瓶和"红景天"，防备出现第二例高原反应。

走村团队从本康沟村来到巴音村的当天晚上，摄像师罗萌深夜心跳加速、头疼欲裂。我建议赶紧去医院，罗萌说先"扛"一晚上，尽量不麻烦大家。我心里越想越不踏实，问询乌兰县当地干部该如何应对，他们二话没说，紧急安排住院检查。在医院输氧到凌晨两点半以后，罗萌的症状得到缓解。我连夜购买40个氧气瓶和40盒"红景天"，人手一份。

《走村直播看脱贫》录制团队来到青海省海西蒙古族藏族自治州乌兰县，这里地广人稀、物资匮乏。为了节约氧气，我把氧气袋对折起来，用一本书压住，干瘪的氧气袋鼓起来，继续吸氧。第二天晚上，我把氧气袋

在海拔 4500 米的天峻县梅陇村组织赛马会

再次对折起来,用两本书压住,看似没气的氧气袋又鼓起来,可以再次供氧。

直播团队走进青海省海西蒙古族藏族自治州天峻县新源镇梅陇村,为了让节目更加好看,我们一共设置了6个直播点。困难最大的时候,团队中70%的人出现了高原反应,大家还是咬牙坚持直播。梅陇村牧民赖以脱贫的主力军是畜牧业,直播过程中牦牛、马和羊不听记者使唤,活蹦乱跳经常"捣乱",记者裴蕾和摄像师姚佳被牦牛转圈转得头昏脑涨。高原的冷风,刮得大家浑身哆嗦。《天下财经》4分钟的直播节目,调度了50匹马、100头牦牛和200只羊,展示了12种高原手工艺品和1件世界非物质文化遗产,节目在喜庆的藏族锅庄舞中落下帷幕。经过两天的彩排,硬是把这一场直播硬骨头啃下来。节目播出后一天之内,新媒体全网阅读量突破50万次。

团队的敬业精神深深地感动了当地群众,藏族同胞献上洁白的哈达表示谢意,他们从来没有上过电视、没见过直播大篷车,既兴奋又紧张,激动得热泪盈眶。临走的时候,一位藏族小伙送来一块石头,给直播团队留作纪念。他前一天晚上从黄河里捡来一块光滑的石头,花了一晚上在上面刻字——"走村直播看脱贫——天峻"。青海省委省政府深受感动,青海省委副书记、省长信长星走进直播大篷车,接受记者独家专访,畅谈民族地区边远地区的四大困境,青海采取八大重磅举措,所有贫困县实现了摘帽

黄河石上印记，礼轻情意重

脱贫。为了协调好青海省省长走进直播大篷车的时间，我在高原村庄和省会西宁来回跑了三趟。直播前一个小时，移动信号"出现高原反应"突然断网、航拍的无人机坠毁、编辑机卡壳，三个突发事件接踵而来。我沉着应对，化险为夷。直播顺利播出后，网友点赞数超过500万次。

众人拾柴火焰高，《走村直播看脱贫》在青海雪域高原做了5场直播。9月9日，我跟上一任领队胡元完成交接，从9月13日开始由我主导。《走村直播看脱贫》报道组先后走进海东市化隆县扎巴镇本康沟村、海西蒙古族藏族自治州乌兰县茶卡镇巴音村、海西蒙古族藏族自治州天峻县新源镇梅陇村、西宁市大通回族土族自治县朔北藏族乡边麻沟村、海东市互助土族自治县五十镇班彦村。我们记者带领观众走进化隆县的本康沟村，感受共享幸福面的热闹场面，看拉面经济如何带动贫苦村实现脱贫；探访乌兰县巴音村，看当地如何进行"茶卡羊"养殖，以及开设家庭宾馆靠旅游扶贫增加收入；在天峻县的梅陇村，欣赏赛马斗马壮观场面，听牧场牛羊养殖的脱贫故事；探访大通回族土族自治县的边麻沟村，看高原生态的山林河谷为依托，打造出自然与人工设计相结合的乡村旅游景区"花海农庄"，见证贫困村变身富裕村；在互助土族自治县五十镇班彦村，记者带观众看当地老乡养起八眉猪、做起绣花娘、酿起酩馏酒、办起农家乐，旧日的班彦换新颜。团队多次预想不可能完成的直播，多次想打退堂鼓，最终都咬牙坚持下来。

走村团队在青海12天，没有一位同事因为高原反应而耽误直播。即使是一次直播当中，连续出现四次突发事件，也丝毫没有影响安全播出。这得益于裴蕾和王晓霖等记者的敬业精神，不怕苦不怕累，巾帼不让须眉战斗在雪域高原；尤其是胡元，领队任务完成后看到裴蕾眼睛红肿、带病工作，主动申请留下，多做了两个村的直播。为了避免直播当天出现天气异常带来的干扰，我们提前录制背景短片，一旦刮风下雨不具备直播条件，备播节目顶上。我作为领队，还肩负审稿、审片的责任。直播前一夜，我审片结束通常是凌晨两点。我提出修改意见后，记者们精益求精，一个细节一个细节地"抠"，最晚的时候加班到凌晨4点。

精湛的融媒体节目让青海省的新闻媒体赞不绝口。青海卫视《新闻联播》全程跟踪报道，走村团队每到一个村，青海卫视记者都采访央视主创成员，揭秘直播活动台前幕后的精彩瞬间，全面报道直播活动的亮点。青海网络电视台与央视财经客户端同步直播，直播前，三次滚动预告。央视财经客户端直播节目是开放式结尾，每个节目时间长度略有差异。青海网络电视台克服时长不固定和信号不稳定的种种困难，完美播出5场直播。《青海日报》和《青海日报》微信、微博客户端全程报道。青海电台和青海电台新媒体全网推送。尤其难能可贵的是，走村团队离开青海后，青海电视台致电央视，申请复制节目原始素材，国庆节期间在《青海新闻联播》和《大美青海》播出两版精编节目。走村团队所到市州县的电视台、电台、报纸、微信、微博客户端、抖音和快手，根据各自媒体特点展开报道。青海省市县全媒体报道走村活动210篇次。央媒、省媒、市媒和县媒奏响了脱贫攻坚的大合唱，传统媒体和新媒体协同作战，挖掘出了媒体融合的深度和广度。

在走村过程中，我们发现基层干部最担心的是脱贫基础不牢固重新返贫、最牵挂的是脱贫产业的持续性。走村团队的每个人都想为农民脱贫致富提供帮助。直播大篷车司机"四丫头"在快手上开了账号，每到一个村，把所见所闻所感的短视频发到快手上，引来数十万粉丝关注。"四丫头"在青海乌兰县的枸杞地里，采摘枸杞，一边采摘一边唱歌。歌词是根据农民的辛勤劳动创作而成，曲子是根据网络上流行歌曲的曲子改编。很多粉丝看了正宗的柴达木枸杞，一边听歌一边下单购买。万万没想到，两天之内，初中文化的"四丫头"帮助农民销售枸杞100多万元。

为了巩固农民脱贫成果，解决农产品销售难题，走村直播团队千方百计帮助农民销售农产品。央视财经客户端设立"走村大集"专区，征集直

正式签约，销售价值3.7亿元中药材

播团队走过的101个村的土特产，用精美的照片在客户端展销。10月3日，我接到通知，走村活动在延安会师期间，将会举办精准帮扶签约仪式。我领队离开青海后走进甘肃，发现甘肃省定西市渭源县农民的中药材滞销，量价齐跌，不仅价格跌了40%，而且销量也大幅度萎缩。药农愁眉苦脸，辛辛苦苦一年到头白忙活。我联系了中国亳州中药材专业市场总经理李东，他是我12年前的采访对象，希望他组织整个市场的商户采购甘肃的中药材。经过将近1个月的谈判，中国亳州中药材专业市场的100多个商户，采购甘肃农民的中药材，价值3.7亿元，解决了15万户农民的中药材销售难题。甘肃省委副书记孙伟闻讯后表示："太好了！甘肃人民感谢央视！"

脱贫攻坚　少数民族不掉队

■ 深圳财经报道组　宋华

"四川三河村、云南勒外村、西藏纳西村，这是你走村的三个站。"我接到任务时心里一片茫然，条件多艰苦？任务多艰巨？村里的状况如何？可以做哪些报道？我一无所知。只知道少数民族地区是我国脱贫攻坚的"硬骨头"，是全面建设小康社会急需补足的一块"短板"。而这三个站，都是少数民族聚集区。

第一次走进大凉山深处，踩着泥泞的山道，同时和四位当地村干部交流工作，我的心脏开始扑通扑通跳个不停，长达5个小时不能缓解，我产生了高原反应。从市区到村里，有着近2000米的海拔差，天气也愈发寒冷。条件这么恶劣，这里的人祖祖辈辈是怎么活下来的？但是当我走进了三河村，犹如陶渊明的《桃花源记》一般："复行数十步，豁然开朗。土地平旷，屋舍俨然，有良田、美池、桑竹之属。"这个易地扶贫搬迁安置点离老村并不远，却仿佛跨越了两个世纪。老村，是破旧的土坯房，道路狭窄泥泞；新村，一幢幢灰瓦黄墙的新房错落有致，屋里配套设施齐备，还有独立的厕所和厨房。村里的彝族阿妈们不会说普通话，却用最热情的笑脸迎接我们。如今，他们住得好、穿得暖，还有从广东佛山来的大厨教做菜，他们终于吃上了热腾腾的炒菜。

搬得出，住得好。但是要稳得住，最重要的是有就业，能致富。在云南勒外村，一排排现代蔬菜大棚，成了勒外村贫困户脱贫致富的"法宝"。村里通过土地流转、订单式种植的方式，种起了经济效益更高的蔬菜，既带动了村民的就业，也提高了村民的收入。现在，他们的收入途径不仅有地租、固定资产收益分红，还有灵活用工收入。一位正在蔬菜基地务工的大叔告诉我，他现在的收入翻了3倍多。走进勒外村时，正值国庆中秋双节期间，勒外村的庆祝活动一场接着一场。这里，稻田变成了秀场，彝族乡亲们穿着自己最美的服饰正在过赛装节；苗族阿妹们正在舞台下等着登台，墨镜和民族服装的结合，真真儿时髦；两只壮鸡正在场内厮打，镇书记说，乡亲们富裕起来了，斗鸡这项传统的民间娱乐活动，再次流行起来了……

而在西藏纳西民族乡，生活着纳西族、藏族、汉族、白族等各民族群众。自家酿的红酒，端到来客面前，双手敬上，是这里老百姓的待客之道。如今，当地通过大规模发展葡萄种植和葡萄酒酿造产业，变特色优势为经济优势。2018年，这里的人均收入就达到了12907元，206户建档立卡贫困户全部脱贫。凭借着当地特有的千年盐田美景，当地还大力发展旅游业，每年慕名到此的游客络绎不绝。

1. 彝绣带动7万绣娘增收致富
2. 高山蔬菜带动村民绿色致富

每一次直播，镜头后是一大群支持的小伙伴

习近平总书记多次强调："全面建成小康社会，一个民族都不能少。"通过一系列民族帮扶政策落地实施，我们看到，少数民族群众的生活蒸蒸日上，各种特色新兴产业欣欣向荣。而在这些背后，是无数共产党员的默默耕耘和付出：三河村驻村第一书记李凯，半年的时间已经和村民打成一片，虽然语言不通，但能看出村民对他的信任；武定县高桥镇书记李文武，对镇上的每一个产业如数家珍，数据信手拈来；芒康县宣传部副部长何志刚，远在云南家乡的两个孩子已经快要不认识他了，而长期的高海拔工作也对他的身体造成了严重的影响……

在走村结束后，我递交了入党申请书，积极要求进步，并成为延安主题党日活动中9名火线入党积极分子之一。因为看到这些扶贫干部舍小家为大家，为脱贫攻坚做的努力和付出，我也希望自己能够在现在以及将来，在这些重要的时刻，能像这些前辈一样，有机会以共产党员的身份走在一线，冲在最前面。

星星之火，可以燎原

■ 财经资讯组 赵媛媛

2020年8月25日，我踏上了前往贵州的飞机，要去我此次"走村直播看脱贫"的第一个目的地——贵州省遵义市播州区花茂村。作为总台财经节目中心《走村直播看脱贫》大型融媒体行动的第三批报道记者，因为深知此行报道的重要性，一路上心情十分忐忑。没想到一下飞机，贵州的好山好水好空气扑面而来，紧张的情绪一下子得到了缓解。

贵州省遵义市播州区花茂村航拍

记者（右一）在花茂村茄子基地做直播报道

曾经的贫困村现在是什么样？脱贫攻坚和乡村振兴靠的是什么，还需要什么？此行之前，对于这些问题，虽有过了解与思考，但始终没有过自己亲身的体会。汽车在开往花茂村的路上，虽道路蜿蜒，但成片成片的蔬菜大棚让人感受到这片土地的勃勃生机。现在依然还记得，在编辑节目时，第一眼看到花茂村航拍镜头时的那种震撼与冲击，你很难相信，这个如今像油画般美丽的村庄，曾经居然被叫作"荒茅田"。

花茂村党支部书记彭龙芬，说话做事风风火火，但从老乡家里到田间地头，似乎走到哪儿都能看到她的身影。陶艺非遗传承人母先才借款80万元，开了村里的第一家陶艺馆，不仅让村里的土陶技艺得以传承，还带动了村里的文化产业发展。返乡创业青年张胜迪，对家乡有着浓浓的乡愁，带领村里的年轻人研发纸浆压花技艺，带动了不少就业。而通过土地流转和农业合作社模式，花茂村大力发展"种养一体"和"订单农业"，让农业产业实现了规模化和景观化。

"农旅文"三位一体发展，是花茂村脱贫致富的法宝。而留住乡愁，弘扬乡愁文化，让中国的农村能够重新焕发自己的光彩，让这一方水土能够养育一方人民，这可能也是脱贫攻坚和乡村振兴最基本的底色。乡亲们说："原来村子里有一半以上的人去外面打工，现在大家都回来了。"回归，就是一种开始。

结束了花茂村的报道，接下来我要去的地方是"精准扶贫"的首倡地——湖南省湘西州十八洞村。2013年，习近平总书记来到这个小山村，首次提出了"实事求是、因地制宜、分类指导、精准扶贫"的重要论述。如今7年过去，十八洞村的人均纯收入从2013年的1668元涨到了2019年的14668元。这将近十倍的收入差距背后，十八洞村走出了怎样的一条脱贫之路，又有哪些可复制可推广的经验？

来到十八洞村，第一个感受就是村里面非常忙碌。我们的直播活动正巧碰上了十八洞村的集体经济展销厅正式开业。虽然只是一个展销厅开业，但这背后是十八洞村发展壮大集体经济的决心。十八洞村山泉水、十八洞村猕猴桃、十八洞村腊肉……都是村集体经济培育出的农特产品。村支书施金通告诉我，如今十八洞村的产品卖得越来越好，而这个展销厅的功能就是和外面的市场对接、合作，把产品卖得更远。

在十八洞村这一站，我们的《走村直播看脱贫》大型融媒体行动还邀请到了湖南省副省长隋忠诚走上大篷车，走进我们的演播室，参与我们的直播活动。对于十八洞村的经验做法，隋副省长归纳了五句话：紧扣"精准"魂，除去"软骨"病，苦练"造血"功，打好"组合"拳，走稳"特色"路。

在识别贫困人口时，十八洞村首创"九不评""七步法"，通过严格把握标准、规范评比程序等，把贫困户精准识别出来，做到家家户户都服气。坚持扶贫与扶志、扶智相结合，组织村民参加苗绣制作、烹饪技能、种植技术等技能培训，不断激发贫困群众脱贫的内生动力。十八洞村人均只有四分地，单靠这四分地是不可能脱贫的，这就需要找出一条符合十八洞村实际的经济发展路子。现在，十八洞村主抓产业扶贫，通过"飞地经济"发展猕猴桃产业，通过村企合作搞苗绣、乡村游等，让老百姓在家门口就能就业，实实在在增加收入。而最让人难忘的是，在十八洞村发展的过程中，始终保持自己的"苗寨"特色，基础设施建设没有搞大拆大建，而是按照原风原貌来改水改厕；发展规划没有搞"高大上"的项目，而是结合村里实际发展乡村游。

十八洞村之后，我还去了湖南省湘西土家族苗族自治州的科皮村，以及重庆市酉阳县的何家岩村。在这些村子里，我同样遇见了许许多多可敬可爱的基层干部和致富带头人，也亲眼见到了许多产业正在农村大地上开花结果。科皮村的驻村第一书记刘斌，一干就是三年，不仅解决了村里"修路难"的问题，还搞起了农民工培训；酉州苗绣传承人陈国桃，在各方的支持下开办苗绣扶贫车间，解决了周边几个村妇女们的就业难题，如今，单是小小的苗绣团扇，一年能卖出十万把。

1. 记者直播报道科皮村猕猴桃"果王"大赛
2. 酉州苗绣工坊绣制的团扇

　　从8月25日到9月15日，22天的行程，我走进了贵州、湖南、重庆的4个村子，在这22天里，我惊讶于村子里发生的巨变，更感动于这背后国家和个体的付出。星星之火，可以燎原；涓涓之水，可以成河。个体的力量是微小的，但是只要把这些微小的力量汇聚起来，就能创造不凡。脱贫攻坚不是尽头，在接下来的乡村振兴工作中，在实现中华民族伟大复兴的道路上，我们依然需要社会各界，需要每一个人，去不遗余力地发挥自己的能量。

一场和时间的战役

■ 上海财经报道组 俞倩倩

为了记录全国各地脱贫致富的历程，财经节目中心报道团队于2020年7月25日从江苏徐州出发，正式开启《走村直播看脱贫》大型融媒体行动。此次报道由两辆融媒体直播大篷车和多个地方报道小分队协同完成，兵分两路走进全国23个省、自治区、直辖市的典型脱贫村，历时100多天，走进101个村，直播101场，行程达35000多公里。在2020年9月20日到10月8日期间，我也有幸参与了这场大型活动，跟随走村北线队伍走过了青海、甘肃、宁夏、内蒙古、河北5省区的9个村，负责前方的编辑工作，配合新媒体记者完成《我当村主播 农民说新闻》《云瞰中国之美丽乡村》《记者走村Vlog》的拍摄剪辑的工作，以及地方领导采访的后期剪辑。这是一次十分难得的经历，不仅有机会见识祖国西北地区的大好河山，更是深入了解了各地贫困县脱贫致富的勤劳奋斗史，在过程中和同事一起探讨工作，受益匪浅。

2020年9月19日，制片人紧急通知我走村前方队伍需要编辑配合工作，经过一天的协调，我将手头正在操作的三个选题交接给同事，第二天就飞到了青海，加入了走村北线大部队。

第一站是青海省海东市互助土族自治县的班彦村，早上6点的航班，12点到达直播现场，各组人员都在紧锣密鼓地准备当天1点半的直播。由于当天上午大篷车先采访了青海省省长，不久前才回到直播点，直播线路和设备都在重新调试。在和领队汤老师报到后我也立刻投入了工作，当天上午对青海省省长的采访需要立刻进行后期剪辑，这还是走村直播以来首个部级领导的采访，负责的记者白玥老师需要准备和录制当天其他的直播内容，分身乏术没法完成这项工作，我立刻上手在半小时内完成了后期制作，争分夺秒保证直播安全。最终节目在下午1点半准时开播，虽然有些小插曲，但依然是圆满完成了任务，青海省省长的专访顺利播出也意味着《走村直播看脱贫》活动影响力的日益提升。

第一天的经历也让我深切体会到走村直播也是一场没有硝烟的战役、一场和时间的战役。作为一个媒体人，首先要绝对保证准确、及时、安全播出，直播时的任何一环都来不得一点儿马虎，一旦播出内容做不出来，赶不上播出时间，节目就要开天窗。而这在走村的每一站都是一次考验，需要队伍中每一位同仁的通力合作。所以在接下来的走村过程中，我也承担起了接下来每一站主要领导采访的后期工作，工作其实不难，但是需要非常仔细，领导讲话的内容是否存在错误，表述是否准确，都要仔细斟酌。

每一场领导采访，在条件允许的情况下，我都会旁听做场记，对内容有疑问之处做好标记，这在后期进行检查时可事半功倍，而对于采访中提到的相关内容也可提前找到素材，用来丰富采访画面，在保证安全性之外还要增加可看性，把握讲话和节奏，适当加入空镜画面丰富内容。一路以来，我制作了青海省省长、甘肃省省委副书记、宁夏回族自治区副主席、内蒙古自治区副主席、河北省蔚县县长、河北省涞源县县长等各级领导的采访后期工作。

9月22日，与甘肃站飞手一起在甘肃静宁县杨咀村航拍黄牛养殖场

除此之外，在走村过程中，部分记者来不及制作产业探访的小片内容，我也力所能及地提供帮助，为保证大小屏直播安全贡献自己的一点力量。在河北蔚县西古堡村，直播当天中午安排了记者和大屏《天下财经》的连线，但是由于线路问题，快到预定时间但直播恐怕没法顺利接通，前方只能通过录播的形式向北京回传，这属于我们上海财经报道组日常回传片子的常规操作，领队安排好后我立刻待命，等记者王闻聪完成录制后立刻生成成片回传北京，争分夺秒，保证播出安全。另外在河北的北牛栏村，记者张伟杰在养鸡场的一段采访录制后期来不及制作，我连夜帮忙剪辑后期，虽然新媒体属于小屏，但是节目质量和要求并不比大屏低，而节目时长却加了好几倍，这意味着后期工作量成倍提升。这也让我意识到，如果我作为记者，制作一档小屏的节目，前期必然需要投入更多的时间将整体编排和内容篇幅做一个最好的配置，这对编导的能力也提出了更高的要求。

另外我需要完成的工作还包括新媒体的三个节目：《我当村主播　农民说新闻》《云瞰中国之美丽乡村》《记者走村Vlog》。《我当村主播　农民说新闻》让村民坐上大篷车内的央视主播台，以Rap、快板、戏曲等特色方式，介绍家乡发展，讲述扶贫成果，展现当代农民风貌；《云瞰中国之美丽乡村》系列短视频利用航拍从高空看中国，换一个视角展现乡村的丰收场景与村庄的变化；《记者走村Vlog》则是让记者真正参与到村民的日常劳作中，以Vlog的形式记录走村途中的所见所闻所感。这三个产品形式新颖、内容活泼、群众参与度高，从第二站，我就开始学习制作这些新媒体的产品。这和我们平常大屏的节目不尽相同，节目形式、展现手法不同，但制作过程却是异曲同工。

10月2日，河北省涞源县北牛栏村驻村干部为走村团队介绍以前的艰苦生活

10月3日，记者拍摄的河北省涞源县北牛栏村整村改造后整整齐齐的新房

　　《云瞰中国之美丽乡村》系列节目，用航拍镜头寻找村庄最美的风景，让观众非常直观地看到村庄的自然条件，一路走来我最深切的感受是这些脱贫村都比较偏僻，许多村庄都是群山环抱，曾经都交通比较闭塞，俗话说"要致富，先修路"，从航拍镜头里，每个村庄的基础设施都已经有模有样，条条水泥路通到家门口。印象最深的一个村庄是河北涞源的北牛栏村，驻村干部给我们看了当年他刚到村里时的录像，北牛栏村位于太行山深山区，群山环绕，交通不便，当时全村都是石头堆砌的房子。直到2017年通过整村改造，累计建设住房65套，家家户户都住上了大瓦房。村里道路硬化，绿化美化，北牛栏村成为全县第一个村民整体搬入新居的深度贫困村，村民的生活环境发生了翻天覆地的变化。期间驻村干部还带我们参观了他的旧物博物馆，都是他向村民收集的老物件，陈旧的历史感正是以前艰苦生活的缩影。

　　除了村容村貌外，另一个更重要的内容是产业发展，每个村庄要想脱贫必须得有自己的产业，像甘肃静宁县杨咀村家家户户种苹果、养黄牛，宁夏盐池养滩羊，内蒙古清河种植五谷杂粮，各地都因地制宜，选择适合自己发展的产业。航拍画面中，一整个山头的苹果园、草原上奔跑的羊群、一望无际的高粱地。这些村民们辛勤劳作的产物，也是各地脱贫的法宝，画面生动，气势壮阔。

　　其中有一个村给我留下了特别深刻的印象，那就是宁夏固原的涵江村。这个村以前名为烂泥滩村，顾名思义，就能想象以前这里的生活条件有多艰苦。整个村位于群山环抱的山坳里，我们早上9点从上一站甘肃静宁出发，活动演播室的大篷车带着两辆工作人员的中巴车，在盘山公路上绕行了两个多小时，天色渐暗时，才最终到达涵江村。漫山遍野的梯田、山脊上的风车，风景特别秀丽，而这个村能脱贫得益于对点帮扶。在福州涵江区的帮助下，村里建了厂、修了路，家家户户养牛，真正走向了脱贫之路。而涵江村只是全国众多脱贫县的缩影，这次跟随走村，也让我深切体会到产业发展有多么重要，幸福生活来之不易。授人以鱼不如授人以渔，脱贫更重要的是要给村民们赚钱的能力，帮扶帮的不是一时，是一条长远之道，产业扶贫真正给了贫困村致富的活水来源。

《我当村主播 农民说新闻》汇集了各地劳动人民的切身感受，大家在大篷车的主播台上畅所欲言，展现自己家乡的风采。但录制却并不那么简单，大家只在电视上见过主播播报新闻，自己坐上主播台难免紧张。有些村民放不开，录制时需要调动他们的情绪，还要对内容节奏进行把控。例如在宁夏盐池的皖记沟村，当地的一大特色就是滩羊，在村主播的版块当中也特别设计了介绍滩羊和滩羊肉制作的美食：在主播台上摆上各种滩羊肉制作的美食，两位村民代表手拿滩羊吉祥物赞美家乡，还有村民一曲高歌，各显神通。这样的设计不仅调动起村民的积极性，也更好地展现出村民的精神面貌。

这两款融媒体产品推出后反响比较热烈，共计124位村民坐上大篷车内的央视主播台，介绍家乡发展，讲述扶贫成果，展现当代农民风貌；《云瞰中国之美丽乡村》系列的多条短视频点击量超过130万次。

经过长达20天的走村直播经历，原来对新媒体一知半解的我也有了非常直观的认识，不同于大屏报道的严肃性，新媒体制作更偏于活泼，不拘泥于小节，形式多样，对记者的创造力和想象力提出了非常高的要求，在近年来新媒体崛起的背景下，对传统媒体冲击巨大，如何拥抱新业态也成为我们的新课题。

战斗在西藏高原，党员是一个个清晰的形象

■ 深圳财经报道组　马超

　　"10月8日一早，天刚蒙蒙亮，我们就启程了。云南迪庆至西藏芒康有8个小时的车程。此时，我心里更多的是紧张和焦虑，因为未知的情况太多，似乎很多事情都不在预期和掌控当中。果不其然，还没进藏，高原反应就给了大家一个下马威——翻越还处于云南境内的白马雪山时，新媒体直播组的王雪晴因为高原反应呼吸困难，浑身僵直不能动弹，完全失去了行动力，用车上的便携氧气瓶送氧后仍然没有半点好转迹象。一时间大家手足无措，有女同事急得掉下了眼泪。简短的商讨后，我们决定让车队直接前往最近的德钦第一人民医院。医生给雪晴做完基本的身体检查后，诊断为典型高原反应，需要留院吸氧观察。队员的身体健康和完成工作任务同样重要，于是我安排大家兵分两路，大部队继续和大篷车赶路，与已经在前方筹备了三天的记者宋华会合；另外一个四人小组留在医院照顾雪晴，和大部队保持联系，根据雪晴身体状况再做决定。所幸在吸氧2个小时之后，王雪晴的身体逐渐恢复正常，经医务人员确认身体指征正常后，和留守队员一起重新启程。接近傍晚，我们抵达芒康纳西民族乡，确认前期定好的点位符合队伍驻扎标准后，大家开始紧张有序地展开大篷车、调试设

备，分头去直播点踩点确认情况。晚上8点，简单的工作餐后，我和队员们跟地方上参与活动的各方召开协调会，确认各工种进度，会后回到在酒店临时搭建的编辑机房审看这几天宋华和地方台同志一起拍摄的素材，再回到自己房间，躺下时已经是凌晨两点，定好早上6点半的闹钟，头有些疼，心里一遍一遍地梳理着工作流程，直到脑子实在转不动才沉沉睡去。"

2020年9月底，我接到了通知，参与中央广播电视总台大型融媒体行动《走村直播看脱贫》。走村分工预排表上，西藏线一共有三个村——芒康县纳西民族乡纳西村、贡觉县阿旺乡金珠村、江达县岗托镇矮拉村，这3个村的执行总导演/领队那一栏都写着我的名字。同事们跟我开玩笑，说我"抽中了困难模式"。我一边笑着回应大家"我都去过两次西藏了，熟门熟路，小菜一碟"，一边心里暗自忐忑——之前两次进藏，高原反应都把我折磨得够呛。我知道，一场硬仗来了。10月6日，我提前结束了国庆假期，飞抵云南迪庆，与大部队会合准备进藏；10月19日，我离开藏区，回到我熟悉的城市和习以为常的工作生活中。在这个冬日的夜里，我坐在温暖的家中，手边放着热茶，准备为这次的走村经历写点什么，于是有了开头第一段的内容。写下这些文字的时候，回想起这14天的走村经历，藏区美丽得不真实的蓝天白云雪山，空气里青草与酥油茶混杂在一起产生的独特的清甜气味，比内地炽热得多的阳光，藏族同胞们悠远嘹亮的歌声，并肩作战的同事们互相加油打气的种种场景，仿佛就在昨天，却又恍若隔世。我努力地回忆走村过程中的点点滴滴，却发现反复浮现在我脑海中的，是一张张清晰的脸。

《走村直播看脱贫》大篷车在西藏芒康纳西民族乡

张滨（右）深夜与地方台工作人员一起制作节目

西藏是这次走村行动中条件最为艰苦的站点之一，气候环境恶劣、海拔高、物资条件相对匮乏，尤其在贡觉县金珠村，平均海拔3900米，最高作业地海拔4500米，几乎全队的成员都有高原反应，但是没有一个人退缩，尤其是党员，所有人都默默地为整个团队、为节目做出自己最大的贡献。

张滨的高原反应最为严重，到达贡觉当晚，地方提供的随队医生两次给他测血压都高于正常值，提出可以考虑转移到低海拔地区或者入院观察，他只是默默地与高原反应抗争了一夜，第二天仍然坚守岗位，带队指导地方台工作人员拍摄制作节目。事后聊起来我才知道这段经历，问他当时怎么不说，他哈哈一笑："不能乱了军心啊！"他，是党员。

缺氧情况下，身体严重不适，大家都喘得厉害。最终播出的节目画面中，一个个平稳的镜头展示着西藏优美的景色，记者在镜头前自然流畅地将对脱贫成绩的所见所闻向大家娓娓道来。但是电视机前的观众朋友一定想不到，肩扛摄像机精确走位的摄像师高文鹏为了保持镜头稳定需要长时间屏住呼吸，嘴唇憋得发紫，甚至在一个长镜头结束后直接瘫坐在地上；记者平凡出镜时需要猛吸几口氧气，保持最好的状态一口气说完出镜词后再大口喘气。在西藏时，平凡牙齿发炎，一直强忍着肿痛坚持完成了两场直播出镜，由于没有得到及时治疗，回京后他不得不拔掉了患牙。他们，都是党员。

1. 摄像师高文鹏（左一）、记者宋华（左二）采访中
2. 马超给牙龈肿痛的平凡上药

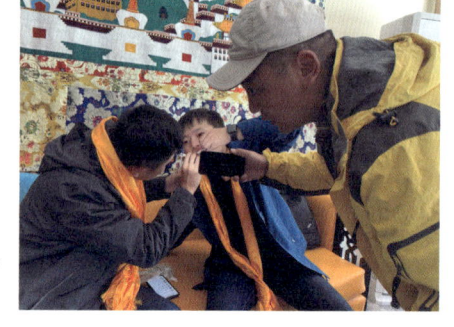

因高原反应住院的王雪晴虽然不是党员，但她自始至终也没提出过要停止工作。她说，党员同事们的奋不顾身，深深感染着她，激励她坚持完成自己的工作。

走村记者宋华也不是党员。她这次负责西藏芒康县纳西民族乡纳西村的协调统筹和节目制作，一直高标准地严格要求自己完成每一项任务。她说，看到那些扶贫干部舍小家为大家，为脱贫攻坚做的努力和付出，看到党员同事在艰苦的条件下事事冲在最前面，替大家排忧解难，希望自己能够在现在以及将来，在这些重要的时刻，能有机会以共产党员的身份，走在一线，冲在最前面。在工作任务结束后，她迅速递交了入党申请书，积极要求进步，成为这次走村过程中产生的9名火线入党积极分子之一。

而我和张滨、平凡、高文鹏一样，也是一名光荣的共产党员。我原本想到的是，作为领队，我理所应当地要多为大家做些什么。所以到走村小队报到的第一天，我就跟队员们说，我是来为大家服务的。每次到达新的站点，我都故意说"快抓紧时间先去办入住手续，回来再拿行李"把大家"哄"下车，然后在车上把大家的行李一件件搬到车下，希望让大家节省一些体力，避免高原反应发生。而每次默默在车下面帮我接行李的，总有队里几位党员的身影。我的高原反应其实并不轻，一到晚上就头疼欲裂，白天整个人都绵软无力，头也是昏沉的。但是我一直尽量表现得比较轻松，怕给大家增加心理压力。在贡觉，氧气瓶不够人手一瓶了，我跟分配氧气瓶的同事说，我一点儿事也没有，把氧气瓶给需要的同事。后来发现，同样有其他同事在抓住各种机会缓解大家的紧张情绪，默默把自己的氧气瓶塞给更需要的同事。这里面，总有队里几位党员的身影。在西藏的整个行程中，平均每天只能睡四五个小时，为了让同事能多歇一歇，我把我本职工作之外有能力干的所有工种——策划、编辑、导播、外联甚至摄助的工作都"抢"了不少。有同事开玩笑说，你这领队怎么啥都干啊。我也笑着回应"到了这么美的一线，要多活动活动筋骨"。后来发现，队里的党员们也都在积极地"活动筋骨"。

　　整个西藏走村途中，后方的同事一直在努力争取邀请西藏自治区领导在西藏江达站参加走村活动，接受专访。在前期的基本沟通、公函流程走完之后，后续的对接任务落到了前方的走村团队头上。为了减轻同事负担、降低沟通成本，我没有把与自治区政府对接的任务再次分配出去，而是独自包揽了下来。经过积极沟通，持续不懈的努力终于有了回报，在播出前三天，自治区领导确定可以接受专访，但是因为拉萨距离江达上千公里的距离，且飞机无法直达，往返一次至少需要三天时间。自治区领导公务繁

西藏线走村队员们在高原赶路途中吸氧对抗高原反应

忙，无法抽出这么长时间到江达现场参与节目。经过与后方领导请示沟通，我们制订了走村小分队在拉萨对自治区领导进行专访、异地播出的方案，联系正好在拉萨进行援藏的财经频道主持人孟湛东，请他进行实操。孟湛东同样是党员。彼时的他刚到拉萨第三天，同样处于高原反应时期，而且感冒尚未痊愈。他接到任务后，没有任何迟疑，立刻投入工作。当天晚上，我和湛东在完成各自的既定工作后，沟通方案到夜里11点，然后分头准备后续工作。我撰写策划案到凌晨两点，后来才知道他同样准备材料到深夜。第二天一早，孟湛东在拉萨到自治区办公厅参加通气会，我在江达电话参会。会上双方敲定了拍摄细节，决定根据西藏自治区党委常委、常务副主席罗布顿珠的工作安排，在他正好要进行调研的位于拉萨附近的四季吉祥村对他进行专访。接下来就是紧张有序的踩点、完善拍摄方案，全程都是孟湛东在拉萨实操，我在江达一边完成本地的节目筹备一边跟进遥控。直到所有的准备工作完全妥当，西藏走村团队的其他成员才知道西藏自治区领导接受专访已经成行，全队欢欣鼓舞。最终，西藏自治区领导的专访圆满完成，这也成为整个走村行动中，唯一一处一省两地联动走村的亮点。

在西藏的10天，站点之间路途遥远，路况复杂，走村团队日夜兼程，马不停蹄，连续作战，三场直播都圆满完成，在当地引起了巨大的反响。由于地方条件限制，加上这几个站点会说汉语的百姓很少，节目的选材、

孟湛东（中）在拉萨和西藏卫视的工作人员顺利完成联动走村

拍摄都有更大的困难。但是，当一场场直播数据出来的时候，我们更多的是感动和释然。贡觉全县不到5万人，平均海拔是西藏线路中最高的站点，也是全队集体高原反应的站点。当天到达目的地时天色已经不早，大家没有做任何休息，立刻投入到工作中。经过确认，发现实地情况和之前了解的有较大出入，有的预选场景距离太远，有的预选场景的内容又过于单薄，提前策划的选题方向难以完成。大家立刻连夜重新调整方向，制订新的拍摄计划。正常一个站点是四到五个直播场景对应四到五个直播内容，在贡觉，我们经过多方考量，为了保证节目效果，决定将直播场景扩展到8个，从易地扶贫搬迁、教育升级、阿旺绵羊养殖、民族工艺艺术等多角度全面展示当地的扶贫成果。这意味着几何级增加的工作内容和强度。时间紧、任务重，在工作强度巨大、精神高度紧张和高原反应严重的三重压力之下，整个团队通力合作，每个人都突破了自己的极限。经过团队的精心策划和调度，大家利用过硬的专业素养弥补客观条件的不足，按照调整后的策划方案顺利完成了播出，啃下了这块硬骨头。节目播出后，不少同事给我发信息，有的加油打气："这期太好看了！你们太棒了！加油！"也有的同事半开玩笑："你们搞得这么丰富，我们压力山大啊！"最终贡觉站的播出取得了超过310万的直播播放量，在当时走完的85个村子里排名13。在相对内地各方面资源条件都更加匮乏的这条线路上，能取得这样的成绩，确实不容易。

　　走村活动结束，我的胳膊晒掉了一大块皮，整个肤色也黑了好几个度，但是回顾这段经历，更多的是满满的收获。其实，我们记录的不仅是脱贫攻坚的成绩，也是为脱贫攻坚做出贡献的人们。在这些人里，党员干部冲在扶贫一线，几十年如一日默默奉献，通过与他们的朝夕相处，我体会到了脱贫攻坚的不易，也更加体会到党员的先锋模范作用；而同样在走村过程中，我们自己的队伍里，党员也是真真切切地发挥了带头先锋模范作用，引领、感染大家团结一致，迎难而上，共同努力，交出了一份满意的答卷。在新闻行业从业近20年，经手的大大小小的新闻直播、晚会活动已经数不清了，但是这次的走村，定会是我终生难忘的一次。不仅仅是因为这次的任务难度大、强度高，更重要的是，在这次对所有参与者都可谓是艰难的任务中，我无时无刻不被身边的人、事所感动激励，事后回顾，又发现自己或许也同样激励了身边的人。我想这足以证明，我们的入党申请书、誓词不仅仅是一段段文字、口号，而是落实到了一件件鲜活的小事；"共产党员"不再是一个称号，而是一个个清晰的形象。

前进路上，他们自强不息
——向每一个努力生活的人致敬

■ 新媒体编辑组 王骁宇

2020年是脱贫攻坚决胜之年，紧扣这一大主题，中央广播电视总台财经节目中心重磅推出大型融媒体行动《走村直播看脱贫》，以此来记录"决战决胜脱贫攻坚"这幅伟大的历史画卷。我也有幸参与其中，于2020年8月底，跟随第三批来到走村的北线，15天的时间里走过了4个村子，分别是陕西省汉中市镇巴县黎坝镇春生社区、甘肃省天水市甘谷县礼辛镇尉坪村、甘肃省定西市渭源县元古堆村、甘肃省临夏回族自治州和政县三坪村。一路向西北前进，我们经历了不同的气候、不同的海拔、不同的民俗，但相同的是老百姓对美好生活的那份向往和努力！

陕西春生社区：新村新房新貌映出村民灿烂笑容

出发前，看到第一站是陕西，便以为去的地方就是黄土地，干旱又少雨，但是到了之后却发现眼前一片绿意盎然，气候宜人。赶紧上网查了一下，原来镇巴县位于陕西省南部，紧邻四川，属于北亚热带气候区，北有秦岭、南有大巴山脉两大屏障，寒流不易侵入，潮湿气流不易北上，气候温和湿润、干湿有度，自古就被赞誉为"鱼米之乡"。黎坝镇便是依托这天然优势，开办民宿搞旅游，打造荔枝、香米、菜籽油、辣椒酱等农副产品，于2018年整村脱贫，2019年人均纯收入达10086.57元。

村里的"网红"胖哥带着我在整个春生社区里转了一圈，给我详细地介绍了春生的发展和下一步的规划。胖哥也因为社区里的变化，回乡在社区开旅游观光车，带着游客转社区讲春生的故事。闲暇时他还在网上直播，宣传他的家乡和家乡的特产。他说现在日子过得很踏实，守着父母就能赚到钱，不用再离家去拼搏！在逛社区的时候我还发现村子里的人都很有礼貌，也很热情，笑容和自信都挂在每个人的脸上。有一位老奶奶在家门口哄着孙女玩，更是热情地邀请我："走，屋里耍！"都说扶贫要先扶智，我想春生社区就是因为外面来的人多了，村里人的见识多了，思想也就有了很大转变。素质高了，经济发展快，形成了良性互动。

1	
2	3

1. 春生社区里绿意盎然的水稻再有一个月迎来收获期
2. 春生村民正在剥刚刚从地里掰回来的玉米
3. 清晨家门口玩耍的祖孙俩

尉坪村：辣椒红了、苹果熟了，幸福生活来了

甘肃省天水市甘谷县的农户基本上家家户户都靠种植"三红"养家过日了，我们到尉坪村的时候，其中的"一红"花椒已经收完了，听说2020年的收成不错，卖的价钱也还满意。"二红"辣椒正值收获期，当地种植的七寸红辣椒因香而不辣出名，农户种植的辣椒也不愁卖不出去，镇上的合作社以保底价1.5元一斤收购，这样的形式也给农户吃了一颗"定心丸"！"三红"就是当地的花牛苹果了，我们到尉坪村的时候离花牛苹果的成熟期还有一个月，花牛苹果要9月中下旬开始采摘，那时候苹果的糖度和口感才刚刚好！出差回来后，我和亲戚聊天中知道，亲戚的一个朋友的老家就是礼辛镇的，她家也种了几亩苹果。2020年，因为我们的融媒体行动到了他们那里，让他们那里的苹果更"出名了"，引来了好多外国客商，苹果更是不愁卖，客商们都抢了起来，从农户手里拿货就要3—5元一斤！亲戚朋友的老家人知道我跟着大篷车到了他们那里，更是对我表达了谢意，感谢我们为他们带来了这些"好生意"！听到这个好消息，我感到很自豪，我想这就是我们这次走村的价值之一。

1. 甘肃甘谷辣椒合作社的工作人员在串辣椒
2. 甘肃甘谷花牛苹果

元古堆村：脱贫致富更需"愚公精神"

元古堆村，曾是深藏于甘肃省定西市渭源县田家河乡一个落后闭塞、村穷民困的后进村。"走不出，进不来""晴天一身土，雨天一身泥"就是其最真实的写照。"烂泥路"是元古堆村村民走出去，外人走进来的最大阻碍。如今，元古堆村修起了柏油路、水泥路。路好了，村民种植的经济作物可以卖得出去。村里还发展旅游业，他们的小康之路越走越宽。2018年，元古堆村已实现整村脱贫，2019年年底实现全村无贫困户，农民人均可支配收入达到10789元。

村主任郭连兵说，他是村里变化最大的一位村民。高中毕业后，他在家务农，从2003年开始，为了生计，他用三轮车批发蔬菜走街串巷以粮食换菜，2007年开始贩运当归。后来他积极响应乡里号召，报名参加了前往福建蓉中村学习的培训班，思想观念发生了质的变化。回村后，他便积极参与村里的基础设施建设和产业发展。2014年1月郭连兵正式当选村委会主任，如今他还是元古堆村种植农民专业合作社的理事长，合作社以"公司+合作社+农户"方式，带动80户贫困户增收。

柏油路、新建房，元古堆村如今大变样

"如今，打架骂仗少了，穿得好了，口袋里有闲钱了，脸上愁苦表情也消失了。"郭连兵说这是元古堆村村民最大的变化，也是元古堆村持续向前发展的新动力。

三坪村：易地搬迁"迁"出新生活，拉面"拉"出好日子

抵达三坪村的时候正好是下午村里小学放学的时间，学校门前有一片草坪，草坪前是村里的活动场所，有各种健身器材。如今，放了学孩子们可以尽情地在草坪上打滚、玩耍！不用为了上学每天再走几里山路！在我拍摄《我当村主播 农民说新闻》节目的时候正好有两位学校老师，他们跟我说：几年前，这里的大部分村民还住在大山深处，交通不便，信息闭塞，"一方水土养不活一方人"是多年不能去除的"痛点"。但是自从搬迁到山下安置点后，村民的生产生活条件得到了极大改善，村民们住新家，依靠新产业，过上了新生活。

为了让搬迁村民实现"搬得出、稳得住、能致富"的目标，村里积极发展合作经济、集体经济，着力促进村民稳定增收，使他们不仅安居，更能乐业。当地还开展劳务输出，免费为村民提供职业技能培训和就业服务，让村民们有了更多的谋生技能。缝纫、拉面、建筑技能等相关培训，让村民走出大山，目前已输送620余人外出务工，他们实现人均增收2万多元/年。一位学成并即将毕业的村民告诉我，他已经找到一份在拉面馆做拉面师傅的工作，以后每个月可以赚5000元。现如今，学校、医院就在家门口，可以安心在外打工没有后顾之忧，相信今后的日子会越来越好！

感 悟

为期两周的走村活动，让我感受了和以往不同的工作。作为一名新闻工作者，还是应该多走出去，多接触基层的人，多经历基层的事，才能更有感悟和体会，也能感受到最真实的中国。这次出差也让我穿越了到目前

为止最多的隧道，每一次过隧道都充满了未知和希望，我不知黑暗的那头是什么，更期待黑暗过后更美丽的风光！我觉得脱贫攻坚就像是在过隧道，经历的黑暗就是遇到的困难和坚持。如今经过8年持续奋斗，近1亿贫困人口实现脱贫、960多万民众完成易地扶贫搬迁、832个贫困县全部脱贫摘帽，终于迎来了更光明的明天。

走进重庆奉节三沱村：产业兴百姓富　才有乡村美

■ 重庆总站　伍黎明

2020年8月，我们的《走村直播看脱贫》大型融媒体行动走进了重庆市奉节县安坪镇的三沱村。这是一个长江边上以种植脐橙为主导产业的村子。因为修建三峡工程，整村后靠，村民们从无到有，在山坡上把村子建成了现在的模样。放眼望去，三沱村满山青翠，白墙黑瓦点缀其间，哪怕是重庆的八月骄阳，到了这里也感觉凉爽几分。进入村内，各家各户，房前屋后，整洁有序，村民们三三两两闲坐，城市的快节奏在这里不见一丝踪影。几天的采访下来，三沱村给我最大的感受就是美。这种美，美在绿水青山；这种美，美在风正民富。

自给自足、小农经济是传统农村给人的印象。但在三沱村，真正用于种植粮食作物、种植蔬菜的地块却很少。这是因为三沱村是移民村，坡地不利于种植；但更重要的是，这里的村民个个会算经济账，栽种一棵脐橙树，占地面积不大，但丰产以后，每棵树至少能带来千元以上的收入。现在村里平均每户人家有脐橙果园8亩，靠着卖脐橙户均年收入就能有10万元左右。可以说，这些脐橙树就是村民们的"绿色银行"，哪怕"利率"会有所波动，但却是村民们稳定的财富来源。这两年，为了保护长江生态，政府要求渔民上岸。作为长江边上的村子，三沱村也有村民把打鱼作为副

1. 三沱村的脐橙进入丰收季
2. 三沱村村民对收获的脐橙进行分类包装

业收入来源。不过，政府一号召，村民们就积极响应，曾经停靠在长江边上的渔船不见了，打鱼作为当地的一种乡土文化，现在被绘在了村里的白墙上。之所以能够如此快速有效地推进，我想这既得益于政府的大力宣传和后续政策保障，也跟当地百姓富足的生活有关。

　　按照各种统计口径，这些年，农民的人均纯收入越来越高，村子里的房子越建越好，但村子里的年轻人却越来越少。到过不少村子采访，也有一些村子发展了特色产业，但参与的大多是60岁以上的老年人，一问村里的干部村里的主要收入来源，回答大多是靠年轻人外出务工。但三沱村却是个例外。三沱村在外的年轻人也有，但大多是在外求学。因为有发展成熟的脐橙产业，年轻人很少跨省外出，尤其农忙时节，全家老小都在家里。正是这些年轻人，让脐橙产业链发展越来越长，农村电商日渐红火，整个村子都在蒸蒸日上。刚到三沱村的那天，村子里的人很少，一问才知道，因为三峡游有活动优惠，村里的老老小小都组团旅游去了。听起来好玩，但这些都是发生在三沱村的新变化呀！让年轻人留在村里，让村里留得住年轻人，这样的三沱村不仅风景美，内在也很美。

1. 三沱村的文化墙
2. 三沱村的村民在打包好的脐橙上贴上快递单

民族要复兴，乡村必振兴。2020年，我们如期完成了新时代脱贫攻坚的目标任务。如何做到产业兴、百姓富，进而实现乡村美，这是时代交给我们的问卷，三沱村正在书写自己的答案，中国正在书写自己的答案！

渭河源头之元古堆村初印象

■ 地方资讯组 席杉杉

2020年是脱贫攻坚的关键之年。9月上旬，我们财经频道《走村直播看脱贫》大型融媒体行动北线的大队伍，浩浩荡荡来到了渭河源头，来到这大西北山窝窝里的渭源县田家河乡元古堆村。一进村，村口一块石牌楼上书写着"元古堆村"四个大字，格外引人注目。

元古堆村位于甘肃省定西市渭源县，是个风景秀丽、物产丰富的小村落，紧挨田家河村、新集村、沈家滩村、香卜路村。这里民风淳朴，元古堆人勤劳、热情，却因地处海拔2400米的山区，交通极其不便，这里自古便被描述为"苦瘠甲于天下"。

元古堆村村口石碑

元古堆村村貌

村里最空旷的地方建有一个小广场，我们用于直播的大篷车就停放在这里。道路两旁是整齐排列的太阳能路灯，将青砖红瓦白墙的民居一排排分割开来。

在准备拍摄场地时，航拍老师放飞了一架无人机。通过手持航拍器可以清楚看到，元古堆村融入这绿意的山野中，像是一幅美丽的水墨画。

而在十几年前，当地还传唱着这样一首民谣：

喝的黄泥汤，走的羊肠路，住的茅草房。
晴天扬尘路，雨天烂泥路，冬天溜冰路。

这是因为在2012年以前，元古堆村是甘肃省渭源县有名的贫困村，还被人们称为"烂泥沟"。当时全村447户村民，八成多都生活在贫困线以下，人均年纯收入仅1465.8元，贫困面高达57.3%。

2013年腊月二十三，农历小年，寒冬刺骨、霜雪纷纷。习近平总书记来到海拔2440米的渭源县田家河乡元古堆村看望村民。为元古堆村村民送来了年货：每户2袋面、2桶油、20斤猪肉、1床棉被、4副春联、3斤水果糖、3斤大板瓜子，给学生发放书包、文具盒、词典各一个。收到年货的400多户群众都说，这是他们最幸福的一个春节！习近平总书记的来访让百姓们也看到了脱贫致富的希望。习近平总书记说："元古堆物产丰富、百姓勤劳朴实。党和政府会关心和帮助大家，咱们一块儿努力，勤劳致富，把日子越过越红火。"

在来元古堆村之前，我负责搜集地方宣传片素材时，也曾看到习近平总书记的这句话。在村党建室也看到了这句铿锵有力的口号，这已经成为当地干部群众开展工作、建设的指导思想。

正是习近平总书记的这句话，当地干部群众牢记在心，在之后的几年里，想尽办法改善全村人的生产生活条件，提高村民收入引企业办厂。到2018年年底，元古堆村贫困发生率降低至1.77%，1098人全部脱贫。元古堆村实现脱贫摘帽，村民的日子也越过越红火。如今的元古堆村，水泥路畅通于村里村外，新盖的二层小楼与粉刷一新的旧民居干净整洁，一扫过去破落脏乱的景象，村里人也开始变得更加自信。

现在，村里流传的新民谣是："村容村貌变样了，电网改了灯亮了，自来水通上了，道路硬化宽敞了，金融贷款放下了……致富的信心更旺了。"一曲当地村民自编自唱的"花儿"，道出了贫困县的新面貌。

土壤的馈赠

元古堆村，这名字很耐人寻味。让人联想到是不是当地蕴藏着大量的远古化石和历史遗物等宝贝可以挖掘。对，你猜得没错，这里的确有宝藏，但不是你想到的这些，而是来自这片泥泞且湿润的土壤的馈赠，这就是非常珍贵的中药材。

元古堆村的耕地多属于"二阴地"，即阴湿、阴冷，适合种植百合、党参、当归等中药材。

我们踩点小分队在村长及村民的带领下，寻找中药材场地拍摄点，上山、下坡、蹚泥地，几经周折后选中一块田地作为拍摄地。

放眼望去，一片绿意，湿润的空气中夹裹着田野的气息，甚是好闻。而这第一次见到田间地头里的中药材，让我们这些城里来的工作人员感觉就像看到宝贝一样，开心了好一阵，一个个在田间俯身低头长见识。每个人都开始自觉上演十全大补的戏码，嚼党参。其清甜的口感中夹带着微微的苦涩，一番品味后，个个元气满满。

接下来，航拍老师的无人机也开始起飞。

离开田地的路上，村长告诉我们，他原来也是中药材种植及收购大户，每年的收益也非常可观。但自从当上了村长，他的肩膀上多了一份责任与使命，就是还要带领全村靠中药材种植的农户脱贫致富。

清甜的小党参

开始那几年，村里人在他的指导及带领下都靠种中药材赚了钱，而自己却因工作变化，家里田地没有劳动力耕作，差点儿变成贫困户。想想看，这条脱贫路并不好走，作为一名党员、一位普通的基层干部，他需要牺牲得更多。

如今，元古堆村每年的中药材种植面积有1000多亩，遍布在这眼前一望无际的田野间。辐射到整个渭源县境内，中药材种植面积有40万亩，年产干药8万吨，总产值可达到7.21亿元。

初识中药材后，没想到，还有更大的惊喜等着我们！

中国的奈良

众所周知，日本奈良是日本游必打卡之一的旅游景点，而在中国有个地方可以与其媲美，这就是元古堆村的鹿场。

中国的奈良——元古堆村梅花鹿养殖基地

拍摄踩点仍在继续。小分队驱车来到鹿场，被眼前的又一景象所震撼！远处的山被层层叠叠的松柏遮挡，近处的泥土被绿油油的草和苔藓覆盖，周边只需用铁丝网围挡住，一个天然的梅花鹿养殖场就形成了。饲养员的一声召唤，正在休息的鹿儿们从林间的四面八方奔向空旷的草场，性情温顺的鹿儿没有任何攻击性。航拍器调摄好后，我们开始拍鹿场的大景。

据了解，近年来，元古堆村植树造林、养殖梅花鹿，大力发展原生态乡村游，吸引了不少周边游客，已经成为甘肃定西市的热门景区！元古堆村的山清水秀，再有鹿儿加持，这里已变成新兴的"网红"旅游打卡地，被称为中国的奈良。旺季时，元古堆村的农家乐座无虚席，当地村民在农家乐打工，1个月可以赚到2000多元。

据当地政府介绍，渭源县因地制宜，着力培育壮大马铃薯种植、中医药、草牧业等增收产业，突出能人、企业和新型经营主体带动，引导贫困群众参与全产业链利益分配，激活了群众产业脱贫的内生动力，形成了贫困户跟着新型经营主体走、新型经营主体带着产业走、产业带着贫困户走的产业扶贫新格局。

目前，全县已发展产业专业村208个、各类专业合作组织949个，实现了全县109个贫困村、1.73万户贫困户，村有主导产业、户有增收项目全覆盖，所有贫困户加入了新型合作经济组织。元古堆村正是其中的佼佼者。

初识元古堆村，虽没有太多深刻的了解，却让你很难将这里与一个几年前的贫困村联系起来。是的，它脱贫了，脱贫后的元古堆村已发生巨变，如今这里已蜕变成为世外桃源一般静谧美丽。勤劳的元古堆村人正在踏踏实实地奔向小康的路上。在决战决胜脱贫攻坚的2020年，这里已有鳞次栉比的新居、宽阔平整的马路以及养殖场内的呦呦鹿鸣。仅仅几年时间，"烂泥沟"蜕变成了甘肃十大美丽乡村之一。

直播感受

这次在元古堆村，我们看到的、听到的，不仅仅是有关扶贫攻坚的卓越事迹，留在脑海里印象最深的是农村的新面貌、农民的新生活、农业的新发展。我们知道，这一切是各级党委、政府深入学习实践科学发展观，践行科学发展观，努力为广大群众创造幸福安康生活的真实写照，是群众享受社会发展成果的具体体现。而当地干部对于过去的介绍，也让我对过去甘肃的农村和现今的变化，形成了鲜明的对比。沧桑巨变，感受在心。

农村的新发展，让农民的日子过好了。在直播的过程中，我们偶尔也会问一些农村产业发展方面的情况。山区农民地多，但产量小。根据这一情况，各地党委、政府在充分掌握市场信息的前提下，与群众商量，共同探讨，引导农民种植适宜本地的作物，或以种粮为主、或以种经济作物为主。

使农民们有限的土地发挥最大的经济效益，加上农业减免赋税和发放补贴的政策，使得农业逐步走上协调发展、可持续发展的路子。

此外，这次的《走村直播看脱贫》活动，从主题的确定、活动策划、方案的制作到具体的实施，是在频道领导的指导下，团队共同协作完成的，这也为我们提供了一个很好的锻炼机会。在准备阶段，我们需要周全地考虑问题，遇到困难需要自己寻找解决的方法，还要积极寻找各方面的协助。在下乡期间，我们更要解决临时发现的实际问题，预防意外事件的发生。通过这次活动，我们的实践能力有了很大的提高，对我们以后的学习工作有着非常积极的影响。下乡的确是个锻炼能力的活动，是个充满艰难困苦的活动，是个处处充满新鲜感的活动。都说只有义无反顾的付出，才可以理直气壮地收获。几天下来，我们虽然累了、乏了，却掩饰不了内心的喜悦与踏实，我们收获了友谊，收获了感动，收获了成熟，收获了坚强，收获了成长。

走村直播的记录与传递

■ 地方资讯组 赵梓汐

100多天、101个脱贫村、101场直播。在2020年这个脱贫攻坚的收官之年，财经频道上下总动员，深入扶贫脱贫的第一线。作为地方资讯组的编辑，非常有幸地参与此次大型融媒体直播活动，有幸见证田间地头的百姓热火朝天地奔向幸福生活，见证这百年大计在祖国大地上掀起的滚滚热浪。

我是甘肃人，我对家乡的印象就是干旱。因为干旱所以自然资源匮乏；因为干旱所以经济落后、贫困人口更多……很久以来家乡的年轻人，想要改变现实的方法就是离开家乡，而我也是这其中的一员。这次我参与走村直播的第二站就是甘肃。再次回到家乡，用第三视角宣传和介绍家乡脱贫的成果，内心有些复杂。

我们北线的直播团队2020年9月23日要在甘肃省平凉市静宁县的杨咀村进行直播。我们的工作车也正跟着眼前这辆约16米长的重型卡车改装的5G+4K/8K+AI技术转播车，盘旋在黄土高原山间的公路上。昔日，黄土高原那让人一眼望不到边的绝望的黄呢？沿途的风景和我的记忆完全不同，让我一时恍惚。这不是我家乡荒凉贫瘠的样子，我竟一时无法像主人一样，向同事们介绍我的家乡。满眼的绿色惊艳了我，我心里清楚，对于干旱缺水的甘肃，绿色是多么来之不易。在贫瘠的自然条件下，我的家乡父老是如何克服环境的制约实现脱贫的？此时，我脑海里对即将直播的场景有无数的猜测和臆想。

我们到达静宁县城已是中午时分，午饭时间到了，我们在食堂门口准备找地方洗手，突然发现几个老式的脸盆架上几个红色的搪瓷盆里都静置着半盆干净的水。在我的印象里，上初中时我家就没有这样的涮洗家具了。还有更年轻的同事好奇地认为这是值得收藏的老物件。在静宁县工作人员的指引下，我们才知道那是给我们预备的洗手水。我们这个团队里有很多95后，他们早已习惯了用流水洗手，多人共用一盆水洗手让人有些不适应。好在几个同事迅速反应过来，意识到在干旱少水的地方，饭前有水洗手已是一种奢侈。虽然现在用水情况已大为好转，但对水的珍惜仍保留在很多细节里，形成了传统。这点作为曾经生活在这片土地上的我深有感触。

此次我们要进行直播的静宁县身处六盘山特困地区，官方的宣传资料显示：这里得天独厚的地理优势，海拔高、光照足、昼夜温差大，成就了大个多汁脆甜的静宁苹果……但大家都知道，没有水的加入，这些条件似乎不能撑起"静宁苹果"这张名片。在一番了解之后才知道，静宁县近年来由于气候原因，降水较以往丰沛，自然植被生长也茂盛了。同时地方政府花大力气，投入了多项基础建设：架设供电线路、修建排水渠、新建蓄水池、安装喷灌和滴灌系统，所以当地的农业用水情况已大有改观。不仅发展起了以苹果为龙头的种植业，更是带动了杂粮种植和养殖业的发展。

甘肃静宁县杨咀村山坡梯田

杨咀村农民丰收节
现场农产品展示

经过一天紧张的前期准备，财经频道的直播大篷车在静宁县杨咀村农民丰收节的主场地搭建完毕。直播团队已经做好了准备！丰收节的现场摆满了当地农民当季收获的最优质的农产品。一百多斤的大南瓜、超大的白菜、萝卜、辣椒和大葱成堆摆放在展示台上。最让人眼前一亮的当数近年来颇受市场欢迎的静宁苹果。还没等节目开播，直播团队的同事们看着这一堆堆个儿大饱满的苹果，都忍不住吞咽口水。摄像老师更是直接拎起摄像机开始"扫摄"，嘴里还一边嘟囔着："拍几个让人眼馋的镜头回来……"现场记者不仅对丰收现场的农产品做深入的了解，还漫山遍野地踩点找最好看的果园。而我作为直播连线的编辑，此刻的职责就是联系直播线路，与播出窗口做好沟通，把直播信号准确无误地送到直播间。

3分钟的电视直播和1小时的网络新媒体直播，在团队的默契配合中顺利完成。

直播无法讲透杨咀村靠苹果、杂粮种植和养殖业致富的故事。这背后的艰苦和汗水也是观众在镜头里看不见的。单单是如何实现目前的农业用水情况，这其中的故事肯定就有一大堆。镜头前越是丰收和喜悦，背后就越是有感人的故事。看着镜头里小山一样堆放的特色农产品，老乡脸上堆满皱纹的笑脸，我似乎看到了那些故事，内心充满了尊重和赞美。作为新闻人，能参与这样一个记录时代进步的大活动，见证中国农民脱贫致富的脚步，不仅让我有了荣誉感，也深深地激励了我……

一方水土改变一方人
——西藏昌都扶贫采访手记

■ 财经资讯组 平凡

2020年10月9日，国庆假期刚过，我就接到走村扶贫采访的任务，便启程飞往西藏昌都。当飞机落在昌都邦达机场的时候，我打开手机的记录显示海拔4340米，这是我到过的海拔最高的机场。还没来得及体会缺氧的感觉，我们的拍摄小组就马不停蹄地前往本次西藏昌都之行的第一站贡觉县。从邦达机场到贡觉县要走7个多小时，而且都是盘山公路，一路上除了壮美的高原景色，就是数不清的180度大拐弯，交通的不便正是制约贡觉县发展的关键因素。

西藏昌都的贡觉县坐落在昌都的东部，靠近四川，平均海拔4000米，是一个典型的高原牧区，也是一个几乎没有游客的地方。当我们的车驶入贡觉县城的时候，已经是晚上8点多，气温也降到了零度左右，当地的扶贫干部一直在等我们，给我们每人献上一条白色的哈达。来接我们的人叫李天国，是一名内地的援藏干部，主管当地的扶贫工作，他告诉我，贡觉县有4万多人口，大部分都是农牧民，很多人原来都住在高原牧区上，一直过着传统的农牧生活。而现在，通过易地扶贫搬迁，他们都搬到了适合居住的低海拔地区，我们要采访的阿旺乡金珠村就是当地的易地扶贫搬迁核心区。

易地扶贫搬迁对于生活在城市的人们来说是陌生的，而对于偏远贫困地区来说是他们摆脱贫困的一把关键钥匙。到2020年，全国有960万建档立卡的贫困户完成了易地扶贫搬迁，如何能找到一个人反映出贡觉县扶贫的变化，我带着这个问题前往金珠村寻找答案。

第二天一大早，我们就出发了。金珠村离贡觉县城还有一个小时的路程，而且海拔逐步提高。由于还没适应高原环境，我们一边吸氧，一边在村里踩点。我们首先来到当地居民的家里，经过易地扶贫搬迁之后，当地牧民住上了两层小楼，楼下是厨房，楼上是客厅和卧室。搬迁后的牧民家让我们大吃一惊，客厅宽敞明亮，卧室里堆满了被子。在藏族传统中，卧室被子的数量象征着家庭的富裕程度，家中被子的堆放量也说明脱贫的情况。而最让我印象深刻的，是挂在客厅墙上孩子的学习奖状。

经过易地扶贫搬迁之后，牧民家的孩子有了在乡镇上学的便利，而每个家庭教育的重心也从原来的传承放牧变成了让下一代上高中考大学。当地牧民巴登告诉我，他有两个孩子去了内地的西藏班学习，未来都有考大学的希望，如果考上大学，未来还可以回家乡发展。巴登的这番话触动了我，我们的节目需要找到一位正在当地上学的孩子。

嘎松旺姆就是这个孩子，她是阿旺乡中心小学六年级的学生，她的家原来住在海拔4500米以上的高原牧区，父亲每天清晨送她上学，骑着摩托要花两个小时。而从她搬到金珠村以后，她走路5分钟就可以到学校。嘎

金珠村藏民家客厅墙上贴满孩子的学习奖状

松旺姆很有希望考上内地的西藏班，到内地考大学，她未来想当一个作家，写出她心中最美的家乡。在阿旺乡中心小学，我们还采访到了很多教师，他们有的是从这所小学毕业，到内地上完大学之后，又回到学校任教。有的教师夫妇俩都来自内地，他们还把孩子放在了这所小学学习。教师队伍的稳定就意味着教学质量的稳步提升。在贡觉县，2020年，有两位学生考上了北京大学。

有了教育，就需要有产业来承接这些人才。在贡觉县的阿旺乡，有一条独特的扶贫产业链——阿旺绵羊，负责这个项目的藏族小伙顿珠是一名当地大学生。他带领村里的年轻人对难驯化的阿旺绵羊进行产业化繁殖，经过两年多的时间，用专业知识提升了阿旺绵羊的产量和品牌附加值。我们采访拍摄的时候，特意选在了顿珠他们从农户手中收羊的现场，在现代化的繁育基地，一车车阿旺绵羊从称重到消毒再到完成收购，牧民拿到了他们期望的收入。

我和嘎松旺姆（左一）的合影

阿旺绵羊

顿珠告诉我，美味的肉质已经让阿旺绵羊成为热销商品，现在一只绵羊可以在内地卖到3000元左右，这让我们看到阿旺绵羊走向产业化、帮助当地脱贫的希望。

　　易地扶贫搬迁让贡觉县阿旺乡的高原牧民有了全新的生活，教育也正在使贫穷远离这些家庭，帮助他们阻断贫穷的代际传递。而随着川藏铁路的建设，贡觉县的交通问题也将得到解决。到那时，我们会坐上火车重访贡觉县，看嘎松旺姆的生活，听阿旺乡中心小学上课的铃声，尝阿旺绵羊的美味。

　　我们在昌都采访的第二站，是离贡觉县3个小时车程的江达县岗托镇矮拉村，这是西藏和四川交界的地方。和金珠村相同，矮拉村也是一个易地扶贫搬迁村，但和金珠村不同，矮拉村坐落在317国道旁，交通的便利成为当地脱贫的关键因素。在矮拉村踩点的时候正好到了晚饭时间，由于时间紧张，当地扶贫负责人和我们一起到村里的藏族小吃店吃饭，没想到，这顿饭让我们找到了采访对象。

　　在此之前，我们的构思就是通过最日常的场景，把易地扶贫搬迁利用区位优势脱贫反映出来，而小吃店正好是一个完美的场景，它既贴近生活，又有很强的可视性。店主巴姆原来在山上种地，每月的收入只有五六百元，而易地扶贫搬迁到矮拉村之后，她住在两层小楼的楼上，一楼就是临街的店面。她凭借自己的手艺开了这家叫"吉祥聚宝茶馆"的小吃店，每天很多路过317国道的旅客都会在店里吃饭，最好的一天收入会有上千元。由于有了好的收入，她还把孩子都送到市里去上学，家里的日子一天天红火起来。不仅仅是巴姆，当地很多村民在317国道旁开了水果店和超市，很多人还买了汽车做起了货运的生意，易地搬迁的选址让扶贫从输血变为造血。在节目直播的当天，我们从藏族小吃店内景走到外景，通过巴姆和扶贫负责人的采访，同时结合当地木刻等特色产品的介绍，把这些信息在5分钟的直播里全面呈现出来，同时还挖掘了矮拉村扶贫未来发展的旅游方向。

　　当地扶贫负责人告诉我，附近的318国道已经成为国内自驾游的黄金线路，而317国道同样有很多待开发的旅游资源，把易地扶贫搬迁点打造成旅游新驿站是他们下一个目标。而实现这个目标应该不会太久，当我们摄制组来到矮拉村的雪巴沟景区时，就被当地独有的喀斯特地貌震撼了，这里有一条没有开发的徒步线路，具有得天独厚的旅游资源。现在已经有不少四川的游客专程过来，如果景区开发得当，游客量会大幅增加，这也会让矮拉村从脱贫走向小康生活。

矮拉村的雪巴沟景区

　　除了自然旅游资源，江达县的人文旅游资源同样让人念念不忘。当地手工艺人俄色给我展示了他正在制作的布达拉宫主题刺绣，这幅刺绣需要耗时半年，每一针、每一线都是手工完成，市场售价也在上万元。俄色在2021年有一个计划，就是把家里改造成传统的藏族民宿。在他的家里，我们看到了用牦牛皮缝制的青稞袋子，袋子堆满了一面墙，还有非常传统的

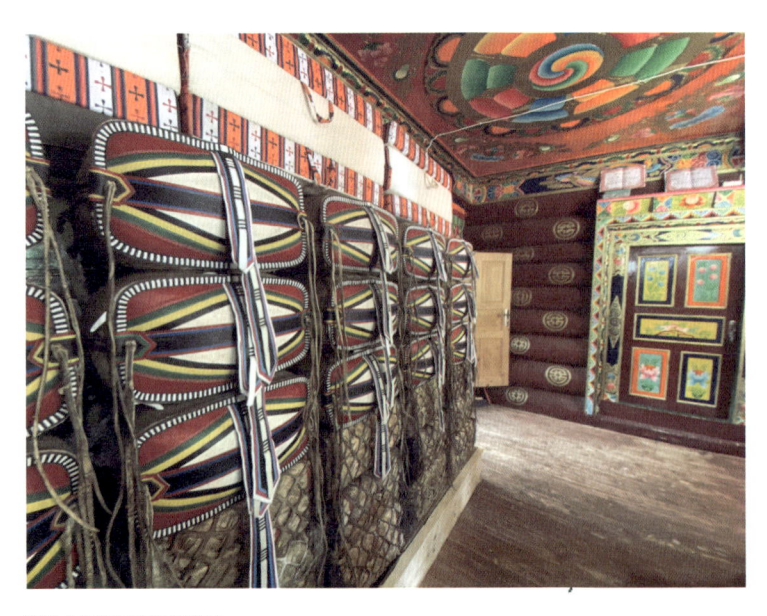

用牦牛皮缝制的青稞袋子

藏族装饰装修。为了达到更好的播出效果，我们邀请昌都电视台的主持人穿上江达的传统服饰，让多种藏族文化元素在一个场景当中充分融合。俄色告诉我，江达县夏乌村已经被文化和旅游部定位成特色文化旅游试点，临别时，他让我们下次来当他的第一批客人。

这次西藏昌都的走村采访，我们看到了最真实的高原脱贫故事。虽然当地的自然条件充满挑战，但是难以阻挡他们脱贫的脚步。这次走村采访跨度上千公里，最高海拔跨越5000多米，我们经历了高原的缺氧和失眠，也感受到了当地人的热情和信念。在身边，我们看到巴登和巴姆的孩子都获得了良好的教育，俄色和嘎松旺姆的生活因为易地扶贫搬迁而改变。在全国，我们看到"十三五"易地扶贫搬迁建设任务已全部完成，全国共建成集中安置区约3.5万个，其中万人以上特大型安置区70个，共建成安置住房266万多套。产业发展、就业帮扶、社区治理和不动产登记等专项政策陆续出台实施，易地扶贫搬迁后续扶持政策体系正在逐步形成。

我们要相信，这些改变都会继续发生。我们用镜头记录脱贫，让真实的故事激励他们前行。

最后我们要感谢当地藏族的摄影师、驾驶艰险路段的司机师傅、为我们提供保障的医生和援藏干部，他们是我们完成这次高难度高原拍摄的坚实后盾。

《走村直播看脱贫》的23天

■ 上海财经报道组 刘怡乐

河北之行

2020年10月8日，这是我参加《走村直播看脱贫》活动的第一天。事前我已经定好了这一天早上的高铁票，从上海直达河北沧州，到站大约是中午12点。沧州算是个我并不陌生的地方，此前我采访皮草行业就曾来过这里，此番算得上是故地重游了。出了高铁站并不意味着我到了此行的目的地，事实上这里距离真正的《走村直播看脱贫》直播点海兴县张常丰村还有一个多小时的车程。

此前，我并没有多少参加台里组织的大规模直播活动的经验。这次活动由于和以往上海车展以及进口博览会有显著不同，因此出发前对于自己的工作安排我一直有着混沌的感觉。临出发前，制片人曾和我说过在这边主要负责剪辑。这里的要求是怎样的，制作成片又有哪些审片步骤我一概不知。在2019年参加的进口博览会中，我很清楚自己要做哪些事情。进口博览会的新闻的采编都是记者、摄像两个人构成的小组去完成，从开始报题到最后的播出每一步我都算得上知之甚详，然而这一次明显不在我的好球区里。

在抵达海兴县后，我在酒店里放下行李就赶去了直播彩排的地点。张常丰村距离县城十几公里，并不算远。具有很浓厚的北方农村色彩，外墙地形相对平整，乡土材料相对单一，看起来有种质朴敦厚的感觉。

整个村子并不大，道路虽然宽敞但已经停放了不少汽车、三轮车乃至自行车，因此留给大篷车的空间较为有限。在这几间屋子后就是全村的广场兼活动室，同时也是直播的地点。大篷车只能停在路边，当作为演播厅的大篷展开后，整条路都近乎被挡住了。由于建筑较多，路边也停着不少车辆，因此信号一直不太稳定。负责测试信号的贾玉静就一直表示，上传速度达不到要求，明天的直播也很有可能存在同样的情况。

事实上，信号不好一直是走村遇到的较大难点之一。因为各个村子周围的地形不确定，因此在进入山区之后，信号经常会出现不稳定的情况。虽然无论南线还是北线，走村全程都跟着一辆移动或者电信的信号车，但是信号不稳定的情况却仍是时常发生。

在村子的广场中，彩排正在进行。一边是锣鼓队正在找节奏，另一边则是秧歌队看站位。记者姜美羊也在镜头外和当地的书记确认直播的采访内容。

在大篷车里，我则是接受了来到这里的第一个工作——剪辑《云瞰中国之美丽乡村》。作为上海财经报道组派出的记者，我的主要工作内容就是协助直播记者剪辑直播节目以及剪辑《云瞰中国之美丽乡村》这一小片。

第二天，也就是10月9日，当天12点左右就是直播确定好的时间。然而还是出现了所有人都不希望发生的情况。10点左右信号开始不稳定了。摄像机拍摄回传给大篷车的导播台就已经出现了画面时断时续的情况。导播台信号的上传速度也一直低于规定的速度。最后没办法，只能采取录播。我也由此接到了第二个任务，制作大屏备播。

节目一结束，摄制组的所有人就开始收拾起来，因为接着我们的大篷车和中巴车就要前往下一个直播地点——位于河北衡水市的周窝村。周窝村算得上是我这一路来遇到的情况最好的村子之一。整个村子就在周窝镇里，一家河北较大的乐器制造企业就坐落其中。因此当地的经济得益于此，在近几年内一直有着不错的发展。借助产业扶贫，当地也探索出了一条乐器制作与旅游相结合的发展道路。事实上，旅游一直是贫困地区想要发展的主要产业。

纵观我走过的这10个村子可以发现，目前乡村地区的扶贫开发工作最终是为了培养乡村地区的自我发展能力，让乡村地区最终摆脱对外界资本的过度依赖，使当地重新回到主导自身发展的地位去。最好的途径自然是将当地人作为扶贫开发的主体，使当地人成为扶贫开发工作的主要参与者和主要受益者。

在周窝村我看到的正是这样较为合理的状态，乐器制作集团除了大量招收外地工人外，还吸收了不少本地村民，让本地村民可以以享受到企业发展的成果。同时，以"乐器之都"的名号对外宣传，打造特色的旅游景区——音乐小镇，使村民可以在村里经营咖啡馆、民宿等生意以谋生。

一直以来，教育等文化事业落后是农村贫困的根本原因之一，由于近些年国内飞速发展而带来的农村人口向城市快速流动，农村的文化设施也随之向城市集中。在这种背景下，农村的文化设施一直在减少，甚至一个村子都找不到一家书店，村里的孩子只能一直在田间玩耍，没有好的课外读物，自然也没有阅读学习的习惯。然而借助旅游扶贫，像周窝村这样的村镇为了吸引文艺青年来旅游，自然会开始建设书店、书吧等文化场所。此外青年客栈、咖啡馆等住宿或休闲场所也会开辟出一块专门的区域让游客阅读休闲。

我们到达周窝村时正值国庆假期结束，游客并不多，不过小镇内的咖啡馆仍在营业之中。我和几个同事趁着大篷车正在停放布置时，在小镇内逛了逛，正好还看到不少孩子在咖啡馆里看书。有的孩子还会在咖啡馆里学习吉他等乐器。乡村旅游产业会显著带动乡村文化事业发展，家长的教育观念也会得到改善，孩子在改善的环境中接受教育就能更好打破贫困村等贫困文化传承。

10月10日，我和负责航拍的新闻中心河北记者站的同事商量拍摄这个村子的素材用于记者的直播和《云瞰中国之美丽乡村》中。

新媒体组的李泽平则在大篷车内的演播室内录制《我当村主播　农民说新闻》节目，上来的四位阿姨带上了准备好的乐器，表演当地特色"三句半"。由于第一次见到这样的表演形式。在她们表演结束后，我和张宁、陈雨芫等人凑上台前，向几位阿姨借了乐器，就着这原本的台词也表演拍摄了一版"三句半"。

10月11日中午，在周窝村的直播结束后，我们这一行三辆车就立马奔赴了下一站——位于邢台市的后营村。整个邢台市平乡县对外的名片就是世界自行车之都。我们所常见的凤凰、永久等品牌的自行车都会由平乡县的工厂代工。后营村也借助当地自行车产业开展产业扶贫，主要生产的就是各类童车。

整个村子民居的个子都很高，院子很大。这主要因为当地的童车组装主要就是以家庭为单位，在工厂生产好零件后，都会在一个个院子里由村民进行组装。我跟着新媒体组的李泽平一起拍摄记者Vlog，因此走进了其中一个院子。院子里架着巨大的顶棚，防止雨水打湿零件，砖石地面上则是分门别类地摆放好了各种零部件等待着组装。

这里采用的是"合作社＋农户"模式进行产业扶贫，主要通过农户自发组织力量——农村合作社来将贫困户再生产纳入统一法人产业范畴。通过协同一致规模化的产销模式来提升贫困户的市场议价和经营能力，从而实现扶贫。

这种做法虽然能有效发挥产业优势，克服贫困户的盲目和懒惰，但依然存在一些问题。首先就是扶贫产业的选择：既要能保证经济效益，又能对接贫困户人力资本特征和生产条件，降低贫困户进入产业的门槛。在我看来，后营村的产业扶贫算得上是一个成熟的政策，也取得了非常不错的效果。

有趣的是，由于这一站直播时锣鼓队的表演不像之前的一场是距离摄像机较远，声音较大会干扰到摄像机对记者的收音，所以在这一场内，张宁需要站在场边指挥锣鼓队什么时候敲响、什么时候把声音降下来。

河北省邢台市后营村直播现场——张宁正在指挥锣鼓队

河北寿东村粮画姑娘正在作粮画

离开后营村就到了我们在河北的最后一站，邯郸市的粮画小镇——寿东村。总的来说，我在河北经历的这四站都很有代表性，而且扶贫政策非常符合当地情况，做到了产业和旅游相结合。

在粮画小镇里，做直播的记者是来自另一个节目组的，她原本在这里是要做一期小镇特色产业的节目，正巧我们一行人到达，她就顺势成了我们《走村直播看脱贫》的直播记者。

从左至右：刘荣中、刘怡乐、张宁、贾玉静、陈雨芫、李泽平

寿东村的粮画小镇是将特色产业和旅游业相结合的典范，用一粒粒不同色彩的粮食黏在画布上形成一幅幅画作，同时又将这一作画过程作为一种人文景点展开旅游业，实现了整村的扶贫发展工作。我和李泽平、张宁及领队罗敏也一同体验了一下粮画的制作过程，原本想将制作过程拍摄下来作为《记者走村 Vlog》，只可惜当时拍摄得不够好，最终没有做成节目，也算是在走村的这段旅程里留下了一点遗憾。

在这一场直播结束后，我们北线的人员也将迎来轮换，李泽平、张宁等人都要赶回北京。而我则将和新同事前往位于山西的下一站。

山西之行

10月15日，我们一行三辆车抵达山西省晋中市，直播的这一站就位于晋中市社城村。

社城村的扶贫产业是中药材和花卉种植，大巴车还未驶入村子，远远就能看到前方一大片专门养花的大棚。

在山西就能感受到这里的扶贫方法与河北截然不同的一点，这里更多会发展中药材或者是经济作物种植。可能和文化以及土地相关，来到山西，听到最多的就是中药材。从社城村往后，东坡村的特色产业是党参种植，而随后的松庙村则是发展连翘种植和沿太行一号公路的旅游民宿业。山西的最后一站晋城市的南阳村则是借助抗日大学旧址大力发展红色旅游业。

相较于河北，山西的这些村落更多呈现地理上的偏僻和孤立。在太行山公路建成前，松庙村和南阳村都处于深山之中，交通并不便利。从理论上来说，恶劣的自然环境会制约地区的经济发展。戴维·S.兰德斯就曾提出："当一个国家地处土地贫瘠、区位闭塞、易达性差的地理区位，自然中极易遭受疾病与恶劣天气的危害，那么就可能深陷贫困，这就是地理命运。"

当地的太行一号公路无疑是一项有助于扶贫工作的大工程，在太行一号公路的联系下，原本分散的各个村落有序地统一在一起。此外，山西各地通过移民搬迁来解决贫困人口过于分散的问题，社城村就是通过易地扶贫搬迁和当地特色产业实现了整体脱贫。

松庙村太行一号公路景色

在山西的四站以及陕西的两站里，和我一同工作的是来自新媒体编辑组的张艺菲。原本由李泽平负责的《我当村主播　农民说新闻》《记者走村Vlog》等工作都转交给了她。张艺菲是个来自河南的姑娘，性格大方活泼。

松庙村和南阳村都属于山西晋城市，这两个村子从某种程度上来说也有一定的相似——都是依托太行一号公路发展旅游业。

使用无人机从高空看去，这两个地方美得惊人，是我经历的10个村子中风景最好的。选择旅游业是当地下的一步好棋。

南阳村的民居距离都比较近，当地著名的红色景点——抗日大学分校就位于村子中心。在新媒体直播时，有一段设计好的场景是在抗日大学内进行介绍，然而到现场才发现，这里建筑的墙壁较厚，对信号的阻挡十分严重，想要采用直播的方式几乎是不可能，随时都有信号丢失的风险，于是最终决定采用摄像机连网线的方式进行拍摄。然而这样做又会因为两台摄像机在场景内相互穿插拍摄，网线有打结或不够长的问题。在直播前一天，徐嘉铭等人扛着摄像机实地走几遍来确定线路长度和摄像师走位。

我当时刚做摄像拍完《我当村主播　农民说新闻》，手上没事，因此拿上带了过来却一直没用过的相机拍下了他们测试的场景。

终点：延安

10月24日中午，在南阳村的直播圆满结束，25日一早出发前往下一站陕西延安。

坐在大巴车上，我怀揣着一种难以言喻的心情。一方面，在外出差这么久，确实感觉自己有些想要回去了。但另一方面，在这里的这些天，虽然辛苦，工作内容却很有意义。感觉自己处在一个很好的环境里，身边都是朋友，有些不舍得分别。

10月25日晚，我们一行人抵达了陕西延安的康坪村。

可能这里和我的家乡宁夏都位于黄土高坡，来到这里有种莫名的熟悉感。无论是山间的沟壑还是沿着山坡的窑洞，都感觉似曾相识。

康坪村和最后一站南沟村都属于延安市，两者也都采用旅游业作为扶贫产业大力发展。不过在实施上两个地方还有不同，康坪村更多的是借助窑洞来发展民宿，而南沟村位于安塞区，则是借助安塞腰鼓这张名片来发展。

在录制《我当村主播　农民说新闻》时，就能明显感觉到陕北人民能说会唱的特点。西北地方的腰鼓具有活力，而信天游的调子也带了黄土高坡上特有的苍凉和大气。

《我当村主播　农民说新闻》的录制现场

我随着《走村直播看脱贫》节目组一路走来，经历的都是近十年来发展迅速、实现脱贫的村子。从这些地区一步步走过，能深刻感受到我国扶贫工作的成就。

从党的十八大以来，数千万的人实现了脱贫，这意味着长期困扰我国农村的原发性绝对贫困将基本终结。不过，脱贫摘帽并不是终点。贫困并不是一个简单的经济问题，而是一个难以捉摸的、模糊的、不断变化的概念。具体来看，贫困是动态的，这主要是因为贫困的标准是可变的。按照"两不愁三保障"的脱贫目标要求来看，不仅需要满足贫困群众吃穿等基本生活要求，还要在教育、医疗、住房等方面使其得到保障。这也对未来的城乡协调发展工作提出了新的要求。

在我看来，发展乡村旅游是实现乡村振兴发展的一个方法，这主要是近30年来，随着城市化，农村人口流向城市，农村常住人口不断减少，教育和医疗等公共服务资源也逐步向城市聚集，这造成了农村在教育和医疗上的凋敝。不过随着乡村旅游的发展，部分城市人口也开始向乡村流动。创业农民工、下乡知识青年、回乡养老的城市居民等，能很好带动乡村的建设、提高乡村的教育和医疗资源。

相比其他产业，乡村旅游产业并没有立竿见影的效果，然而产生的社会效益却很长远。在松庙村和馆陶县粮画小镇的寿东村里，我见到了当地为游客建立的医疗服务站点。在河北周窝村里，我见到原本为游客准备的咖啡馆、青年旅舍里的读书角被当地孩子用来看书学习。

陕西延安安塞区冯家营千人腰鼓村

虽然乡村旅游并不是一种能适用于任何地方的万金油，而是依托于当地特色产业或景点的良药，但是确实可以实现农村人口素质的提升，带动乡村文化事业的发展，从而打破贫困文化传递机制，实现贫困人口的全面发展。

回首这次活动，《走村直播看脱贫》大型融媒体行动辗转全国各地，通过全体工作人员的汗水给我们所有人展现了一幅祖国乡村脱贫的画卷。在这里的23天，让我重新认识了这个世界，也对扶贫工作多了一点思考。虽然活动结束了，但我想我们每个人都还能继续在不同的岗位上为扶贫工作出一份力。

感受绽放在田间的笑容

■ 地方资讯组 李青

回顾2020年，最有意义的事情，就是能够参与大型融媒体行动——《走村直播看脱贫》，担任了5站的领队，与团队成员们完成了5个村的播出任务，一起度过了难忘的15天。这样长时间深入田间地头的采访拍摄，对于我来说是第一次，感触颇多。整个走村的过程不仅提升了我个人的业务水平，同时也让我真切地感受到每个乡村在脱贫攻坚中发生的变迁，致富后老百姓脸上洋溢的笑容，源于生活，发自内心。

我走村的第一站是河南省三门峡市卢氏县新坪村。一路上都是连绵不断的山，虽然不高，但比较深。果然到了新坪村，四望皆山，听说这里自古以来就是个山清水秀但交通闭塞的穷山村。为了改变贫困落后的面貌，新坪村依托豫西大峡谷漂流和豫西百草园景区打造出以体验农家田园生活为主题的农家乐经济，用度假村带动乡村就业，用特色产品助力村民脱贫，旅游成了这里的金字招牌。我们到达时恰逢豫西大峡谷举办"第十四届全国双胞胎漂流节"，几十对来自全国各地的双胞胎来到这里，其中不少双胞胎表示已经参加了好几届大赛了，亲眼见证了豫西大峡谷发展得越来越好。

采访中让我印象最深的是景区的一名船工，原本是村里贫困户的他，长得一点也不起眼，推荐他接受采访时我都有点担心，能不能说好，然而让我意外的是，他不仅表达流利，而且说起话来脸上自带阳光，那是一种发自内心的满足："我现在一年能赚3万元……"这个数字对于曾经贫困的他来说应该是想都不敢想的，致富后的内心安逸是没法假装出来的。

每年夏天，全国各地的很多游客慕名来到豫西大峡谷感受漂流的惊险刺激，避暑纳凉，享受特色美食。新坪村的不少村民开起了民宿和特色餐饮，为游客提供"吃、住、游"一条龙服务。游客来了，效益来了，土特产也出去了。随着旅游开发的良性循环，新坪村的香菇、蜂蛹、土鸡蛋这些土特产被游客传出了口碑，远近闻名。针对市场的需求，景区里定期开办特色集市，卢氏县各村的特产都会在集市上向游客展示、售卖，农产品越卖越远，需求量也越来越大，极大带动了周边村子共同富裕。随着旅游人数的不断增加、旅游人群的细分，特色民宿也应运而生，山水隐庐就是当地利用现有的农居进行合理改造和整修，在保留原貌的基础上进行全面升级装修，成为满足中高档休闲度假需求的度假综合体，不仅盘活了村民的旧房舍，而且还解决了近百人的就业问题。

在当地采访时我们发现，党支部的作用不可忽视，正确的决策起到了至关重要的作用，新坪村就有这样一个村党支部班子，很多关键时刻都是他们掌舵带领大家前行。在豫西百草园景区我们了解到，当初景区成立

河南卢氏新坪村山水隐庐度假综合体

占地时，村民们都想一次性出卖自己的老房屋拿到补偿金。虽然一幢老房子的补偿金只有3000元，而对于当时的村民来说已经是笔不小的收入了。村党支部班子研究后，觉得从长远发展来看这是个不妥的做法，在一遍遍说服村民的同时与景区进行了N种方案的谈判，最终与公司尝试采用了"公司＋基地＋农户"的模式，农户在豫西百草园景区上班有薪金，土地流转种草药有租金，村民的老房子入股有股金，这样的"三金"保证了村民的收入，现在每个农户每年都有几万块的收入，而且房子还是自己的。

新坪村党支部书记鲁彦玲一脸自豪地告诉我们，他们村于2019年入选了"首批全国乡村旅游重点村"名单和"2019年中国美丽休闲乡村"名单。现在的新坪人家家住上了楼房，旅游已经带领大家走上了一条致富路。

回想我们直播大篷车走过的每一个乡村，浮现在眼前的不仅仅是硕果累累、风景如画的场景，更多的是那一张张满足的笑脸。他们有的是普通的村民，有的是干部，还有的是驻村的第一书记。

在陕西平利县我们就遇到了黄开华，他是驻双杨村的第一书记。这位驻村第一书记年轻的脸上略带着羞涩的笑容。如何能改变村里贫困落后的局面，对每个第一书记来说都压力山大，要创新更得因地制宜。经过集体研究在双杨村实行"红黑榜"，让村里的面貌得到了大大改变，村里20位德高望重的村民组成了"道德评议委员会"，每季度选出勤劳上进的"先进

位于百草园景区的卢氏新坪村党支部

典型"和好吃懒做的"反面典型",分别张贴"红榜"和"黑榜"。登上"红榜"的村民干劲倍增,上了"黑榜"的村民倍感压力。就这样彻底扭转了村中的懒散风气,把脱贫的志气扶了起来。

　　能干实事更是双杨村第一书记的必备技能,由于双杨村山高路远,山区群众对产品策划、营销技巧知之甚少,很多优质农产品难以走出大山、卖不上好价钱。依托独有的地理优势和绿色的天然环境,双杨村建立了云端农场,打出绿色无公害的牌子,将农家乐办到了山顶云端。山上的蔬菜运下山后卖到了好价钱,山下的游客也被农场吸引,来到山顶感受云端美景,采摘品鲜。同时双杨村开办了平利县首家村级第一书记扶贫超市,这也是安康首家第一书记网络扶贫超市,为贫困户农副产品走出农家院进入大市场"先试一步"。

　　在平利县双杨村的新媒体直播中,特色扶贫产品——庖汤宴占了很大的篇幅。美食是最能打动人的,这也是当地村民增收致富的法宝。每桌880元,新鲜猪肉做成的道道美食格外吸引人,村中还成立了庖汤宴合作社,村民可以在合作社申请办庖汤宴。村民不仅能赚到庖汤宴席的钱,还能赚到卖猪肉的钱,两头增收,游客身在其中既可大快朵颐又可细品乡间民俗,前来预定的游客络绎不绝,双杨村的庖汤宴也变得远近闻名。

陕西平利县双杨村的云端农场

就这样在驻村第一书记的带领下，双杨村先后发展了绞股蓝、魔芋、中药材、核桃等种植业产业和生态猪、土鸡养殖产业，把更多的贫困户嵌到产业链上，实现增收脱贫，昔日的"贫困线"化身成美丽乡村的一道道"风景线"。

这次在我走过的陕西省境内，挑选的都是陕南山区的贫困村，过去山大沟深，老百姓的生活不富裕，人走不出去，农产品也卖不上好价钱。如今在党的扶贫政策、措施和社会各界的帮助下，依靠资金扶持、产业带动，这里的路通了，民富了，老百姓的生活越过越好。原来只在山里打转转的农副产品也通过电商平台走出了大山，走进大都市，成了绿色畅销产品。

8月的丹凤县漫山遍野结满了青核桃。这里是核桃老产区，所产核桃品质优良，核桃产品备受青睐。盛夏正是鲜核桃上市的季节，当地为了群众的核桃能卖出合理的价格，进一步推动核桃的网络销售，提高丹凤核桃的知名度，特意举办了"15天挑战1万单鲜核桃销售电商助农活动"。电商销售农产品在当地已经成为最直接、有效的方法之一。经过前采我们找到了一位核桃销售达人，他是当地土生土长的农民，文化程度低，没有受过专业培训，却成了抖音上很火的核桃大叔——陈军榜。这是一个不笑不说话的大叔，见到他时他正在核桃园里打核桃，陈大叔说自己的部分土地已经流转给了核桃主题公园。最开始是有人录了一段他打核桃的视频上传到网络，没想到就有很多人要买核桃。看到这种情况自己就在村里年轻人的帮助下上网卖起了鲜核桃，没想到生意还挺好。大家一听说是贫困山区的产品，更是踊跃购买，自己打核桃的小视频也火了起来。因为质朴的形象使他攒下了不少人气，隔山隔水通过网络就把自家的核桃卖出去了。这是陈大叔做梦也没想到的，初次触网让他感触颇多——这是多么神奇的一个平台。让陈大叔更没想到的是，之后竟然有公司主动找上门来帮他做直播卖核桃，不但自家的核桃销售一空，而且村里乡亲的核桃也有了销路。小小的核桃让他也成了"网红"，招牌式的笑容印在了每一个人的心中。如今在陕西丹凤县，核桃产业已经成为广大群众脱贫增收的主要来源之一。

回顾这次大型融媒体行动《走村直播看脱贫》，历时100多天走过了101个村，完成了101场直播，实现了5.25亿次的全网点击量，掀起了脱贫攻坚报道的小高潮。作为参与者、报道者，由衷感谢这次活动带给我的收获，希望脱贫后的每个乡亲脸上欣慰的笑容常在，也希望能通过镜头为观众展现更多的绿水青山，让每一个人感受到这个时代给乡村带来的巨变。

收官之作：《对话》是怎么串起珍珠的

■ 《对话》宿琪

2020年11月1日上午9点，在陕西延安的宝塔广场，大型融媒体行动《走村直播看脱贫》收官之作《对话》特别节目正在紧张录制中。参与了走村直播活动的上百个村纷纷派出了代表，在革命圣地延安共同感受这最后的大团圆和大聚会，那种期盼、兴奋、激动都是无以言表的。《走村直播看脱贫》3个多月的直播活动，涌现出了上百个典型和很多的故事，究竟哪些能成为《对话》收官之作的嘉宾？我们这样一台晚会究竟要向全国的电视观众传达怎样的理念、逻辑和情感呢？

《对话》的录制外景

在前期搜集和整理资料的过程中，我们《对话》团队的感受就是两个字：庞杂。3个多月的融媒体直播活动，走过全国上百个村庄，每天会诞生大量的好素材、好故事，想准确无误地搞清楚这些家底就很不容易。那我们就需要找到方法，首先我们需要数据支撑，把走过的县、村和报道的日期、记者等信息大数据化，在最短时间内抓取到宏观的情况。其次，我们需要大量回看新媒体的节目和相关的报道，找到直观感受，找到典型人物。最后也是最重要的，我们找到了很好的帮手，就是领队。十几位领队把他们认为最值得报道的人和事先给我们推荐了一轮。我们随即和重点人物展开了线上的访谈。一个多星期磨合下来，不断学习、不断消化，我们可以比较清晰地看清楚我们手中的素材，它们就像一颗颗"珍珠"，非常宝贵、非常漂亮，但究竟怎样才能把它们串成一根惹人喜爱的项链呢？

我做了几百期《对话》节目，每个节目看着似曾相识，但每一次都是新的挑战。最难的地方是面对不同的主题，我们都需要提炼出主张，就是背后的逻辑线，也就是要找到藏在珍珠项链里面的那根绳子。找到好的绳子，珍珠才能串成平滑美丽的项链。这一台晚会，有颁奖，有访谈，有签约，有画卷，还有才艺表演，如何找到我们的逻辑线呢？不是靠外在花哨的技巧，而是要回归到我们对脱贫攻坚政策的真正理解上。从这个角度来说，《对话》有着深厚的积累，2016年，《对话》和原国务院扶贫办主任刘永富开启第一次对话，后来几乎每年都会花力气研究中国的扶贫政策。

《对话》录制开场前热场

恰巧的是，我就是其中重要的参与者。精准扶贫，异地搬迁，产业扶贫，教育扶贫，啃硬骨头，"三区三州"等都是这几年脱贫攻坚工作的关键词，每一次《对话》节目都有着对它们深入的理解。这一次这些积累派上了大用处，结合我们选出的典型，我们梳理出一条访谈的逻辑线：从"直播带货消费扶贫"开场，因为他们各有绝活，开场热热闹闹。然后话题衍生到"产业扶贫，村里有能人"，因为在全国脱贫攻坚主战场，产业扶贫是最有效果的方法之一。再然后话题更深一步剖析"扶贫必扶志，扶贫先扶智"的典型案例，"方法"和"志气"的缺失也是贫困村贫困的深层次的原因，"扶智""扶志"就是深层次的解决办法。此时高潮处推出一个有特殊意义的地方——湖南省花垣县十八洞村。2013年11月3日，习近平总书记在这里第一次提出了"精准扶贫"的理念。看看7年后的今天，十八洞村有什么新变化。最后一个版块我们聚焦今年脱贫攻坚的重点，如何啃下硬骨头，在全国"三区三州"深度贫困地区有什么好办法、好故事？从今年最红的直播带货开始，后面有方法，有思路，也有原因分析，更有感人故事的情怀，最后是对2020年工作的期许和关切，这样的逻辑线清晰而深刻，让我们立马找到了组合素材的"魔方"。顺着每一版块的情绪点，我们把颁奖、签约、百村大集、百村画卷、徐工领导的采访巧妙地穿插进去，没有割裂的感觉，形成了一个完整流畅的表达。

《对话》收官之作的导播间

线索初步找到，做《对话》节目是不是就可以高枕无忧呢？那就大错特错了，经常是我们和对话的嘉宾深入沟通后，还会对节目的逻辑线进行微调。如果能吻合上的话，那就是非常幸运的。如果和设想的主张有出入，也就是说例子证明不了我们的立意的话，那就有推倒重来的风险。不过，这一次得益于各位领队对推举出来的案例的精准了解，我们就不会冒太大的风险。我们开始和十几位推举案例的领队深入沟通，第一轮导演在线联络中，由于各位嘉宾所在地区信号、工作强度等综合原因，导演的手机做到了24小时待命，不同地区、不同时空地转换，非常辛苦。"只闻其声不见其人"还不行，我们提前两天到了延安，也通知所有的嘉宾尽量早点到，目的就是"见到真人"。直到那个时刻，做节目的心才能稍稍放下来一些。

　　录制前两天，我们就在延安安营扎寨了，各位嘉宾也排好了时间表，一位嘉宾大致安排了两个小时左右的沟通时间。给我留下特别深刻印象的，大部分都是女性嘉宾。被我们安排第一个出场的就是安徽省蒙城县戴尧村的一位大姐，她叫吕文英。她是和她的搭档戴超贤一起表演"夸咱家乡好"的段子，差不多赶上相声了。你可能根本都想象不到，吕大姐就是戴尧村最普通的村民，当时《走村直播看脱贫》的大篷车开到他们村子，她和搭档戴超贤被培训了一小会儿就直接当了主播。别看第一次，他们可一点也不怵，夸起自己家乡那小话一句接一句，第一次触网就成功了，变成了"网红"。这次在宾馆里我们终于见到她了，她个子不高，脸黝黑，面容和善，特别爱笑。她说起话来嗓门儿很高，也很干脆。"我们蒙城县庄子故里、礼义之乡，牛群在那当过县长，我们的五洲牛肉畅销全国，走向世界。我们蒙城的粉丝远近闻名。我们的岳坊镇戴尧村，美丽的乡村，我们的万亩莲藕风光美。说到我们戴尧的藕，那叫个儿大，皮薄，汁多，味甜，浑身是宝。如果吃了我们的藕，会变得更美、更俊、更漂亮。"刚说现场表演一下，她和戴超贤马上进入状态，就你一句我一句地说上了，关键是带着他们当地安徽口音，很是诙谐，真有牛群讲相声那个范儿。偶尔中间遭遇了个小磕巴，现场我们围观的好几个人哈哈笑了起来，吕大姐也尴尬地笑了起来，赶紧说："回去再练练。"宾馆里的房间顿时成了欢乐的练习场，大家纷纷为他们的表演出谋划策，还让他们到现场带上道具——皮薄汁多的莲藕。第一部分太热闹了，不光有安徽蒙城的相声，还有和他们PK的呢，来自贵州花茂村的大哥大姐也不示弱。安徽吕大姐铿锵有力，贵州的张胜迪温文尔雅，第一部分我们通过他们的精彩表演把开场的氛围推到了高处。在录制现场，他们乐观向上的精神感染了现场的观众，大家时不时发出欢乐的笑声。

第一部分有相声，有PK，有现场带货，有各种特产，有神秘道具，现场热热闹闹。第二部分对话访谈的功底就要开始显现了。这部分我们讲的是"产业扶贫，村里有能人"。来自江西、宁夏、陕西、湖北等地的贫困村的代表将要讲述他们的故事。这中间，江西省赣县区河埠村合作社负责人吴新莲的故事深深地打动了我。去村里采访的记者易扬介绍说，吴大姐是村里的大忙人，发展蔬菜大棚需要土地流转，她到村民家一家一家去做工作，整天在村里跑得她用坏了7辆摩托车。而且吴大姐曾经是单位上的唱歌比赛获奖专业户，但现在忙于村里的合作社，令人非常羡慕的金嗓子也变沙哑了。辛苦的付出也得到了喜人的回报，现在在人均6分地的河埠村已经有了非常让人羡慕的产业，现在90%的土地都进行了流转，盖上了蔬菜大棚。10月30日，和她面对面地交谈也是在宾馆房间，她个子也不高，但和吕大姐一样说话干脆利索，我们聊得非常融洽。她是自愿来村里搞蔬菜大棚合作社的，当时村民并不相信也不接受，土地流转是最难的。她一家一家地跑，有些村民不给她好气受，她就用行动一次次感化人家。说起这一段故事细节的时候，她眼圈有点红了，在她弱小身躯背后肯定隐藏了很多不被人所知的辛酸。我们似乎有些"残忍"，还在不断地去引导、去挖掘，让她说说最累、最难、最苦的时候。她摸了摸自己的一只胳膊，说有一次骑的摩托车翻到田埂里，她摔倒了，胳膊也摔断了。说到这，她停住了，好几秒后泪水奔涌而出哽咽了。当时我们的房间安静极了，我们的眼圈也红了，但并没有打断她，就让她把我们当成一个普通朋友倾诉一下吧。脱贫攻坚一线的第一书记、村长和带头人，他们平常的累和难可能都被忙掩盖了，他们也需要一种放松。我们不仅仅是简单地完成访谈的任务，而是要让他们相信对话，愿意和对话倾诉，这种状态才是最重要的。最终节目录制时，由于时间限制，吴大姐的故事没有充分展开，这也是有点小遗憾的地方。

第三部分我们表达的是"扶贫必扶志，扶贫先扶智"这样的理念。我们请来了河北省涞源县北牛栏村的驻村第一书记曹志民和广西灌阳县永富村第一书记李少华，他们都采用了很多实用的办法培养村民的技能，并唤起村民的自发动力，让他们真正能"脱得了贫"，以后也能不再返贫。这部分内容谈得很实在，如果在此结束也不是不可以。但后面我们加上的一个

《对话》现场放的照片——广西大崇村龙布屯山顶客栈看到的星空

案例让"实在"的部分进行了升华。广西大崇村是一个深度贫困村,其中的龙布屯只有八户人家,而且就在十八弯山路的尽头。腾讯基金会委托员工陈圆圆,用200万元在十八弯山顶上,修建了一个有十间客房的集装箱小客栈,之后还会打造一个食品加工厂,用文旅扶贫的方式把绿水青山变成金山银山。一般人想到脱贫的时候可能就会想通路、通电、通水等,但他们为什么会有这么浪漫的想法呢?陈圆圆说:"腾讯这样一个互联网企业,这里面可能有互联网思维,最重要的是打开他们的思路,他们的思路和心路需要有人去引领,我们可以做这样的事情,然后通过扶智力的方式去激发他们的内生动力。"在现场录制的时候,在大屏幕上专门放出了几张客栈的照片,现场的观众都哇哇地惊叹。的确,在"龙布日出"客栈看星空简直太美了,它让所有观众的思绪都飞了起来。更让观众感动的是,有两位村里的小姑娘,她们是这家客栈的服务员,从来没有离开过大山,这次她们和陈圆圆一起来到了延安。22岁的秀梅因闭塞在大山里,只有小学二年级的学历,她激动地说:"全村人都没有坐过飞机,都很羡慕我。我家里弟弟妹妹比较多,一直都很困难,我是大姐。"另一位姑娘艳桃说:"我们很少出来,我已经有五年一直在大山里了,收到通知的时候我贼开心,见到飞机的时候我使劲儿地拍照,想拿回村里,给村里人看看飞机长啥样,飞机有多大。然后来到延安我们走到宝塔上，我看见好多全国各地的游客，然后就改变了主意。现在我的愿望是能够迎来全国各地的朋友，希望更多的人认识我们龙布日出，知道我们龙布十八弯那里有一个客栈。"洋溢在艳桃和秀梅脸上纯真灿烂的微笑打动了无数人，很多观众默默流下了热泪，可能是被一种幸福感打动了吧。很多观众都来自全国各地的脱贫第一线，他们太了解这些善良的老百姓的心声了。脱贫攻坚第一线的人不仅仅要打开贫困村的山路，更重要的是打通老百姓的心路。借着十八弯山上这所漂亮的民宿，我们慢慢欣赏着城市里罕见的星空，我们所有人的心灵飞起来了，一种震撼、一种满足、一种心灵沟通、一种笑着的感动，轻盈地包裹着所有人。那是《对话》节目追求的一种境界，不仅让别人听进去了，还有很强的代入感，和节目融为了一体。从开场的热闹到中间的深刻再到后面的心灵出窍，《对话》圆满地完成了它的话题衍生。

　　历时百天，走过百村，绘画百幅，直播百场，央视财经频道大型融媒体行动《走村直播看脱贫》在《对话》现场圆满收官了。这次《对话》特别节目也创造了很多第一：嘉宾最多，观众最多，小片最多，仪式穿插最多等。参与《走村直播看脱贫》节目的频道同事也给予我们大力的支持。满满感动，满满收获，我们为见证中国脱贫攻坚的巨大成就而自豪！

《对话》录制结束和广西大崇村龙布屯嘉宾合影

窑洞腰鼓　日子红火
——陕西走村之行

■ 地方资讯组　任芳竹

年底将至，如果有人来问我：2020年对你个人来说最重要、最难忘的事情是什么？我想，除了我们国家凝聚一心抗击新冠疫情的这件大事，对于我个人而言，就是参与了我们中央广播电视总台财经节目中心的大型融媒体行动——《走村直播看脱贫》。

2020年是我国决战脱贫攻坚收官之年，11月23日，贵州宣布最后9个深度贫困县退出贫困县序列，这不仅标志着贵州省66个贫困县实现整体脱贫，也标志着国务院扶贫办确定的全国832个贫困县全部脱贫摘帽，全国脱贫攻坚目标任务已经完成。

为了记录全国各地脱贫致富的历程，财经节目中心报道团队于7月25日从江苏徐州出发，正式开启《走村直播看脱贫》大型融媒体行动。此次报道由两辆融媒体直播大篷车和多个地方报道小分队协同完成，兵分两路走进全国23个省、自治区、直辖市的典型脱贫村，历时100多天，走进101个村，直播101场，行程达35000多公里。

作为财经频道地方资讯组的一名普通的编辑，我有幸参加了《走村直播看脱贫》行动最后两站——陕西延安宝塔区康坪村、陕西延安安塞区南沟村，和宝塔山会师行动，让我收获良多。

走进陕西延安宝塔区康坪村

听说了此前同事们经历了西藏高原缺氧，也一览了青海茶卡盐湖的美景，那么陕西又会带给我什么记忆呢？怀着激动的心情坐上飞往陕西的飞机，没想到下飞机时就给了我第一个惊喜，原来延安南泥湾机场是削山而建的，前一秒飞机还飞行在山巅，后一秒就平稳地降落在了跑道上。我不禁窃笑自己的闭塞，在我心中，延安还是一个遍地黄土的革命老区，和我生活的北京的风格也许格格不入。但是仅机场建设这一项，就让我看到了当地花了大手笔发展的决心和缩影。

终于和大部队会合，坐上我们的大巴，跟随着大篷车行驶在山间，我从车窗内看着外面昼夜更替，天空破晓。两旁的大山、山上的窑洞、路边的河滩……到繁华的市中心、巍峨的宝塔山，一桩桩一件件从眼前向后退去，仿佛见证了这个革命老区几十年的发展样貌。秋末冬初时节，看着黄土高原上略显稀疏的山貌，以及一个个小小的拱顶窑洞，我在心里暗暗地想，住在这里的人苦不苦，冷不冷？但是前期跟随大部队进行调研后，我发现这里的村民依托着大山和这片土地，已经有了自己的大棚种植以及山地苹果种植产业，有政府支持提供完善的收购政策，也有独特新颖的窑洞民宿，以及气势磅礴、红红火火的安塞腰鼓，这些都让我看到了大山里的生机。

村民在窑洞民宿前打起腰鼓

不起眼的乡村道路旁，游客们的右手边是民俗窑洞，左手边就是特色采摘园，成套的旅游设施让我都不禁心动。一日三餐，我们尝到了大棚里种出的绿油油的莜麦菜，嫩绿香甜；闲暇之余，我咬了一口陕西当地产的苹果，作为当地的重点产业，这成果当真是"又大又甜"。更不要提村民们操着一口地道的陕西口音，热火朝天地制作着腰鼓、完成一幅幅精细精美的剪纸作品，这些都让我看到了当地的文化瑰宝。

走进陕西延安安塞区南沟村

而在这几日的行程里，给我印象最深的，就是最后一站记者易扬在安塞南沟完成的连线中，200人的腰鼓队齐齐敲响。当他们挥舞起红缎鼓槌，迈着豪迈的步伐从地上跃起，我心中有着说不出的震撼和感动，相信这份震撼也从屏幕中传递到了屏幕前的观众心中。以至于从陕西回来后，每每谈起陕西之行，我总会从央视财经App上找出这段视频给大家看一看。而我身边的人听着鼓声震天响，村民唱着陕西民歌告诉大家，他们现在坐在家乡床头就能靠着剪纸、种苹果把钱赚时，大家都看得万般认真。我想，大家看节目时的这份"若有所思"，正是我们的节目想要传递的东西吧。

热火朝天剪纸忙

延安宝塔山胜利会师

  如果说此前的连线是常规的忙碌外，最后的会师行动可谓是真的劳心劳力。我们地方资讯组的同事们，扛起了包括资料整合、嘉宾接洽、颁奖环节等多项工作。一大早就在大厅里迎接嘉宾签到，下午就要赶往现场进行彩排，夜里还在酒店里打印、整理、分发资料，安排第二天的工作。两天的连轴转让我头痛欲裂地倒下了，幸而同事们贴心地给我准备了止痛片，让我及时恢复过来，没有耽误会师的工作任务。这次的陕西走村之行，也让我重新审视了我自己作为一名电视台编辑工作的意义。最后，当我们在暖阳下、在寒风中，外冷内暖地对着天空中的无人机招手告别时，我真诚地希望在今后的报道编辑工作中，更多地方的人们能够在我们的报道下，摆脱贫困，过上好日子。

我们见证走向小康生活

■ 地方资讯组　罗旭　杨贵明

2020年8月，甘肃广电总台有幸参与了中央广播电视总台财经节目中心主办的大型融媒体行动《走村直播看脱贫》。8月31日，在甘肃省天水市甘谷县尉坪村启动，截止到9月23日，直播团队先后走进甘谷县、东乡族自治县、静宁县等7个县的贫困村，挖掘鲜活脱贫故事，直击村容村貌巨变，展现村民如何突破生存发展困境、走向致富之路的历程。先后参与了6场新媒体直播、一场电视大屏直播连线。

8月31日，中央广播电视总台财经节目中心大型融媒体行动《走村直播看脱贫》走进了第一个"三西"地区扶贫地点——甘肃省天水市甘谷县礼辛镇尉坪村。过去的尉坪村种植结构单一，增产不增收，是名副其实的贫困村，但现在当地百姓的生活发生了翻天覆地的变化。为什么能脱贫致富呢？可多亏了当地的"三宝"——苹果、花椒和辣椒。

此次直播活动，通过直播和走访的形式，讲述尉坪村由昔日的贫困村变成远近闻名的小康村、文明村的故事。报道尉坪村在风沙弥漫中摸索出"支部＋合作社＋基地"模式，走出了一条以绿色发展为导向的可持续发展之路，小苹果成了"富民果"，一抹辣椒红点亮小康梦。

在直播中，我们甘肃广电总台的主持人在尉坪村的辣椒地，体验辣椒采摘，进行辣椒采摘比赛，并在合作社里了解串辣椒、采辣椒的工序流程，同时在尉坪村的苹果地里参与直播带货。在果园里，我们的记者通过现场采摘、品尝苹果，既增加了节目的互动性、趣味性，又对当地的农特产进行了宣传。

甘谷县礼辛镇镇长马永刚告诉我们："这次中央广播电视总台到礼辛镇尉坪村搞直播，是对我们基层最大的鼓励和支持，我们将以这次直播为契机，进一步优化产业结构，壮大产业规模，持续增加群众的收入，为乡村振兴战略打好基础。"村民杨亚东告诉我们："刚刚通过直播看到了咱们礼辛镇尉坪村的辣椒、花椒、苹果。作为甘谷人，我感到非常自豪和骄傲，这不仅是对我们的宣传，也是对甘谷非常难得的宣传。"据统计，近一个小时的直播，直播间的浏览量就超过了400万人次，在已有的35场直播中居榜首，取得了很好的宣传作用。

9月3日，《走村直播看脱贫》走进第二个"三西"地区贫困村——甘肃省定西市渭源县田家河乡元古堆村，聆听当地老百姓讲述大力发展康养产业，靠中医药、马铃薯种植、草牧业三大传统特色优势产业鼓起钱袋子，告别破败土坯房的动人故事。

9月的渭河源头绚丽多彩，渭源县的田家河乡元古堆村更是充满生气。村口新建的石牌楼上书写着"元古堆村"四个大字；经过硬化的小巷，将青砖红瓦白墙的民居一排排分割开来；村里最空旷的地方，建有一个小广场，周边是整齐排列的太阳能路灯，孩子们在广场上追逐嬉闹……站在村外的山头俯瞰，元古堆村融入初冬的山野，像是一幅美丽的水墨画，这就是现在元古堆村最真实的写照。

甘肃广电总台记者范多斐在田间采访

此次《走村直播看脱贫》走进的渭源县元古堆村，位于海拔2400米的山区，在2012年以前，这里偏僻难行，村民们祖祖辈辈土里刨食，靠天吃饭。2013年2月3日，习近平总书记亲临元古堆村视察，做出了"咱们一块儿努力，勤劳致富，把日子越过越红火"的殷殷嘱托。田家河乡党委副书记、乡长王小明告诉记者，7年来，元古堆村村民牢记习近平总书记嘱托，众志成城、感恩奋进，全力以赴摘贫帽，意气风发奔小康，大力发展中药材、马铃薯、百合种植和梅花鹿养殖、乡村旅游等传统优势产业和新兴产业，脱贫攻坚工作取得显著成效，谱写了一段不忘嘱托、感恩奋进、党群一心、共同圆梦的奋斗篇章。曾经的"烂泥沟"发生了天翻地覆的变化，华丽转身为"小康村""文明村""美丽乡村"。村民杨树才说："咱元古堆村旧貌换新颜了，这是借了脱贫攻坚的东风，现在日子越来越好了。"

2016年元古堆村被评为"绚丽甘肃·十大美丽乡村"。2018年全村实现整村脱贫。2019年全村人均纯收入跃至10789元，建档立卡贫困人口人均纯收入达7325元，实现了脱贫路上"不落一户、不落一人"，老百姓的日子越过越红火！

《走村直播看脱贫》栏目组先后深入田间地头、药材加工企业、梅花鹿养殖场、马铃薯专业合作社等地，相继拍摄了《中药种植致富路：深加工产品增加附加值》《挖党参也有技巧 元古堆党参有点甜》《科技助力渭源马铃薯良种提质升级》《梅花鹿园欢乐多 元古堆村旅游添新玩法》等专题，以"当归+党参+黄芪=元古堆村的'致富良方'"为题，通过多点网络直播，对元古堆村中药材种植加工、科技助力渭源马铃薯良种提质升级、梅花鹿特色养殖、乡村旅游等产业助推脱贫攻坚取得的成就和典型做法进行深入采访。

中央广播电视总台财经节目中心记者胡元感慨道，在她的印象中，定西是全国最穷的地方，元古堆村是习近平总书记最牵挂的地方之一，这里百姓生活的艰苦可想而知。在来元古堆村之前她已经做好了"吃苦"的准备。但是来了之后她发现，这里和她想象中的不一样，眼前的景象更是让她耳目一新。她说："这里的村民通过各种各样的办法来摆脱贫困，实现脱贫，让我看到了生机和活力，我们也是想通过这次融媒体直播活动，全面展示渭源县决战脱贫攻坚、决胜全面小康的典型做法、成功经验和元古堆人攻坚克难、摆脱贫困的生动实践、感人故事。"

胡元告诉记者，在采访中她发现，近年来，元古堆村发展以当归、党参、黄芪为主的中药材产业，大多数村民开始种植中药材，为了帮助村民进一步拓宽销售渠道，经过她和财经节目中心的努力，渭源县元古堆村的甘肃药业集团圣源中药材有限公司与央视财经《走村直播看脱贫》栏目组推荐的中国亳州市中药材专业市场药商理事会签约，助力渭源10多万老百姓依靠自家地里的"软黄金"在家门口脱贫致富，接续发展乡村振兴！

9月7日，《走村直播看脱贫》直播组走进"三区三州"的甘肃省临夏回族自治州东乡族自治县布楞沟村。

有些事，唯有亲眼见证、亲身经历，才能真正理解。譬如此次采访，当我们走过漫长而曲折的山路，站在东乡的黄土地上，看着大山陡坡、沟壑纵横，才能明白，在东乡扶贫工作的落实和推进中，蕴含了多少人的付出与心血。

布楞沟，东乡语意为"悬崖边"。过去，布楞沟村有六大难——吃水难、行路难、上学难、看病难、住房难、增收更难。在各级政府的坚强领导下，在社会各界的倾力帮扶下，临夏回族自治州广大干部群众牢记嘱托、感恩奋进，发扬"坚韧执着、苦干实干、感恩奋进"的精神，紧盯脱贫小康目标，补短板、强弱项、兴产业、促增收、激内力、提形象，全村整体面貌发生了翻天覆地的变化。

2018年，随着当地脱贫攻坚的步伐加快，布楞沟村办起了"巾帼扶贫车间"，专门生产当地妇女都拿手的油馃馃。在家待了大半辈子的妇女都进车间成了工人，靠自己勤劳的双手开始脱贫致富。在这个车间，记者和村民们一边聊近年来布楞沟日新月异的变化，一边说着油馃馃的制作手法。村民们讲到了自家修建的崭新住房，村集体发展出的、有本村特色的致富产业，这些变化让我们非常兴奋。"如今政策这么好，只要跟着党和政府，甩开膀子使劲儿干，日子肯定会越来越好。"马大姐高兴地说道。更让我们感到振奋的是，老乡们向往美好生活、对光明未来的信心和为此不懈拼搏奋斗的精神。

采访央视记者胡元

受到这些脱贫故事的鼓舞和启发，甘肃广电总台和财经节目中心所有参与此次活动的同行一道，践行"四力"，坚持真走村、真体验、真感受、真表达，努力把我们在脱贫一线的见闻、感想和启发变成一条条鲜活的报道、一场场生动的直播，努力挖掘每个脱贫村的特点与亮点，做到有所发现、有所思考、有所启发和有所领悟。

在前期选点、内容策划的过程中，就特别注重脱贫村自身的特色，充分挖掘脱贫过程中的经验、做法，形成鲜明的报道主题，并加以放大，避免了主题不明确、百村一面的状况。

记者在拍摄过程中并未想去遮掩或者美化它，而是采用更加真实的表达方式，给受众的体验反而更加真实、自然，突出了脱贫户依靠自身努力脱贫的奋斗与拼搏精神。同时，真正上手去体验农活，把自己代入相应的身份，反而让我们在现场报道的过程中，获取更加直接、第一手的主观素材，在节目的主题提炼和观点表达中更加"有话可说"，形成鲜明的报道主题。

甘肃省从2013年建档立卡的时候，有552万贫困人口，实际上调整以后是574.5万人，75个贫困县。党的十八大以来，特别是2013年习近平总书记提出"精准扶贫"的理念以来，我省脱贫攻坚工作的理念和手段相比过去有了很大变化，贫困县逐步实现脱贫摘帽，数千万贫困人口斩断穷根，贫困村有了翻天覆地的变化。很多贫困村、贫困县在做好"两不愁三保障"的基础上，还立足产业培育、教育、人力资本开发、思想观念、风俗文化改造等，开展脱贫攻坚工作。通过此次大型融媒体直播活动，广泛宣传"甘味"品牌，深度挖掘"甘味"内涵，用心讲好"甘味"故事，精心塑造"甘味"文化，触动消费者的味蕾，留住舌尖上的记忆，将甘肃省着力培育的"甘味"省级知名农产品公用品牌进一步推向全国。通过这次采访报道，我们真正做到了不忘初心共同见证，一起走向小康生活。

搬出大山天地宽　幸福家园卯家湾

■ 地方资讯组　胡龙超

2020年9月27日，我们的大篷车开始进入云南昭通，沿路看到属于这里的特殊地貌，山高坡陡，沟壑纵横，给我带来了不一样的视觉体验。

鲁甸县的卯家湾易地扶贫搬迁安置区，是我们这一站的目的地。通过和当地的协调会议以及群众聊天了解到，这里是昭通市鲁甸、巧家、彝良、永善、盐津5个县3.6万贫困群众的集中搬迁安置区。为什么这么多的贫困人口？卯家湾安置区怎么来的？这和这里沟壑纵横的地貌有着直接的关系。过去他们生活在海拔三四千米的大山中，交通不便，就医、上学都需要走很远的山路，很多人不得不小病拖成大病，而大病往往拖垮一个家庭。因此，过去很多家庭因病致贫、因病返贫。

卯家湾安置区居民楼上有14个字特别醒目，我非常喜欢，叫"搬出大山天地宽，幸福家园卯家湾"。

为了走出恶劣的生存环境，搬不动大山就搬房。2019年12月20日，云南昭通鲁甸县卯家湾易地扶贫搬迁安置区搬迁正式启动，3.6万人全部搬迁入住。不仅如此，该项目还为3.6万名居民提供医疗、教育、就业等"一站式"服务。和这些居民聊天不时就会有"幸福""党政策好"等词语，他们中不乏年老体弱，甚至身患残疾者，但说到现在的生活都会笑得很开心。

卯家湾安置区居民楼上醒目的标语

2020年9月30日的大屏直播我们选在了卯家湾安置区的卫生院，为什么选在这里呢？

这里是村民搬下山后生活的一个缩影。这个卫生院是卯家湾安置区扶贫攻坚的一项重要内容，3.6万贫困人口从大山搬出来安置在这里，建设了66栋安置房，解决了他们的安居问题，更重要的是要真正解决他们的后顾之忧——看病难。搬迁后的第一件事就是在安置区建立卫生院。

直播前下起了毛毛细雨，可仍然挡不住大家围观的热情，来了好多人问这问那，体现了当地人的质朴与好客。俗话说得好，不仅安居还要乐业，走出大山后，他们又是如何通过就业实现脱贫的呢？

"产业是扶贫的关键"，当地通过大力发展苹果和花椒等当地的特色产品，为他们解决就业和收入。鲁甸苹果成熟早、甜度高、香味浓、口感脆，声名远播、远销内外，成为鲁甸最具地方特色优势、助推农民脱贫致富奔小康的"金果果"。围绕"果园城市"定位，结合"半城苹果满城香"的目标，2019年苹果实现总产值2.68亿元，带动近2.2万户群众增收致富，户均增收6000元以上。除了苹果，不得不说的农副产品还有花椒。2019年，鲁甸全县花椒种植面积达32万亩，实现总产值9亿元，仅龙头山镇年收入5万元以上的花椒大户就达1100余户。不仅如此，当地还设立了扶贫车间——藤编手艺。我们在车间里见到不少老人或残疾人，这个车间的设立极大方便了他们灵活就业。

1. 直播准备中
2. 直播结束后我和领队在中巴车里马上开始编辑制作晚上播出的内容

"产业脱贫、教育扶贫",我们最后去了孩子们的幼儿园,这个新建的幼儿园就在卯家湾安置区当中,孩子们从家到幼儿园只需要几分钟时间。这些孩子也是来自鲁甸、巧家、彝良、永善、盐津5个县大山里的孩子,搬迁前他们很少有上幼儿园的机会。到了上小学的年纪,他们从家到学校的路程也是山高难行,远一点儿可能要走两三个小时的山路,现在只需要几分钟。

易地扶贫搬迁使因环境而致贫的村民从大山里搬到了城市,一步跨入了现代生活,他们不仅搬进新家过上了好日子,更重要的是人的改变。我能看见他们发自内心、溢于言表的幸福感。

我的走村故事

■ 财经资讯组 马佳伦

2020年11月1日，陕西延安，气温零下但晴空万里。我们的系列报道《走村直播看脱贫》正式收官。百天，百村，百场直播。

《走村直播看脱贫》带给我们每个参与者的，不只是时空的跨度，不只是身处每个质朴乡村的情真意切，更是发生在中国大地上的脱贫故事。收官那天，不知道有多少人掉下眼泪。于我而言，几个月的时间，走过五省八县，"我的走村故事"自然离不开当中的每一位主人公。

《走村直播看脱贫》收官当天晴空万里的宝塔广场航拍

李家台村直播现场，辣椒收购进行中

一级棒！核桃大叔

陕西的第一站我来到商洛的丹凤县。因为南水北调，当地开始大面积退耕还林，关闭有可能污染的工厂企业。陕南山区好多地方的发展受到了限制，丹凤就是其中的代表。如今说起丹凤，支柱产业之一一定是漫山遍野的核桃。陕西商洛专区基本上家家户户或多或少都有种核桃。

直播前夕核桃大叔陈军榜（右一）给记者讲述他和核桃的故事

到达丹凤的第一天，无意间刷抖音认识了核桃大叔——陈军榜。他那黝黑的皮肤、微驼的脊背，每天穿梭在核桃林里。核桃对他来说，不仅仅是如今脱贫致富的营生，更是一辈子的老伙计。大叔告诉我，商洛自古以来是九山半水半分田，沟沟岔岔的地形和独特的气候，比较适合种核桃。

脱贫攻坚以来，政府带领当地农民开始规模化地发展核桃产业，如今丹凤年产干核桃2万多吨，产值3.5亿元。核桃还通过电商走出陕南山区，走上大城市的餐桌。而花甲之年的核桃大叔，现在也通过流转土地和在核桃园打工，有了收入，还成了县里的"卖核桃网红"。

还记得丹凤站的直播中，我用"一级棒"来形容大叔亲手剥给我的那块鲜核桃。当地人告诉我，我们离开的第二天，核桃大叔还在问："瓜女子今天啥时间来，我教她打核桃去？"

山里有个最萌书记

陕西的最后一站是汉中的镇巴县，那天的进山路，说有几百个弯道一点不夸张。一路弯弯绕绕开进春生社区入口的时候，所有人都愣住了。不是印象里的黄土飞扬，不是想象中的贫瘠山区，而是金黄和油绿搭配起来的坝上田园。水稻田里，鱼虾穿过；瓜蒌棚上，挂满金果；山间竹林，跑步鸡自在地散步。春生的故事，要从最萌书记康述钧说起。走村期间，他一直标配白衬衣，头戴草帽，两颊绯红，笑眯眯地介绍他对于黎坝发展的十年规划和他的小目标。

春生社区新媒体直播　最萌书记畅言十年规划

如今，凭借大巴山区里的田园综合体优势，春生社区不仅留住了稻香瓜果香，还引来了游客的歌声欢笑声。康书记告诉我，黎坝镇的乡村旅游经历了从无到有、从小到大的发展过程，现在越来越火热了。未来的黎坝会走一条"一环、两廊、三带、四园"的发展之路。

2020年11月底，全国832个贫困县全部脱贫摘帽。其中有许许多多曾经的贫困县，都通过发展"乡村旅游"，展现出了脱贫致富奔小康的强劲势头。春生也不例外，走在宽阔的农耕大道上，稻穗金黄、瓜果飘香、游人如织，一幅大巴山区小江南的醉人景象。

马苹果家的苹果选上了果王

说到静宁，很多人都知道这里出名的苹果。虽品牌响，但底层农民要面对的困难却非常多，比如天气多变、价格浮动、交通不便等。所以这里盛产的苹果即便脆甜多汁、香甜可口，却很难走出深山。

甘肃之行的第一站是静宁县杨咀村。我的杨咀村之行，离不开苹果，也离不开故事的主人公董新征。2018年董新征出任杨咀村第一书记。董书记告诉我说，他对杨咀村的第一印象只有道路泥泞崎岖、出行异常不便。于是，董书记和杨咀村的故事就从"要想富，先修路"开始了。

杨咀村早熟苹果提前上市，供不应求

经过两年的努力，村里的路修好了，苹果没熟就全被订走了。每年的赛果会也搞得红红火火，2020年马苹果家的富士苹果还当选了果王。

曾经大山深处的穷山沟，现在还发展起了特色农业——养红牛、搭建蔬菜菌菇大棚，老乡的腰包越来越鼓了。走村时，董书记总在跟我描述他脑海里的好日子是大山深处也有一条条马路，是漫山遍野红苹果换来的真金白银，更是杨咀村老乡一张张的笑脸。

2020年是全面打赢脱贫攻坚战的决胜之年，也是全面建成小康社会目标的实现之年。在全国上下吹响打赢脱贫攻坚战号角、夺取脱贫攻坚最后胜利的同时，各级宣传媒体都积极投身其中，迈着坚定的步伐，奋力助推脱贫攻坚。无数次庆幸自己也是其中的一员，几个月的时光真听、真看、真感受发生在中国乡村的巨变。

虽然我们的《走村直播看脱贫》告一段落了，但无数脱贫故事里的无数个主人公，依旧在他们生活的热土上，书写着未来乡村振兴的全新篇章。

驻村书记张大姐的扶贫梦　让张常丰村"一路常丰"

■ 财经资讯组　姜美羊

2021年在大家的期待中如约而至，而2020年注定是永载史册、令人难忘的一年。这一年，在党中央的坚强领导下，我们抗击新冠肺炎疫情取得重大战略性成果，我国在世界主要经济体中率先实现正增长。2020年，是脱贫攻坚决战决胜之年。这一年，全国建成小康社会取得伟大历史性成就，脱贫攻坚取得决定性胜利，这是属于全体中国人的胜利。

2020年10月9日，中央广播电视总台财经节目中心大型融媒体行动《走村直播看脱贫》大篷车开进河北省沧州市海兴县张常丰村。很荣幸这次走村直播我参与其中，张常丰村虽然是整个活动的百分之一，却是我为之努力的百分之百。一场走村直播的顺利完成，凝聚了很多工作人员的心血和所有村民的努力付出。值得高兴的是：付出总有回报，在大家的共同努力下，截至2020年10月30日24时，河北省海兴县张常丰村收获点赞近186万，在全国参加直播活动的101个村中排名第九，荣获了最佳人气奖。

来到张常丰村你会发现，它就是那种北方最普通的贫困村，全村有438户1508人，建档立卡贫困户有122户255人，是海兴县贫困户较多的村子。过去的张常丰村是一个盐碱滩上的国家级贫困村，无产无业。村集体经济收入几乎为零，村民不是赋闲在家就是外出打工挣钱，穷得房子都盖不起，村委会由于没有集体收入经常被停电。而如今的张常丰村成为河北省有名的面食文化村，通过农副产品加工、电商直播、光伏项目等多种产业，踏上了脱贫致富的新征程，早在2019年就已经实现了全部脱贫。而谈到这一切的变化，就从驻张常丰村第一书记张巍婷的到来说起。

第一次见到张巍婷张书记的时候，你不会想到她是北京的一位法学博士。她笑容憨厚，穿着朴素，说起话来有点河南口音，大大咧咧的，怎么看都不像是"城里人"，就像是土生土长的"村妞"，村民都亲切叫她张大姐。在驻村之前，实际上她是名副其实的"城里人"——国家信访局督查室的三级调研员。

和大家分享一个细节，准备直播的那几天她都穿着同一件格子衬衫，我好奇地问她："要上电视了怎么不打扮一下？"她告诉我这几天事情太多了，自己都是怎么方便怎么来，忙起来真的顾不上打扮自己，很多时候都是握着手机看着群里的信息就睡着了，有时凌晨三四点就要起床，用清水洗把脸就出门。张大姐告诉我，也是由于自己的"不拘小节"，很快就和村民们打成了一片。从自己干，到带着村民干，再到村民主动干，就是靠着自己这股子实在劲儿。

驻村书记张巍婷（左一）给记者介绍各种农产品

2018年5月,张巍婷主动请缨来张常丰村做书记,一直做信访工作的她,就想来体验下村里的生活,给老百姓做点实事,帮助他们解决问题。没有在村里工作过的她,没有什么可以借鉴的经验,刚来的时候她整天发愁睡不着觉。因为村里自然条件不太好,盐碱地的小麦产量低,亩产只有300斤,平均每亩年收入只有300多元。细心的张大姐偶然一次在老乡家里吃饭,觉得馒头特别劲道,她就询问老乡,了解到馒头是用当地种植的小麦——"大红王"制作而成的。"大红王"虽然产量低,但是因为不打农药、不施化肥,口感特别好。于是她灵机一动,请自己认识的专家化验,发现"大红王"小麦钾、钙、蛋白质含量都比普通的小麦要高。顺着这条线,她号召村民不卖小麦卖"三面"——面粉、面条、面花,延长产业链,提高其附加值,通过发展盐碱地的绿色农副产品来带领村民致富。

打好脱贫攻坚战,关键在人。这里的"人",一是指扶贫干部,需要扶贫干部尽职工作,张常丰村很幸运地迎来了张大姐这样的驻村书记;二是指村民,脱贫攻坚,村民的内生动力的提升很重要,张常丰村的脱贫致富也源于张大姐非常注重培养致富带头人。走村直播的这几天,我就认识不少村里的"致富带头人",也是当地有名的"网络红人"。

王金明是村里的"面花大王",他说张大姐鼓励他制作面花,发挥自己的特长,发现卖面花"寿糕"的生意不错,十里八村的老人过寿都用这种寿糕。另外,自从驻村书记张大姐来了之后,通过寻找电商等销路,自己制作的面花,如愤怒的小鸟、葫芦家族、年年有鱼、机器猫等彩色卡通面花卖到了北京、新疆、天津等地。自己以前连想都不敢想,现在一个月有1万多元的收入,还带着村里面六七户贫困户的家庭妇女,每个月她们也至少有2000多元的收入。王金明骄傲地说,感觉自己非常有价值。

张大姐通过挖掘整合当地独特资源,创造了"张常丰"品牌,村里通过电商中心将扶贫农产品推广出去,一年销售收入150多万元。致富带头人村民"辣椒姐"的手工"四酱"——牛肉酱、辣椒酱、黑豆酱、芝麻酱,销路也是非常好的。她告诉我,她在张大姐的带领下做直播带货,独家秘方辣椒酱,一个月就能卖出几千瓶。

提到走村,驻村书记张大姐和我说,张常丰村的走村名额是自己努力争取过来的。之前她和村民带着张常丰村的农副产品受邀参加央视《开门大吉》和重庆卫视《谢谢你来了》节目,让全国很多地方的观众都知道了张常丰村,自己村子里的农副产品销路也更好了,所以深知媒体的影响力,知道我们有大型的《走村直播看脱贫》活动，她想着一定不能错过。拿到可以参与《走村直播看脱贫》活动的通知后，村里上上下下以及县里都特别重视，国庆节假期都没休息，一心想着把活动办好，展示张常丰村的风采。她悄悄告诉我，附近村的村民都对他们张常丰村上央视的活动羡慕不已，如今，张常丰村脱贫致富这张名片也让更多人知道了，村民们在致富路上干活也更卖力了。

2020年10月9日直播的当天赶上了当地一年一度的农副产品展销会，现场有非常多的村民扭秧歌庆祝丰收，直播需要彩排，秧歌队的大爷大妈、爷爷奶奶们不辞辛苦、一遍一遍地展示着张常丰村村民的热情，非常卖力，我在现场真切地感受着他们的热情。另外，村民们还给我们送来一件"礼物"，用当地农产品制作的带有央视财经新媒体Logo的"走村直播看脱贫"展板，非常好看！

采访中，村里许多老人告诉记者，千层底布鞋是县里的非物质文化遗产，已经有几百年历史了，养脚还防滑。驻村张书记鼓励他们制作，并且帮忙通过电商销售，一双至少能赚150元，在家里一年能赚到6000元左右，特别开心。不仅仅是千层底布鞋，张大姐采用了"非遗产品+扶贫"的工作

1. 张常丰村农副产品展销会上热情洋溢的秧歌表演
2. 张常丰村村民用当地农产品制作的"走村直播看脱贫"展板

思路，把枣木杠、吊炉烧饼等张常丰村独有的8项民间技艺，申请并成功获批县级非物质文化遗产，为村扶贫产品贴上了非遗产品的标签，增添了文化底蕴的同时，还增加了产品的附加值。

在驻村书记张大姐的身上我看到了坚韧、创新、朴实、执着、善良、无私奉献、全身心投入扶贫等一系列美好的品质。在她的带领下，张常丰村这个昔日的国家级贫困县，通过挖掘当地村民的优势特点，以面食文化为核心，"面里生花"，促进了一、二、三产业融合发展，张常丰村的人均年收入由原来的2000多元涨到了7500多元，实现了质的飞跃，老乡们的日子越过越红火。

本应该两年就结束驻村旅程的张大姐，由于放心不下张常丰村的发展，又主动延期继续做着驻村书记的工作。她告诉我，正在计划组建张常丰村自己的面食厂，未来希望张常丰村大力发展特色面食文化，在国家的面食产业上占有一席之地，她会一直努力一步一个脚印地为老百姓做实事。

张常丰村因为有张大姐这样的驻村干部变得越来越好。最后，为我国许许多多像张大姐一样无私奉献的基层干部点赞，向他们致敬。作为见证者和记录者，我希望张常丰村和它的名字一样——一路常丰。

脱贫，一件再美好不过的事

■ 深圳财经报道组　刘晓光

2020年10月16日，带着感冒的尾巴，搭乘川航的飞机降落在四川甘孜格萨尔机场。刚一出舱门，一种不太熟悉却又异常强烈的反应让我只想赶紧逃离。幸好，在努力平复了呼吸之后，那种对高原反应的畏惧感消失了大半。

四川格萨尔机场

那一刻我明白，接下来近半个月我所做的某些事情，就和这样的环境有关。

第一站德格县，位于金山江畔，平均海拔接近3000米，绝对海拔不高，但晚上要彻夜吸氧，才会暂时放下另一半的畏惧感。

德格县是国家扶贫开发工作重点县，也是国家广电总局的对口扶贫县，县委常委、副县长鲍金虎就是广电总局派驻此地的挂职人员。贫困面广、贫困量大、贫困度深，乡乡都有贫困村，村村都有贫困户，是德格县贫穷的最大特点和推动脱贫工作的最大难点。

据当地官员介绍，德格县先后落实29名县级联系领导、87个帮扶单位、171名第一书记、383名驻村工作队员、1930名帮扶责任人，形成了"点面结合"的帮扶机制。结合畜牧大县实际，培育以马尼干戈为中心、辐射带动雀儿山以东牧区乡的高原牦牛产业圈，培育沿雅砻江种养结合百公里万亩有机农业产业带、沿金沙江产村融合百公里万亩干果产业带、沿国道317线文旅融合百公里康巴文化产业带；着力推进7个文化旅游为主产业园区，建设康巴文化中心旅游目的地。

而从2014年以来，累计全口径投入59.87亿元，实现102个贫困村退出，5511户22931名贫困人口脱贫，贫困发生率从2014年的27.46%降至0.64%。

三天的时间里，明显感觉到德格已经被打造成甘孜州脱贫的样板县。其中印象深刻的是，当地如何说服雨托村村民离开世世代代居住的山上，搬迁到山下，从思想上进行扶贫，也是德格县整体脱贫的关键。

从德格到炉霍区区两百多公里的路程，海拔也相差无几，感觉却又有些不同。当地民众和官员同《走村直播看脱贫》工作人员的沟通意愿和效果明显好了起来。

炉霍之行的最大考验是，温差变化大，白天十几度的气温几乎在一夜之间归零，天空飘起了雪花，这是走村直播团队大部分成员所经历的2020年第一场雪。

在炉霍县吉绒村，一位来自著名蔬菜之乡山东寿光的种菜人盛学武让人印象格外深刻。早年，老盛的儿子所在的部队就驻扎在炉霍，认识了一位当地女孩丁方丽后相爱并结婚。后来，在老盛的帮助下，丁方丽于2012年创建甘孜州盛煌农业开发有限公司炉霍分公司，建立了蔬菜基地，有效地解决了炉霍人吃蔬菜的难题，同时也逐渐形成了炉霍蔬菜产业扶贫的模式。

甘孜州盛煌农业开发有限公司炉霍分公司创始人——丁方丽

  近年来，炉霍投入资金1.69亿元，重点推进在甘孜州首创的"党支部＋专合社＋集体经济＋贫困农户"的飞地产业园区扶贫模式，按照"全民受益、共享红利、照顾贫困户"的原则，实施"政府产业扶贫基金＋对口援建资金"的方式建立蔬菜大棚，贫困村合作社以蔬菜大棚资产入股，企业以技术与管理入股，村民每人持1股（贫困人口持2股），持续推动"资源变资产、资金变股金、农民变股民"的股权量化运行机制。

  据当地政府提供的数据，截至记者发稿日，建成蔬菜大棚300座，覆盖88个贫困村及83个非贫困村，实现集体经济分红900万元，转移就业168人，贫困户户均分红增收800元。

  炉霍扶贫模式的形成其实源于一个四川女孩和一个山东军人的美好爱情故事，同时也把山东先进的蔬菜种植技术带到了四川炉霍这个气候和位置都非常独特的地方。因此，这也可以看作是中国脱贫历史上，山东和四川两省一次成功合作的典范。

  炉霍记忆之深刻，不只在这些由政府主导的脱贫工作上。在当地的炉霍县职业教育唐卡实训基地，来自陕西一位90后女生刘凤娟的支教经历同样让人感动。三年前，刘凤娟只身一人来到炉霍，利用自己精湛的绘画技术在这所学校教藏族学生素描，她和学生打成一片，用自己的知识、技术和对公益事业的热爱，加入脱贫工作的一线。

  在实现脱贫的道路上，没有人是独行的，每一朵花都鲜艳地盛开。

  离开炉霍，跨越海拔4000多米的群山，翻山越岭几百公里，来到《走村直播看脱贫》活动的第三站——四川雅安。

雅安的走村直播工作得到了当地政府部门和乡亲们的大力配合。这次的直播点是雅安的新市村，在2008年的那场地震中，新市村受损严重。整体搬迁后，在县乡的带领下，全村通过改良茶叶种植技术提高茶叶质量、成立合作社、发展高山猕猴桃种植产业等来实现脱贫致富，同时也形成了以旅游观光、休闲采摘等生态休闲农业模式。

新市村人的好客和淳朴给直播团队的人留下了深刻印象。因为道路不佳，大篷车无法进村，直播现场只好安排在两公里之外的镇政府大院。但期盼已久的新市村村民拦着大篷车，他们有的依依不舍，有的情绪稍显激动，想要直播能在他们世代生活的村子里进行，听他们来讲述震后重建的美好乡村故事。

在行程中，雅安市名山区宣传部副部长代先隆的合作经历让人难忘。这是一位普通的雅安人，其朴素的语言和勤劳、不知疲倦的身影贯穿在雅安的整个行程中，让整个活动得以顺利进行，同样让人难忘的是他对雅安这个地方的热爱。

四川巴中是我这次走村活动的最后一站。

在巴中南江县，光雾山的美令人心醉。从宾馆出发，两个小时稍显漫长的路程变成了对光雾山美景尤其是红叶满山、层林尽染的无比期待。

光雾山红叶

果不其然。深秋天气，光雾山入冬后的红叶格外惹眼，峡谷内满眼的红叶和来自全国各地开心游玩的游人，这是南江县发展旅游经济当仁不让的一大亮点。

光雾山红叶的可观赏面积达到680平方公里，难怪享有"亚洲最长红地毯"的美誉。

告别巴中一个月后，好消息传来，在国家文化和旅游部新确定的21家5A级旅游景区中，巴中光雾山旅游景区榜上有名，可喜可贺，南江县在脱贫致富、发展经济的道路上有了更大的引擎和动力。

在南江县西厢村，养殖黄羊是个技术活。这种生活在山上、奔跑于悬崖上的精灵，以"吃百草药、饮山泉水"而著称。过去都是农户零散养殖，不成规模，产业发展效益不高，政府在脱贫过程中，不仅请专家教给村民先进的养殖技术，还在建基地、搞加工、创品牌上给予资金支持，让"中国南江黄羊之乡"的光环名副其实，让南江百姓在脱贫的道路上获得更多的实惠。

而在桅杆村，脱贫的幸福像花儿一样绽放着。桅杆村的世界最长酥肉不仅味美，而且让人叹为观止，对于美好生活的向往洋溢在每位村民的脸上。

短短三天的南江县"走村直播看脱贫"，最大的感受在于，脱贫是一个努力付出就会收获幸福果实的故事。

桅杆村大酥肉

甘孜州的德格、炉霍，雅安的名山区，巴中的南江县，12天时间，4场直播，有对战斗在扶贫一线所有人不辞辛劳、尽心尽力的致敬，也有对当地人追求幸福美好生活的感动，虽偶有对高原反应的畏惧，但整个行程却在活动结束后很长的一段时间里常常被回忆起。

耗时百天、走过百村的《走村直播看脱贫》大型融媒体行动，对央视来说，这是在完成一个国家级媒体责任和担当的使命之旅。但于我个人，这是一次不可多得的人生体验。

看脱贫，就是在瞩目一件再美好不过的事情。

异地搬迁搬出幸福生活
——雨托村走村之行

■ 国际资讯组 张然

"雨托"在当地语言里的意思是"绿松石上的村庄"。它位于高山河谷地区，平均海拔3700米，距县城约37公里，紧靠金沙江。村里共有117户523人，其中贫困户28户125人。以前的雨托村地处偏远，长期受制于经济基础脆弱、产业发展先天不足等瓶颈限制。最近，三件基础设施建设领域的大事让雨托村有了新的面貌。

第一件大事是甘孜机场于2019年落成。从成都到甘孜，过去开车要10个小时，现在坐飞机只需要大约半小时。这个变化带来两个好处：一是让游客看到了甘孜，把它规划到旅行中；二是让甘孜的产品更方便地走出去。

第二件大事就是317国道。俗话说川西线路，318看风景，317看文化。雨托村位于317国道上。过去由于盘山路比较多，相对难走。2017年，"雀儿山"隧道正式贯通。这是一条在海拔4200米开凿、长达7公里的穿山隧道。现在从机场到村口的时间缩短到两个半小时。

第三件大事是完成了整村的搬迁。过去雨托村的牧民居住分散。为了"一步到位"解决这个问题，当地政府在金沙江畔找到一块月牙形的平地。把整个星罗棋布的雨托村，整村搬迁到了这里，建成了美丽的"新雨托村"。道路硬化、房屋亮化、村庄美化、环境绿化、家园清洁、农田清洁、水源清洁，村有垃圾场、组有垃圾池、户有垃圾箱……以前的雨托村是全乡唯一一个"五不通"的村子，现在全村117户全都搬进了新房。

搬迁只是手段，脱贫才是目的。搬迁后雨托村依旧面临村里可利用资源少，整村搬迁后如何致富增收。首先面对的第一个问题是制定的产业规划符不符合村民意愿和村里实际；其次招商引资企业是否最大限度地照顾村民的利益；最后分红应得的每一分钱是否都到了村民手里。

在有关部门的支持和帮助下，异地搬迁后，雨托村充分利用地理优势和光照条件，投入210万元，建设集培育花卉、观光旅游、休闲娱乐为一体的"阳光房"。其中建设花卉培育基地1225平方米，主要培育万寿菊、金盏菊、玫瑰等20多种花卉；建设休闲乐园525平方米，建设露天花卉基地1750平方米。2018年通过供应市政建设用花、花卉种植、乡村旅游民居接

雨托村旧貌

待初步实现人均增收达到2000元以上，让一方水土养得好一方人。

接下来，雨托村还将利用电商开拓新的商机。在农村大多农产品仍然以农户分散经营为主，且个体经营的意识和能力有限，没有一个完善的综合能力渠道。如今电商兴起可以大大改善这一现状。当地第一书记告诉记者，电商和旅游业创造了就业机会。老百姓认为，在家附近工作，既能照顾家庭，又有可观的收入，还能建设自己的家乡，这种安居乐业的状态就是他们想要的。

为探访当地特色产品，我们的报道团队驱车来到传统手工艺小镇麦宿。这个名字对我来说有些陌生，在业内却是大名鼎鼎的手工艺重镇。麦宿手工艺有金银加工、鎏金铜塑、唐卡绘画、陶艺、木雕、编织等。当地大多数人自出生开始，就与手工艺相伴，每家每户都有一个属于自己的谋生方式，年轻人外出学习后大多选择回到家乡。在麦宿，我们见到留学归来的达瓦卓玛。她告诉我，自己用市场营销的知识，组织当地手工艺者"按需

雨托村如今的面貌

定制"。这样的产品已经在电商平台上得到认可。

有人说，教育是最根本的精准扶贫，脱贫是给孩子一个完整的童年。在采访中，我来到德格县第二完全小学，当地人喜欢称其为"二完小"。在这里我跟少年足球队学习了踢足球。已经从教30年的校长伍金措来自一个教育世家。她告诉我，自己见证了学校的变迁。如今，全日制的学校提供住宿以及丰富的课余兴趣班，让孩子全面发展。我观察到，与上一辈不同，这里的孩子都可以讲流利的普通话，也善于表达自己的想法。这让他们有机会走出去，参加体育比赛、文化交流活动。在采访中，我了解到孩子们的梦想。他们有的希望成为教师，有的想当一名宇航员。我期盼着，这些走出去的孩子能带给雨托村更多的可能。

| 1 |
| 2 |

1. 探访德格县第二完全小学
2. 德格县县委书记（右一）在雨托村接受记者采访

脱贫是小家和大家的共同奋斗

■ 财经资讯组　王闻聪

脱贫攻坚是事关民生工程、事关祖国千秋大业和群众奔小康的重大使命，2020年是全面建成小康社会的收官之年，更是脱贫攻坚决战决胜之年。"小康不小康，关键看老乡"，作为中央广播电视总台的一名记者，我有幸参与了财经节目中心策划的大型融媒体行动《走村直播看脱贫》。

旅游民俗带发展　蔚县古堡换新颜

跟随《走村直播看脱贫》的大篷车，我来到了河北省张家口市蔚县，走进了俗称"寨堡"的西古堡。我了解到，这里的村民以前主要以务农为主，古堡也不能给村民带来更多收入，村里的干部就号召村民参与到旅游业的发展中来。随着游客的增多，西古堡村换新颜，村民收入翻倍。2018年脱贫攻坚战开始，这里的危房修了，道路也通了，下水也通了，游客开始成倍地增长。不到三年村民通过旅游产业实现了脱贫致富。

2019年西古堡村旅游接待的人数已经达到30万人次，人均可支配收入也是从2014年的3736元增长到2019年的1.52万元，涨幅三倍以上。

蔚县带动西古堡村的村民依靠旅游产业的各方面致富，比如有的村民去做景区里表演节目的演员，有的村民在维持秩序，景区里的轿夫、巡捕、

直播当天西古堡村游客众多，景区分外热闹

更夫等"人物造景"就业岗位都是为他们准备的。而他们在景区工作的同时能跟不同地方来的游客有机会交流，可以提升自己。

很多村民靠着特色小吃增加收入，比如，蔚县暖泉镇的小米煎饼。一位摊煎饼摊了40多年的老大爷说，"从2018年以前的几千元收入增加到现在的3万多元"。

一个村民富了，还会帮扶其他村民一起致富，这一点使我深受触动。蔚县有一位剪纸师傅叫何宝立，是一个残疾人，但是他身残志坚。采访中，他激动地跟我说："我现在一年的收入能达到3万多元，相比2018年增收了两万多元。"他不光学起了剪纸养家糊口，还帮助县里的其他人学习，一起致富。一把小小的刻刀、一张纸，解决了蔚县3万多人的就业问题，而这其中包括残疾人等贫困人口1100余人，人均增收6000元，这一点特别难能可贵。这些精神都值得我们学习。

节目直播的当天，我看到了很多蔚县百姓自发地来到现场，看节目之后又跟随音乐扭起秧歌。在蔚县，我不光感受到了乡亲们决心脱贫的力量，更看到了乡亲们努力脱贫的正能量和为了让生活变得更好而劲往一处使的向往。

1. 采访蔚县马氏剪纸厂剪纸技师何宝立
2. 蔚县摊小米煎饼的老大爷

我深深地感到这里的村民并不像我想象中贫困村村民的样子，这里的村民的生活状态积极、快乐、阳光。蔚县的扶贫干部私下告诉我，他们一直强调的是扶贫先扶志，蔚县的扶贫干部很会带动百姓的积极性，他们会定期举办各种活动，比如组织剪纸节、举办黄梅（杏花）节、木瓜（杏）采摘节等各类文化旅游节庆活动，让乡亲们参与活动，心情愉悦地一起致富。

印象最深的是对蔚县县委书记梁昆的采访。他告诉我当时西古堡村的扶贫干部要去别的村工作帮扶，自己家的房子来不及盖，就走了。结果回村以后发现自己家的房子已经被乡亲们齐心帮忙盖好了。这个故事让我非常感动。其实，我能感到扶贫干部和百姓之间的关系其实是将心比心的。真正参与脱贫工作的脱贫干部，他们身体力行，为脱贫百姓寻找脱贫的路子。贫困户既可以得到补助，还可以通过种植发家致富。这里从一个没人来的地方，发展到了通过旅游可以带动全县收入的知名打卡地。特别值得

采访蔚县县委书记梁昆（右一）

一提的是，暖泉镇西古堡村是全蔚县古建筑保护最完好的古堡，这跟脱贫干部和村民的共同保护是分不开的。

虽然我只待了短暂的几天，但是蔚县人的热情和蔚县人的精神深深地刻在了我的心里，衷心地希望他们能够早日奔向小康生活。

打开山门搞旅游　骆驼村化身"金湾湾"

脱贫攻坚，小康路上一个都不能少，这是习近平总书记最深的牵挂。在党中央和各级领导的关怀和努力下，有277户608人的骆驼湾村脱贫了。2020年，我有幸跟随团队第一次来到河北省保定市阜平县骆驼湾村。从太行山深处的一座贫困村蜕变成今天的美丽乡村，阜平县骆驼湾村的房子新了，路变宽了，产业有了，景色美了，游客多了，村民的笑容也更加甜了。在采访中我看到一张7年前的老照片，从中可以看到，当年村里都是土路、土房子，如今已经变成了村里的游客接待中心。深度贫困村实现了大变样。这里的村民以前以种植土豆和玉米为生，很多人都不愿意来这里，2012年人均收入仅900多元，现在旅游产业成为带动骆驼湾村脱贫的主要方式，这里也变成了知名的旅游打卡地，2019年村民人均可支配收入也增长到13620元。有一位村民告诉我，他们家有三个大棚，以前的年收入只有两三万，现在能到5万。2020年，骆驼湾村总共有75个香菇大棚，总面积达300亩，带动就业147人，平均每棚年利润3万元左右，参与务工的村民每人每年增收1万元。游客来到这里一定要尝尝香菇宴，还有就是苹果。骆驼湾村一年四季都有应季的水果吃，通过发展苹果、梨等林果产业，带动村民每人每年增收近1万元。林果、菌菇和旅游产业成为骆驼湾村的三大主要产业，现在骆驼湾村已经旧貌换新颜，乡村旅游产业自2019年5月起，已经颇具规模，拥有民宿、特色餐饮等，累计接待游客超过25万人次。

致富小院大产业　纺织童年助脱贫

河北省邢台市平乡县也给了我很多惊喜，我发现这里产业很多，这得益于村民的踏实肯干。他们中有依靠种植金银花、辣椒、苹果等农产品致富的，也有靠手工制作档案盒或组装自行车、童车增收的，还有依托传统织布机纺织老粗布发家的。印象深刻的是平乡有许多"致富院子"。近年来，该县依托"致富院子"积极拓宽农家妇女的就业渠道，对就业人员进行免费培训，使7万余名农家妇女实现了家门口就业。2019年从事童车相关的家庭手工业人数已经达到了720人，每户每年平均能增收2万多元。

我们的直播地点选在了平乡县的后营村，这个村里都是与生产童车相关的"致富小院"，有生产车座的，有生产童车上的玩偶的，还有负责组装的。后营村的扶贫特色就是让村民"不离村也不离地"，村里现在很多人都有自己的网店。另外，后营村率先完成农村集体产权制度的改革，使村民变股民，并实现了分红，2019年后营村的村民人均可支配收入达到了11468元，通过农村集体产权制度给村民分红超过10万元。

直播当天，乡亲们很开心，我采访了一位大姐，问她现在生活是否真的好起来了，赚的多不多。大姐回答，你看我们住的房子都是政府帮忙解决的，生活真的很幸福。说这话时大姐眼里闪烁着激动的泪花。

需要特别提一下平乡的自行车、童车产业。平乡县生产的童车数量占到国内市场的70%、国际市场的50%，销售收入达200亿元。据说每小时有近4万辆自行车、童车产品从平乡县装车，发往世界各地。

平乡县的自行车产业不但闻名全国，而且享誉世界，现在越来越多的外国商人慕名而来，产品远销俄罗斯、英国、越南、肯尼亚、斯里兰卡等20多个国家。平乡县形成了以自行车产业为主产业，主产业连带其他相关系列产业发展的产业群。

平乡县不光有大产业，还有小作坊，但不论是大产业还是小作坊，都能让人感受到平乡人在自己岗位上的平凡与伟大。

这是我的2020年10月，用近3个星期，走过了西古堡村、骆驼湾村、后营村，完成了3场新媒体直播、3场电视大屏直播连线与《记者走村Vlog》的拍摄。在拍摄中，我是一位脱贫攻坚的旁观者，但能深深地感受到自己看到的每一条道路、每一枚果子、每一张笑脸，既是沉淀，也是夜以继日的付出。脱贫是所有人的努力，是小家和大家的共同奋斗。脱贫致富没有捷径，需要长久的努力、坚持。

面对贫困地区、贫困人民，党和国家想方设法，发展生产脱贫、异地搬迁脱贫、生态补偿脱贫、发展教育脱贫、社会保障兜底、就业扶贫等，让乡亲们"不愁吃、不愁穿，义务教育、基本医疗、住房安全有保障"。一线的扶贫干部们踏实肯干、努力攻坚，带领广大村民实现了一个又一个贫困县摘帽的目标。脱贫致富背后是扶贫干部用汗水换来的群众信任和跟党走的决心；用自己的"辛苦指数"换来百姓的"幸福指数"，带领各地贫困村、贫困户摆脱贫困、走上共同富裕之路。

走村直播之旅虽然画上了句号，但是这三个村子却深深地印在了我的脑海中，好像变成了我一直惦记的朋友们，希望我的朋友们越来越好。

走村直播看脱贫

扶贫扶智　大凉山深处的歌声

■ 深圳财经资讯组　夏美子

到喜德那天是个大晴天，我拎着从机场买的两杯奶茶，在皮卡车上晃悠了几个小时，终于进了村。四川省凉山彝族自治州喜德县是总台定点帮扶地，听说那里有一位驻村书记也是记者出身，跟我年纪相仿，已到当地工作半年，我想，当地条件艰苦，她又是个女孩子，远离城市半年，奶茶或许是这位素未谋面的同事此刻最想念的物资。

俯瞰喜德县中坝村

村里道路高高低低，9月底了，稻谷成熟，中坝村看上去和任何一个南方村落一样美。很多老百姓的房屋外墙都画着彝族风格的彩绘，红黑白相间，牛头造型随处可见。然而就是这样一个美丽的小山村，因为交通闭塞、气候高寒而极度贫困，成为中国最贫困的县之一。

　　按照惯例，之前每场走村直播都是挖掘当地特色的扶贫产业，而在这里，通过前期了解和实地探访，我们并没有发现太多已经成熟并且能给当地带来稳定、可观收入的产业，带着直播"播什么"的疑虑，我们来到了村里的一栋崭新的建筑面前。

　　这是一所援建的小学，蓝白相间的三层教学楼，开阔的操场，半个月前刚刚开学，学校里有17名正式教师、469名学生。这些孩子全部来自周边的彝族家庭，他们的父母大都不会讲普通话，而孩子们的普通话却讲得很好，孩子因此也成为家庭和外界沟通的桥梁。

　　上课铃响，孩子们准备上课了，刘超书记说："走，到旧学校看看。"旧学校就在新学校的对面，隔着半堵砖墙，名曰：烂坝小学校。几间破烂的教室里课桌拥挤，缺了几片瓦的屋顶垂着一只灯泡。很难想象，就在上学期，这么小的教室要挤着坐40个孩子，又不难想象，讲台和课桌几乎零距离的情况下，孩子们跟老师"脸贴脸"，充满求知欲的眼睛里应有光芒。

原校址烂坝小学校　　　　　　学生和老师"脸贴脸"的旧教室

1. 大山环抱中的新校园
2. 新校园的音乐课——我爱你中国

　　想着这些，忽山风吹过，隐约听到似有歌声。转头循着歌声望去，那半堵砖墙对面大山环抱中的新校园——"我爱你森林无边，我爱你群山巍峨"。原来是孩子们在上音乐课，稚嫩的歌声被山风吹起，如此缠绵。那个时刻，即便知道新闻报道要克制，我还是头皮发麻，红了眼眶。

　　虽然那时，当地还没摘掉贫困村的帽子，但渴望教育、扶贫扶智已经成为这里的一种共识。一直到晚上回酒店，我耳边还不断回响着孩子们的歌声，领队杨劼拍板："既然歌声如此打动你，不如放弃扶贫产业，就以孩子们的音乐课作为直播主题。"

　　主题确定了，接下来的几天，我和同事们往返于学校和西昌之间。听说他们缺米，我和摄像老师去菜场采购了50斤米给他们应急。又听说小学旁边新开了一所幼儿园，来报名的孩子已经超出预期，厨具匮乏，孩子们吃不上热饭，我又联系多年前的采访对象协助捐赠。孩子们爱运动，主编刘晓光老师自费购买了一批足球捐助。所做的这些，希望我们的直播并不只是一次活动，而能真正给当地解决一些小问题。

然而新的问题很快出现了。2020年9月20日，由于山体滑坡，雅西高速双向交通中断，桥下方的国道108线也随之中断。这意味着，大篷车从上一站来喜德的必经之路中断，且恢复通车时间无法预估。领队、各工种同事、直播装备都在大篷车队上，直播难道要"凉凉"。

我和摄像老师商量，先去找当地电视台借摄像机，即便最后直播无法实现，也要把孩子们的歌声记录下来。这时领队打来电话告诉我们，他已经带着一部分同事和物资先乘中巴绕行来喜德，大篷车也在想办法绕道赶来，如果赶不及就用4G背包，保证直播。

后面的工作进展顺利了不少，久违了的同事们在这样的大山深处相遇，倍感亲切。直播前的那个晚上，或许是连日奔波，也或许是我2019年做了手术，身体抵抗力差，整理稿件到半夜时突然头疼欲裂、眼冒金星，各种不适症状袭来。想到第二天早上6点就要起床赶往直播现场，当时已近凌晨2点，我吃了两倍的感冒药＋消炎药，守着暖壶不停喝热水，希望能坚持到直播结束再去医院。

清晨赶往直播地，因为身体不适，路上一句话也说不出来。为了不影响大部队工作进度，怕给大家"拖后腿"，我没好意思说自己身体不舒服。当天气温偏低，雾气湿冷和身体不适，让我一直抖个不停。然而当北京演播室主持人的声音传来，我立马振奋起来，所幸整场直播顺利完成。

或许是因为很少面对镜头，直播时孩子们显得有些拘谨，当我问"喜欢新学校吗"时，一位四年级的男同学扭过脸，有点腼腆地小声说："喜欢，我想谢谢老师们这段时间对我们的照顾。"这种情感流露如此真实，以至于包括我在内现场的每位同事都被深深打动。另一位女同学拉着我看她穿的彝绣服饰，扯着袖子骄傲地告诉我："这是我妈妈绣的，她还会绣袜子，还有围巾。"

直播结束，一些朋友和同事打来电话，说"看哭了"。通过我们的镜头和讲述，大家看到了这个极度贫困村里生机勃发的一面：求学的孩子、异地搬迁的小楼、设施先进甚至不比城市差的村卫生院、通过传统手工彝绣发展精品服饰业的彝族妇女、跟佛山签约销售的蔬菜种植基地、刚刚组建的农产品电商物流中心等。这些鲜活而真实的场景，立体展现了喜德脱贫路上的每一步。

可爱的孩子们　　　　　　　　　　　　孩子们说喜欢新校园

彝族小学生介绍彝绣服饰　　　　　　　直播彝绣产业

　　直至今日，想起孩子们的歌声和笑脸，还是忍不住感动落泪。在我国的深度贫困地区，一个普遍现象是孩子们接受不到现代教育，他们视野和思维受限，难以走出贫困的束缚。而从长远来看，要让他们通过上学解放思想、放飞梦想，通过教育扶贫启迪智慧，扶起志向。扶贫必扶智，让贫困地区的孩子们接受良好教育，是扶贫开发的重要任务，也是阻断贫困代际传递的重要途径。

　　直播完成后整个人松懈下来，不适症状更加明显。摄像老师拖着我去了凉山州第二人民医院，抽血诊断为急性咽炎引起发热、扁桃体化脓。在领导和同事的坚持下，我只好先回家养病。调养一段时间后，我又主动请缨，前往四川省巴中市西厢村进行了另一场直播，从夏走到秋，衣袖裤腿沾满南方湿润的泥土，最后跟随南线大篷车来到延安，跟北线的同志们在宝塔山下相聚，在-2℃的天气里完成了此次活动的最后一场直播。

　　作为一名年轻的新闻工作者，此行我深受触动，愈感自我渺小，却责任重大。这次活动激励着我，更多地去捕捉那些田间地头的脱贫故事，生动准确地用电视语言展现出来。所到之处，老百姓质朴的脱贫心愿通过我们的镜头跟观众一一展现，火热的脱贫攻坚工作化成了每一个故事、每一次短暂的相遇别离，记在每个人心上。

宝塔山最后一场直播完成后合影

茶马古道话脱贫　条条大路通致富

■ 深圳财经资讯组　张秦思

2020年10月21日，深圳的天气些许阴霾，我和明钰踏上前往成都的飞机。一上飞机，我的手机跳出一条消息，绵阳地震。明钰和我开玩笑说，如果去了真地震了，我们就改现场报道。带着点点忐忑着陆成都，成都却是阳光明媚，蓝色的天空让人很难相信这里的狗会冲着太阳叫。

脚都没着地，我们就去看了活动场地。名山区宣传部的代部长路上一直跟我说着他的构想，看着远处绵延的茶田，一路上七拐八拐，很多羊肠小路，心里不免打鼓，明天大篷车能进来吗？

雅安市名山区是茶马古道的起点，千年来盛产茶叶。我们登上蒙顶山，山不高，却有12株两千多年的银杏树，大概是西汉年间栽植的。想象岁月就在这时空中流转，这里的人们却困于大山，不得而出。果然，大篷车进不了活动场地。村民围着我们，比我们还要着急。没关系，既来之则安之，要让山里的脱贫故事走出大山，走向全国。

给我印象最深的，是这里通火车的故事。村民告诉我们，以前的名山有着好茶好果，运不出去，路都是泥泞不堪的。以前，想要去一趟成都，要穿一双鞋子，背一双鞋子。因为路太差，雨天是趟着泥水，晴天就是泥刀子，所以走到成都的时候，穿着的那双鞋不能进城，就放到附近的亲戚朋友家，换上一双干净的鞋子再走。当地方言管鞋子叫"孩子"（音），我怎么听都是要背一个孩子，大家为此还笑了半天。就是这样的交通，让当地一直困于贫困之中。要想富先修路，当马不能再承载人们致富的希望，取而代之的是横贯东西的高铁。2019年，这里刚刚开通火车，就进入成都一小时高铁圈。火车开了，带走了茶叶，带来了朋友。这传承千年的土地再一次焕发新颜。

还在火车站遇到一个从上海回来的女孩，她说坐高铁特别方便，回家的路短一分钟，都觉得是幸福的。是啊，脱贫致富不仅是让老百姓的腰包鼓起来，生活的幸福感也提高了，这才是真正的脱贫，才是人民需要的脱贫。

在短短4天时间里，我们穿梭在名山区的大街小巷、山上田里，看着村民用勤劳的双手编织的茶兜塞满古茶，看着红心猕猴桃给当地换回厚厚的钞票，看着老人和孩子住进新家的笑颜，看着火车带来希望、带走贫困。

活动的最后一天，正赶上当地的文化节，来自各村的劳动能手要比赛编织竹筐。我也去凑热闹，一条条长长的竹片子在他们手里飞舞，我还没记清楚编织的顺序，他们就编完了。那编织完的竹筐比我还高，对面的藏茶老人用专业器具在一点点地把藏茶装进竹筐，砸啊砸啊，一下又一下。这样的动作应该传承了千百年了吧，这曾经的贡茶就这样被加工包装，走进千家万户。

2020年10月25日，四川省雅安市名山区前进镇新市村的走村活动结束了，对于当地村民来说，我们就是过客，但对于我来说，这次记忆格外难忘。已经在深圳演播室做了三年多资讯记者的我，似乎已经忘记这脚踏黄土的踏实和喜悦。这短短1小时的新媒体直播，几条新闻片子，却凝结了领队、摄像、新媒体同事等众多人的努力，我再一次要承认，新闻是群体的努力，每个人都是不可或缺的。

挥挥手跟同事们告别，大篷车再次启程向巴中进发，那里有我的同事夏美子。再过几天就是延安的会合，那个令人振奋的时刻激动人心。大篷车的车辙压过中华大地多少泥土，我们的记者走过大江南北多少村寨，老百姓讲述了多少千百年来的心酸，摄像机记录下多少脱贫致富的故事。这本身就是一个奇迹，值得庆幸，自己能亲历这一切。

回到深圳，心情久久不能平复，我写了一首小诗，送给我们亲爱的大篷车、我可爱的同事们，还有我自己。

这一路是山里崎岖的车辙，
这一路是大美河山的风景。
这一路是欢声笑语的生活，
这一路是决战贫困的信心。
这一路，我们从夏走到秋，
这一路，霜叶从绿染作红。
这一路，云瞰南北纵观东西，
这一路，百年决战百日会师。
你我，共襄盛举，
中华，盛世欢腾。

1. 茶马古道源头品茶
2. 参加编竹篓大赛

扶贫先扶志　走村已走心

■ 上海财经报道组　王晓霖

2020年8月30日，和主编胡元老师一大早就到达上海虹桥机场等待飞往兰州，在此之前我从未去过西北，对当地气候完全没有概念。此时上海刚刚夏末，但有经验的老师都建议我们带些御寒衣物，南线的老师又说驱蚊一定要带好，于是林林总总装了一箱子，也不知道带没带齐装备，拖着行李箱就出发了，彼时我完全想不到走村第一站我就直接崩溃大哭，也没有想到这一次长达20天的工作能给我带来那么大的成长。

甘肃渭源元古堆村——"小菜鸟"的艰难开端

下了飞机在兰州坐上绿皮火车又转汽车，终于在傍晚才到达我此次西北之行的第一站——甘肃省定北市渭源县元古堆村。元古堆村是一个中药产地，党参、黄芪和百合是主要种植作物，但纯粹的中药种植并不能为村民带来多少收入。通过了解后我们得知，为了实现脱贫，村里围起了一片山头，养了三五百头梅花鹿，梅花鹿不仅可以观赏和互动，还可以产出鹿茸这样的中药产品。同时，村里依靠鹿园和山间风光的旅游资源建起了民宿。西北光照资源丰富，村里在山坡上架起了太阳能光伏板。为了充分利用资源，光伏板下方搞起了菌菇种植。同时，中药厂也开进了村里，不仅方便村民卖出中药材，还吸纳了不少村民就业。

　　了解了脱贫产业后，我们开始踩点，确定直播内容是工作的第一步。由于大篷车在第二天就要到达元古堆村开始新媒体内容的备播录制，时间十分紧张。大篷车到达后，村干部带着我们到种植中药材的山中踩点并录制，才下过雨不久，山路对于我们来说陡峭难行，泥泞不堪，种植户却一溜烟儿走得没影了，途中山上湿滑，有同事差点儿滑下山坡。终于到达中药种植田里，种植户跟我们介绍起了党参和百合的种植情况，简单介绍后就开始拍摄。

　　由于准备时间较短，录制时其他老师还会指导我如何生动地表达，但面对镜头紧张的我，一段20分钟的备播录制，生生录了3个小时。回到住处，回看和剪辑下午3个小时的成果，感到自己的表现非常糟糕。领队老师温柔地给了我一些表现和表达的建议，但一想到此后的直播和余下的三站，顿时觉得复杂而不能胜任，当时已接近凌晨一点，心态直接崩溃。

　　但是最终还是坚持下来了，虽然后来的心路历程和心理建设长得可以写本书，中间的自我鼓励和来自领导、同事的鼓励犹如打鸡血，终于在内心的鸡飞狗跳中，第一站的工作还是顺利完成了。此后的三站，从甘肃辗转到青海，即便有轻微高原反应，爬个坡都会气喘，但新鲜的人、事、景以及路上积攒的经验，都烙在脑海，越是曲折的经历，越让人难以忘怀。

百合种植户讲解百合种植经验

从精神上扶贫　在职业教育上先行落实

走村之行的第二站，我来到了甘肃东乡族自治县布楞沟村。当地人告诉我"全国脱贫看甘肃，甘肃脱贫看东乡"，而东乡族自治县最让人印象深刻的，就是这里的职业技术学校。在整体异地搬迁后，东乡族自治县建起了一个较大的职业培训学校，学校里开设了挖掘机、厨师、新娘妆发、刺绣等多个课程，招收18—55岁的学员。

在当地进行了解后我才知道，在过去，除了受到自然条件的限制外，一些当地人对于致富和辛勤劳动没有概念，而要实现脱贫，就需要从精神上去鼓励村民，让他们摆脱落后的思想。而当地政府也是通过各种渠道，去鼓励人们参与劳动，寻求脱贫出路，职业技术学校就是一个很好的例子。

在职业技术学校里，我看到了不少学习刺绣和手工编织的妇女。她们以前并没有工作，但在职校学成后在家务工，出售劳动成果，也能每月赚取1000元左右的收入，并且多劳多得。而外出务工的青壮年，无论是学习了厨师还是挖掘机等技能，以后的就业门路得到了拓展。职业技术学校的校长还介绍说，不少青年学会了拉面，就会去其他地方开面馆，或者去拉面店里工作。

东乡族自治县刺绣课程

我印象很深的是刺绣课堂上的一位姑娘，她告诉我，职校里的不少技能她都去学了，还学了挖掘机，为的就是多一门手艺不愁出路。她的话让我深受启发：思想上的脱贫是脱贫的第一步，这些充满朝气的年轻人和务工的妇女，对过上更好的生活充满期待，也就是这样的精神，鼓励他们慢慢从贫困中走了出来。

在职校门口，碰到了两个小孩子，一问，原来是哥哥带着弟弟出来玩，又问他们是否在上学，哥哥指了指前面说，就在前面那个学校，不过已经到了暑假。异地搬迁后，县里也有了新的小学，这些从小接受教育的小孩就是这里未来的希望。

大美青海　旅游扶贫

都说青海景色很美，从兰州坐绿皮火车赶往青海省海西蒙古族藏族自治州乌兰县的路上路过青海湖，车厢里很多人都举起手机凑近窗户拍摄，而我青海之行的第一站，就在近年来的大热景区茶卡盐湖附近。

这里的海拔大约3100米，也是目前我到过的海拔巅峰了。乌兰县的巴音村整体异地搬迁后，距离茶卡盐湖景区仅几公里，因此村里家家户户都开起了民宿，或者将房子租给开民宿的商人。

在一个开民宿的大姐家里，她拿出了过往的老照片，告诉我们以前还在老村居住时，家里只能靠种些青稞、土豆为生。但搬到茶卡镇后，茶卡盐湖的旅客越来越多，甚至在房子还没接好水电的时候，就有旅客希望两百元一晚借个床位住宿。从那时起，她就专心开起了民宿，她的丈夫在外开车做物流的工作，她就在家里管好民宿，每到旅游旺季，家里的床位总是供不应求。一年下来，夫妻俩的收入能有二三十万，与过去相比多了不少。异地搬迁和旅游业的发展让巴音村村民敏锐地察觉到了商机，全村很快实现了脱贫。

最后一站的青海大通自治县边麻沟村也是通过旅游实现脱贫的。不过不同的是，边麻沟村是通过全体村民的共同努力，打造出了旅游景区——边麻沟花海。

边麻沟村的气候适宜种花，在村干部的带领下，村里建起了花海，还打造了滑草、滑索等旅游项目，每年吸引不少游客前来。逐渐地村里又开

边麻沟花海

起了民宿和农家乐，整体致富热情被带动了起来。一位在花海除草的工作人员告诉我们，原本她和丈夫都在外打工，但家里的老人和小孩没办法照顾，得知村里开起了花海景区，就回到家乡，在这里从事售票、除草的工作，还可以照顾家庭。无论是自然景观还是人文景观，旅游产业给当地村民带来的收入远远超过了传统种植业的收入。

青海的刺绣——青绣，包括土族盘绣、湟中堆绣、蒙古族刺绣等，手法独特、风格古朴，精美程度令人赞叹，它们也是重要的旅游纪念品，从事刺绣工作的绣娘与刺绣公司合作，无论是在家还是在工坊刺绣，都能获得收入补贴家用。西北地区除了刺绣工坊，还有不少妇女扶贫车间，鼓励妇女走上工作岗位，也是脱贫的一项重要工作。

青海刺绣作品

无论是甘肃还是青海，都是脱贫攻坚战中西北地区的缩影，克服艰苦的自然环境和气候环境，开化村民的脱贫思想，拓宽村民的致富之路，虽然艰辛，但一直在前进。

走村之行　成长之路

而从个人的角度来看，此次走村之行也是我自己的成长之路，2018年从学校毕业进入上海财经报道组工作，也不过两年出头，但记者的工作是需要阅历和磨炼的，所以对于这次能够参与《走村直播看脱贫》满怀感激。

这种经历给我带来的成长来自两个方面，一是心灵的激励。走村走过的路，尤其是"三区三州"地区，不少曾经的深度贫困区，为了实现脱贫所做出的努力、想出的点子，就像高原上盛开的八瓣梅，虽然气候条件恶劣，但仍然五彩斑斓开得热烈。这种坚韧不拔和奋进的精神让我受到很大鼓舞。在青海省大通县碰到一位刺绣师傅，她大学毕业后回到家乡，将青海刺绣传承下去，还带动了不少当地妇女从事这项工作，以赚取生活费。在走村这一路上，我走过甘肃、青海两个省，四个村，太多这样的脱贫故事和奋进的人们在鼓舞着我。另一个是工作上的成长。走村的过程创造了太多我工作以来的第一次：第一次长时间直播录制、第一次如此高强度工作、第一次一个人打头阵沟通直播内容等。对于我这个记者"小菜鸟"来说，不得不说非常吃力，在旅馆写稿背词到凌晨两三点也是常态。但是当站在摄像机前脚踩实地的时候，看看周边的村民，虽然紧张但却不慌张。

工作上的成长也让我得到了出乎意料的收获。在出发之前，我并没有意识到这项工作的强度和复杂性，而到了现场，才发现直播时间紧、任务重。两路记者永远走在大篷车的前头，在大篷车到达之前，不仅要沟通、确定直播内容，确定、安排当地参与直播的人员等，还需要为大篷车停靠选址，确定供电网络无虞。此外，直播流程方案确定和沟通协调当地电视台老师的直播内容，千头万绪的工作和熬夜写稿、剪辑让我在第一站就感到崩溃。直播经验不足和不自信让我对第二天的工作非常担心，但领队胡元老师却给了我强有力的支持和鼓励，第一站元古堆村工作完成后，我的心态已经有了很大的改善。一路走村下来，在之后面对直播的工作时，我已经变得勇敢很多。感谢给我鼓励的老师和没有放弃的自己。也正是这样的工作经历，让我的直播工作经验丰富了起来。

我想，走村直播的工作不仅是我工作生涯浓墨重彩的一笔，也是我人生道路上无法忘怀的经历，回来后，我总能想起在绿皮火车上和其他乘客聊天的场景，大家互赠食物、分享人生经历。走村的经历也永远地走进了我的心里。能够有参与的机会，满怀感激。感谢一路同行的前方、后方的所有人。

百幅国画展现我国农村脱贫历史瞬间

■ 地方资讯组 李轶

《走村直播看脱贫》融媒体行动不仅用电视镜头来记录鲜活的脱贫故事，用车轮来丈量村民走过的致富之路，还邀请了100多位当地画家用画卷描绘了脱贫攻坚的历史瞬间。101个村庄、101幅画，构成了走村行动的全景图。

每幅画80厘米高、2米长，总长2020分米。其中，苗画国家级非物质文化遗产代表性传承人梁德颂的《比耳艺术小镇》画的是我们行动的第46个村——湖南省保靖县比耳村。它是远近闻名的"竹艺之乡"，这里的竹编有两百多年历史，村里几乎"户户有竹编，人人是篾匠"。精致的竹编产品销往全国各地，带动了精准扶贫户就业，其中6户贫困户年收入保持在两万元左右，为比耳村顺利摘帽奠定了扎实基础。

《比耳艺术小镇》

《精准扶贫十八洞》

　　这幅极具传统韵味的水墨山水画画的是《精准扶贫十八洞》，是中国美协会员国家一级美术师石志文的作品。湖南湘西州十八洞村位于武陵山深处，曾是个典型的贫困村，2013年，村民的人均纯收入仅有1668元。也就是在这一年，习近平总书记来到这个小山村，首次提出了"实事求是、因地制宜、分类指导、精准扶贫"的重要论述。从此，这里成为精准扶贫的首倡地，这里因地制宜来推动脱贫攻坚，在建设上不搞大拆大建、保持原形原貌、保住乡愁，如今的十八洞村甩掉了长期压在头上的贫困帽子，2019年村民的人均纯收入达到14668元。

　　国画《神蕲艾谷》是由湖北省蕲春县本土画家张先林先生领衔创作的一幅作品，该画作以赤东镇五斗地村千亩蕲艾基地为创作背景，描绘了当地群众依托蕲艾产业，走上了脱贫致富奔小康的道路蓝图。整个画面以绿色为基调，绘就了当地喜笑颜开的群众、整齐划一的民宅、飘着国旗的小学和绿意盎然的蕲艾基地，呈现出当地特色产业朝气蓬勃的生态画卷。

《神蕲艾谷》

近年来享受着党和国家的优越政策，瑶民从骑田岭大山中迁移出来，住着宽敞而明亮的房子。在村委会的引导带领下，凭着勤劳的双手，成立多个合作社，发展养殖生猪、牛羊，种植药材、茶叶、水果等，产品通过线上线下销往国内外。

《龙村瑶族村》画面以淡润的笔墨，突出表现了电商平台和乡村振兴这一主题，以写意的手法全景式地描绘出龙村瑶族村的优美景象，给人以清新而宁静的幸福家园的意境。

《龙村瑶族村》

《金沙江畔第一村雨托奔康路》

这幅名为《金沙江畔第一村雨托奔康路》的作品，以"三区三州"深度贫困县德格的雨托村脱贫攻坚奔康路为素材，描绘了金沙江畔第一村当初作为十八军进藏的渡口所蕴含的红色基因，在脱贫攻坚中不忘初心、牢记使命，如今成为四川省脱贫攻坚的示范村；作品刻画了在金沙江畔中央、省、市州和县四级联动，汇聚脱贫攻坚的磅礴力量，通过破"五难"实现了"拔穷根、挪穷窝、换新貌、奔小康"的目标，把雨托村打造成为"最美新藏寨"，成为新时代的"红色新村、生态新村、文明新村、幸福新村和示范新村"五星级新村，展示幸福生活在善地德格康巴儿女心中翩翩起舞的美丽画卷。

《新桃花源记》

《新桃花源记》是从一名脱贫攻坚的党员干部角度，用画笔记录了秋收抢收期间丹寨县的党员干部带头到田间抢收、打谷的过程。当地苗家人常常用最美的歌声歌颂国家脱贫攻坚战略带给苗家儿女生活上的巨变，让美丽的苗乡成了真正山美、水美、人美的"新桃花源"。

而这幅画的作者刘静是杭州市钱塘实验小学美术教师，杭州市青年书法、绘画协会理事。2018年起，三次赴贵州黔东南州丹寨县支教，历时共三年。支教期间和滨江区挂职干部一起助学、"造血"、扶贫、扶智，成为杭州滨江和贵州丹寨的一座温暖的桥梁。本幅作品由刘静老师与三位美院学生合作而成，撰写书法的吴长青老师祖籍贵州，创作过程中亦颇有感悟。能够被丹寨县的同胞委托，有幸成为国家脱贫攻坚战的一个记录者，她很荣幸，也很骄傲。祝愿我们的祖国繁荣昌盛，祝愿美丽的苗乡越来越好。

这101幅画中，还有表现村容村貌变化的安徽蒙城的《戴尧盛景图》、河南省濮阳市千安社区的《乐居图》、甘肃临夏州的《三坪新貌》。

此外，还有展示脱贫产业的：反映陕西李家台村脱贫的《丰收的喜悦》、陕西双利的《因茶兴业奔小康》、甘肃省平凉市静宁县甘沟镇杨咀村的《致富果》、辽宁省鞍山市台安县八角台街道雅化村的《鲜花铺富路 雅化树新风》、安徽省安庆市潜山市黄铺村的《天柱山下瓜蒌香》。

有记录村民在致富路上艰苦行进的，比如陕西汉中的《巴山记事》、云南省丽江市永胜县岚峨村的《回首脱贫路　山水入画图》、宁夏回族自治区固原市西吉县偏城乡涵江村的《西吉脱贫日记》。也有记录原形原貌、留住乡愁的，比如山西省临汾市安泽县飞岭村的《幸福农家》、四川省甘孜州炉霍县斯木镇吉绒村的《大美炉霍》。

一样的脱贫后幸福生活　不一样的陈家湾村

■ 湖北总站　徐之昊

　　党的十八大以来，我做了关于许多脱贫攻坚的报道，也由此去了许多贫困村。每到一个村子，我习惯在开始真正的采访工作前，抽时间四处溜达，把整个村子完整地转一圈。只要能去到的角落，我都会去看一下。这么做，一方面是出于职业的习惯，因为相比通过当地宣传部门提供的文字材料或者口头介绍去了解村子，实地去看虽然效率差一点，但能发现更真实、更鲜活、更有趣的细节和故事；另一方面，则是我自己的习惯。去的村子多了以后，总会忍不住做个归纳总结，比较每个村子的相同点与不同点，这也慢慢成为一个乐趣，也能让自己始终保持对于报道的新鲜感和热情。

　　陈家湾村因为地处偏僻、交通不便，从而导致过去的贫困落后。通过因地制宜地发展产业，如今陈家湾村摘掉了贫困村的帽子，村容村貌干净整洁，村民们的腰包也鼓了起来。在村里闲逛的时候，见到的每个人脸上都带着朴实、真诚的笑容，状态恬淡但又积极向上。老人们一边坐在大树下聊天下棋，一边看着身旁嬉笑玩闹的孙子；年轻人则充满活力与干劲，或是在自家开办的农家乐里忙活，或是引导游客停车、观光。如果上前询问，大家都会热情、骄傲甚至有些迫不及待地向你展示村子现在的变化。比如村里的弯曲小路，以前下雨就泥泞难走，现在变成了整洁好走的水泥大道；比如过去年轻人都外出打工赚钱，村里冷冷清清，如今年轻人不仅陆续回来，山清水秀的环境还吸引了许多游客到来。现在一个月里见到的人，可能比过去一年见的都要多。在村里碰到驱车前来游玩的游客，会告诉你，他是通过朋友的大力推荐知道有这么一个山清水秀的世外桃源。来了以后发现果然名不虚传，一下车闻到的空气都充满清新与香甜。在老乡家的民宿里住了一晚，听着屋后小溪的流水声和鸡圈里的鸡鸣声醒来后，甚至开始琢磨，以后退休了，要搬到这样的村子里来养老……

这些是陈家湾村给我的第一印象，也是陈家湾村与我以前去过的那些贫困村的相同之处。在感叹短短几年内这个村子发生的巨大变化，以及为老乡们如今的幸福生活感到高兴的同时，难免又让我对这次的报道感到一丝烦恼——如何才能让这次的脱贫攻坚报道与过去的区别开，做出不同的新意呢？

世界上没有两片完全相同的树叶，当然也不会有两个完全相同的村庄。随着对陈家湾村了解的不断深入，很快，这个村子与以往我去过的那些贫困村的不同点开始展现出来——在我看来，陈家湾村最大的不同在于它在发展产业脱贫时的全面性，各个产业都有，各个产业都发展得很成熟。用当地干部的话来说，就是一、二、三产业融合发展，助力脱贫奔小康。

以往我去过的那些贫困村，它们有的是依靠当地山清水秀的优美环境，吸引来大批的游客，从而发展旅游产业，让村民们通过开农家乐、做文化旅游的周边产品等形式来脱贫增收；有的是依靠独特的生态优势，其水土气候环境适合某种特色动植物的生长，从而大力发展与其相关的种植业或养殖业，以及相关的深加工产业，成为业内知名甚至全国都小有名气的产业基地；抑或是借助对口企业或单位的帮扶，建设脱贫车间，让村民们的身份从农民转化成工人，在帮扶企业或单位的帮助下解决销售渠道等方面的问题后，完成从输血到造血的转变，从而实现脱贫增收。

陈家湾的独特之处，是相比其他贫困村只有上述中的一点或两点，它这些方面都有，而且都发展得较为成熟。陈家湾村独特的气候、水土环境，特别适合冷水米的种植。当地在大力发展冷水米种植的同时，还通过招商引资，吸引企业成立冷水米加工厂，生产的产品主攻高端市场，远销上海、深圳等地。这是它的第一产业。在相关企业的帮扶下，陈家湾村附近还建设了成衣加工厂，让村民们不用再跑到外地去打工，在家门口就可以上班了。这是它的第二产业。此外，当地还依托陈家湾秀美的环境，打造了一个山村游乐园，既有民宿，又有农家乐，还有相关的文化旅游产品。

直播的地点选在陈家湾村的冷水米加工厂房前，我们也展示了以冷水米为代表的各种特色农产品

陈家湾村的山村游乐园里的网红项目——水上自行车

　　一个过去的贫困村同时集齐了一、二、三产业，这是以往我在其他贫困村里还从未见过的。一、二、三产业的融合发展，也让陈家湾的脱贫攻坚工作抵御风险的能力更强，未来发展的后劲也更足。

　　有意思的是，陈家湾村与我去过的其他贫困村的最大不同是全面。而这次我在陈家湾村做的报道，与以往我做过的脱贫攻坚类报道相比，最大的不同也是全面。这倒不仅是指本次报道的内容主题，而是本次《走村直播看脱贫》的报道，其报道的形式和方法，相比于以往都更加全面。相比于以往以大屏为主的单一报道形式，本次《走村直播看脱贫》的报道，是大屏与新媒体全覆盖，在线上还有与网友互动的环节。更加丰富的形式与方法，让这次报道更加生动立体，也弥补了以往报道中受限于报道体量而不得不舍弃很多优质素材的遗憾。融媒体形式的报道，不仅让我们可以更从容地展现陈家湾村经过脱贫攻坚后，在方方面面发生的巨大改变，也让整个报道的传播效果更明显。

借走村之眼看十三年之变

■ 地方资讯组 唐亮

2020年7月25日，随着两辆大篷车从启动仪式现场出发，一辆奔赴江苏省徐州市丰县范楼镇齐阁村，一辆奔赴河南省开封市兰考县张庄村，整个《走村直播看脱贫》的活动正式拉开了序幕。

活动刚启动没多少天，我就收到了参与第二批活动的通知。而我除了有大家因为能参与活动的那份喜悦外，还有着非常多的期待。因为大概就在13年前，我曾经参与过一个类似的节目。

2007年，央视二套（现在的央视财经）因为要拍摄一部反映我国真实国情的纪录片，很多栏目抽调人员组成了一个剧组，负责拍摄。纪录片的名字几经更改，最后播出时定为《国情备忘录》，而我当时也有幸以实习生的身份加入剧组中，主要参与了"农业"及"土地"那两集的全部拍摄制作工作。

在两年多的时间里，我们和摄像马不停蹄地走过了很多地方，在江苏、浙江的农村看到家家户户都已不是靠种地维生了，而是前店后厂的小作坊。这些小作坊承接着大大的制造业中一个小小的环节，屋前的小汽车、屋后的小货车，他们似乎已经开始摆脱农民的身份。我们也去过东北的农村，那里大片的肥沃农田基本已经实现了机械化，种粮大户们的屋前屋后停放着一辆辆硕大而昂贵的农机，国家的农机补贴给予了他们很大的帮助。但即便如此，他们每年在收获季节仍要面对农作物价格的无情波动。我们还去过安徽、四川、湖南等地，那里展示的似乎才是最常见的农村。安徽的小岗村，这个曾经在我国农村发展史上留下过浓墨重彩的一笔的地方。我们是在一个临近春节的时间到达的，但当时依然没见到几个人。村干部例行带着我们去看了当年引以为豪的手印，走出展馆问及当下，他也坦言，当下村子里很多人还是选择出门打工赚钱，即使是春节，也不是每年都回来。而在湖南、四川等地，在山谷间错落着一些光鲜亮丽的二层小楼，走近才发现，房屋里面还露着红色的砖瓦，一切都还是毛坯房的样子。家门口还摆放着粘着泥土的农具，空荡荡的房间里摆放着少量家用电器。村里看见的多半都是老人、妇女和儿童。而有一些房屋也只是满足了遮风避雨的最基本需求。被熏黑的墙壁上贴着一两年前的年画，房梁下悬着的灯泡上落满了灰尘。整个房屋昏暗阴冷，村民大部分时间都是围坐在火堆旁取暖度日。

各个地方导致贫穷的原因有很多，或是疾病，或是交通，或是土地贫瘠又或是产业太过单一等。他们唯一的希望是那零散分布的田地，但他们发现，即使是一年面朝黄土背朝天努力坚持下来，其间还有种子、化肥各种农资以及最后农产品的价格波动等问题要面对，一年的忙碌也只是解决了饿，改变不了穷。背井离乡出门打工似乎成了所有青壮年劳力想要改变贫穷的唯一选择。对于他们来说，外面的世界很精彩，外面的世界有钱赚。而老人们只能驻守着村庄，守着那碎片化的土地，照顾着孩子们。

而在村子里任职的干部们又如何呢？收入相比出门打工要少很多，愿意成为一村之长，往往代表了他们做出了极大的牺牲。为了维持生计，他们还需要自己种地贴补家用。在面对我们的镜头时，他们显得有心无力，也不知道下一步能带领大家做些什么。

在涉及农村的那集文稿中，导演写下了几个问题：为什么我们会长期存在城乡的巨大差距？农民增收到底难在何处？乡镇企业发展的难点在哪里？农民进城务工是不是解决三农问题的唯一希望所在？

这些问题对于刚毕业的我来说，并不能完全领会。但回想那一张张布满皱纹、在火堆旁忽明忽暗的脸和一双双皱巴巴的双手，我的感触就是他们太难了，以前很难，现在很难，未来似乎也很难。

说完了2007，再看2020。

2020年是脱贫攻坚的最后一年，所有的贫困村都已陆续完成摘帽了。

可他们到底都是依靠什么脱贫？现在的生活状态又是如何？脱贫之后又将如何计划呢？当年拍摄《国情备忘录》是为了展示当时真实的国情，让我们了解自己的国家，那么《走村直播看脱贫》就是为了解答上面的问题，让大家了解现在的农村。

跟随着大篷车，我去了陕西、山西、河南的很多村庄。在我们所去过的一些山区，原先散住在山间的村民们已经被安置在宜居的平原地区，住进了通水通电的楼房。例如在陕西安康市的李家台村，村民们被统一安排在小区居住，并且就近安置了企业解决了就业。

在河南三门峡新坪村，当地依托好山好水的自然资源，发展了峡谷漂流项目，并且积极谋划，在全国抽取50名双胞胎前来参加漂流比赛，至今已举办了十几届，渐渐打响了当地的知名度，而在山西的东坡村、社城村、松庙村，虽然没有太好的旅游资源，但当地因地制宜，瞄准了中药材种植，并各自选择了适合当地种植的中药材，发展深加工，延长了产业链。村民们把土地出租，去工厂上班，平时拿工资，年底拿分红，一年能有好几份收入。

1
2

1. 李家台村一家毛绒玩具加工厂，孩子们同父母在工厂里
2. 加工厂内母亲看着一旁玩耍的孩子

河南三门峡新坪村正在举行一年一度的双胞胎漂流大赛

  村子发展好了，就业的机会多了。年轻人自然也就主动回来了。他们表示尽管就目前来说，可能出门打工赚的还是会多一些，但是能照顾家中的老人和孩子，即使少一点也可以接受，他们相信未来村子的发展一定会越来越好。

  当然这一切都离不开各级村干部们的努力，他们在各自的位置上出谋划策，带领着全村人寻找适合自己的路。在陕西省安康市平利县双杨村，为了把大家从城市里吸引到山沟里来旅游，村干部们挖掘当地传统美食庖汤宴，并且为庖汤宴设置了严格的餐品标准，让村民们之间形成了良性竞争，带领村民们发家致富。在陕西山阳县，当地县长也化身"网红"主播，工作之余就是直播带货，卖力介绍辖区内各个村镇的土特产品。

  在陕西省商洛市丹凤县的棣花村，有位划船的大姐一边划船，一边和我们分享她的故事。她刚成年就开始在外面打工了，孑然一身，起早贪黑，东奔西走赚了点钱，但经常在外受了委屈也无人诉说，只能一个人在宿舍里掉眼泪。这些年当地依托良好的自然环境，开发了几千亩荷塘，做起了生态文化旅游，提供了很多就业岗位。她的好姐妹帮她在景区里报名找了一份划船的工作。她义无反顾地回来了，由于能说会唱，成了当地景区的红人，还找了个对象，也在景区上班，两个人每天下班后就一起携手回家。现在日子虽算不上富裕，但每天都非常开心。现在她已经开始憧憬婚后有孩子的生活了。伴随着她的歌声，我们看着这眼前的美景以及河道上别的船娘时，不禁感叹，这飘着淡淡荷花香的池塘，不仅改变了这个乡村，还改变了多少人的人生。

在走过的百村，我们无时无刻不感受到这种改变。村民的生活条件在改变，土地的使用情况在改变，村民们的谋生手段在改变，最主要的是大家的意识在改变。虽然还是从前的那片土地，但已绽放出了别样的光彩。

《走村直播看脱贫》的活动在11月1日就已经圆满结束了。101个曾经的贫困村如何脱贫的故事也算讲述完了。作为媒体工作者，我们希望传递的不仅是画面里那三四个人的脱贫故事，而是当地好几千人好几年的埋头努力。因为脱贫不是单纯的个别致富故事，而是中国整个农村大环境的改变。

随着全国脱贫任务的完成，扶贫办这个曾经任务很艰巨的部门，在光荣地完成使命后又将何去何从？网上有人说改名叫致富办，也有人说叫富民办。我想，不管如何，生活总归是向着更好的方向前进。找不到路的时候，大家一路摸索前行，磕磕绊绊，但只要上了路，就能跑起来了。

背好行囊　跬步致远

■ 新媒体编辑组　张艺菲

2015年，我国发出了扶贫攻坚的号令，国家庄严承诺绝不丢下一个贫困群众，2020年要实现全面小康。2018年，中央财政专项扶贫资金年度规模首次超过1000亿元，这是一场分秒必争的决战。这场决战的背后，每天都在上演着温情的故事。

四川省古蔺县铁桥村收高粱的农民们

2020年8月31日，我有幸参与大型融媒体行动《走村直播看脱贫》。在参与其中的近40天里，深入全国一些基层乡镇和村组，进行调查研究和采访，获得了大量第一手材料，深挖当地村民突破生存发展困境、走向致富之路的历程，并前后产出了近25篇新媒体报道，通过视频记录、采访村民代表、文稿撰写、航拍记录乡村变化等形式，全方位对乡村变化进行了记录。

走村初体验

由于此前没有参与过类似项目，所以对于前线的拍摄、选题、剪辑、素材等都有疑虑。来到一线后，两天一村的紧张节奏、紧凑日程、陌生伙伴，此时又碰上了整晚腹泻的闹心事儿，无人机也摔坏了。怎么办？只能硬着头皮上，咬着牙想解决办法。"步步常由逆境行，极知造物欲其成"，到了前方，就得学会独当一面。要处理的问题，不仅仅是机器设备技术角度，更需要部门间、队友间的沟通与交流。在同部门同事的远程帮助和身边队友们的配合下，无人机修好了，药也买到了，剪辑也加班加点赶出来了。

团队合照

村民们展示当地特产

来到走村一线后，我们发现，很多偏远的村庄有优良的特色农产品，可就是因为缺少有效的渠道销售，让这些特产"养在深闺人未识"。对此，《记者走村Vlog》进行了深度挖掘。其中令我印象最深的是十八洞村，这里的贫困曾远近闻名。近几年来，十八洞村积极探索"可复制、可推广"的精准扶贫经验，在我们来到当地采访时，当地展示了村集体经济培育出的特产红心猕猴桃、十八洞山泉水、十八洞腊肉。

在十八洞村拍摄《记者走村Vlog》

同时，我们还跟随当地人来到了十八洞村山泉水厂的水源地，在那里，我们观察到当地人"靠水吃水"的智慧，勇于突破自身困境，发展当地可用资源，开设了十八洞村山泉水厂。好山有好水，这个年轻的水厂自2018年3月投产后，2019年全年产值达5000万元，这里的水也从十八洞村走向了全国。如今的十八洞村早已脱去了贫困村的面貌，用自己的艰辛探索、勇于实践，闯出了一条致富的路子。

走村再前进

2020年10月14日，我再次前往走村一线，相比于初次的紧张，在第二次出行大半个月的时间中，多了一份自信。

我们通过《记者走村Vlog》《我当村主播　农民说新闻》《云瞰中国之美丽乡村》等新媒体产品，让村民坐上主播台、无人机升上高空、记者深入当地，抓细节、抓立体，展现出当地的蜕变。在初次走村中，我与记者赵媛媛为了拍摄，蹚进冰冷的河水，尽最大能力圆满完成了出镜，记录下了当地的崭新变化。

第二次走村，我的角色也发生了转变，由拍摄者转为出镜者。在走村中，我们来到了"腰鼓之乡"陕西省延安市安塞区，当地流传着一句话："上至九十九，下到刚会走，家里有腰鼓，人人都会打。"为了体现出当地人与腰鼓文化的紧密联系，我从服装、场地等方面综合考虑，决定演一把"黄土高坡腰鼓秀"，亲身体验腰鼓文化。

安塞腰鼓粗犷、雄浑的风格，与当地自然环境、地理风貌、民风民情等浑然一体。它要求人和乐器完整地糅合在一起，二者相辅相成，才能达到表演的高度。一趟体验下来，不仅出镜的经验增加了，我也深深地被当地粗犷不羁的文化所感动。过程中，我还了解到，安塞盘活腰鼓、剪纸、民歌、农民画和曲艺这五张文化名片，实现了文化富民。这让我深刻地认识到文化作为一种力量，不直接起作用，但其潜在的能量远远超过其本身。立国之道，唯在富民，是传统文化，也是现代文明。功能不在于形式和说教，而在于精神转化为物质，用实实在在的民生实惠，反过来验证真理性的结论。这也是各个村庄利用自身优势，发展起累累脱贫硕果的最直接体现。

1. 在主播台拍摄《我当村主播 农民说新闻》
2. 在稻田拍摄《记者走村 Vlog》

回顾这次活动,《走村直播看脱贫》大型融媒体行动中的全体工作人员发扬了不怕吃苦、不怕危险、精益求精的工作作风和精神,使其中的每个人都变得更优秀,使活动做得更好。不论是南线湖南的十八洞村,还是北线山西的南阳村,每个人都在其中收获着、成长着。当站立在十八洞村的标志性地标脱贫攻坚石前,我们更深刻地感受到随着大型融媒体行动《走村直播看脱贫》走访各个村庄,亲身感受、记录当地的变化带来的感动。活动虽然已经结束了,但留给我们的思考还在继续。接下来的路,更要背好行囊,跬步致远。这是终点,更是起点。

感受走村　有你有我

■ 新媒体直播组　杨一然

走村路上的安心与暖心

2020年10月29日结束了《走村直播看脱贫大型融媒体行动》南线的最后一站，我们从四川巴中一路北上，前往此次行动的收官站——延安。从早上7点出发，快到延安已是晚上7点了，可行驶途中并不觉得漫长。我坐在自己熟悉的座位上，听着大家聊着工作安排，在车上写稿子、剪片子。在一起走村直播的日子里，像这样把车当工作室已然俨然成为一种习惯，而这次又多了分不舍。

手机时不时蹦出微信提醒，原来已经到达延安的北线同事说，今天的延安很冷，下车一定要穿厚点。虽然我没带什么防寒衣物，但心里却没有感到慌张。

回想起2020年7月第一次走村，我在出发前疯狂囤货，总怕缺了什么村子里买不到。后来到了村子里我才发现无论是让头脑保持清醒的咖啡还是避免低血糖的巧克力，或是平时上班必备的无糖苏打汽水都可以在村子里买到。路修起来了，商业网络建立起来了，互联网通了，与世界的距离更近了。更重要的是，乡村的孩子可以和城市的孩子一样享受基本的教育。

所以，没带防寒衣物的我一点也不慌张，因为3个多月的走村经历让我了解了农村，也更相信农村。

终于到了延安，带了防寒衣物的刘潇凡主动要借衣服给我，没带防寒衣服的我不慌的另一个原因是身边有一起走村的可靠伙伴。

车外延安的气温可能真的是太低了，车外和车内形成了很大的温差，车窗爬满雾气，看不清楚外面的光景，只能隐隐看到延安的夜晚灯光闪烁。寒冷的夜晚，暖人的是车窗外的灯光和给我送大衣的熟悉身影。

回顾走村　收获满满　不舍满满

经过两天的紧张筹备，《走村直播看脱贫》大型融媒体行动的收官直播圆满完成，在和18家直播合作平台说出"直播结束"后，我如释重负。所有人都在忙着合影、忙着说再见，用照片定格走村的美好。

在《对话》的节目录制现场，我看到一个熟悉的身影——焦阳老师。

记忆把我拉回走村之初。焦阳老师是我负责的第一个村——湖南省宜章县龙村瑶族村的对接人。这个村名里有两个"村"字，我也因为这个跟焦阳老师反复确认了村名。

最后一场直播，笔者（左二）与团队成员合影

我们一行人到了龙村瑶族村后就开始对新媒体直播中的直播点位踩点，印象最深刻的是去脐橙基地。我们开车上山，满山的脐橙树映入眼帘。之前设计好的直播地点在山顶，我们的车只能开到半山腰，剩下的路只能徒步。爬到一半，焦阳老师指着一个不起眼的角落说："这个是废弃的煤矿矿口，现在已经完全封死了，外面装水给填起来用于浇灌脐橙。"这时找才发现，脚下的土壤里还掺杂着黑色的煤矸石。

龙村瑶族村所在的宜章原来是"湘南煤都"。2015年年底，宜章矿产资源重镇——梅田镇，打响了一场盘活资源、加速产业转型升级的战役。在我们到达宜章时，一座座昔日的露天小煤窑，经过废旧矿区治理平整出4000多亩新脐橙园。"其实大家吃到的脐橙很多都产自这里。"焦阳老师说完有点傲娇地笑了。脐橙平时我没少吃，但是真没有想过它是生长在眼前这片"黑"土壤里。受眼前的情景启发，我很快构思出了富有宜章特色的直播文案——湖南龙村瑶族村废弃老矿山变身现代新农田。"中央广播电视总台财经节目中心大型融媒体行动《走村直播看脱贫》今日到站——湖南宜章龙村瑶族村。曾经的主要产煤区，近几年由'地下'短期发展变为'地上'可持续发展，'黑色'到'绿色'的转变如何实现？"

一只小青蛙在脐橙基地满是煤矸石的山上

龙村瑶族村直播海报

如今搜索龙村瑶族村，满屏都是这段直播文案。我在窃喜的同时，也很欣慰龙村瑶族村这个名字里有两个"村"字的小村庄的脱贫成果因为《走村直播看脱贫》而被更多的人看到、了解。

我的走村之旅因为在延安再次遇见焦阳老师而画上了一个圆满的句号，一切好像都没发生，但一切好像又都发生了。不舍的情绪涌出，于是用相机定格下这份不舍。当焦阳老师举起相机时，我红了眼眶。

陪伴我们三个多月的《走村直播看脱贫》直播工作到这里就结束了，但是脱贫摘帽远远不是终点，而是新生活、新奋斗的起点。

左为焦阳老师，中为杨一然，右为同事张婷敏

难忘走村

■ 制片协调组 蒋果

走村，走的是路
历时百天
兵分两路
行程万里
足迹遍及大半个中国

走村，走的是心
精心策划
周密组织
北南双线联动
前后方协同作战
宣传报道精益求精

走村，走的是情
从那一栋栋新楼房
从乡亲们脸上的笑容
看到的是脱贫的成果

看到的是胜利的喜悦

走村，走的是故事
田间、果园、鱼塘……
聆听乡亲们的致富之路
新房、民舍、餐桌……
喜看老百姓的幸福生活

走村，走的是创新
移动直播演播室
移动云制播系统
5G传输+航拍+4G背包
电视、广播、新媒体联动播出
创造了新闻史上新媒体直播时间最长的新纪录

走村，走的是党性
领导挂帅，科组长领队，党员带头
一路宣传的是党的政策
一路表达的是党的温暖
一路展现的是党员的风采
一路播撒的是希望的种子

2020是脱贫攻坚决战决胜之年
让我们看到了成果
让我们见证了历史
必定以全胜完美收官

走村，是一段难忘磨砺
走村，是一个历史经典
走村，是一首永恒的歌

我庆幸，我能参与其中

感谢这个时代赋予自己的使命
在自己的岗位上
奉献着一份力

我庆幸，我能参与其中
履行着一名共产党员的职责
必将鼓励我在今后的人生道路上
不忘初心，砥砺前行！

幸福農家 岁次庚子秋月 杨婷宜于山西安泽

第三编
大篷车里话脱贫

湖南省副省长隋忠诚：脱贫致富，靠这四点

2020年9月8日，中央广播电视总台财经节目中心《走村直播看脱贫》大篷车开进湖南湘西州十八洞村。这里位于武陵山深处，曾是个典型的贫困村，2013年村民的人均纯收入仅有1668元。也就是在这一年，习近平总书记来到这个小山村，首次提出了"实事求是、因地制宜、分类指导、精准扶贫"的重要论述。如今的十八洞村甩掉了长期压在头上的贫困帽子，2019年村民的人均纯收入达到14668元。

作为"精准扶贫"的首倡地，十八洞村到底走出了怎样的一条具有特色的脱贫之路？对于湖南省来说有怎样的借鉴意义？近几年，湖南省脱贫攻坚探索出什么新的模式做法？湖南省副省长隋忠诚走进大篷车演播室，接受央视财经专访。

央视财经记者：作为精准扶贫的首倡地，十八洞村走出了怎样的一条具有特色的脱贫之路？对于湖南全省来说有怎样的借鉴意义呢？

湖南省副省长　隋忠诚：十八洞村是精准脱贫的样板，十八洞村的精准脱贫之路对湖南的脱贫攻坚来说意义重大。2013年的11月3日，习近平总书记在十八洞村提出了"实事求是、因地制宜、分类指导、精准扶贫"的重要指示，同时也提出了要探索可复制、可推广的经验的工作要求。湖南省委省政府坚决贯彻习近平总书记的重要指示，湖南省牢牢地扛起"精准扶贫"首倡地的政治责任来推动全省各地包括十八洞村精准脱贫。

采访湖南省副省长隋忠诚（左）

经过这几年的探索，十八洞村走出了一条有特色的精准扶贫的路子，也发生了翻天覆地的变化。2017年整村实现了脱贫，村容、村貌、村民的精神面貌都发生了翻天覆地的变化。

第一，必须紧扣"精准"这两个字，贯穿到精准脱贫的全过程中，严格把握好标准、规范好程序，同时民主评定、评议，来精准识别出建档立卡的贫困对象，让老百姓家家都满意，家家都服气。

第二，必须抓住产业扶贫支撑，不断地增加造血功能。说一千道一万，致富是关键，没有产业的支撑，致富只能是空话。十八洞村的精准脱贫攻坚紧紧抓住产业这个根本之策，经过几年的努力，十八洞村老百姓现在的收入从2013年的1668元提高到了2019年的14668元，老百姓的精神面貌也发生了非常大的变化。特别是富了之后，我们十八洞村原来的单身汉有33个已经脱单喜结良缘，建立了幸福的家庭。所以抓好产业扶贫这个关键至关重要，对全省脱贫攻坚有非常大的借鉴意义。

第三，要抓住就业、抓住扶贫扶智，来激发群众脱贫的内生动力。十八洞村这一年产业发展的同时，抓重点、抓就业培训和就业服务。就业之后，村民的士气、志气都鼓起来了。

第四，就是要党建引领、多措并举、打好组合拳。在建设规划十八洞村的时候，也不搞"高大上"，按习近平总书记说的实事求是、因地制宜来推动脱贫攻坚。在建设上不搞大拆大建、保持原形原貌、保住乡愁，多措并举来把十八洞村脱贫工作搞好。

央视财经记者：近几年湖南省在脱贫攻坚探索出哪些新的模式和做法，目前的成效怎么样呢？

湖南省副省长　隋忠诚：第一个模式就是在产业扶贫上，把这个作为一个根本之策来抓。我们在前期探索了"四跟四走"的产业扶贫路子，那么近期我们又在这个基础上推动探索了"四带四推"的产业扶贫路子。"四跟四走"主要就是让扶贫资金跟着建档立卡的贫困人口走，建档立卡的贫困人口跟着致富能人走，那么致富能人跟着产业项目走，产业项目跟着市场走，这条路子我们走下来，起到了很好的效果。我们现在356万贫困人口，通过产业扶贫实现了脱贫和逐渐的致富，增加收入，实现致富。

第二个模式在解决资金方面，我们积极地探索小额信贷的方式方法。在湖南我们探索了"一授两免三优惠，一防控"的模式，更好地解决贫困地区和贫困户脱贫的资金问题。那么所说的"一授"就是授信，由市县里边给予授信；"两免"就是免抵押免担保；"三优惠"主要是在利息期限贴息上给予优惠；"一防控"主要是防控风险，信贷的风险。到现在我们发放小额信贷资金已经达到224个亿，比较有效地解决了贫困户和贫困地区的项目建设、产业扶贫的资金问题。

第三个模式我们探索的是在就业扶贫上在全国率先搞了劳务协作的试点，结合我们省的实际，探索了一个叫作1143的劳务协作模式，就是建立一个机制，搭建一个平台，抓住识别、对接、稳岗、服务的几个关键环节，拿出任务清单、稳岗清单、责任清单，进行清单式管理，把劳务协作精准地服务好、对接好。在2020年防控疫情的情况下，218万贫困劳动力实现了就业，超出2019年同期的就业人数。

在社会扶贫上，我们在全国首先启动了社会扶贫网的试点，搞了一个户帮户、亲帮亲互助奔小康的活动，效果很好。我们从问题出发，抓住重点，在消费扶贫、易地扶贫搬迁及其后扶上，这些模式在湖南全面地推广，现在发挥了很好的作用。湖南的脱贫攻坚一定能够打赢打好，如期实现脱贫，为全面地建成小康社会作出贡献。

青海省省长信长星：面对脱贫攻坚四大困境，青海有这些重磅举措

从2020年9月开始，中央广播电视总台财经节目中心大型融媒体行动《走村直播看脱贫》大篷车开进青海省，报道5个县贫困村的脱贫成果。9月20日，记者走进了海东市互助土族自治县班彦村。"班彦"在土族语中是"富裕、幸福"之意，村里共有人口1396人，其中土族人口占到了98%，是一个传统的土族村落。2017年4月，班彦村有484人通过易地搬迁住进了现在的新村。此后三年，当地形成了盘绣制作、酩馏酒酿造、农家乐等特色产业，2019年年底全村人均纯收入过万元。易地扶贫搬迁给班彦村村民的生活带来巨大变化，当地村民如何利用特色产业走出贫困？他们又有着怎样的励志故事？青海省省长信长星走进大篷车演播室，畅谈青海省脱贫攻坚的巨大成效。

采访青海省省长信长星（右）

央视财经记者： 班彦新村在青海省率先实现脱贫目标，这在青海省有什么样的引领作用呢？

青海省省长　信长星： 班彦村在2015年之前，全村369户1396口人，按照当时精准识别建档立卡，贫困户达到183户720人，也就是，占到一半以上是贫困户、贫困群众。其中有129户484人生活在"脑山"，那个地方是典型的高寒、干旱，生态脆弱，"一方水土养不了一方人"。通过这几年脱贫攻坚，当地面貌发生了根本性的变化。过去"脑山"在当地方言里是指2800米以上的地方。实际上我理解也是"烦恼"，"脑"是"大脑"的脑，实际上也是"烦恼"。当地原来的群众形容是"六难"：出门难、喝水难、上学难、看病难、务工难、娶妻难。

第一，通过易地扶贫搬迁，现在村民都搬进了新区，住上了新房，整个村容村貌发生了很大变化。家家现在用上了自来水、卫生厕所、天然气，而且村民到了冬季，取暖也用上了电热炕，过上了相对比较殷实的生活。

第二，经过这些年的脱贫攻坚，村民的收入有了大幅提高。2015年当地村民年收入只有2600元。经过这些年脱贫攻坚，加大产业扶贫、就业扶贫各方面的力度，2017年村民的收入达到7000多元；到了2019年，村民的收入首次超过1万元，达到10574元。

第三，村民精神风貌发生了很大的变化，精气神被激发出来了。据当地的群众干部介绍，过去一到冬季村民就扎堆聊天晒太阳，现在大家一起想到的是怎么致富、怎么发展产业，想的都是在脱贫的基础上如何更好地致富。

第四，基层党组织也得到了加强，更好地发挥了引领作用。

央视财经记者： 互助是全国唯一的土族自治县，而班彦村里98%都是土族人，这些年他们依靠产业，做了盘绣、酩馏酒，这些是不是为他们未来脱贫提供了一种好的经验？

青海省省长　信长星： 大力发展适合当地特色产业，比如巴眉猪，这个地方养猪是有传统的，但是过去都不成系统，一家一户零零散散；再比如盘绣，这是当地的一种非物质文化遗产，许多妇女都会做，但只是作为一种手艺，没有成为一种产业；再比如酿酒，当地的酩馏酒很有地方特色，而且很浓郁、清香，但过去也是小打小闹；再比如种植业，当地大概人均村土地2.5亩，都是一家一户分散经营，并没有形成规模产业。

第一，这些年来瞄准当地有资源禀赋、有特色的养殖业、传统手工业，采取"公司＋农户＋带头人＋电商"的方式，找到了产业发展的路子，找到了适合当地的产业。

第二，引进经营主体，再加合作社，把规模做大。

第三，落实各项扶持政策。

第四，加强劳动力的培训，要把农民培育成适合这些产业、有技能的劳动者。

第五，加强党建的引领作用，这个村的基层党组织建得非常强，很好地发挥了带领群众脱贫致富的作用。

央视财经记者： 精准扶贫的"精准"二字，班彦村体现得淋漓尽致。

青海省省长　信长星： 这个地方各个产业都是精准地找准当地特色和优势，发展适合当地的产业，有这种资源禀赋，才能够有产业发展的基础。关键是有基础，还要做大规模，就一定要找到一种适合产业做大的组织形式，引进经营主体，发展合作社，把过去零散的、有基础的产业现在做大，做成规模。

而且一定要打出去，这就是电商。电商几乎在所有的产业中都发挥了非常突出的作用。像过去盘绣很有特色，也很受人喜爱，但是没有途径，销不出去，"养在深闺人未识"。现在通过电商远销各地，一些很好的品牌服装、手包等，也与盘绣嫁接在一起。在这些服装或者手包上做各种盘绣，卖得非常好，销路也非常好，很受消费者欢迎。

央视财经记者： 提到"精准"，我们知道近几年青海省在对待脱贫攻坚的四大困境方面，也有超常规的举措，这些举措有哪些呢？

青海省省长　信长星： 青海在脱贫攻坚战开展之前，面临的四个地区，一个叫作高原地区，一个叫作西部地区，一个叫作民族地区，一个叫作贫困地区。也就是在青海这个地方，脱贫攻坚的任务更重，难度也更大。

我们2015年建档立卡的时候，识别的有1622个村，52万贫困人口。实际上这些按线来讲，除了西宁的几个区之外，其他42个县全部都是贫困县，应该说任务相当重。当时贫困发生率13.2%，贫困村占整个行政村数的40%，任务相当艰巨。但是我们坚定落实"精准扶贫、精准脱贫"这样一个方略，把它作为对社会最庄严的承诺，作为最重要的政治任务，作为第一位的民生工程，坚持五级书记抓，加大脱贫攻坚的力度，咬定"两不愁三保障"这样一个目标来抓工作。

在政策上，我们围绕青海省脱贫攻坚工作，制定了"1+8+10"这样一个政策体系："1"就是一个综合的实施意见，一个一整套的方案；"8"就是8个脱贫攻坚的专项工程；"10"就是10个行业的脱贫攻坚计划，一揽子来推进整个脱贫攻坚工作。

比如在服务易地搬迁上，这些年整个青海省的易地搬迁，除了班彦，这是一个缩影，其实还有很多。整个省的易地搬迁，大概涉及8个市州，38个县，266个乡，1249个村子，全省一共建了像这样的集中安置区域、安置点297个，这些地方都在搬迁的基础上，通过发展适合当地的产业。同时在整个产业上，这些年经过持之以恒，逐步培育一些产业，开始形成一定的规模、一定的气候。像大家所熟知的青稞、牦牛，包括乡村全域旅游。我们2020年疫情防控做得比较好，所以整个旅游业恢复得也比较快。像2020年8月落地的航班每天增加了20个班次，大概落地的乘客数增加了2%，包括自驾游也都比2019年同期有所增加。

再比如光伏，各地都在做，但是青海应该说光伏的资源最好，日光质量高，日照时间长；各种手工制作，也都非常有市场，但是还要逐步地做大；在促进就业上，拉面也是我们非常有效地带动脱贫的一个产业。现在整个青海在外面做拉面的超过19万人，大概开了32000家拉面馆，在各地都卖得非常好。

总之，要说我们有什么超常力度的话，说到政策，那就是真金白银地加大投入。过去这些年，我们省级财政投入脱贫攻坚的专项资金，一直保持在20%以上的这样一个增速。但同时在这个过程中，中央各个部门，包括东西部扶贫协作，对口支援的省，都给予我们很大的支持。全社会广泛参与。

再一点，加大督促的力度，真抓实干，对落实扶贫攻坚责任的情况实行最严格的考核，发现问题立即整改，不整改到位绝不放过。

对于巩固我们现在取得的脱贫攻坚成果，未来青海还有哪些举措呢？我们经过这些年努力，到2019年，42个贫困县已经全部实现摘帽；1622个村已经全部出列；最后经过动态识别，实际实现脱贫的有53.9万人。

尽管如此，我们也清醒地认识到，这才是第一步。一定坚持做到目标不变、靶向不散、频道不换、力度不减、节奏不乱，一定落实好"四个不摘"的要求，扎扎实实巩固脱贫攻坚的成果。特别是要织牢"防止返贫，防止新的致贫"这样一个安全网，建立解决相对贫困的一个长效机制。在这个基础上还要谋划与未来的乡村振兴有机衔接，现在的工作一定要为将来实现产业兴旺、生态宜居、乡风文明、治理有效、生活富裕这样一个目标打好基础。现在的工作就是巩固脱贫成果，提升脱贫攻坚成果，高质量地打赢脱贫攻坚战，织牢防返贫的安全网，为乡村振兴打下一个坚实的基础。

甘肃省委副书记孙伟：脱贫攻坚的收官之年，甘肃省如何啃下硬骨头

2020年9月23日，中央广播电视总台财经节目中心大型融媒体行动《走村直播看脱贫》的大篷车开进了甘肃省平凉市静宁县的杨咀村。静宁县虽身处六盘山特困地区，但得天独厚的地理优势——高海拔、充足光照、昼夜温差大，成就了个大汁多脆甜的静宁苹果。截至2019年，静宁县苹果种植面积已经超过一百万亩，苹果产量达88万吨，为当地人创造了39.6亿的年收入。依靠苹果产业，累计有19.6万人稳定脱贫。脱贫攻坚的收官之年，甘肃省如何啃下硬骨头？甘肃省在推进脱贫攻坚的进程中，有哪些收获和体会？央视财经对甘肃省委副书记孙伟进行了专访。

央视财经记者： 甘肃省是脱贫攻坚任务最重的省份，在推进脱贫攻坚的进程中，有哪些收获和体会呢？

甘肃省委副书记　孙伟： 近年来，甘肃省委省政府深入学习贯彻习近平总书记扶贫重要论述及对甘肃重要讲话和指示精神，贯彻精准方略，实施一户一策，夯实五个基础，在打好每一次落实战役和落实战斗上狠下功夫。到目前为止，脱贫攻坚已经取得了决定性的成就。从2013年建档立卡的时候，甘肃省有552万贫困人口，实际上调整以后是574.5万人，那么到2019年年底就剩下了17.5万人，原来有75个贫困县，2020年9月就剩下8个了。

采访甘肃省委副书记孙伟（右）

  马上国家和省市县要进行脱贫验收，所以甘肃即将告别困扰千百年的绝对贫困问题，这是一个巨大的成就。在取得成就的前提下，我们还有几点收获，概括一下有五个方面。

  第一个方面，甘肃走出了一条农业产业发展的路子。一个地方的贫困，它的根本原因在于地方产业发展非常困难，由于自然和地理各方面的因素，这些年我们一直把产业发展作为脱贫攻坚的根本之举，拉开架势构建产业体系，搞现代丝路寒旱农业，发展以牛、羊、菜、果、薯、药为主导的产业体系。在构建的过程当中，实际上解决了几个问题：第一个是把甘肃现代农业的发展方向确定了，发展现代丝路寒旱农业；第二个是老百姓在这个过程中找到了脱贫致富的门路；第三个是事实表明，甘肃在发展特色农业方面，具有很大的潜力，有得天独厚的条件和广阔的前景。

  第二个方面，农村的基础设施和基本公共服务得到了极大的改善，城乡面貌发生了翻天覆地的变化。这次来杨咀村，来静宁县，都看到教育特别受重视。第一，改造农村薄弱学校，增加乡镇寄宿制学校，配备更好的老师，现在这里还有很多支教的团体。第二，老百姓看病，过去看不上病，现在有地方看病了，从县、乡到村，村里面都配有卫生室，乡里面有卫生院。所有老百姓实现了基本医疗保险的全覆盖，看病后住院政策范围内的各种费用都能得到报销。老百姓看得上病，还能看得起病。第三，这个地方原来喝不上干净的水，现在能够喝上干净的水。老百姓住上安全的房了，路也通了，山也绿了。所以老百姓的心里乐了，脸上也有笑容了。

第三个方面，脱贫攻坚是"三农"工作的一个重要方面，对甘肃来说是"三农"工作的重中之重。在推进脱贫攻坚的过程中，我们有意识地推动"三农"工作实现了三个转变：第一，从原来的抓"一农"，就是以农业生产为主，向抓"三农"转变；第二，从经济领域为主抓向"五位一体""四个全面"统筹抓；第三，从原来由农业部门和扶贫部门在抓向党政齐抓共管和社会齐帮共扶转变。所有的这些贫困村都有帮扶单位，东部协作省市一直在竭尽全力地帮助我们。央视、各种新闻媒体，也一直在积极宣传，帮助甘肃脱贫攻坚。

第四个方面，不光让老百姓、贫困户脱了贫，贫困村出了列，更主要的是基层党组织得到了加强，老百姓的内生动力得到了提高。

第五个方面，培养锻炼了一批年轻的，懂农业、爱农村、爱农民的干部队伍，这是我们党最宝贵的财富。

央视财经记者： 脱贫攻坚的收官之年，甘肃省是如何布局的，目前实施的情况怎样？

甘肃省委副书记　孙伟： 现在脱贫攻坚到了收官之年，剩下这些贫困村和贫困户是最难啃的硬骨头。所以在谋划工作的时候，着力从五个方面来推动：第一个是攻克最后的贫困堡垒，第二个是巩固脱贫成果，第三个是提升脱贫质量，第四个是实行兜底保障，第五个是把过去发现和现在发现的各种问题进行综合整改，确保更高质量的脱贫，为下一步乡村振兴打下更好的基础。

攻克最后的贫困堡垒最主要的举措是挂牌督战，省委书记、省长带头在最贫困的县进行挂牌督战，其他的省领导也对8个县进行挂牌督战，用"过筛子"的办法，彻底查清、彻底清零。这其中最主要的一件事，要把义务教育、基本医疗、住房安全、饮水安全问题解决，看看有什么没有做到的地方，填平补齐。

真正反映一个地方脱贫质量的是群众的增收情况，要解决产业发展、务工就业、移民搬迁等问题，关注东西扶贫协作、中央定点帮扶。另外，在甘肃的17.5万贫困人口中，有将近一半的人是没有劳动力的，这些人有一些特殊的困难。针对这些，按照兜底保障的政策，做到应保尽保、应兜尽兜。中央有专项巡视，有督查检查，发现个别地方的一些问题，对这些问题坚持举一反三、一体整改。

2020年遇到了特殊情况，新冠肺炎疫情突如其来，甘肃一些地方还遇到了泥石流的灾害。疫情和自然灾害带来的影响,实际上是出了两道加试题,所以我们要在原来五个方面的基础上,继续打好组合拳。

其中,最重要的是进一步扩大就业。在老百姓收入中,有近一半来自务工收入。疫情对务工就业影响较大,所以我们采取了两方面措施鼓励务工就业。其一,给当地企业、合作社和扶贫车间一些吸纳用工的补贴。其二,给出去务工的老百姓一些路费补贴、生活补贴,鼓励他们到南方、到长三角、到珠三角,到其他地方去务工就业。另外"点对点"输送劳动力,通过专车专列,让老百姓能安全到务工的地方。截至2020年9月大概输送了11.6万人。

除了扩大就业,还要扩大消费扶贫。9月22日是农民丰收节,也正是农产品上市的时候,在推动消费扶贫的过程中,坚持省内省外结合,很多东西光在甘肃销售还不够,还要到省外去销,像我们的静宁苹果,已经实现出口,是远销海内外的一张名片。另外把线上线下结合起来,在消费扶贫这块,截至2020年8月底,卖出了近50亿。其次,我们竭尽全力抗灾和救灾,把灾情的影响和破坏降到最小。

央视财经记者: 随着越来越多的乡村摆脱贫困,下一步,甘肃省的脱贫攻坚工作怎样和乡村振兴相结合,更好地发展?

甘肃省委副书记 孙伟: 乡村振兴是新时代"三农"工作的总抓手,是既管当前又管长远的国家战略。实施乡村振兴是个过程,实现乡村振兴是个目标。脱贫攻坚是新时代"三农"工作的底板,也是新时代乡村振兴的基础。我们清醒地认识到,攻克贫困堡垒、解决绝对贫困只是万里长征走完的第一步,巩固脱贫成果、实现乡村振兴还有很长的路要走。摆脱绝对贫困不是终点,而是新生活、新奋斗的起点。

所以在实施乡村振兴过程中,首要任务是巩固好现在的脱贫成果。同时根据每个地方的不同情况,因地制宜地推动乡村振兴,这两者从方向目标上是一致的。

大家一直觉得甘肃是西北缺水的省份,但实际上由于地处几条河的上游,所以甘肃的地表水比较丰富,靠近雪山,有冰川融化。而且在面积上,甘肃有广阔的土地。有了土地资源,又有一定的水资源,昼夜温差大,所以非常适合发展现代特色农业。所以我们发展现代丝路寒旱农业,拉开架势构建起牛、羊、菜、果、薯、药六大产业主导、地方品种补充、依据禀赋布局、产业生态循环、产品特色突出、品质绿色安全、品牌叫响过硬的现代特色农业产业体系，培育壮大了一批又一批"独一份""特别特""好中优""错峰头"的特色优质农产品。

甘肃草食畜牧业优势突出，饲草产量全国第一，还有中国最好的紫花苜蓿、独一无二的天祝白牦牛、肉质细嫩的平凉红牛和张掖肉牛、细腻温润的贡羊和鲜香无膻的滩羊闻名全国。

甘肃蔬菜面积达910万亩，培育了5个超过30万亩的蔬菜产业大县。根据自然气候条件错峰上市的高原夏菜畅销国内外，已成为西北内陆出口蔬菜重点生产区域和"西菜东调""北菜南运"商品蔬菜基地，是全国主要终端市场的"当头菜"。

甘肃是全国苹果生产第二大省，种植面积670万亩，庆阳是富士苹果主产区，天水是全国最大的元帅苹果产区，静宁苹果价格领跑全国。

甘肃是"中国马铃薯之乡""中国马铃薯良种之乡"，是全国最大的马铃薯良繁、种植、加工基地和集散中心。马铃薯种植面积超过1000万亩，年产脱毒种薯原种12亿粒。

甘肃素有"千年药乡"和"天然药仓"的美誉。中药材资源丰富，有大宗道地药材30多种，当归占全国用量的90%，党参、黄芪各占60%，药材道地、品质上乘、药食同源。甘肃储药条件全国最优，是"南药北储""东药西储"最佳地区。

甘肃还有兰州百合、陇南油橄榄、永登玫瑰、武都花椒、天祝藜麦、民勤蜜瓜、敦煌李广杏等一大批地域性特色农产品，是小而优、小而精的代表，已成为老百姓餐桌上的"贵宾"。

我们着力培育"甘味"省级知名农产品公用品牌，坚持品质至上，以"两个三品一标"为准入门槛，通过公益性与商业性、传统媒体与现代媒体、线上与线下、政府与企业、省内与省外、省级与市县"六个相结合"的方式，广泛宣传"甘味"品牌，深度挖掘"甘味"内涵，用心讲好"甘味"故事，精心塑造"甘味"文化，触动消费者的味蕾，留住舌尖上的记忆。

宁夏回族自治区人民政府副主席马汉成：移民搬迁是怎么做的

2020年9月25日，中央广播电视总台财经节目中心大型融媒体行动《走村直播看脱贫》来到了宁夏回族自治区固原市西吉县的涵江村。涵江村目前户户养牛，户均养殖7头牛以上、人均近2头，实现了"养殖一年、当年脱贫"的目标，2019年涵江村人均收入达到近万元。涵江村以前叫"烂泥滩村"，这一得名正因为村里道路极差，遇到雨雪天村民们都出不了村。而现在全村的主路都变成了硬化路并且通了客车，方便村民出行。央视财经记者对宁夏回族自治区副主席、固原市市长马汉成进行了专访。

采访宁夏回族自治区人民政府副主席马汉成（右）

央视财经记者：这两天我们在涵江村走访的过程中，了解到当地脱贫现在正进入关键阶段，我知道您也经常来这个村子考察调研，从我们这两天的走访中，感觉当地现在最主要的是产业上的发展，也就是种植玉米和养牛。您认为产业扶贫对一个地区的脱贫来说有哪些重要作用呢？

宁夏回族自治区人民政府副主席　马汉成：非常感谢中央电视台对宁夏、对固原、对西吉的关心，产业是我们贫穷的根源。涵江村过去的自然条件很艰苦，曾经叫烂泥滩。这几年在闽宁协作，福建莆田的涵江区结对帮扶当中才改名为涵江村。实际上有两层意思，一是人们对这种协作的肯定，二是因为涵江的帮扶让这个地方的产业有了很好的发展。涵江村得益于种养业的发展，但更多的是由于福建的帮扶，把我们的优势产业、特色产业对标上东部的发达市场，所以产业要发展，不仅要聚焦当地的特色和优势，更多的是我们的产品要对标市场，对标大市场，让我们的好产品卖上好价钱。

涵江村的产业发展，也是我们固原市624个贫困村、全宁夏1100个贫困村产业发展的缩影。实际上我们每一个村都有特色产业。在宁夏，包括固原在内，我们立足当地的自然条件、资源禀赋以及老百姓的技术能力，还有土地的支撑，大部分做的是肉牛养殖。我们过去是以种植为主，现在我们调整结构，既有好的特色种植，更有好的养殖。下一步我们还有链条更长、价值更高的加工业，实际上走的是一、二、三产业融合的线路。

产业要发展好，三个因素很重要。第一个，立足当地，做好规划非常重要。第二个，立足特色，延长链条很关键。第三个，对标市场，发展品牌非常重要。这三个因素要做好，还有两个保障因素，一个保障因素是能人带动或者合作社引领，再大一点就是龙头企业的支撑和保障。还有一个因素就是技术，我们现在发展产业，从最前端种的品种、养的品种都是不一样的。好的农业，尤其是种养业，是种出来的，是养出来的，所以这个品种非常重要。

第二个支撑就是金融，金融对产业的发展，无论是在放大规模还是推动机制建立上，以及跟大的合作社、企业合作方面都起到非常大的作用。像现在我们这个村的发展，每户平均能养8到9头牛，人均两头，就得益于扶贫小额信贷，国家在三年内贴息，每户户均都贷到5万元，有金融的活水激励，才能把我们的产业规模放大。

央视财经记者：在金融扶持上现在有各种各样的方式，因为大家需要的资金和需要的方式也都不一样，金融扶贫也是我们很重要的一个政策，从全局来讲，您认为还有哪些政策可以增加，或者现在利用得好的政策有哪些？

宁夏回族自治区人民政府副主席　马汉成：这一轮的扶贫造血能力增强，主要得益于金融扶贫的进入：第一，能把贷钱、还钱、挣钱的意识培养起来；第二，能把老百姓的发展意识和诚信意识培养起来。截止到2020年上半年，宁夏已经为60万建档立卡户提供了近300亿的贷款，户均5万元，我们实现了应贷尽贷、愿贷尽贷，基本上覆盖率达80%。这两年有些老百姓已经有了自我发展的能力，不再贷款了。之前我们的最高覆盖率达85%，正因为如此，这几年在宁夏的发展中，我们形成了盐池模式、固原蔡川经验等好的做法，这两个都得到了中央领导的认可，还有中央新闻媒体的宣传和报道，能形成模式、形成经验，说明金融在这个地方的发展已经形成了机制，已经深得广大老百姓的拥护和支持，也同时反映出我们的金融部门广泛、深度地参与到脱贫攻坚中。

我觉得金融工作在现在的发展中存在两个问题。第一个就是规模的适度放大，国家在现行的每户5万元以内是贴息的。我觉得下一步可以把规模放大，增加的规模，根据发展产业的特点和需要，一是要延长期限，二是要增加规模。增加的这一块可以不贴息。第二是市场化推动，金融政策有必要发展普惠金融，让更多的农村父老乡亲、兄弟姐妹们享用，现在这一块覆盖度是不够的，我们好多非建档立卡户也想发展，但是得不到贷款。所以我觉得下一步我们在乡村振兴或者在我们产业政策的接续中，金融扶贫的政策还是要发展普惠金融，让更多的老百姓从中受益。

央视财经记者：像您刚才也提到了，我们除了自身的发展外，还需要借助一些外力，比如说东部和西部的结合是很好的方式，而在咱们宁夏就是闽宁结合，现在的经验和亮点有哪些呢？

宁夏回族自治区人民政府副主席　马汉成：说起闽宁协作，我们确确实实非常感恩习近平总书记，感谢福建人民。1997年中央作出决定以后，时任福建省委副书记的习近平亲自部署，亲自推动，亲自领导闽宁协作。24年来结出了丰硕的成果。福建人民对宁夏的关怀，可以用真情实意、真金白银来形容，省级、市县以及社会投资近30亿元，已经有5700家福建籍的企业或者商户，在宁夏大地上发展，正因为他们的进入，对我们的产业起到了推动作用，解决我们的就业，让我们很多老百姓的脱贫安上了加速器。

闽宁协作已经上升为我们国家东西协作的一个典型。我觉得第一个经验就是高位推动，两省区的领导每年都把中央的决策部署在两地落实，每年都互动，要么我们到福建去，要么福建到宁夏来。联席会议结束以后，两地还要深层次地分管领导，市县领导、县区领导以及甚至一些乡镇，进行对接落实。第二个经验就是产业对接，主要是两块，一个是技术，福建的科研团队，深层进入我们固原的乡间，进村入户，还有一个龙头企业进入，所以在我们这几年发展中，比如扶贫车间，60%都是由福建帮助建立起来。福建的企业、工商户来到固原经营，然后由他们带领，让我们当地的老百姓学经验、学技术、学理念。第三个经验是人才的交流，这24年来，福建一共派了11批185名工作人员，我们宁夏也是派了19批325人到福建去学习，其中2020年中宣部把闽宁对口协作、援宁工作群体授予时代楷模。这其中有4位跟我共事8年，在他们的身上展现出吃苦耐劳、爱拼会赢的精神。正因为两地的这种协作，我们由过去单一的政府推动帮助转变为现在的产业、技术、人才、医疗、教育等全方位的合作。所以现在闽宁两地一家亲，我开玩笑说，那边有武夷山，我们这儿有六盘山，所以两座高山都产生了人间奇迹。因此现在我们到福建去，福建人把我们都当亲人一样对待，福建人到我们这儿也感到非常亲切。

最近我们闽宁协作第二十四次联席会议后张柱书记又带领我们的一些干部、企业到福建去对接。这次会议上，宁夏的陈润儿书记也提出了更高的要求。福建的于伟国书记表态，福建帮宁夏的有5个市，每个市无论通过什么形式，国有的、民营的、个人的，要在这些县建一个支撑地方发展的产业项目。所有这些都让我们非常鼓舞。所以闽宁协作现在不仅在固原大地上开花结果，在福建也有很多我们固原的人，近5万固原人在那里长期从业、安家落户、扎根福建。所以两地合作是非常广阔的。而且习近平总书记对两地的这种合作、这种机制、这种模式给予了充分肯定。2016年7月，习近平总书记在宁夏召开东西部协作会议，实际上在新时代，把这种模式、这种机制、这种经验在全国各地推广，让更多的人受益。

央视财经记者：我们知道涵江村现在是靠着山里的发展，但还有一些通过移民搬迁而走出贫困的，那么移民搬迁宁夏是怎么做的？

宁夏回族自治区人民政府副主席　马汉成：宁夏山大、沟深、水少，这是自然面貌。但同时对固原来讲，人多、县穷、县域经济发展能力弱。固原对我们宁夏来讲，有9个国定贫困县，占所有市县的41%，9个贫困县的面积，再加上我们重点乡镇的话，面积要占76%左右，而且像固原，建档立卡之初是35.2万人，所以我们的地方贫困深度非常深。

因此我们这个地方是贫困面广、程度深，扶贫的任务重、成本高。移民搬迁，就是我们要解决"一方水土难养一方人"的问题，措施就是减人强基础。宁夏的移民搬迁在我们国家走的是比较早的，而且这项工作得到了党中央国务院国家有关部门的大力支持。20世纪80年代初，经过五轮搬迁，尤其是进入新世纪以后，通过实施"十二五"中南部地区生态移民和"十三五"易地扶贫搬迁移民，我们全宁夏目前通过政策性移民搬迁，搬了127万人，还有自发移民40万人。正因为这样，他们搬出去后才给我们今天做绿水青山、发展种草养畜提供了空间。所以我觉得宁夏的移民搬迁，第一个是解决了挪穷窝的问题。第二个是解决了生态修复的问题。第三个是让这个地方发展产业增强承载能力。第四个是改变城乡面貌。我们这个地方的经验首先是一张蓝图绘到底，把不适合的地方的人搬到靠近路、有水的地方，大家上学、就医、从业都比较方便，这就是一张蓝图绘到底。其次是一任接着一任干。这些年来，每一个5年我们都有移民搬迁任务，截止到"十三五"，我们基本上解决完了。

最后是我们坚定走致富一条路，帮了不是目的，更多的是要解决产业就业，让他们搬得出、稳得住、能致富。当初的闽宁村是一个干沙滩，经过几十年的发展，现在有6个行政村，变成了金沙滩。1997年搬过去的人贫困发生率是90%，2019年这个地方的贫困发生率降到0.2%，收入从当初的4000多元，到2019年变成了13970元。现在无论是产业、就业、社会融入工作，都比较到位。所以闽宁镇，包括固原，就是宁夏很多移民搬迁脱贫的一个缩影。

我们移民的方式大体上有两类，一类就是政策性移民，包括生态移民、劳务移民。第二类就是自发移民，老百姓自发地走出去，到城市去，到别的地方去创业。

移民搬迁即是贯彻总书记"五个一批"中的一个举措，但更多的对贫困地方来讲，我觉得是一条经验。说句心里话，贫困有历史渊源，固原曾经"苦瘠甲天下"。现在在党中央的关怀下，在习近平总书记精准扶贫、精准脱贫方略的指引下，举全党之力去做这项工作，像在西吉大地上，现在有中央的企业，有地方的部门、厅级干部来帮扶，这就是我们国家共产党领导的社会主义制度的优越性。移民搬迁就体现了这个优越性。我觉得从根本上讲就是挪了穷窝，拔了穷根，走上了脱贫致富的小康路。

四川省委常委曲木史哈：脱贫攻坚不仅要富口袋 更要富脑袋

2020年9月26日，中央广播电视总台财经节目中心大型融媒体行动《走村直播看脱贫》来到了四川省凉山彝族自治州昭觉县的三河村。2018年年初，三河村的贫困户的人均纯收入只有3000多元，而2020年，这个数字已经有望突破10000元，三河村全部的贫困户也都住进了新村的房子。三河村在推进脱贫攻坚的过程中，不仅提高了村民们的物质水平，还提高了其文明程度。央视财经记者专访四川省委常委、省直机关工委书记、省脱贫攻坚领导小组副组长曲木史哈，他表示，2020年以来全球经济不稳定、不确定加剧，四川省敢于啃硬骨头，基本完成"两不愁三保障"任务。同时，四川省推动贫困地区教育加快发展，把扶贫与扶智有效地结合起来，开展了在全国脱贫攻坚工作中最具特色的讲文明、树新风运动，不仅要富群众的钱袋子，更要富群众的脑袋。

央视财经记者： 您好，这是您第6次来到三河村，每一次来您觉得有变化吗？这一次您觉得最大的变化是什么？

四川省委常委 曲木史哈： 都有变化，过去是很破旧的，后来开始启动搬迁，然后建设、入住，现在推动产业公共服务发展，每次来都有不同的内容，都有新的变化。这一次我觉得最大的变化，一是群众的精神面貌更好，二是有部分产业开始发挥效益了。2020年5月，所有群众高高兴兴地搬进了新居，他们都竖起大拇指，异口同声地称赞着"脱贫攻坚瓦吉

采访四川省委常委曲木史哈（左）

瓦"，瓦吉瓦就是好得很的意思。现在我们通过脱贫攻坚普查，三河村所有的群众都达到了脱贫的标准，每户都通水、通电、通广播电视，有安全的住房、医疗保障、教育保障，收入也超过了贫困县的标准，他们现在正兴高采烈地向乡村振兴方向去奋斗。

央视财经记者：在这个工作中最大的难点是什么？

四川省委常委　曲木史哈：工作最大的难点是，当时搬迁过程中遇到了新冠肺炎疫情，对一部分群众的就业有一定的影响。现在的难点就是要创品牌，把这些产业的品牌创出来，搞旅游，旅游的融合发展兴起来，还要把就业的质量提高。可以说，如果不实施易地搬迁，像三河村这样的300多户1600多人，分散在海拔2500米到2700米的高寒山区，这个地方土地贫瘠，气温低下，交通封闭，没有发展的出路，人才也留不住，所以易地搬迁是解决他们穷根最有效的办法。通过易地搬迁，配套公共服务教育卫生、基础设施、产业发展，现在三河村学校有了、卫生室有了、公共服务跟上了、交通也方便了。而且现在在种植业方面发展了脆桃、中药材、花椒，在养殖业方面养了蜜蜂、西门达尔牛、母猪。2020年这些农产品，特别是牛和猪价格都很好，群众增收效果很好，都很开心。

央视财经记者：我们知道脱贫攻坚，不仅要提高贫困群众的物质水平，还要提高他们的文明程度和意识，在这方面凉山州做了哪些工作，做得怎么样？

四川省委常委　曲木史哈：脱贫攻坚不仅要富群众的钱袋子，更要富群众的脑袋。凉山州针对凉山的实际情况，他们把扶贫与扶智有效地结合起来，大力进行感恩奋进教育，先进典型引路，开展了在脱贫攻坚最具特色的讲文明、树新风运动，主要有三大方面。一是禁毒防艾，过去凉山是毒品、艾滋病的重灾区。这项工作通过5年的努力现在效果十分明显，得到了国家禁毒委、卫生健康委的高度评价。二是控辍保学，就是让适龄儿童全部重返学校，他们抓了五长制，县长、乡长、校长、村长和家长同来负责小孩进入课堂，还抓了学前学会普通话教育，得到了群众的大力支持。3岁的儿童到幼教点学习普通话，学习文明习惯，然后他们进小学后成绩就提升很快，学习的兴趣就很浓厚，所以群众很赞扬。三是革除陈规陋习：首先讲卫生，开展"五洗"；其次改变大操大办的传统观念，树立当家理财、财富需要积累的意识；再次从娃娃抓起，培养讲文明、树新风的下一代，为乡村振兴集聚人才；最后进行感恩奋进教育，通过讲文明、树新风的运动，如今在大小凉山坐在坝子里晒太阳的人没有了。

央视财经记者：这是不是也是巩固咱们脱贫攻坚成绩的一个重要手段呢？

四川省委常委　曲木史哈：是的，你看坐在坝子里晒太阳的人没有了，等政府送温暖的人也没有了，相反到田里干活的人多了，外出打工的人多了，兴办旅游的人热闹了，所有儿童都进了学校，讲文明、树新风，为我们凉山彝区今后迈向乡村振兴培养了很多留得住、能适应社会发展的人才，应该说讲文明、树新风是脱贫攻坚一个重要的抓手，不仅为脱贫攻坚发挥了作用，今后巩固脱贫攻坚需要它，实施乡村振兴更需要它。

央视财经记者：前不久，四川省表示已经基本完成"两不愁三保障"任务。在完成这个任务的过程中，四川省的扶贫机制体制有哪些创新之举？

四川省委常委　曲木史哈：归纳起来，我们有创新特色，大概在6个方面。

第一，我们2018年率先在国家工商总局注册了"四川扶贫"共用商标品牌，运用市场经济品牌价值的理念，来推动四川扶贫产品好卖，卖好价钱，通过这一措施，现在全省有2000多户企业、5800多个产品，使用了"四川扶贫"共用商标。而我们政府主要是通过电视、报纸、杂志、公共场所的宣传，来提高品牌的知名度。实践证明，这一措施对扶贫产业带动效

四川省委常委曲木史哈（左一）向记者讲述脱贫攻坚经验

果很好。

第二，我们2018年在全国率先开展了"两不愁三保障"回头看大排的活动，我们用了3个月的时间，动用了26万人，对625万建档立卡贫困户进行了入户调查。通过调查，我们发现了10万多个问题，包括信息不精准、扶贫措施不对路、有些扶贫惠民政策没有到位等。这些问题发现以后，我们集中了半年的时间来抓整改。现在看来，"回头看大排查"效果很好，对精准扶贫、精准施策起到了决定性的作用。

第三，我们创立了脱贫攻坚4项基金，在全省161个县分别设立了教育救助基金、医疗救助基金、小额信贷分险基金，还在11501个贫困村设立了产业周转金，这几项基金的设立，引导和带动了金融机构、社会资本5000多亿元投入脱贫攻坚，有效地解决了脱贫攻坚在基础设施、公共服务、产业发展上资金不足的问题。

第四，我们出台了激励、表彰、关爱、优抚等一系列措施22条，对脱贫攻坚一线干部的支持政策，调动他们献身扶贫、励志扶贫、为扶贫多作贡献的积极性，效果很好。很多年轻人两口子都到村里面参与脱贫攻坚，这让他们在脱贫攻坚中找到了自身的价值。

第五，创办了互联网+代理记账扶贫资金管理模式。我们找高科技公司开发了软件，来帮助这些贫困村进行资金管理。贫困村只需要每个月支付200多元人民币，就可以购买服务，找到帮他们进行资金管理的对象，然后贫困村的村民都可以在互联网上查到这个村上的所有账目、资金流向、使用方向，既解决了资金公开的透明度，也为资金使用精准、不浪费，甚至没有违规的问题，创造了制度优势。

第六，我们运用品牌连锁经营的模式，搞了医疗联合体和教育联合体，1000多所内地条件比较好的学校，帮扶了1000多所贫困地区的学校，他们之间建立结对帮扶关系，互换教师、互相培育、运用品牌，大大提升了贫困地区的教学质量和师资水平。同样也有100多家医院与贫困地区的医院联合办医，互派医生，互相交流医疗的技术，还通过互联网建立了远程医疗的指导优势，为贫困地区健康卫生扶贫作了积极的贡献。

我想这些都是我们在脱贫攻坚中的一些创新、一些探索，当然有些经验还要继续总结，继续提炼。

央视财经记者： 2020年以来，全球经济不稳定、不确定加剧，四川省是如何克服困难、抓好脱贫攻坚工作的？

四川省委常委　曲木史哈： 2020年2月春节以后，我们马上就启动了抗疫情与脱贫攻坚两不误的一系列措施，主要是四个方面。

第一个措施是稳岗就业。四川建档贫困户，他们务工收入占自己收入的一半以上。所以外出务工就业增收是扶贫的一大重要措施。首先，为了保证他们的务工收入不降低，我们率先与浙江省、广东省建立了健康码互认关系，只要有四川的健康码，广东、浙江就接收，这个效果很好。其次，我们开通了春风行动专列，有专门的班车送这些农民工直接到务工地，有效地缓解了在疫情影响下他们外出不便的问题。最后我们加快复工复产，扩大投资，增加就业的机会。由于扩大农村投资、扩大扶贫投资，很多农民工就在家乡找工作，就近就业，解决了这些难题。

第二个措施是搞消费扶贫，发挥消费对扶贫产品的带动作用，让贫困户通过产业增收。我们除了运用互联网电商平台大搞网上促销以外，还在高速公路、火车站、机场、物流中心、批发市场、超市都设立了扶贫产品专柜，来推销扶贫产品，还动员部队、学校、医院、机关等献爱心，购买扶贫产品，来带动他们的增收。

第三个措施是瞄准市场，抓产业补短板。2020年在疫情的影响下，有些产品市场价格上扬很快。针对这一情况，我们侧重抓猪肉、水果、蔬菜这几个品种，使其相对市场价格上扬稳定，对群众增收起到了很好的作用。

第四个措施是我们建立了防止返贫的监测系统，把收入不太稳定、就业有风险，或者生病的脱贫户纳入我们监测的范围，一旦其有可能返贫，我们就为其增加一项扶贫措施，让扶贫成果能够更好地得到巩固。

央视财经记者：我们在大凉山采访的感受是和医疗、养老等需求相比，当地对于教育格外重视。在这方面，四川省有哪些具体的举措？投入怎样？成效如何？

四川省委常委　曲木史哈：教育是我们脱贫攻坚、阻断贫困代际传递的一个最有效的手段。要从根本上解决贫困问题，教育是第一位的，所以四川省脱贫攻坚工作高度重视教育扶贫，我们围绕教育采取了一些特殊的措施。

第一，抓控辍保学。四川省贫困地区，尤其是三州，甘孜、阿坝、凉山，特别是凉山州，在脱贫攻坚以前，有7万多学生从学校失学，尤其是女生读书的少。针对这一问题，我们把控辍保学放在第一位，通过县长、乡长、校长、村长和家长的配合控辍保学。到目前为止，7万多失学儿童全部返校，教育在贫困地区已经深入人心，所有贫困家庭都知道送小孩进学校是第一重要的。

第二，抓校舍的建设。通过脱贫攻坚我们发现在贫困地区，尤其是民族地区，寄宿制教育是质量最好、最受欢迎的一种手段。所以我们在凉山、甘孜、阿坝大力发展寄宿制教育，以乡中心校、县片区中心校和县中学为重点，不断扩大寄宿制的规模。应该说这几年四川建了3000多万平方米的校舍，4万多套教师的周转房，全省有接近70%的小学生进入了贫困地区寄宿制学校，80%多的初中生进入了寄宿制学校，教学质量大幅度提升，学生相互之间的交流增加，性格也有明显的好转，学习的兴趣也大大提升。

第三，抓教师的配备。因为返校的学生多了，再加上教育改革，不搞大班制，因此贫困地区尤其是农村教育缺乏师资，所以我们这几年新增了2.3万名的老师，补充到脱贫攻坚一线的教学岗位，像凉山就解决了3000个教师的编制，来满足脱贫攻坚贫困地区一线教学的需要。

第四，抓困难学生的资助，帮助他们顺利地完成学业。我们出台了优惠政策，所有贫困地区，尤其是民族地区，实行15年免费教育，3年的学前教育，再加3年的高中，在9年的基础上发展为15年，甘孜、阿坝全部推行了。另外我们还实现了9+3，初中毕业以后，再读3年的职业教育，让他们就业，来帮助他们尽快实现增收。凡是上大学的每年要补助生活费4000元，4年就是近2万元，上中专免费，这些资助政策让十几万贫困家庭受益。

第五，抓师资的质量培训。因为要提高教学的质量，教师是关键，所以我们对师资进行了大规模的培训、质量的提升、严格的管理。

第六，抓对口的资源，浙江、广东对口帮扶四川贫困地区，将把它们的优势——人才、教育资源输送到四川，我们省内的发达地区也搞省内对口帮扶，把它们优势的教育资源输送到贫困地区，通过教育帮扶，帮助提升老师的水平，帮助解决一线老师的缺额等，来提高我们的教学质量。

过去我们之所以失学儿童那么多，主要是少数民族地区，汉语的理解能力比较差。我们发现这个问题以后，按照国务院扶贫办的要求，在凉山州进行了学前学会普通话的试点。因为试点的效果很好，现在是全面推广。所以凉山州的所有村都建了幼教点，3岁以上的儿童进入幼教点，学普通话、学文明习惯，这个大受家长的欢迎。首先孩子交给了幼教点由老师管，家长的劳动力解放了，可以有时间去从事生产劳动，创收了。儿童也喜欢，进了幼教点小朋友多，自己的兴趣、爱好也更广泛，性格也好了，而且文明习惯学到了，普通话的理解力增强了。到了小学以后理解能力增强，学习成绩进步，学习有兴趣。辍学的一个主要原因是成绩不好，没有兴趣，不想学，所以学前学会普通话，家家户户都非常欢迎，效果很好。

另外，为了让学生有出路，我们大力推广职业教育、搞校企联办、介绍工作，通过职业教育出来的学生，就业率都是百分之九十几，效果很好。通过这几年教育扶贫的开展，整个四川贫困地区教育发生了天翻地覆的变化，无论是教学条件、教学设备、师资质量、学生兴趣都有历史性的巨变，像凉山州，脱贫攻坚以来，7年教育的变化超过了过去60年的变化，这也深受人民群众的喜爱和欢迎。

内蒙古自治区副主席黄志强：织密兜牢保障网，防止致贫返贫！要做好这四件事

2020年9月30日，中央广播电视总台财经节目中心《走村直播看脱贫》的大篷车开进了内蒙古自治区呼和浩特市清水河县的高茂泉窑村，当地以杂粮为主要农作物，在丰产增收的同时还发展起了乡村文化旅游。目前，清水河县种植杂粮种类有40多个品种，平均面积达27万亩，总播种面积占全县播种面积的三分之一，总产量达4.7万吨。未来随着乡村旅游的深度融入，杂粮产业定将成为当地农民脱贫增收的稳定来源。

内蒙古自治区在产业发展上有什么特点？脱贫攻坚工作的总体成果如何？内蒙古自治区副主席黄志强走进大篷车演播室，接受央视财经专访。

采访内蒙古自治区副主席黄志强（前排左四）

央视财经记者： 现在我们眼前摆的是当地丰收的产品，那这些是不是也是我们当地老百姓脱贫增收的主要的产业呢？

内蒙古自治区副主席　黄志强： 对，这次采访的时间特别好，正好是我们清水河县秋季丰收的时刻，摆在桌上的都是我们当地的特色产品，也是我们脱贫攻坚成果最基本的体现。

央视财经记者： 目前，内蒙古自治区脱贫攻坚工作的总体成果如何？

内蒙古自治区副主席　黄志强： 党的十八大以来，内蒙古深入学习贯彻习近平总书记关于扶贫工作的重要论述和对内蒙古工作的重要讲话重要指示批示精神，坚决落实党中央、国务院脱贫攻坚决策部署，坚持精准扶贫、精准脱贫基本方略，把脱贫攻坚作为重大政治任务和第一民生工程，凝心聚力推动全区脱贫攻坚取得决定性成就。

全区建档立卡贫困人口由2013年年底的157万人减少到2019年年底的1.6万人，贫困发生率由11.7%下降到0.11%，3681个贫困嘎查村全部出列，57个贫困旗县全部摘帽，区域性整体贫困基本解决。

贫困地区薄弱学校全部完成改造，贫困人口全部纳入基本医保、大病保险、医疗救助保障范围，易地扶贫搬迁、贫困人口危房改造和安全饮水工程任务全部完成，"两不愁三保障"突出问题总体解决。贫困地区特色产业不断壮大，生态环境明显改善，基础设施和基本公共服务日益完善，经济活力和自我发展能力明显增强。健全完善了自治区负总责、盟市旗县抓落实的工作机制，落实五级书记抓扶贫要求，强化党政一把手负总责的领导责任制，通过抓党建促脱贫攻坚，增强了贫困地区基层党组织凝聚力战斗力。全区选派57个驻旗县工作总队，8689个驻村工作队、3.2万名驻村干部，尽锐出战压到脱贫攻坚第一线。培养出一大批能扛硬活、能打硬仗的干部队伍，提升了基层贫困治理能力，巩固了党在农村牧区的执政基础。

央视财经记者： 在脱贫攻坚的过程中，产业扶贫发挥了很大的作用，而且产业发展也是未来老百姓长期增收的一个主要来源，那么自治区在产业发展上有什么自己的特点呢？

内蒙古自治区副主席　黄志强： 内蒙古自治区把产业扶贫作为贫困人口稳定脱贫的根本举措和长久之策，在脱贫攻坚总体工作中突出产业扶贫的重要地位，整体谋划、系统部署、一体推进，产业扶贫取得明显成效。主要有三个方面特点：

第一，产业扶贫政策体系健全完备。修订完善了《内蒙古自治区

"十三五"产业扶贫规划》,指导57个贫困旗县和24个有贫困村的非贫困旗县编制了产业扶贫项目规划,形成了贫困地区全覆盖的产业扶贫规划体系。出台了《关于进一步促进全区产业精准扶贫工作的政策措施》,细化了用地、金融、农牧业保险等20项务实管用的政策措施,为产业发展提供有力的政策保障。印发了《关于支持金融机构创新开展活体牲畜抵押贷款的指导意见》,畅通了融资渠道。加强工作考核,将产业扶贫工作纳入对盟市、旗县脱贫攻坚成效考核之中,考核结果作为对盟市、旗县党委政府和领导班子综合评价的重要依据。

第二,扶贫优势主导产业已经确立。加大扶贫产业投入。2020年已向贫困旗县倾斜产业扶贫资金209亿元,推动贫困地区特色农牧业扶贫产业、光伏扶贫、电商扶贫、旅游扶贫等新业态快速发展。坚持产业进村、扶持到户,因地制宜培育一批市场前景好、辐射带动强、群众满意度高的扶贫产业,大力发展肉羊、肉牛、饲料饲草、玉米、马铃薯、杂粮杂豆等优势特色产业,着力把贫困户紧紧吸附在产业链条上,实现有劳动能力的66.72万贫困人口通过产业和就业增收。

第三,带贫模式务实有效。各地积极探索多方主体与贫困户利益紧密联结的带贫模式,使贫困户真正融入产业发展之中。一是建立"基地+合作社+贫困户""企业+基地+贫困户"等企业带贫模式,全区与贫困户有紧密利益联结的企业有1004家,其中自治区级以上扶贫龙头企业676家,带动贫困人口42.97万人次。二是形成集体经济带贫模式。整合各级财政扶持资金和其他涉农涉牧资金,支持5267个村集体经济发展扶贫产业,覆盖带动贫困人口30.2万人。三是健全新型经营主体带动模式,直接带动贫困人口24.8万人次。四是建立资产收益带动模式。对有劳动能力但无经营能力或无劳动能力的贫困人口,推行资产收益扶贫,受益贫困人口41.35万人次,年人均增收1200多元。

下一步,我们要持续做好产业扶贫工作,发展壮大扶贫龙头企业、合作社、创业致富带头人等带贫主体,提高组织化程度,延长扶贫产业链条,完善带贫减贫机制,探索创新巩固脱贫成果、促进扶贫产业持续发展的新路子。

央视财经记者: 其实在脱贫攻坚的过程中,大家现在更担心的是未来如果脱贫之后会不会产生一种返贫的现象,那就这方面来说,我们现在全区有什么措施呢?

内蒙古自治区副主席　黄志强：我们要坚持把巩固脱贫成果、防止致贫返贫作为顺利收官、打赢脱贫攻坚战的特殊重要任务，完善各项政策措施，建立完善监测预警和动态帮扶机制，织密兜牢防止致贫返贫保障网，防止出现新的致贫和返贫。

一是保持脱贫攻坚政策稳定。严格落实"四不摘"要求，保持脱贫攻坚责任、政策、帮扶、监管的连续性、稳定性，不踩"急刹车"，做到扶上马送一程。压紧压实各级党委政府主体责任、领导包联责任、行业部门工作责任、综合监督监管责任，保持驻村工作队和第一书记以及各级帮扶责任人相对稳定。继续加大产业扶贫、就业扶贫、消费扶贫、教育扶贫、健康扶贫、保障性扶贫等方面的政策支持力度，持续改善贫困地区的发展条件，完善公共服务体系，增强贫困地区造血功能。

二是健全完善动态预警监测和帮扶机制。通过相关行业部门筛查预警、乡村干部走访、农户主动申报等多个途径，实事求是确定监测对象，只要符合监测标准就要及时全部录入，提前介入帮扶消除致贫返贫风险。目前，全区纳入监测范围5.4万人，其中脱贫监测人口2.3万人、边缘人口3.1万人。对有劳动能力的监测对象，主要采取开发式帮扶措施，支持发展产业、转移就业，通过劳动增收致富。对无劳动能力的监测对象，进一步强化综合性社会保障措施。

三是大力推进防贫保险。在全区62个旗县实施"防贫保"，覆盖64万贫困人口、2.4万边缘人口。25个旗县建立了防贫保障基金，目前已为61户有致贫风险的边缘户和68户有返贫风险的贫困户发放救助金131万元，有效防止监测对象致贫返贫，用保险兜住贫困人口致贫返贫风险。

四是研究建立巩固脱贫成果长效机制。"十四五"时期，脱贫摘帽地区仍要把巩固脱贫成果作为乡村振兴重点，确保脱贫人口和摘帽地区在乡村振兴中不掉队。积极探索脱贫攻坚与乡村振兴有效衔接路径，认真总结脱贫攻坚中的好做法、好经验，完善和优化政策体系，用制度创新巩固脱贫成果。强化嘎查村"两委"班子队伍建设，培训储备嘎查村干部队伍后备力量，打造不走的工作队，从基层基础上保障脱贫攻坚和乡村振兴的无缝对接。

云南省委副书记王予波：云南年均为全国每人生产十枝鲜花

2020年10月7日，中央广播电视总台财经节目中心《走村直播看脱贫》大篷车开进了云南省迪庆藏族自治州香格里拉市建塘镇红坡村委会浪茸村。迪庆香格里拉是滇、川、藏三省区交界地、世界自然遗产"三江并流"景区所在地。这里以藏族为主体，地域辽阔、资源丰富，是一片人间少有的、完美保留自然生态和民族传统文化的净土。走村所到之地——浪茸村可以说是迪庆州生态扶贫的一张名片。

采访云南省委副书记王予波（右）

云南怎样把生态优势转化为发展优势，又是怎样寻找到依托生态资源发展经济的路子？云南省委副书记王予波走进大篷车演播室，接受央视财经专访。

建立国家公园是生态文明和脱贫攻坚结合的重要探索

云南省委副书记　王予波： 云南是一个美丽的地方，是一个看得见山、望得见水、记得住乡愁的地方，是一个来的人都很喜欢的地方。有一首歌叫《有一个美丽的地方》，唱的就是云南。在脱贫攻坚开始之前，云南同时又是一个贫困的地方，其贫困程度之深、贫困面之广、脱贫任务之重，应该讲在全国都能排到前头。在这样一个地方，我们既要脱贫攻坚，又要保护生态，实际上是在"一个战场"，同时打赢"两大攻坚战"。经过多年努力，我们已经探索出了一条改善民生和保护生态良性循环、相互促进的新路子。

像我们现在所处的浪茸村，位于普达措国家公园内。这个公园，是我们国家的第一批国家公园。实际上建立国家公园，是我们保护生态环境、推进可持续发展的重要探索。建立国家公园，在保护生物原真性和完整性的同时，公园区域内的老百姓生活也得到了很好的改善。像这个公园所处范围之内的老百姓，户均的收入过去是2万多元，现在已经达到10万多元。应该讲，是生态环境也美了，老百姓也富了，实现了民生改善和生态保护的双赢。

在云南，老百姓对"绿水青山就是金山银山"这个理念有深刻的认识。大家都有很多来自生活和实践的体会。我们深刻体会到，"绿水青山就是金山银山"是习近平生态文明思想的原创性理论，是我们的根本遵循和行动指南。

按照习近平总书记"努力成为我国生态文明建设排头兵"的重要要求，省委、省政府提出来要打造中国最美丽省份。在这方面我们做了很多的努力，也见到了很好的成效。比如，我们现在全省的森林覆盖率达62%以上。我们已经建立了包括国家公园在内的各类自然保护区360个，占全省国土面积的14%以上。

同时，这几年我省高原湖泊的治理也很有成效。包括全国人民都瞩目的洱海、滇池、抚仙湖等在内的九大高原湖泊的治理，总体上水体水质稳定向好。在不断改善之中，空气质量也保持了很好的水平，2019年我们全省空气质量优良的天数比率达98%以上，居全国前三位。可以说，这几年总体上是天更蓝了、水更清了、山更绿了、环境更好了，这是我省在生态保护上做的一些工作。

云南着力发展高原特色现代农业八大产业

云南省委副书记 王予波：省委、省政府提出，全力打造世界一流的"绿色能源""绿色食品""健康生活目的地"三张牌。这三张牌从本质上讲，都是建立在绿水青山的大背景上。以绿色食品牌为例，我们这些年把我们的农业优势发挥好。按照习近平总书记2015年视察云南时给我们提出来的"着力推进现代农业建设"的要求，去发展现代农业产业体系。到目前为止，我们已经建立了包括花卉、茶叶、蔬菜、水果、坚果、中药材、咖啡、肉牛等8大主要产业。这8个方面都体现了我省农业的特色和优势，实际上都打的是绿色牌，打的是有机牌，在全国市场的认可度非常高，农产品出口也是我们省出口的一个重要的方面。

举一个花卉产业的例子，我们省2019年的花卉产量，共生产鲜切花139亿多枝。139亿枝是个什么概念？相当于，云南为全国每人生产大约10枝鲜切花，鲜花产量占全国的50%以上。

我们云南昆明的斗南花市，每年销售鲜切花80亿枝，销售额近百亿元。这个市场是亚洲最大的花卉市场，是世界第二大的花卉市场。还有像蔬菜，我们的蔬菜品质也很好，并且可以常年供应。对于很多内地的市场来讲，

云南人民向云南省委副书记王予波敬献哈达

还解决了错季供应的问题。在长三角、珠三角、京津冀等很多地方都占有很大的市场份额,并且还出口到东南亚的一些国家。可以说,在发展优质特色农产品上,我们做了很多工作,都见到了很好的成效。

再比如咖啡,云南的咖啡占到全国咖啡产量的98%以上,品质也是非常好的。现在我们正在做打造品牌的工作,也见到了成效。还有我们发展肉牛养殖,云南发展肉牛养殖有得天独厚的条件,我们肉牛的存栏占全国第二,出栏占全国第四,未来我们要把肉牛产业打造成千亿级的产业,这些工作都正在做。这些产业的发展,都是围绕着打好"绿色食品牌",也都是绿色产业,既保护了生态环境,又促进了农民增收,巩固了脱贫成果。

云南已有700多万人脱贫　88个贫困县79个已摘帽

云南省委副书记　王予波: 我省已有700多万人实现了脱贫。如果从2015年精准脱贫开始算起,我省有613.8万人实现了脱贫。全省88个贫困县有79个实现脱贫摘帽,8502个贫困村有8073个脱贫出列,成效还是很大的。到2019年年底,我们有44.2万贫困群众、9个贫困县没有摘帽,还有429个贫困村没有出列。2020年以来,我们按照习近平总书记在3月6日决战决胜脱贫攻坚座谈会上的重要讲话精神,一点也不松懈,抓紧抓实脱贫攻坚,先后实施3个"百日行动",第一个是"百日总攻行动",第二个是"百日提升行动",接下来我们还要实施"百日巩固行动",就是要一环接着一环地攻坚,一个行动接着一个行动地推进。这些行动都紧紧围绕着"两不愁三保障"和饮水安全,紧紧聚焦我们没有脱贫的44.2万贫困群众、9个贫困县、429个贫困村做好工作,查找问题、发现问题、研究问题、解决问题,补短板、强弱项,工作推进的成效是很显著的。我们坚持督战结合,把督战作为共同战斗,省委书记陈豪、省长阮成发亲自督战脱贫攻坚任务最重的镇雄县和会泽县。我们压实五级书记抓脱贫的责任,压实各方面的责任去攻坚。截至目前,9个贫困县、429个贫困村、44.2万贫困群众都达到了脱贫的标准。可以讲,高质量打赢脱贫攻坚战,我们还是很有信心,也很有底气。我们要继续毫不松懈地攻坚和奋斗,向习近平总书记和全省人民交一份满意答卷。

河北省副省长时清霜：街宽了　灯亮了　树绿了　人富了　心畅了

　　2020年10月13日，中央广播电视总台财经节目中心《走村直播看脱贫》的大篷车开进了河北省邢台市平乡县后营村。昔日的后营村是典型的贫困村，村民们靠天吃饭，靠地挣钱，如今，后营村已经有50个脱贫致富小院，从事童车相关的家庭手工业人数已经达720人，在村民手中组装出来的童车发往了世界各地。

采访河北省副省长时清霜（右）

2019年年底，河北省62个贫困县全部摘帽，7746个建档立卡贫困村全部出列，2020年上半年剩余的3.4万贫困人口全部达到稳定脱贫条件。在脱贫攻坚收官之年，河北省在扶贫脱贫工作上采取了哪些关键举措？河北省副省长时清霜走进大篷车演播室，畅谈河北省脱贫攻坚的重要成果。时清霜表示，过去的后营村垃圾成堆，道路坑洼不平，村民晚上出门要打着手电筒，现在街宽了、灯亮了、树绿了、人富了、心畅了。

央视财经记者： 河北省脱贫攻坚的主要成果是什么？

河北省副省长　时清霜： 河北环绕京津，是首都的政治"护城河"。全省有62个贫困县，其中国定贫困县45个，省定贫困县17个，建档立卡贫困村7746个、贫困人口232.3万人。党的十八大以来，河北省委、省政府全面落实党中央、国务院决策部署，坚持精准扶贫精准脱贫基本方略，五级书记抓扶贫，举全省之力打好打赢脱贫攻坚战，全省脱贫攻坚取得了决定性胜利。2018年和2019年，河北省连续两年在国家省级党委和政府扶贫开发工作成效考核中获得"好"的等次，主要成果表现为三个"全部"和三个"全面"。

三个"全部"：就是到2019年年底，全省62个贫困县全部摘帽，7746个建档立卡贫困村全部出列，2020年上半年剩余的3.4万贫困人口全部达到稳定脱贫条件。通过这几年的脱贫攻坚，贫困地区和贫困群众最突出的变化是，腰包鼓了、房子新了、道路宽了、环境好了、人气旺了、老百姓精气神足了。这次《走村直播看脱贫》大型融媒体行动在河北走过的7个村，就是全省脱贫攻坚成果的生动缩影。今天直播的平乡县后营村，有建档立卡贫困人口62户、218人，通过建设支部院子、致富院子、幸福院子"三个院子"，实施"家庭手工业+电商"扶贫，实现了稳定脱贫，2019年全村人均可支配收入达11468元。过去后营村垃圾成堆，道路坑洼不平，村民晚上出门要打着手电筒，现在街宽了、灯亮了、树绿了、人富了、心畅了。

三个"全面"：一是"两不愁三保障"问题全面解决。全省贫困家庭适龄儿童少年没有因贫失学辍学，贫困人口都参加了城乡居民基本医疗保险，累计9.8万贫困人口享受了危房改造政策，贫困群众饮水安全得到了有效保障。二是防贫长效机制全面建立。坚持扶贫脱贫防贫一起抓，在全国率先建立了"党政主导、市场运作、群众主体、社会参与"的脱贫防贫长效机制。全省有扶贫任务的县（市、区）都建立了防返贫防致贫的长效机制，2019年以来，全省未发现返贫致贫问题。三是易地扶贫搬迁任务全面完成。全省纳入"十三五"搬迁计划的13.6万建档立卡贫困人口都搬进了新居，落实了产业、就业、综合保障等后续帮扶措施，做到了搬得出、稳得住、能致富。

央视财经记者： 在脱贫攻坚收官之年，河北省在扶贫脱贫工作上采取了哪些关键举措？

河北省副省长　时清霜： 我们深刻认识到："脱贫攻坚战不是轻轻松松一冲锋就能打赢的，从决定性成就到全面胜利，面临的困难和挑战依然艰巨，决不能松劲懈怠。"为此，省委、省政府坚持精准再精准、聚焦再聚焦，一步一个脚印，扎实推进攻坚扫尾。

一是扛起政治责任，为打赢脱贫攻坚战提供坚强保障。坚持五级书记抓扶贫，上下联动促攻坚，省委书记王东峰、省长许勤带头包联脱贫任务重的市和深度贫困县。逐级压实攻坚责任，定期举办县（市、区）、乡（镇）党委书记脱贫攻坚"擂台赛"，创先争优、比学赶超成为工作常态。

二是立足决战决胜，扎实开展脱贫攻坚"回头看"。在全面开展脱贫攻坚成果检查验收、脱贫攻坚普查的基础上，2020年9月份，我们集中一个月时间在全省开展了决战决胜脱贫攻坚"回头看"，对全省建档立卡贫困人口动态调整、"两不愁三保障"、产业就业帮扶、财政扶贫资金使用管理、兜底保障政策落实、易地扶贫搬迁和后续扶持、消费扶贫、返贫监测和疫情灾情应对等8个方面重点工作，进行了全方位、全覆盖式的大排查大整改。对排查出的问题实行清单管理，落实整改责任，完善政策措施，全面补齐短板弱项，确保如期高质量完成脱贫攻坚目标任务。

三是坚持多管齐下，促进贫困群众收入持续稳定增长。提升产业扶贫质量。大力实施特色种养、高效林业、光伏、乡村旅游、农村电商和家庭手工业6大扶贫工程，构建一乡一业、一村一品格局，实现了有劳动能力的贫困户产业项目全覆盖、贫困村新型农业经营主体全覆盖。稳定就业扶贫渠道。建好用好"三网合一"服务平台（省脱贫攻坚综合信息系统、就业扶贫信息管理系统、人力资源推介网上平台），深化就业扶贫"七个一批"专项行动（发展产业增收一批、以工代赈吸纳一批、劳务协作稳岗一批、创新业态培育一批、新型主体带动一批、公益岗位安置一批、自主创业脱贫一批），强化就业服务综合保障。截至2020年9月底，全省贫困劳动力务工77.05万人，比2019年务工数增长10.9%。强化搬迁扶贫帮扶。在全面完成搬迁安置任务的基础上，2020年省里进一步出台了加强易地扶贫搬迁工作实施意见等专件，加快搬迁安置区医疗卫生机构、学校等配套设施建设，加快配套产业园区（项目）建设，优先吸纳搬迁群众就地就近就业、促进稳定增收、逐步致富。开创消费扶贫新局面。积极推进扶贫产品认定，建立销售平台，深化产销对接，全省纳入国家发布名录的扶贫产品3795个，覆盖所有贫困县及大部分有扶贫任务的非贫困县。目前，全省扶贫产品销售额达171.77亿元。

四是凝聚攻坚合力，充分发挥"大扶贫"格局作用。持续深化东西部扶贫协作和中央单位定点扶贫，优化施工环境，扎实推进援建项目建设，有效整合援助地区资金、技术、市场优势和受援地区资源、产品优势，实现互利互惠发展。大力推进"千企帮千村"精准扶贫行动，建立帮扶台账，引导企业投入，确保7746个贫困村村企结对帮扶全覆盖。

央视财经记者： 河北省解决区域性整体贫困后，在巩固脱贫成果上有什么前瞻性措施？

河北省副省长　时清霜： 我们坚持把巩固提高脱贫质量放在首位，全面落实党中央、国务院决策部署，以更大的决心和力度抓好脱贫攻坚成果巩固提升。

一是牢牢抓住防止返贫这一关键措施。落实"四个不摘"要求，对退出的贫困县、贫困村和贫困户，继续加大支持力度，扶上马送一程。健全防返贫监测和多部门联动帮扶机制，对因疫、因病、因灾等原因收入骤减或支出骤增户全面监测，精准落实金融支持、产业奖补、职业培训以及低保、医保、社会救助等帮扶措施，切实兜住防贫底线。

二是探索解决相对贫困这一难点问题。选取部分有条件的市县进行试点，明确目标任务、标准对象、政策措施，探索建立解决相对贫困的路径，为全省乃至全国解决相对贫困问题探索路径。借鉴脱贫攻坚做法，通过延续、调整政策内容和实施方式，将单纯针对贫困户的扶持政策，转变为常态化扶持政策，有效解决乡村低收入群体问题。

三是衔接推进乡村振兴这一战略举措。产业振兴是巩固脱贫成果、推进乡村振兴的基础。针对我省部分贫困地区产业"小、散、弱"的问题，发挥比较优势，优化产业结构，延长产业链条，提升规模效益，推动农村一、二、三产业融合发展。同时，在规划和政策等方面，与实施乡村振兴战略有机衔接，统筹考虑人才振兴、文化振兴、生态振兴和组织振兴，推动农业全面升级、农村全面进步、农民全面发展。

西藏自治区政府常务副主席罗布顿珠：西藏贫困人口人均纯收入4年翻超6倍

在2020年10月16日的直播中，主持人孟湛东通过镜头带着网友朋友去到了位于西藏拉萨曲水县的一个明星村，这个村子是一个扶贫搬迁安置点，很多的村民也是从昌都搬过来的。它有一个美丽的名字，藏语叫扎西堆喜，意为四季吉祥。

采访西藏自治区党委常委、区政府常务副主席罗布顿珠（右三）

主持人　孟湛东： 下车来到这个村子之后，大家可以看到画面当中整个的村容村貌是非常整齐的，走进这个村子给我现在最大的一个感受就是民族与现代化的融合。我们看到很多居民的门脸，整个村子的建筑是非常具有民族特色的，但同时在道路两旁，比如说路灯上都挂有像太阳能电池板一样的装置。

为提升村民们的居住环境，一方面，村里按照政府要求，大力开展植树造林，建设绿色道路，绿化率达80%以上；另一方面，村干部讨论研究设立的评比奖励制度，引导村民们养成良好的生活居住习惯。

西藏自治区拉萨市曲水县才纳乡四季吉祥村第一书记　索朗央吉： 在每个家庭里面我们会有相关的一些制度，然后会定期或者不定期地去进行抽查和检查，到年底的时候再进行排名，然后再给予一定的奖励。

主持人　孟湛东： 村民多吉玖美，两年前从昌都易地搬迁到四季吉祥村，他告诉我，现在的居住环境和以前相比有了很大改善。

拉萨市曲水县才纳乡四季吉祥村村民　多吉玖美： 老家那边没有这种阳光房。

主持人　孟湛东： 整齐的桌椅、精致的装修、配置齐全的家电……一排排漂亮的房子，让村民们实现了"安居梦"。在采访中，有村民告诉我，以前自己像是住在牛角里，拥挤、不舒适，现在搬到这里每天都是开心幸福的。除了住得好，如何巩固脱贫攻坚成果，让搬来的群众"不返贫""真致富"，自治区政府也下了不少功夫。

拉萨市曲水县才纳乡四季吉祥村村民住进了阳光房

西藏自治区党委常委、区政府常务副主席　罗布顿珠： 就业是民生之本，也是脱贫攻坚当中很重要的一项措施。说一千道一万，一方面要有产业，有了产业就有就业岗位，当然有了就业就有收入了。这几年光是产业项目这块，在我的记忆当中总共安排了2808个，总投资667亿多。当然有了就业岗位不是马上能够就业的，前提是我们的贫困群众能够适应这些就业岗位，这就需要我们做大量与之相适应的培训工作了。自治区专门安排了就业培训的经费。

截至2019年年底，西藏全部贫困县区实现摘帽，62.8万建档立卡贫困人口"清零"，贫困人口人均纯收入从2015年的1499元增加到2019年的9328元，西藏脱贫攻坚工作从集中攻坚阶段全面转入巩固提升阶段。

西藏自治区党委常委、区政府常务副主席　罗布顿珠： 在中央第七次西藏工作座谈会上，习近平总书记对西藏的民生改善发展都有更新更高的要求，其中一条高质量发展里面最重要的事情凝聚人心，汇集广大人民群众，让广大人民群众有幸福感、获得感、安全感，这是我们西藏发展的终极目的。

山西省副省长王成：六个"最"、五个"突出"，看山西脱贫攻坚之路

2020年10月20日，中央广播电视总台财经节目中心《走村直播看脱贫》的大篷车开进了山西省长治市平顺县东坡村。在山高沟深的太行山区，这里靠种植中药材找到了脱贫良方。有合作社建立标准、扩大产业规模，又有龙头企业延伸产业链提高附加值，目前平顺县有80%的村将中药材作为脱贫主导产业，截至目前，全县中药材总面积达到64万亩，年产值4亿元，直接带动3.5万贫困群众年人均增收4300元。2019年年底平顺县脱贫摘帽。

采访山西省副省长王成（右）

作为脱贫攻坚的重要战场，山西走出了怎样具有特色的脱贫之路？山西省副省长王成走进了大篷车演播室，接受央视财经专访。

央视财经记者：山西是脱贫攻坚的重要战场，您认为这几年脱贫攻坚，山西取得哪些成就？有什么亮点和特色？

山西省副省长　王成：山西是全国扶贫开发重点省、著名革命老区。全国14个集中连片特困区中，山西有吕梁山、燕山—太行山两个；117个县（市、区）中，有36个国定贫困县，22个省定贫困县。这58个贫困县全部是革命老区。

一是攻坚目标任务基本完成。到2019年年底，58个贫困县全部摘帽，7993个贫困村全部退出，贫困人口从329万减少到2.1万，贫困发生率从13.6%降到0.1%以下。贫困地区农民人均可支配收入从2013年的4875元增长到2019年的9379元，年均增长11.5%。2020年上半年，剩余2.1万贫困人口全部达到脱贫标准。"两不愁"质量水平明显提升，"三保障"及饮水安全问题基本解决。

二是生产生活条件明显改善。贫困村都通了硬化路，通了动力电，通了宽带，配齐了标准化卫生室。完成义务教育"全面改薄"，完成危房改造33.38万户。贫困群众出行难、用电难、上学难、看病难、通信难、通讯难等老大难问题普遍得到解决。

三是经济社会发展呈现新格局。坚持新发展理念，在"一个战场"打赢脱贫攻坚和生态治理"两场战役"，带动52.3万贫困人口增收。易地扶贫搬迁贫困人口36.2万，耕退林进、人退绿进。特色产业扶贫带动127.7万贫困人口增收，培训就业扶贫带动87.4万贫困劳动力就业增收，特别是光伏扶贫、电商扶贫、乡村旅游扶贫等井喷式发展，打造了扶贫新业态、培育了发展新动能、拓宽了增收新渠道。

四是农村治理能力水平有效提升。抓党建促脱贫攻坚，集中轮训5600多名贫困村党组织书记，整顿3027个软弱涣散村党组织，培育创业致富带头人26781名。贫困村集体经济全部"破零"，村均达20万元以上。贫困村村级组织战斗力、集体经济硬实力、改革发展原动力、公用设施支撑力、乡村治理公信力显著增强。党群干群关系大改善，党在农村执政基础更加巩固。

可以说，这几年脱贫攻坚力度大、政策实、红利多，老百姓的获得感满满的。具体来说，我们持续强化军令状、交总账意识，重点工程布局、专项行动推进、政策机制保障、各方合力攻坚，走出了一条具有中国特色、山西特点的减贫之路。具体讲，有6个方面：

最硬的担当是五级书记抓扶贫。"双签"脱贫攻坚责任书，省委组建督导组，开展专项巡视，五级书记遍访贫困对象。

最亮的工程是易地扶贫搬迁。"六环联动"（精准识别搬迁对象、新区安置配套、旧村拆除复垦、生态修复整治、产业就业保障和社区治理跟进）解决"人钱地房树村稳"7个问题，建设集中安置区1122个，整村搬迁3350个深度贫困村，36.2万贫困人口。国务院连续三年表扬激励。

最好的政策是生态扶贫。联动实施五大项目（退耕还林奖补、荒山绿化务工、森林管护就业、经济林提质增效和特色林产业增收），贫困户退耕还林有奖金、造林护林挣薪金、林果产业赚现金，土地流转收租金。

最优的项目是产业就业扶贫。7243个贫困村建立了产业扶贫"五有"机制（贫困村有脱贫产业、有带动主体、有合作经济组织，贫困户有增收产业项目、有劳动能力者有技能）。光伏扶贫建设了村级电站5479座、集中电站53座，惠及9477个村、56.8万贫困人口，实现贫困村光伏扶贫收益全覆盖，村集体经济有了硬支撑。培训就业扶贫实施全民技能提升工程，打造特色劳务品牌90多个。

最牢的保障是社保政策兜底。健康扶贫"三保险三救助"政策（"三保险"即基本医疗保险、大病保险、补充医疗保险，"三救助"即参保缴费救助、辅助器具免费适配救助、特殊困难帮扶救助），惠及211.9万人次，贫困人口住院综合保障比例近90%。农村低保连续五年提标，全省平均达5319元。

最大的优势是党建引领凝聚合力。深入开展领导联系、单位包村、县际结对、企县合作、专业人才挂职、学校医院对口"六个帮扶"，选强配齐贫困村党组织书记，实施本土人才回归工程。

央视财经记者： 2020年山西要决战完胜，下一步如何巩固脱贫成果、衔接乡村振兴？

山西省副省长　王成： 一是贯通机制上突出"新"。把做足成色如期交账、巩固成果提升质量作为稳定脱贫的新起点、全面小康的新亮点、乡村振兴的新支点。持续抓好技能培训、产业、教育、兜底保障等重点工作。

2020年7月，省委省政府召开全省巩固脱贫成果现场推进会，作出具体的安排部署。

二是规划布局上突出"高"。现在我们正在编制"十四五"巩固脱贫成果规划。按照"十四五""转型出雏型"的战略目标，以农业现代化三大省级战略为牵引，以农产品精深加工十大产业集群为支撑，以巩固脱贫成果为底线任务，高起点、高标准、高质量，超前谋划、长远布局，既抓好规划衔接、对象衔接、政策衔接和机制衔接的顶层设计，也要拿出一批重大政策、重要举措和重点项目，确保可操作、能落地。现在已选择在长治市和10个县开展衔接试点。

三是制度建设上突出"稳"。严格落实"四个不摘"的重大要求，保持现有帮扶政策总体稳定，投入力度不减、帮扶力量不减。2020年省脱贫攻坚领导小组出台"1+2"政策文件，"1"就是一个《实施办法》，即建立防止返贫监测和帮扶机制的实施办法；"2"就是两个《指导意见》，健全完善产业带贫益贫机制的指导意见和规范完善减贫防贫保险机制的指导意见。既立足当前，完成减贫防贫任务，也着眼长远，巩固拓展脱贫成果，促进脱贫人口稳定，脱贫持续增收。

四是巩固载体上突出"能"。针对"一小一壮一老"群体特点，全生命周期巩固脱贫成果。年龄小的抓教育斩穷根。优化农村教育资源布局，坚持就近就便服从就优，提高农村教育质量。年龄老的强保障防返贫。在城乡居民基本养老保险制度的基础上，率先建立了城乡居民补充养老保险制度。按照"标准适度、能兜住底、可承受、可持续"的原则，鼓励多缴多得，普惠倾斜结合，督促子女履行赡养责任，对低收入老年人倾斜支持，这样就可以从制度上解决老年人养老和返贫致贫问题。青壮年的抓培训增技能。把技能就业作为硬任务，深化"人人持证、技能社会"建设，下功夫抓好建档立卡、技能培训、持证就业，提升就业层次、稳岗能力和工资性收入水平。2020年我们对全省159万贫困劳动力全部建档立卡，技能就业实行考核评价、发放证书、安置就业"一条龙"服务，就是要努力实现一技在身、一证在手，一条致富路在脚下铺就。2020年8月，全国扶贫职业技能大赛在大同举办。省脱贫攻坚领导小组针对性出台了巩固产业、就业、教育扶贫成果三个《实施意见》。发展产业实施"特""优"战略、在提升带贫益贫能力上下功夫，确保能够带得稳、带得准、带得久。落实好易地扶贫搬迁后扶措施，确保搬迁群众生产有门路、生活有质量，适应新环境、融入新社区。

五是工作落实上突出"干"。按照实体化落地、项目化实施、季度化推进、责任化落实和信息化创新"五化"要求，逐条逐项推动各级各部门落实落细。

陕西省副省长魏增军：把贫困群众镶嵌到产业链上

2020年10月29日，中央广播电视总台财经节目中心主办的大型融媒体行动《走村直播看脱贫》迎来了最后一站——陕西省延安市安塞区南沟村，这也是大篷车开进的第101个村子。3个多月的时间，大篷车两次开进陕西，从陕南秦岭腹地到陕北黄土高原，不一样的自然风光背后也有着不一样的脱贫故事。

如今的陕西，产业扶贫在持续发力。产业带动就业，大量贫困劳动力实现家门口增收。活动收官之际，央视财经专访了陕西省副省长魏增军。他表示，打赢脱贫攻坚战是走好乡村振兴的关键一步，陕西省近年来坚持"大产业、大聚集，小产业、广覆盖"的方向，实现农业强农村美农民富的目标。

央视财经记者：目前陕西脱贫的现状如何？

陕西省副省长　魏增军：陕西面积大概有20.58万平方公里，人口有3853万，一共有107个县（市、区），其中贫困县就有56个，其中深度贫困县11个。有8808个贫困村，占比很高，主要集中在陕南的秦巴山区、陕北的白于山区和黄河沿岸的土石山区。

央视财经记者：陕西是革命老区，同时也有一些秀丽的山川河流。旅游对于陕西的脱贫攻坚发挥了多大的作用？

陕西省副省长　魏增军：旅游作为陕西发展的主导产业，对陕西的发展影响很大。特别是城里人到农村去，去看乡村美、山区的生态环境美，体验农村田园的生活，非常有意义。对于农民来说，对一、二、三产业的融合的发展，影响特别大。同时，不单是产业的发展，老百姓收入增长了，去旅游的人多了，老百姓和他们交谈多了，改变农民的思想状态，非常有意义。所以，我们把它作为一个重点产业来打造。许多村有各式各样的旅游产品，作为非常重要的产业来推进它。特别是在下一轮乡村振兴过程中，它将是一个非常好的产业发展方向。

央视财经记者： 近几年，陕西在脱贫攻坚方面，取得了哪些成就？

陕西省副省长　魏增军： 脱贫攻坚使得贫困山区、农村发生了翻天覆地的变化。变化有几个：第一，贫困群众生活水平显著提升，"两不愁三保障"基本实现，农村饮水安全全部达标。贫困地区农村居民人均纯收入从2015年年底的7692元提高到2019年年底的11412元，增加了48.36%。

第二，贫困地区的发展活力显著增强。由于群众的收入来源主要是产业和就业，所以我们持续推进"3+X"产业扶贫工程，各类特色产业、扶贫项目覆盖了所有的贫困群众。只要有劳动能力，都有一项产业去发展，有一个稳定增收的项目。还有200多万贫困群众稳定就业。

采访陕西省副省长魏增军（右）

第三，贫困地区的基础设施条件明显改善。现在到农村去看，特别是贫困县、贫困村，它的道路、村容村貌、群众的卫生，每个村都有卫生室，孩子都没有辍学，"两不愁三保障"的问题都解决了。现在，宽带网、通信光纤、动力电都解决了，面貌发生了很大变化，基础设施变化很大。

第四，现在农村的基层治理能力也明显提升了。陕西省出台了党建促脱贫的16项措施，选优配强村"两委"班子，特别是村委会主任"一肩挑"。所以基层干部带领群众致富的能力明显提升。我们累计选派驻村干部有8万多人正在农村的扶贫工作队，所以群众的满意度明显提升。

央视财经记者： 在2020年全面实现收官之年，年底之前还有什么规划？

陕西省副省长　魏增军： 2020年是个特殊的年份。春节以来，疫情影响很大，不但影响全国经济、全世界经济的发展，也影响脱贫攻坚的发展，所以春节还没过，我们省就召开了第一个脱贫攻坚的会议，采取一系列措施来推进脱贫攻坚工作。现在陕西脱贫攻坚工作的特色和亮点：

第一，打造"3+X"的扶贫产业体系。我们有千亿级苹果为主的果业产业，现在我们苹果有800多万亩，为苹果服务的人员有近1000万人，陕西成为中国第一大果业省份，实现了产业带动就业脱贫。三个主导产业还有以奶山羊为主的畜牧业，还有我们棚栽为主的设施农业，当然也还有其他区域性的特色产业。

第二，持续开展就业扶贫。现在群众收入的60%多是靠就业，所以我们优化财政，春节过后就想办法来解决就业的问题。首先，我们省建立统一的平台，每个人在哪儿就业，手机一点就知道，收入多少也知道，群众的反映、有什么要求，我们也能知道。所以狠抓贫困劳动力的稳岗就业，落实就业的实名制。其次，每个村都有光伏扶贫电站，80%的收入用于公益岗位，让我们出不去打工的半劳动能力就业。设置公益岗位，护林员、卫生保洁员等，来为群众服务，解决了就业问题。同时积极对接外省用工，陕西有46万多人在外省打工，春节过后我们组织包机、专列、专车去解决外出务工问题，全省200多万贫困劳动力外出务工。

第三，制定应对疫情的"八条措施"，专门来推动2020年受疫情影响，老百姓的脱贫攻坚问题。"八条措施"效果非常好，包括消费扶贫，现在累计消费了58.5亿元。

第四，开展"对标补短"行动。到最后一年，我们要按照中央的要求，看哪儿有短板，去完成它。到2020年年底，不能有一户群众，不能有一个群众被落下，要解决工作过程中出现的短板和弱项。

第五，陕西省有个特色，大学多。我们把国企、高校、医院三大帮扶体系建立起来。99家省属国有企业和驻陕央企组成9个"合力团"，来帮助群众；还有103所大学都去结对帮扶贫困县，涉及96个涉贫县；111家医疗机构到贫困山区的医院去帮扶，以此来解决就业问题。

第六，由于脱贫是个长效工作，基础设施、产业建好以后，需要一个长效机制去巩固，所以我们建立巩固脱贫成果的五大长效机制。以监测预警和动态帮扶为基础，发现一户就要解决它。坚决防止出现返贫或致贫的问题。再一个就是以带贫益贫运行机制为关键，持续推进群众稳定收益，把群众镶嵌到产业链上。再就是以资产运营管理机制为基础，基础设施、公共服务运营管护机制为核心，来促进资产保值增值、项目永续发挥效益。还有易地扶贫搬迁以后的后续扶持问题，都会建立稳定的机制来使群众安居乐业，为乡村振兴发展做好服务。

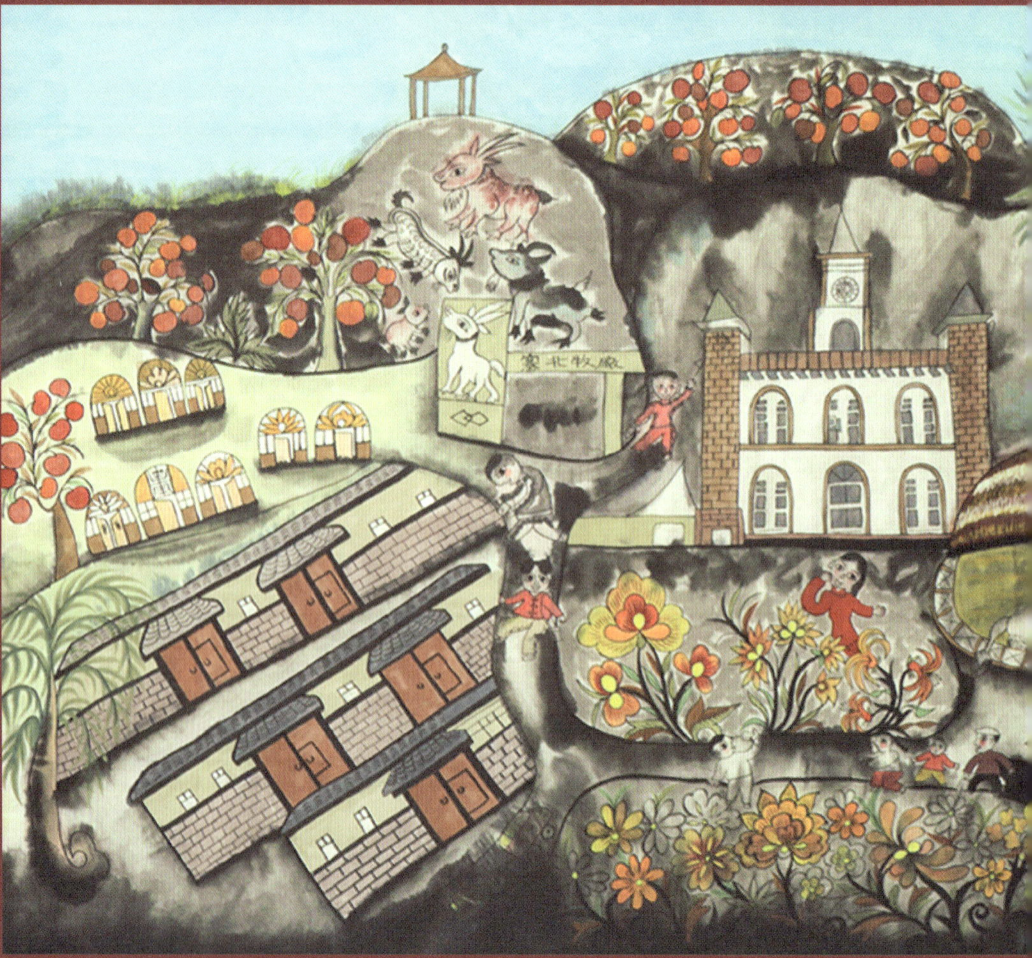
塞北牧廠

附：
百村脱贫画卷

江苏省丰县齐阁村　史经坤　张杨 绘

河南省兰考县张庄村　金东伟 绘

安徽省砀山县魏寨村　王少强 绘

河南省范县千安社区　吕本宾 绘

安徽省蒙城县戴尧村　丁力　王巍　绘

河南省辉县市裴寨村　王二中　绘

安徽省利辛县大管村　武登山 绘

河南省平舆县西洋潭村　李峰 绘

湖北省蕲春县五斗地村　张先林　绘

河南省光山县东岳村　方应逢　绘

江西省德安县义门村　王定财 绘

安徽省临泉县郭沟村　刘思迪 绘

河南省淅川县前营村　李旭红 绘

江西省黎川县三都村　周俊 绘

重庆市奉节县三沱村　李天富　绘

河南省栾川县重渡沟村　赵丽君　绘

江西省赣县区河埠村　林丰 绘

贵州省册亨县伟外村　杨文军 绘

河南省卢氏县新坪村　王东林 绘

湖南省宜章县龙村瑶族村　唐卯 绘

贵州省赤水市白田村　邓福君　绘

陕西省丹凤县棣花村　王家民　绘

广西壮族自治区富川县岔山村　何明 绘

陕西省山阳县法官庙村　宁江虎 绘

广西壮族自治区灌阳县永富村　刘炜　卿垂阳　刘毅　蒋晓铁 绘

陕西省旬阳县李家台村　赵国民 绘

附：百村脱贫画卷

贵州省紫云县洛麦村　钟召云　赵玉祥　绘

陕西省平利县双杨村　王建平　绘

贵州省丹寨县烧茶村　刘静　绘

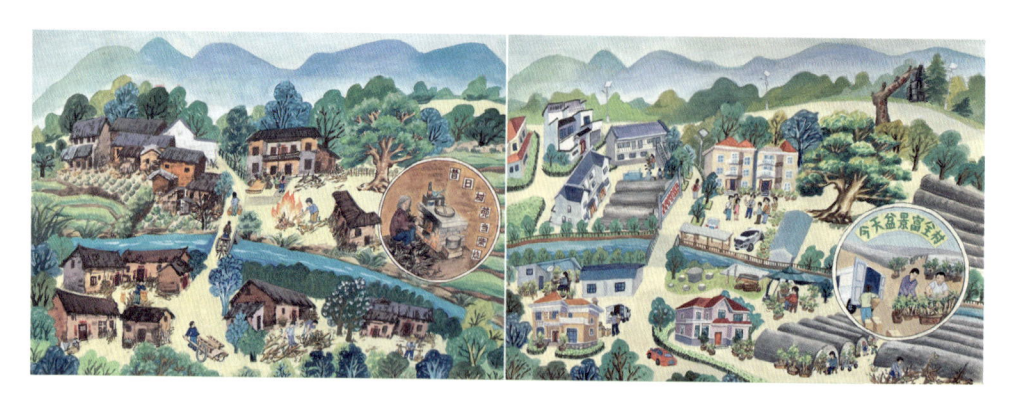

江西省宜丰县东槽村　张兰英　绘

陕西省镇巴县春生社区　代显平 绘

贵州省织金县台子村　钟召云 绘

云南省三家村中寨司莫拉佤族村　余永华 绘

贵州省枫香镇花茂村　胡恒生 绘

甘肃省甘谷县尉坪村　刘洲　绘

云南省凤庆县马庄村　刘春海　绘

四川省古蔺县铁桥村　曹兴 绘

甘肃省渭源县元古堆村　程雪峰 绘

四川省长宁县犁头村　李祖林 绘

甘肃省和政县三坪村　张春光 绘

云南省永胜县良峨村　张世荣　绘

甘肃省东乡族自治县布楞沟村　蓝献诚　绘

湖南省花垣县十八洞村　石志文　绘

广西壮族自治区都安县大崇村　黄仁明　莫敷建　绘

青海省化隆县本康沟村　金海成 绘

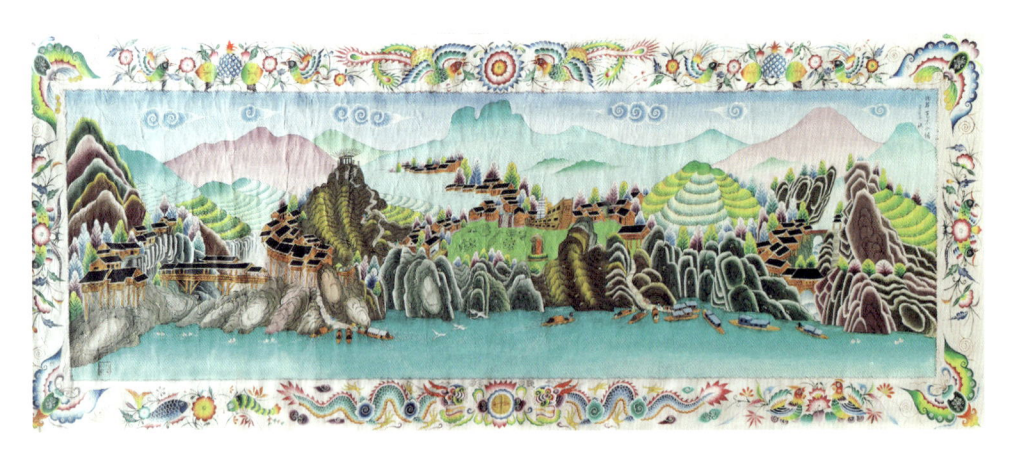

湖南省保靖县比耳村　梁德颂 绘

甘肃省古浪县富民新村　吴东年　绘

湖南省永顺县科皮村　徐鹏友　绘

青海省乌兰县巴音村　张永命 绘

湖北省保康县陈家湾村　刘训朝 绘

重庆市酉阳县何家岩村　贾高东 绘

青海省天峻县梅陇村　安秀海 绘

湖北省白杨坪镇洞下槽村　郑馀　张梦遥　绘

湖北省建始县村坊村　姚永建　绘

青海省大通县边麻沟村　贺生福 绘

四川省龙安乡革新村　王明洲 绘

青海省互助土族自治县班彦村　刘祖发　绘

四川省仁寿县河坝村　郭栋梁　绘

湖北省竹溪县樟扒沟村　阚荣成 绘

湖南省安化县董家村　谭少胜 绘

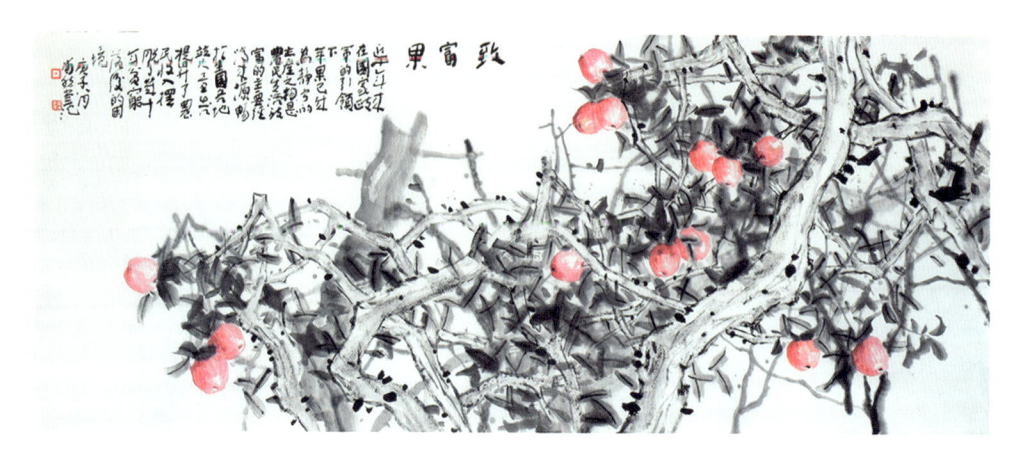

甘肃省静宁县杨咀村　王发昌　绘

四川省喜德县中坝村　景志龙　童昌信　绘

宁夏回族自治区西吉县涵江村　薛福利 绘

四川省昭觉县三河村　丁建华 杨晓明 绘

宁夏回族自治区盐池县皖记沟村　田广龙 绘

四川省仪陇县九龙山村　许谦 绘

海南省东山镇城西村　丁兰海 绘

内蒙古自治区清水河县高茂泉窑村　韩玉红 绘

云南省鲁甸县卯家湾　李兴旺 绘

甘肃省迭部县高吉村　杨忠德 绘

江西省玉山县八磜村　陆彦超　绘

河北省蔚县西古堡村　袁文　绘

云南省武定县勒外村　杨永才 绘

河北省涞源县北牛栏村　王渊博 绘

山西省安泽县飞岭村　杨婷　绘

河北省阜平县骆驼湾村　王仲贤　绘

云南省香格里拉市浪茸村　王健鸿　绘

辽宁省台安县雅化村　苏振福　绘

河北省海兴县张常丰村　孙鸿钧 绘

西藏自治区芒康县纳西村　张伟 绘

河北省武强县周窝村　温潜鳞 绘

安徽省潜山市黄铺村　孙金启　涂愿来　储昭生 绘

西藏自治区贡觉县金珠村　西绕尼玛 绘

河北省平乡县后营村　王哲华 绘

黑龙江省乌苏镇抓吉赫哲族村　陶忠宪　绘

河北省馆陶县寿东村　胡新亮　绘

西藏自治区江达县矮拉村　王勇　绘

四川省梓潼县天宝村　王猛　绘

山西省榆社县社城村　安俊文　绘

四川省德格县雨托村　呷绒翁都　绘

海南省大成镇新风村　齐英石 绘

山西省平顺县东坡村　牛玉环 绘

四川省炉霍县吉绒村　瞿传国 绘

山西省陵川县松庙村　王海鹏 绘

安徽省霍山县王家店村　王钟鸣 绘

山西省沁水县南阳村　牛文红 绘

四川省前进镇新市村　韩德渊　绘

新疆维吾尔自治区于田县达里雅布依村　曹建斌　余琴　陈海莉　绘

陕西省冯庄乡康坪村　曹建斌　余琴　陈海莉 绘

四川省南江县西厢村　何正 绘

陕西省高桥镇南沟村　王志义　绘

后 记

在不平凡的2020年，中央广播电视总台财经节目中心近200名工作人员投入到《走村直播看脱贫》这场史无前例的融媒体报道中来，他们风雨兼程、殚精竭虑，努力践行"四力"，用100多天的时间在101个村庄里扎根实践，以融媒体的方式记录下中国脱贫攻坚的壮阔历程。在此期间，主创人员走进田间地头、爬上崇山峻岭、下到河湖塘堰，进行了极为丰富的新闻体验，在自己的新闻从业经历中留下了难以磨灭的记忆；与此同时，许多同志还进行了深入的新闻理论思考，并写出了70多篇文章。为了保存这份共同的记忆，我们决定将这些文章集结成册，公开出版，让更多的人来分享他们人生中的这一段宝贵经历。

在此，要感谢中央广播电视总台编务会议成员彭健明的指导，感谢中央广播电视总台财经节目中心主任梁建增等中心领导的支持，感谢中国国际广播出版社社长张宇清亲自牵头出版事项和编辑张娟平等严谨细致的工作，特别要感谢参与本书写作、编辑、协调出版等环节的各位同事，因篇幅有限，就不一一点名了。由于新闻人全年无休、24小时保持战斗的工作特性，这些书稿都是大家在繁忙的日常工作之余挤时间完成的，因此差错在所难免，还请读者海涵指正。

伴随着本书的出版，《走村直播看脱贫》大型融媒体行动画上了圆满的句号，但终点亦是起点，2021年是乡村振兴开局之年，在辽阔的农村，社会经济发展的生动实践仍在日新月异地进行着。作为新闻人，我们愿意继续脚踩大地、手捧泥土、仰望星空，续写新时代融媒体传播的新篇章。

陈永庆

2021年11月18日